KB091217

상담행정과 정책

상담행정과 정책

2021년 6월 21일 초판 1쇄 찍음
2021년 6월 28일 초판 1쇄 펴냄

지은이 김인규·김동일·김소아·노성덕·손재환·유현실·이호준

펴낸이 윤철호·고하영
책임편집 정세민
편집 최세정·이소영·엄귀영·임현규·김혜림·김채린·정용준·한예진
디자인 김진운
본문조판 민들레
마케팅 최민규

펴낸곳 ㈜사회평론아카데미
등록번호 2013-000247(2013년 8월 23일)
전화 02-326-1545
팩스 02-326-1626
주소 03993 서울특별시 마포구 월드컵북로6길 56
이메일 academy@sapyoung.com
홈페이지 www.sapyoung.com

ISBN 979-11-6707-013-5 93180

상담행정과 정책

김인규·김동일·김소아·노성덕·손재환·유현실·이호준 지음

사회평론아카데미

서문

　　현재 한국에서는 상담이 매우 활성화되어 여러 정부 부처와 지방
자치단체에서 다양한 상담정책과 상담 사업을 수행하고 있으며 민간
차원의 상담도 활발하게 진행되고 있다. 이에 따라 아동, 청소년, 학생,
군, 여성, 노인, 근로자 등 여러 계층을 대상으로 공공상담 서비스가 제
공되고 있고 민간상담센터도 주변에서 쉽게 찾아볼 수 있다. 또한 상담
서비스를 제공하는 인력에 대한 수요가 많아짐에 따라 대학, 대학원의
상담 관련 학과와 전공도 증가하는 추세이다. 한편으로는 각종 상담자
격을 발급하는 학회, 협의회, 기관이 급증하면서 여러 문제가 발생하고
있다.

　　이 책은 이러한 한국 상담계의 상황에서 상담 서비스 운영에 대한
표준적인 모델이 없다는 문제의식에서 출발하였다. 여러 상담 현장에
서 다양한 상담 서비스가 제공되고 있지만 그것이 어때해야 하는지에
대한 명확한 기준과 모델이 없고, 특히 정부 정책 수행과 상담기관 운
영에 필수적인 행정 관련 시스템이나 절차, 양식이 각기 달라 상담자들
이 혼란을 겪고 있다. 또한 많은 상담자와 상담수련생들이 내담자를 만
나 상담 서비스를 제공하는 것에만 초점을 둘 뿐, 그 상담 서비스를 제
공하기 위해 필요한 행정적 측면을 무시하거나 소홀히 하여 불필요한
오해와 비판을 받는 사례들이 발생하고 있다. 이에 이 책에서는 우선

상담행정의 개념과 범위를 살펴보고, 현재 상담 서비스를 제공하고 있는 여러 상담 현장에 관계되는 법률과 제도, 정책을 알아본 뒤, 다양한 상담 현장에서 진행되는 상담행정의 실제적인 절차와 내용을 제시하고자 하였다.

우선 1장에서는 상담행정과 상담조직의 개념을 제시하고, 공공상담조직과 민간상담조직의 특성을 다루었다. 2장과 3장에서는 상담을 다루는 법률과 상담정책을 살펴보았고, 4장과 5장에서는 상담자격과 상담자의 역량에 대해 알아보았다. 6장에서는 상담행정 차원에서 준수해야 할 상담윤리를 탐색하였다. 7장과 8장은 공공상담기관의 행정 실제를 다루었고, 9장은 청소년상담복지센터의 상담행정 실무를, 10장과 11장은 위(Wee) 프로젝트의 상담행정을, 12장은 대학상담센터의 상담행정 실무를 구체적으로 설명하였다.

이 책은 상담 분야 대학 교수, 상담정책기관 중견 관리자, 상담기관장 등 상담 전문성과 실무경험을 두루 갖춘 분들이 저자로 참여하여 상담행정에 대한 체계적인 이론과 실제적인 내용을 충분히 담고 있다. 따라서 이 책은 상담 현장에 있는 상담 실무자들의 지침서로 활용될 수 있을 뿐만 아니라, 상담사를 지망하는 상담 전공 학생과 상담수련생들이 상담 현장을 익히고 준비하는 교재로도 사용될 수 있을 것이다.

저자들은 책을 쓰면서 각자의 오랜 경험과 전문성을 녹여내어 나름대로 최선을 다해 상담행정의 표준적인 모델을 제시하고자 했다. 그러나 아직 이 분야의 자료가 충분하지 않고 상담 현장마다 다양한 특성이 있어 여전히 부족한 부분이 있을 것이다. 이러한 부분에 대해 피드백을 해준다면 향후 이를 반영하여 더욱 충실한 상담행정 교재를 만들어 갈 것이다.

이 책이 나오기까지 수고한 집필진과 사회평론아카데미 고하영 대표님, 임현규 과장님, 그리고 편집에 수고해준 정세민 선생에게 심심한 감사의 마음을 전한다.

2021년 6월

모악산을 바라보는 연구실에서 대표 저자 김인규

차례

상담행정과 상담조직

상담은 개인과 개인 사이에 이루어지는 지극히 사적인 행위이다. 하지만 상담에 관여하는 사회 구성원들이 늘어남에 따라 상담은 하나의 보편적 제도로 정착되었다. 그러면서 상담이 이루어지는 절차와 상담을 시행하는 조직에 대한 관심도 자연스레 증가하고 있다. 이는 교육 분야에서 교육행정의 중요성이 강조되고, 복지 분야에서 복지행정의 중요성이 강조되는 것과 같은 이치이다. 이 장에서는 상담행정과 상담조직의 기본 개념 그리고 공공 및 민간상담조직의 특성에 대해 살펴보고자 한다.

1. 상담행정

상담행정을 한마디로 정의하기란 매우 어렵다. 상담행정은 하나의 절대적 공리에서 도출된 연역적 개념이 아니라, 일상의 행위와 현상들이 누적되고 무수히 많은 시행착오를 거치면서 도달한 귀납적 개념이기 때문이다. 따라서 상담행정의 개념은 시공을 초월한 절대적인 것이라기보다 상담이라는 행위가 하나의 제도로 자리 잡은 시대와 사회의 여건이 반영된 일시적인 것으로 이해해야 한다. 즉, 상담의 양태와 상담에 대한 인식이 변화하면 상담행정의 개념 역시 변할 수 있다는 의미이다. 여기에서는 현재 우리 사회에서 보편적으로 받아들여지고 있는 상담행정의 의미와 원리에 대해서 살펴본다.

1) 상담행정의 개념

- 프리랜서 상담자로 활동하는 A 씨는 모든 상담의 첫 시간에 내담자에게 '상담 안내'라는 문건을 제시하고 동의를 구한다. 이 문건에는 예상되는 상담 회기, 회기당 상담 시간, 상담 약속 및 변경 방법, 응급상황 시 연락 방법, 상담 과정의 녹음에 대한 동의 여부, 비밀보장의 원칙과 예외 사항, 상담비와 지불 방법 등의 내용이 담겨 있다.
- 최근 코로나19 사태가 장기화하면서 지방의 한 위(Wee) 센터에서는 학교를 방문하는 순회상담 대신 온라인상담을 강화하기로 했다. 이를 위해 내담자들과 원격 화상상담이 가능한 별도의 상담부

스를 설치하였으며, 센터 내의 개인상담실에도 투명아크릴판을 설치하였다.

- 교육부는 2014년 「학교 밖 청소년 지원에 관한 법률」을 제정하고 '학업중단 숙려제'를 전면 실시하여, 학교를 떠나려는 청소년은 교육청이 지정한 숙려제 운영기관에서 2~3주간 심리상담 및 진로상담을 지원받을 수 있도록 하고 있다.

위 세 장면의 중심에는 모두 '상담'이 있다. 행위의 주체들은 다르지만, 각 주체는 모두 상담을 위한 또는 상담에 대한 어떤 행동 양식, 대책, 제도를 실행하고 있다. 이러한 활동들을 총체적으로 일컫는 말이 있다면 그것이 곧 '상담행정'일 것이다. 다시 말해 상담행정은 '상담이라는 분야에 적용되는 행정'이라는 의미로 이해할 수 있으며, 개념을 좀 더 명확하게 정의하기 위해서는 행정의 의미를 짚어볼 필요가 있다.

일반적으로 행정은 입법부, 사법부와 대비되는 행정부의 활동을 뜻하는 좁은 의미의 행정과 공·사 기관 또는 단체의 활동까지 포함하는 넓은 의미의 행정으로 나눠서 이해되곤 한다. 좁은 의미의 행정은 "정부가 사회의 공공가치를 실현하기 위하여 인적·물적 자원을 확보하고 관리해서 국민에게 재화와 서비스를 제공하는 활동"(유민봉, 2019)으로 정의되며, 대체로 정책(policy)이라는 형태로 구현된다. 반면, 넓은 의미의 행정은 "일정한 공동목적을 달성하기 위한 두 사람 이상의 합리적 협동 행위"(최창호, 하미승, 2007)로 정의되며, 경영 또는 관리(management)라는 용어로 우리의 일상과 밀접한 관련을 맺고 있다.

이러한 행정의 개념이 고유한 대상과 목적을 가지는 특정 분야에 적용되었을 때 어떻게 정의되는지를 살펴보는 것도 상담행정의 의미를 이해하는 데 도움이 된다. 이를 위해 교육행정과 사회복지행정의 정의를 살펴보고자 한다.

먼저, 교육행정은 "교육조직의 공동 목표를 달성할 수 있도록 구성원들로 하여금 합리적 협동 행위를 이룩하게 하는 작용"(권기욱 등, 2000) 또는 이를 좀 더 구체화하여 "사회적·공공적·조직적 활동으로서의 교육을 대상으로 교육 목표의 설정, 목표 달성을 위한 인적·물적·기타 지원 조건의 정비 확립, 목표 달성을 위한 계획과 결정, 집행과 지도, 통제와 평가 등을 포함하는 일련의 봉사활동을 말하며 교육조직체 내에서의 집단적 협동 행위를 위하여 효과적으로 지원하는 것을 본질로 하는 작용"(김종철, 2002)이라고 정의된다. 두 정의 모두 '교육 목표'와 '협동 행위'를 포함하고 있다는 점에서 행정의 본질이 목표 달성을 위한 협동에 있음을 짐작할 수 있다.

다음으로 사회복지행정은 일반적으로 "공·사 사회복지기관에서 보호 대상자나 국민의 복지증진을 위해 어떠한 목적을 설정하고 또한 그것을 달성하기 위해 노력하는 인간 간의 합리적인 협동 행위"(강용규 등, 2007)로 정의된다. 이를 좀 더 세분화해서 "사회복지조직의 목표 달성을 용이하게 하기 위해 관리자에 의해 수행되는 상호 의존적인 과업과 기능 및 관련 활동 등의 체계적 개입 활동"과 "정부기관이나 민간단체 등 공·사 기관이 요(要)구호자에 국한하지 않고 전체 국민을 대상으로 사회복지에 관한 정책을 수립하고 집행하는 일련의 과정"(최항순 등, 2018)으로 나누어 정의하기도 한다. 여기서 전자가 사회복지 실천에 초점을 맞춘 것이라면 후자는 사회복지 정책에 초점을 맞춘 것이다. 사회복지는 실천 현장과 법적 제도 등 여러 수준에서 이해될 수 있기 때문에 사회복지행정을 세분화하여 정의하는 것은 타당한 방식이라고

할 수 있다.

　이상의 논의를 바탕으로 이제 상담행정의 개념을 정의해보자. 비록 상담이론이나 상담기법에 대한 논의만큼 활발하지는 않았지만 상담행정에 대한 논의 역시 꾸준히 이어져 왔다. 이러한 노력의 결과, 현재 가장 널리 인용되는 상담행정의 정의는 "책무성 있는 상담 서비스를 제공하기 위한 사회적·공공적·조직적 활동으로, 상담 목표, 인적·물적 조건의 구비, 계획과 집행 및 평가 등을 포함하는 일련의 활동"(차명호 등, 2014)이다. 이와 같은 정의는 실천적 수준의 상담과 정책적 수준의 상담을 하나의 개념으로 종합하였다는 점, 상담행정이 갖는 성격과 기능들까지 포함하고 있다는 점에서 매우 포괄적이고 유용한 정의이다. 하지만 성격이 다른 두 수준의 개념을 하나의 정의에 종합함으로써 각 수준에서 상담행정이 가지는 의미가 명확히 드러나지 않는다는 한계가 있다.

　따라서 이 책에서는 상담행정의 개념을 실천적 수준과 정책적 수준으로 나누어 정의하고자 한다. 먼저 실천적 수준이라 함은 '상담신청 절차', '상담기록의 관리'와 같은 개별적인 상담 행위와 관련된 것을 말하고, 정책적 수준이라 함은 '상담기관의 설립', '상담자의 자격'처럼 법과 제도를 통해 달성할 수 있는 것을 말한다. 이를 개념적으로 정의하면, 실천적 수준의 상담행정은 '상담자와 상담기관이 내담자 또는 관련 기관에 책무성 있는 상담 서비스를 제공하기 위해 수행하는 합리적이고 협동적인 개입 활동 체계'이며, 정책적 수준의 상담행정은 '국가와 지방자치단체가 시민의 안녕과 행복 증진을 위해 상담 관련 정책을 수립하고 집행하는 제반 과정'이라 할 수 있을 것이다. 이와 같은 정의는 상담행정의 주체, 대상, 목표, 내용을 구체적으로 담고 있다는 점에서, 각 수준에서의 상담행정의 의미를 명료화하는 데 도움이 된다. 이상의 내용을 정리하면 아래 표 1-1과 같다.

표 1-1 상담행정 개념의 수준별 이해

구분	주체	대상	목표	내용
실천적 수준	상담자, 상담기관	내담자, 관련 기관	책무성 있는 상담 서비스 제공	합리적이고 협동적인 개입 활동 체계
정책적 수준	국가, 지방자치단체	시민	안녕과 행복 증진	정책의 수립과 집행

2) 상담행정의 원리

상담행정의 개념 정의에 이어 등장하는 문제는 이러한 개념을 구체적으로 구현하는 과정에서 추구해야 할 가치 또는 평가의 기준이 무엇인가 하는 것이다. 즉, 실천적 수준에서 상담행정의 목표가 '책무성 있는 상담 서비스 제공'이라고 했을 때 어떻게 하는 것이 책무성 있는 상담 서비스를 제공하는 것인지 판단할 수 있는 기준이 필요하다. 이러한 기준이 명확하지 않으면 상담행정에 대한 논의가 공허해질 수 있다. 상담행정의 원리는 바로 이와 같은 평가 기준에 해당한다.

상담행정의 원리를 파악하기 위해 넓은 의미에서 같은 휴먼 서비스 분야인 사회복지의 행정 원리를 살펴보고자 한다. 일반적으로 사회복지행정에서는 효과성, 효율성, 형평성, 접근성의 원리를 강조하고 있는데(강용규 등, 2007), 이들 원리는 상담행정에서도 핵심적인 원리라 할 수 있기 때문이다.

(1) 효과성

효과성(effectiveness)이란 목표의 달성도를 의미한다. 개별상담이라면 내담자와 합의한 상담 목표를 얼마나 달성했는지, 국가 차원의 상담 관련 정책이라면 그 정책이 의도했던 정책 목표를 얼마나 달성했는지가 판단 기준이 되는 원리이다. 따라서 효과성의 원리는 복표를 달성하기 위한 전략 및 수단의 타당성과 밀접한 관련이 있다.

효과성은 너무나 당연한 원리처럼 보이지만 그 이면에는 간과하기 쉬운 문제가 있다. 그것은 '무엇을 목표로 할 것인가?' 그리고 '그 목표는 누가 정한 목표인가?'라는 질문과 관련된다. 예를 들어 상담자는 자신이 상담하고 있는 내담자의 호소문제 해결이 중요한 목표이겠지만, 기관 운영자 또는 정부는 개별사례보다는 상담 서비스의 확대와 같은 양적 성과가 더 중요한 목표일 수 있는 것이다. 따라서 효과성의 원리가 제대로 작동하기 위해서는 상담행정의 각 주체가 받아들일 수 있는 명확한 목표 설정이 전제되어야 한다.

(2) 효율성

효율성(efficiency)이란 투입 대비 산출의 비율로 이해될 수 있다. 즉, 유한한 인적·물적 자원으로 어떻게 최대의 효과를 거둘 수 있는가와 관련된 원리이다. 이는 상담기관과 정부 모두에 해당하는 원리로서 기관 운영자에게는 운영 효율성으로, 정책 결정자에게는 목표 효율성으로 구체화될 수 있다.

효율성의 원리는 경영적 관점에서는 당연한 원리이지만, 상담을 포함한 휴먼 서비스 분야에서는 논란의 소지가 있는 원리이기도 하다. 예를 들어 농촌 지역의 소규모 학교들을 통폐합하는 것은 교육행정의 효율성 원리에서는 합리적일 수 있다. 그러나 학교 수가 줄면 그나마 남아있던 농촌 지역의 젊은 부모들이 도시로 떠나는 현상이 가속화된다는 점에서 과연 교육의 문제를 효율성만으로 판단할 수 있는가 하는 문제가 제기될 수 있는 것이다. 또 다른 휴먼 서비스 분야인 의료에서도 최근 코로나19 사태로 인해 공공성이라는 가치가 다시 주목받고 있다. 이렇듯 효율성의 원리는 다른 가치들과의 조화가 중요하다는 점을 기억해야 한다.

(3) 형평성

형평성(equity)이란 동일한 욕구를 가진 대상은 동일한 서비스를 받아야 한다는 것을 의미한다. 형평성은 일반적으로 공정성(fairness) 또는 사회정의(social justice)와 같은 맥락에서 이해될 수 있다. 즉, 모든 개인은 각자의 능력이나 사회경제적 조건을 이유로 차별받아서는 안 된다는 원칙이 적용된 규범적 원리라 할 수 있다. 예를 들어 학교상담자는 전교 1등 모범생이든 학교폭력 가해자든 상담실에 들어오는 순간 똑같은 내담자로 대해야 한다.

형평성의 원리는 일견 쉬워 보이지만, 실제 상황에 적용할 때에는 어려움이 생길 수 있다. 기회의 평등이 결과의 평등까지 보장해주는 것은 아니기 때문이다. 현장에서 상담자는 기회의 평등과 결과의 평등 사이에서 갈등하는 경우가 많다. '내담자 문제의 심각성과 관계없이 정해진 상담 시간을 똑같이 지켜야 하는가?', '거동이 불편한 내담자를 위해 상담실이 아닌 다른 곳에서 상담을 진행하는 것은 특혜인가?'와 같은 고민에 부딪힐 수 있는 것이다.

이러한 갈등을 해결하는 데는 '충실성(fidelity)'이라는 개념이 도움이 된다. 충실성이란 모든 사례, 모든 순간에 최선을 다해 자신이 가진 전문적 역량을 발휘하는 것을 말한다. 만약 상담자가 형평성의 원리를 '충실성의 평등'으로 이해한다면, 그래서 갈등에 처했을 때 '내가 현재 전문가로서 최선을 다하고 있으며 다른 상황에서도 똑같이 할 수 있는가?'라고 질문해본다면, 이러한 갈등을 해결할 실마리를 찾을 수 있을 것이다.

(4) 접근성

접근성(accessibility)이란 내담자를 포함한 모든 대상자가 상담 서비스를 얼마나 쉽게 이용할 수 있는가와 관련된 원리이며, 그런 의미에서 편의성(convenience)이라 불리기도 한다. 접근성의 원리는 주로 교통 불편이나 시간 제약 같은 물리적 장벽의 해소에 초점이 맞춰져 왔다. 그러나 최근에는 심리적 장벽(예: 상담받는 것 자체를 문제시하는 사회적 시선, 신분 노출에 대한 두려움 등), 제도적 장벽(예: 상담교사가 배치되지 않은 학교가 많은 현실 등), 그리고 정보 격차로 인한 장벽 등의 중요성 또한 강조되고 있다.

접근성의 원리는 효율성, 형평성의 원리와 충돌하는 경우가 많다. 모든 내담자에게 동등한 접근성을 보장하기란 사실상 불가능하기 때문이다. 여기서 중요한 것은 접근성을 서비스 제공자가 아닌 서비스 수요자의 입장에서 이해하는 것이다. 즉, 내담자의 편의를 증진해준다는 시혜적 관점이 아니라 내담자가 당연히 누려야 할 권익을 보장해주는 것이라는 관점을 가질 때, 진정한 의미의 접근성 원리에 다가갈 수 있다. 이상의 내용을 정리하면 표 1-2와 같다.

표 1-2 상담행정의 원리와 내용

원리	내용
효과성	• 목표의 달성도 즉, 목표를 얼마나 달성했는지가 평가 기준 • 상담행정 주체들의 목표가 상충될 수 있으므로 모두가 받아들일 수 있는 명확한 목표 설정이 필요함
효율성	• 인적·물적 자원의 투입 대비 어느 정도의 효과를 창출했는지가 평가 기준 • 다른 가치들과의 조화를 고려하여 판단해야 함
형평성	• 차별 없이 평등하게 서비스를 제공했는지가 평가 기준 • 충실성의 관점에서 판단해야 함
접근성	• 대상자가 서비스에 쉽게 접근·이용할 수 있는지가 평가 기준 • 대상자가 누려야 할 권익을 보장한다는 관점에서 판단해야 함

2. 상담조직

앞서 언급했듯이 실천적 수준의 상담행정은 '상담자와 상담기관이 내담자 또는 관련 기관에 책무성 있는 상담 서비스를 제공하기 위해 수행하는 합리적이고 협동적인 개입 활동 체계'를 뜻한다. 다시 말해 상담 서비스를 제공하기 위한 개입 활동은 일련의 과정과 조직적인 형태를 갖춘 체계를 통해 제공된다. 상담자는 1인 사업의 형태로 개인상담을 하는 경우를 제외하고는 대부분 특정한 조직에 소속되어 상담 업무를 수행한다. 모든 조직은 운영에 관한 명시적인 또는 암묵적인 규칙을 가지고 있으며, 일정한 집단 문화를 공유한다. 조직이 가지고 있는 다양한 속성들은 소속된 조직원인 상담자의 업무 수행뿐 아니라, 직업인으로서 정체성, 스트레스와 소진, 만족감과 행복감 등 다양한 삶의 영역에 지대한 영향을 미친다. 따라서 이 절에서는 조직이론을 근거로 하여 상담조직의 개념과 유형에 대해 살펴보고자 한다.

1) 상담조직의 개념

현대사회의 사람들은 대부분 크고 작은 다양한 조직에 속해있으면서 조직의 영향을 받으며 살아간다. 사회가 복잡다단한 특성을 가지는 것처럼, 사람들이 소속되고 경험하는 조직 또한 다양한 특성과 복잡한 문제를 가지고 있다. 따라서 조직(organization)의 개념도 조직학자들의 관점에 따라 다양하게 정의되어왔다. 예를 들어 Weber(1947)는 조직의 구조적 측면을 강조하며 조직이란 '특정한 종류의 지속적이고 의도적인 활동 체계'라고 정의하였으며, Etzioni(1964)는 '특정한 목적을 추구하며 일정한 구조를 가진 사회적 단위'라고 정의하였다. 한편, Selznick(1953)은 조직 고유의 유기체적 속성을 강조하여 조직을 '적응적인 사회적 구조로서 인간의 힘을 빌려 특정한 목적을 추구하면서도 조직의 구성원과는 독립적인 생명력을 가지고 있는 존재'라고 정의하였다. 조직에 관한 이러한 정의들을 종합하면, 조직은 특정한 목적, 일정한 구조, 사회적 집합(인간 집합)이라는 세 가지 특징이 있음을 알 수 있다.

위와 같은 조직의 개념과 특징을 상담자가 참여하는 조직의 개념에 대입해보면, 상담조직이란 '책무성 있는 상담 서비스를 제공하고자 하는 특정한 목적을 지향하며, 이를 달성하기 위해 의도적으로 구성된 일정한 구조를 갖춘, 상담 및 관련 활동에 종사하는 사람들의 집합체'라고 정의할 수 있다. 이러한 상담조직은 조직의 일반적인 특징과 마찬가지로 조직 구성원의 개별적 특성과는 독립된 나름의 목적과 구조를 가지고 있다. 즉, 상담조직 역시 조직원과는 별개의 의도와 생명력을 가지고 있기 때문에 조직원과 갈등하는 경우가 심심찮게 발생한다. 특히 개인의 자율과 권리를 강조하는 상담의 철학과 조직의 지향이 종종 배치되기도 하는데, 이는 조직에 소속된 상담자들에게 상담자로서의 정체성과 조직원으로서의 정체성 간에 내적 갈등을 야기할 수 있다.

2] 조직의 유형

비교조직학에서는 조직의 유형을 구분하고 유형별 특성을 분석하는데, 이러한 작업은 조직의 특성을 보다 구체적으로 이해하는 데 도움이 된다(이수태, 2009). 조직의 유형은 학자에 따라 다양하게 분류된다. 여기에서는 상담조직의 특성을 이해하는 데 유용한 Likert(1967)의 조직원 참여도에 따른 유형 분류, Etzioni(1958)의 복종 관계에 따른 유형 분류, Blau와 Scott(1962)의 수혜자 기준에 따른 유형 분류에 대해 살펴보고자 한다. 또한 각 조직 유형의 특성들이 조직 구성원으로 활동하는 상담자에게 어떤 영향을 미칠 수 있는지 탐색하고자 한다.

(1) Likert의 조직 유형

Rensis Likert는 리커트 척도(Likert Scale)로 이름이 잘 알려진 미국의 사회심리학자이다. Likert는 그의 저서 *Human Organization*(1967)에서 지도자 또는 최고 관리자의 유형과 조직 구성원의 참여도를 기준으로 조직 유형을 분류하고, 각 유형의 특성을 제시하였다. Likert는 조직에는 수탈적 권위 체제(exploitive-authoritative system),

온정적 권위 체제(benevolent-authoritative system), 협의 체제(consultative system), 참여집단 체제(participative system)라는 네 가지 유형이 있다고 보았다(표 1-3 참조).

표 1-3 Likert의 조직 유형 특성

제1체제: 수탈적 권위 체제	제2체제: 온정적 권위 체제
• 독단적인 리더십 • 하향식 의사소통 • 보상을 교묘히 이용함	• 부모의 돌봄과 같은 관리 방식 • 감독자들은 하급자가 스스로 복종하기를 기대함
제3체제: 협의 체제	제4체제: 참여집단 체제
• 구성원의 말에 경청하고 의사결정 권한을 유보함 • 일부 내적 보상에 의지하지만, 주된 보상은 외적 보상 위주	• 영향력에 기반을 둔 리더십 • 진정성 있고 신뢰하는 관계 • 내적 보상 위주 • 쌍방향적 의사소통

출처: Rothwell et al.(2009).

Likert는 네 가지 유형의 조직 체제 중에서 참여집단 체제를 가장 이상적인 조직 유형이라고 제안하였다. 참여집단 체제에서 지도자는 우수한 업무 수행 경력을 보유하고 있고, 조직원들의 문제를 다룰 때 인간적인 측면에 우선적인 관심을 가지며, 높은 업무 수행 목표를 지니고, 효과적인 작업 집단을 만들기 위하여 최선의 노력을 기울인다.

상담 관계는 기본적으로 내담자에 대한 무조건적인 존중과 수용을 전제로 한 진정성 있고 상호 신뢰하는 관계여야 한다. 그런 의미에서 상담자들이 지향하는 인간관계는 참여집단 체제가 되는 것이 마땅하다. 그러나 상담자의 직업 철학이 진정성, 신뢰, 존중을 중시한다고 해서, 상담자가 소속된 조직도 이러한 이상적인 조직의 특성을 갖추고 있을 거라고 단언하기는 어렵다. 만약 상담자가 지향하는 이상 및 가치와 조직 상황 간의 괴리가 크다면, 상담자는 그 조직에 적응하는 데 어려움을 겪을 것이다.

(2) Etzioni의 조직 유형

Etzioni(1958)는 리더의 권력 행태를 강제적(coercive), 공리적(utilitarian), 규범적(normative) 행태 등 세 가지 유형으로 분류하고, 조직원의 대응 행태를 소외적(alienative), 계산적(calculative), 도덕적(moral) 행태 등 세 가지 유형으로 분류하였다. 그리고 이를 조합하여 복종 관계에 따른 아홉 가지 조직 유형을 제안하였다(표 1-4 참조).

표 1-4 Etzioni의 조직 유형 분석

구분		조직원의 대응 행태		
		소외적	계산적	도덕적
리더의 권력 행태	강제적	I 조직 (강제적-소외적)	IV 조직 (강제적-계산적)	VII조직 (강제적-도덕적)
	공리적	II 조직 (공리적-소외적)	V 조직 (공리적-계산적)	VIII조직 (공리적-도덕적)
	규범적	III 조직 (규범적-소외적)	VI 조직 (규범적-계산적)	IX조직 (규범적-도덕적)

출처: Etzioni(1964).

Etzioni의 조직 유형에서 리더의 권력 행태 중 강제적 행태란 위협과 탄압을 토대로 한 권력을 의미하고, 공리적 행태란 물질적 보상에 근거한 권력을 말하며, 규범적 행태란 리더에 대한 존경과 자발적 헌신 등 상징성과 관련된 권력을 의미한다. 또한 조직원의 대응 행태 중 소외적 행태란 조직원의 강한 부정을 의미하고, 계산적 행태란 보상에 대한 관심이 주가 되는 대응을 말하며, 도덕적 행태란 강한 인정을 추구하는 대응을 의미한다. 이러한 분류를 토대로 한 아홉 가지 조직 유형 중 특히 I 조직(강제적-소외적 조직), V 조직(공리적-계산적 조직), IX 조직(규범적-도덕적 조직)이 전형적으로 발견된다(양승일, 2013). I 조직에서는 리더가 강력한 권력을 행사하는 반면, 조직원은 강한 소외감을 느낀다. 굴욕적인 복종을 보이는 군대, 강제수용소 등은 I 조직의 특징이 나타나는 대표적인 조직이다. V 조직에서는 리더가 조직원을 통제하기 위해 주로 보수나 근무조건 등 물질적 보상을 사용하고, 조직원은 자신이 받을 수 있는 이득을 계산하여 그에 부응하는 만큼만 조직에 기여하려 한다. V 조직의 특징은 대개 일반적인 영리기업 등에서 나타난다. IX 조직에서는 리더가 자신의 상징적 지위를 통해 통솔하고, 조직원은 리더를 존경하며 리더에게 인정받기 위해 자발적으로 조직에 봉사한다. 이러한 조직의 특징은 정당, 종교조직, 교육기관, 봉사단체 등에서 나타난다.

상담자의 인간관은 인간의 자율성과 내적 가치를 지향한다. 내담자를 자율적 인간으로 보고 내담자가 스스로의 가치를 온전히 발견할 수 있도록 돕는 것이 상담자의 책무이다. 그런데 이러한 인간 존중의 가치를 지향하는 상담자가 I 조직과 같이 강제적이고 소외적인 조직 환경에 처한다면 자신의 가치관과 조직 환경 간의 불일치로 인해 매우 고통스러울 것이다. 또한 상담조직은 V 조직과 같이 공리적인 권력과 계산적인 조직원 행태를 지닌 환경에서 운영되기도 한다. 이러한 상담조직에서는 조직(기관)이 상담자의 업무 성과를 객관적으로 평가하고 그 성과에 비례하여 상담자의 보수를 책정하며, 조직원인 상담자도 본인이 받을 수 있는 보상에 대해서만 조직에 기여한다. 영리를 목적으로 운영되는 상담기관에서 이러한 성과 중심의 조직 환경이 많이 나타나며, 여기에서 근무하는 상담자는 업무 성과에 매우 몰두하고 크게 압박감을 느끼는 경향이 있다.

상담조직은 궁극적으로 IX 조직과 같이 규범적인 리더와 도덕적인 조직원 행태로 운영되어야 한다. 상담자가 조직을 신뢰하고 전문적인 직업윤리의 테두리 안에서 상담 업무를 자율적으로 수행해낼 때, 상담자의 업무역량이 효과적으로 발휘될 뿐만 아니라 그 성과가 온전히 내담자의 이득으로 귀결될 수 있기 때문이다.

(3) Blau와 Scott의 조직 유형

Blau와 Scott(1962)은 조직 활동의 주된 수혜자(prime beneficiary)가 누구인가에 따라 조직 유형을 호혜조직(mutual benefit organization), 사업조직(business organization), 서비스조직(service organization), 공익조직(commonwealth organization) 등 네 가지 유형으로 구분하였다(표 1-5 참조).

표 1-5 Blau와 Scott의 조직 유형 개념도

조직 유형	주된 수혜자	핵심과제	사례
호혜조직	조직원	조직원의 만족	정당, 노동조합, 종교단체, 공제회, 전문직업단체 등
사업조직	소유주	이윤 추구	민간기업, 은행, 보험회사 등
서비스조직	고객	전문적 서비스 제공	사회사업기관, 병원, 학교 등
공익조직	전체 국민	국민에 의한 통제 확보	일반 행정기관, 군대, 경찰조직 등

출처: 양승일(2013).

호혜조직에서는 조직원이 조직의 주된 수혜자이며, 그렇기에 조직의 주요한 이슈는 조직원의 참여와 조직원에 대한 통제가 얼마나 민주적으로 이루어지는가에 있다. 반면 사업조직에서는 조직의 소유주나 관리자가 조직의 주된 수혜자로, 조직원들은 수혜자인 소유주나 관리자의 이익을 위해 복무해야 한다. 따라서 사업조직의 주요한 이슈는 경쟁적인 상황에서 조직을 능률적으로 운영하여 수혜자인 소유주와 관리자의 이득을 극대화하는 것이다. 한편, 서비스조직은 조직과 정기적 또는 직접적 관계를 맺으며 서비스에 대한 대가를 지불하는 고객이 주된 수혜자이다. 따라서 서비스조직에서는 고객에 대한 전문적인 서비스와 행정적 절차 사이에 발생할 수 있는 갈등이 주요한 이슈로 제기된다. 마지막으로 공익조직은 전체 국민(일반 대중)이 주된 수혜자로, 국민의 세금과 국민이 이양한 권한에 의해 운영되는 만큼 주요한 이슈는 조직의 활동과 절차가 얼마나 민의에 부응하는가에 있다.

Blau와 Scott의 조직 유형을 상담조직에 대입해보면, 조직 내에서 상담자가 수행하는 업무의 주된 수혜자가 누구인가에 따라 네 가지 유형으로 분류할 수 있다. 상담자 업무의 주된 수혜자가 조직원이라면 이 상담조직은 호혜조직이라 할 수 있다. 예를 들어 상담자 단체에서 소속 상담자들에게 직무소진 상담 등 심리적 지원 서비스를 제공하는 조직을 운영한다면, 이 상담조직은 일종의 호혜조직에 속한다. 반면에 민간 기업상담실은 기업 조직에 소속된 상담자들이 기업의 생산성 향상을 위해 복무해야 하므로 사업조직이라고 볼 수 있다. 대부분의 민간기업 상담실은 내담자인 근로자가 상담 서비스를 받기 때문에 호혜조직이라 여겨질 수 있지만, 기본적으로 인력관리 차원에서 운영되며 근로자의 업무 성과를 높이는 것이 목적이므로 궁극적인 수혜자는 기업의 관리자 또는 소유자가 된다. 한편, 학교나 사회사업기관, 전문상담소, 병원 등과 같이 해당 조직과 정기적 또는 직접적 관계를 맺는 고객이 주된 수혜자인 조직은 서비스조직이라 할 수 있다. 예를 들어, 학교상담실의 주된 수혜자는 학생과 학부모이고, 전문상담소의 주된 수혜자는 내담자이다. 마지막으로 일반 대중이 주된 수혜자인 상담조직은 공익조직이다. 경찰청에서 운영하는 범죄피해자상담실 등을 예로 들 수 있는데, 이 상담조직의 수혜자는 범죄피해자 당사자이기도 하지만 최종적인 수혜자는 일상의 안전을 보장받게 되는 전체 국민이다.

그런데 실제 상담조직에서는 상담자의 상담 활동을 통해 수혜를 얻게 되는 대상이 단일하지 않은 경우가 많다. 따라서 상담 활동의 초점 수혜자가 불일치할 경우 상담자는 복수의 수혜자들 사이에서 갈등할 가능성이 크다. 첫째, 호혜조직의 경우 상담 업무의 주된 수혜자는 조직원인데, 조직원들 사이 또는 조직원과 하위조직 사이에 이해관계가 다르면 상담자가 어떤 집단의 이익을 위해 상담 활동을 수행해야 할지 갈등하게 된다. 예를 들어 노동조합 소속 상담실에서 상담을 받는 내담자는 비밀이 보장되는 심리상담을 원하는데 노동조합은 조직원의 노무와 관련된 컨설팅을 해주길 원할 수 있다. 이때 상담자는 내담자를 위한 상담과 노동조합이 원하는 상담 사이에서 갈등할 수 있다.

둘째, 일반기업과 같은 사업조직에 속한 상담실의 경우 최종 수혜자는 조직의 소유주 및 관리자이다. 그런데 만약 조직이 내담자와의 상담 내용에 관한 정기보고를 요구한다면 상담자는 심각한 윤리적 갈등에 빠지게 된다. 비밀보장은 상담자와 내담자 간의 신뢰 관계를 이끄는 가장 기본적인 약속이기 때문이다. 또한 상담자는 내담자 역시 상담 활동의 수혜자가 되어야 한다는 생각과, 조직의 이익에 부응하지 않는다면 해당 사업조직이 상담실을 운영하지 않을지도 모른다는 우려 사이에서 갈등 상황에 놓일 수 있다.

셋째, 서비스조직의 경우에도 수혜자 집단이 불일치할 때 언제든지 갈등이 발생할 수 있다. 예를 들어 대표적인 서비스조직인 학교상담실에서 직접적인 내담자인 학생은 자신의 이성 관계 문제에 관한 상담을 원하는데 또 다른 고객인 학부모는 자녀의 성적 문제에 관한 상담을 원한다면, 상담자가 상담 목표를 세울 때 혼란스러울 수 있다.

넷째, 공익조직에서 수행되는 상담 업무의 주된 수혜자인 일반 대중도 그 대상이 단일하지 않으며 불일치할 수 있다. 예를 들어 출소자 심리상담 서비스는 범죄자들의 재범률을 낮추어 궁극적으로는 전체 시민들의 안전에 기여하지만, 일부 시민들은 자신이 납부한 세금이 범법자들에게 사용되는 것에 반대하기도 한다. 자신이 추구하는 상담 사업에 대해 시민들이 반대하는 상황에 처하게 되면, 상담자는 이 사업을 계속 추진할 수 있을지 깊이 갈등하게 될 것이다.

이처럼 각 조직 유형에서 상담자의 상담 활동에 대한 직접적인 수혜자와 간접적인 수혜자가 다를 수 있다는 것은 해당 조직의 존립 근거와 관련하여 중요하게 고려되어야 한다.

3. 공공상담조직과 민간상담조직

우리나라에서 상담자들이 속해있는 조직은 크게 국가 또는 지방자치단체의 세금으로 운영되는 공공상담조직과 개인 또는 기업의 자본으로 운영되는 민간상담조직으로 나눌 수 있다. 국내의 대표적인 공공상담조직에서 이루어지는 상담은 교육부 산하 각 지역 위(Wee) 센터 및 각급 학교 위(Wee) 클래스 등의 학교상담, 여성가족부 산하 각 지역 청소년상담복지센터 및 학교 밖 청소년 지원센터 등의 청소년상담, 고용노동부 산하 고용복지플러스센터의 구직·취업상담, 군부대의 병영생활상담, 각 지방자치단체 건강가정지원센터의 가족상담, 정신건강복지센터의 정신건강상담 등 매우 다양하게 운영되고 있다. 민간상담조직에서 이루어지는 상담은 전통적으로 개인이 운영하는 사설상담소의 상담을 의미했으나, 최근에는 프랜차이즈형 상담기업, 상담자 파견기업, 모바일상담 서비스 기업 등 새로운 형태의 상담 서비스조직이 등장하고 있다. 여기에서는 먼저 공공조직과 민간조직을 비교하여 그 차이점을 개괄하고, 공공상담조직과 민간상담조직의 특성에 대해 각기 심층적으로 살펴볼 것이다.

1) 공공조직과 민간조직의 비교

이전에 근무하던 기관과 상이한 조직 특성을 가진 상담기관으로 이직하는 상담자들은 종종 새로운 조직의 특성을 인지하지 못하고 적응의 어려움을 호소하곤 한다. 조직이론의 관점에서 보면, 공공조직과 민간조직은 조직이 지향하는 목적, 조직의 구조, 동기부여 특성, 조직원들의 직무 태도, 조직 내 리더십 특성, 조직 변화의 특성 등에서 차이가 있다(전영한, 2009). 따라서 상담자들은 공공상담조직과 민간상담조직의 특성 및 차이점을 잘 이해할 필요가 있다. 공공조직과 민간조직은 시장의 유무, 자원 획득 방식, 통제 방식 등에서 다음과 같은 차이를 보인다(전영한, 2009).

첫째, 공공조직에는 조직의 산출물이 거래되는, 엄밀한 의미에서의 시장이 존재하지 않는다. 산출물의 수요자와 공급자가 존재하기는 하지만, 산출물에 대한 가격과 공급량은 공급자에 의해 일방적으로 설정된다. 반면에 민간조직에는 조직의 산출물이 거래되는 시장이 존재한다. 사회적으로 의미 있고 중요한 산출물이라도 수요와 공급의 균형에 따라 적정한 가격이 형성된 시장이 없다면, 민간조직은 이를 공급하지 않는다. 따라서 지진이나 화재 등 재난에 대한 구호, 국방 및 치안, 감염병 예방, 저소득층 의료지원 등 사회적 공익을 위해 반드시 필요하지만 수익성과는 거리가 멀기 때문에 민간 시장에서 거래되기 어려운 공공서비스는 주로 공공조직을 통해 제공된다.

둘째, 시장의 유무는 조직에 필요한 자원의 획득 방식을 규정한다. 공공조직은 시장을 전제로 하지 않는 대신에 조직에 필요한 물적 자원을 예산 배정을 통해 정치적으로 획득한다(전영한, 2009). 범죄피해자 상담과 같이 지역주민 중 극히 일부만 이용하는 서비스라 하더라도 이것이 의미 있는 사업이라는 합의가 지역사회 내에 형성된다면 지역의회를 통해 해당 서비스에 대한 예산이 배정될 수 있다. 한편, 민간조직은 조직의 산출물을 시장에서 판매하여 얻는 수익을 통해 자원을 획득하고 축적함으로써 생존하고 성장한다. 그러므로 특정 사업에 대해 민간조직 내 구성원 개인이 의미 있고 사회적으로 필요한 산출물이라고 판단하더라도 실제 시장에서 수익이 나지 않는다면 수익을 통해 자원을 획득해야 하는 민간기업은 이를 공급하려 하지 않을 것이다. 민간상담조직에 속한 상담자가 트라우마 상담에 관한 전문 과정에서 수련을 마쳤고, 최근 사회적으로 각종 재난 및 재해 관련 상담을 받아야 하는 사람들이 많아진 경우를 예로 들어보자. 이 상담자가 트라우마 상담 프로그램의 필요성을 느끼고 이를 개발하여 민간영역에 보급하고자 하더라도, 민간상담조직의 입장에서는 대부분의 내담자가 상담료를 부담하기 어렵다고 판단된다면 금전적 손해를 감수하면서까지 해당 프로그램을 보급하기는 어려울 수 있다.

셋째, 자원의 획득 방식은 해당 조직에 대한 통제 방식을 규정한다. 예산을 통해 정치적으로 자원을 획득하는 공공조직은 예산을 배정하고 심의하는 입법기관을 비롯하여 행정 절차와 과정을 관리하는 각종 공적 감시 제도에 의해 관리되고 통제된다. 외부의 정치적 기관들이 공공조직의 예산 사용, 운영 절차, 성과 등을 감시하고 통제하는 것이다. 예를 들어 학교상담실, 청소년상담실, 병영생활상담, 각종 사회복지 관련 상담 등의 예산, 운영, 성과 등에 대해 국회는 각 상담조직의 상급기관인 교육부, 여성가족부, 국방부, 보건복지부 등을 대상으로 예산심의와 국정감사와 같은 공적 감시를 수행한다. 이렇듯 공공조직은 국민의 합의를 통해 설립되고 국민이 납부한 세금으로 운영되기 때문에 운영 과정에서 공정성, 정직성, 책임성, 엄밀성, 투명성이 더욱 요구된다. 특히, 공공조직에서는 조직의 성과가 우수하더라도 이를 산출하는 과정과 절차가 규정에 어긋나는 것은 용인되기 어렵다. 공공조직의 사업비는 개인의 돈이 아니며 국민에게 위임을 받아 집행하는 공적 자금이기 때문이다. 따라서 공공조직의 사업은 위임된 범위 안에서만 집행되어야 하며, 사업의 담당자가 바뀌더라도 공적 시스템을 통해 위임된 범위와 절차에 따라 일관성 있고 공정하게 수행되어야 한다. 만약 담당자 개인의 취향이나 의견에 따라 사업의 진행 방식이 크게 달라진다면, 공공사업의 안정성과 공정성이 보장되기 어렵다. 한편 민간조직은 시장에서 수익을 창출하여 자원을 획득하지 못하면 성장과 발전이 정체되고 결국 시장에서 살아남을 수 없게 된다. 따라서 시장에서의 경쟁력은 민간조직이 운영되고 관리되는 방식을 결정하는 가장 중요한 기준이 된다. 민간조직은 시장에서의 생존 가능성을 확보하고 경쟁력의 우위를 점하기 위해 시장의 변화에 기민하게 응할 필요가 있다. 이를 위하여 민간조직에서는 조직 내 인력 개편, 사업비 확보 및 집행 등에 대한 의사결정이 매우 유연하고 신속하게 이루어지는 경향이 있다.

이렇듯 공공조직과 민간조직은 시장의 유무, 자원 획득 방식, 통제 방식 등이 상이하고, 이에 따라 그 특성도 서로 다르게 나타난다. 우선, 수요와 공급이라는 유동적인 시장 원리에 영향을 받는 민간조직은 생존과 지속적인 성장을 위해 기민하게 변해야 한다. 소비자의 선호를 파악하고 수요의 변화에 민감하게 대응하여 공급을 변화할 수 있어야 한다. 민간조직이 시장의 변화를 제대로 읽지 못한다면 그 조직은 시장에서 도태되고 소멸할 수밖에 없기 때문이다. 반면 자원 획득과 집행 및 운영 등이 공적인 절차와 기관에 의해 이루어지는 공공조직은 수요자들의 선호에 그때그때 기민하게 대응하여 산출물을 공급하기보다는 규정, 지침, 절차 등을 우선하는 경향이 있다. 따라서 수요의 변화에 유연하게 대응하여 공급을 변화시키기 어려울 수 있다. 예를 들어 갑작스런 재해로 긴급하게 예산을 투입하여 이재민을 구호해야 하는 상황임에도 해당 연도 재난 지원 예산이 부족하거나 확보되지 않은 경우가 있다. 이때 지원 예산 확충, 지원금 우선 배정 대상 등을 합의하는 과정에 시간이 많이 소요되어 긴급한 구호가 필요한 이재민들에게 재난 지원금이 제때 전달되지 못하는 문제가 발생하곤 한다. 이러한 애로사항은 사업의 성과만큼 공정성, 투명성, 객관성 등이 중요하게 요구되는 공공조직에서 종종 나타나는 문제점이기도 하다.

2) 공공상담조직의 특성

이하에서는 공공상담조직의 특성을 보다 심층적으로 이해하기 위해 공공상담조직의 목표, 환경 및 구조, 조직원 및 리더십 등의 특성과 상담자들이 유념해야 할 사항에 대해 각각 살펴볼 것이다.

(1) 목표의 특성

공공상담조직은 공정성, 책임성, 형평성, 개방성, 정직성을 추구하는 동시에 효율성이 충족되기를 기대한다. 이처럼 공공상담조직이 추

🔍 사례 **경직성으로 인해 사업의 목표가 훼손된 공공상담조직**

지방자치단체의 교부금으로 운영되는 A시 청소년상담복지센터에서는 코로나19 사태로 대면상담이 어려워져 전년도에 이미 예산이 배정된 대면 개인상담 사업을 실시할 수 없게 되었다. 그러다 보니, 올해 목표로 하는 상담실적을 연말까지 달성하기 어려운 상황이 되었다. 이에 A시 청소년상담복지센터는 원격 화상상담으로 상담 서비스 방식을 전환하여, 코로나19로 심리적·일상적 어려움을 겪는 취약계층 청소년을 지원하는 사업을 추진하려고 하였다. 이를 위해 현재 배정받은 예산 일부를 전용하여 최신 노트북, 웹캠 등 화상상담에 필요한 물품을 구입하겠다는 신청서를 A시의 예산관리 담당자에게 제출하였다. 그런데 개인상담으로 배정받은 예산은 직접성 경비에 해당하는 상담 진행비로만 사용해야 하고, 기자재 구매는 자산 구입에 해당하기 때문에 예산을 전용할 수 없다는 통보를 받았다. 결국 센터에서는 화상상담으로 전환하려는 계획을 포기하고 기존 컴퓨터 장비로 서비스가 가능한 채팅상담만 실시하기로 하였다.

구하는 목표가 다중적일 수밖에 없는 이유는 사회에 서로 다른 가치를 지향하는 다양한 이해집단이 존재하고, 사회는 그러한 집단들을 모두 포용해야 하기 때문이다. 공공상담조직은 다양한 이해집단이 지향하는 가치들을 고려하여 공평한 정책을 추진해야 할 책무성을 갖고 있기에 다양한 목표를 추구하는 것이다.

그런데 서로 다른 이해를 추구하는 집단 간에는 상이한 가치관으로 인해 합의에 도달하지 못하는 경우가 비일비재하다. 이에 따라 정치적 이해관계를 타협하는 과정에서 공공상담조직이 추구하는 목표가 늘어나는 경향이 있다. 또한 상이한 목표를 추구하기 때문에 가치 갈등과 문제가 발생할 가능성이 높은데, 이를 해소하기 위해 절차의 준수를 강조하다 보니 관료적인 특성이 강해지곤 한다. 다시 말해 공정성, 책임성, 개방성, 효율성 등 다중적인 목표를 추구하는 공공상담조직의 특성으로 인해 조직구조의 집권적, 관료적, 절차적 특성이 강화될 수 있다. 이러한 공공상담조직의 특성은 종종 조직을 경직화하여 사업의 본래 취지나 목적을 훼손시킬 수 있으므로 주의해야 한다.

(2) 환경 및 구조의 특성

공공상담조직은 예산이 조직의 외부 기관에 의해 결정되고, 공적 감시 시스템에 의해 통제되며, 시장 원리가 적용되지 않는다. 따라서 환경 및 구조에서 다음과 같은 특성이 나타난다.

첫째, 공공상담조직의 예산은 정부 및 지방자치단체의 정책 결정과 국회 및 지방의회의 예산심의 및 결정에 따라 배정된다. 공공상담조직에 소속된 상담자가 일상의 현장에서 새로이 발생하는 사회적 문제점들을 포착하고 이를 개선하기 위한 새로운 상담 사업을 추진하려고

하더라도, 예산 배정과 인력 충원이 이루어지지 않으면 현실적으로 그 사업을 실현하기 어렵다. 이처럼 공공상담조직의 자원인 예산은 조직

🔍 **사례** 임의적 판단으로 예산을 집행한 사업 담당자

P시에서는 독거노인을 위한 '찾아가는 상담' 서비스를 새로 추진 중이다. 사업 담당자는 해당 서비스를 보다 효과적으로 운영하기 위해서는 독거노인 사업 전용 차량이 필요하다고 여기고, 사전에 배정된 예산의 대부분을 전용 차량 구입비로 사용하였다. 전용 차량이 구비되면서 독거노인 방문이 훨씬 용이해졌다. 그러나 예산의 대부분이 차량 구입비로 소진되었기 때문에 정작 독거노인을 상담하는 데 필요한 운영비가 매우 부족해졌다. 이에 사업 담당자는 자신이 관리하는 또 다른 사업인 한부모 자녀 상담 사업 예산에서 임의로 필요한 비용을 빼서 독거노인 상담 운영비를 충당하였다.

문제는 이러한 예산 운영 과정이 모두 사업 담당자의 임의적 판단으로 이루어지고 예산 전용에 대한 상급기관의 승인절차를 거치지 않았다는 점이다. 이러한 임의적인 예산 운영 방식은 이후 상급기관의 감사 과정에서 부적절하다는 지적을 받게 되었다. 해당 사업 담당자는 사전에 심의를 통과한 예산 범위를 벗어나서 임의로 과도한 비용을 지출하였고, 다른 사업비의 예산 계획까지 임의로 수정하여 집행하였기 때문이다. 이 담당자의 가장 큰 문제는 예산 집행 과정을 모두 '임의로' 수행했다는 점에 있다. 그는 최소한의 공적 절차도 없이 한부모 자녀 상담 사업이 덜 긴급하거나 중요하지 않다고 자의적으로 판단한 것이다. 결국 임의로 축소된 사업비로 인해 해당 연도 한부모 자녀 상담 사업의 실적은 전년도와 비교해 상당히 줄어들었다.

내부에서 생산되지 않고 조직 외부에서 지원되기 때문에 예산의 종류와 규모는 외부의 정치세력과 정부의 정책 방향에 따라 좌우된다.

둘째, 공공상담조직의 예산과 조직 운영은 공적 감시 시스템에 의해 관리된다. 특히 공공상담조직은 예산을 집행하고 각종 사업을 수행할 때 법률에 근거한 행정 절차와 기관의 규정과 같은 공적 절차를 준수해야 한다. 그러므로 공공상담조직의 상담자는 자신이 수행하는 상담사업이 어떠한 공적 절차에 의해 운영되는지 정확하게 이해하고 사업의 운영 과정에서 요구되는 행정 업무역량을 충분히 갖출 필요가 있다.

공공기관에 처음 입직한 신입 상담자들은 종종 공문서 작성, 예산 계획 수립, 예산 집행 근거자료 작성 등의 행정적 업무에 부담을 느끼고 힘들어한다. 또는 본인이 상담 업무를 수행할 것으로 기대하여 취업하였는데 온종일 공문서 작성 등 행정 업무에 시달리다 보니 본인이 상담자인지 행정직원인지 역할이 모호하다고 호소하는 경우도 있다. 이러한 불평들은 공공상담조직의 환경 특성과 요구되는 업무 수행 역량을 정확하게 파악하지 못한 데에 주된 원인이 있다. 공공상담조직에서 요구되는 행정 절차는 공공사업의 공정성, 형평성, 책임감, 투명성, 객관성 등의 목표를 실현하기 위한 공적 감시 시스템의 일부라는 것을 이해해야 한다.

셋째, 공공상담조직은 민간조직과 달리, 수요와 공급으로 대표되는 시장 원리가 적용되지 않는다. 따라서 수익을 창출하기 위한 시장의 압박에서 벗어나 안정적으로 운영될 수 있다. 어떤 사업의 수익성이 떨어지더라도 그 필요성이 사회적으로 인정된다면 해당 사업에 대한 공적 자금이 투입되고, 일단 예산이 배정되면 사업 기한까지 해당 사업 예산이 줄어들거나 중단될 우려가 거의 없다. 이는 다양한 이해집단이 지향하는 가치들을 모두 고려하는 공공상담조직의 고유한 특성에서 기인하는 것으로, 각 집단들 간의 일정한 타협과 합의를 통해 확정된 정책은 일정 기간 동안 운영이 보장되고 책임을 다해 이행되어야 하기 때문이다. 이러한 이유로 공공상담조직은 민간상담조직과 비교하여 예산 및 인력 확보 면에서 상대적으로 안정적인 경향이 있다.

(3) 구성원 및 리더십의 특성

공공상담조직의 목표, 환경 및 구조의 특성은 조직원들의 직무 태도와 요구되는 리더십 스타일에도 영향을 미칠 수 있다. 공공상담조직은 상이한 가치를 지향하는 다양한 이해집단과 운영을 관리하는 외부 공적 시스템의 영향으로 인해 조직 내 의사결정이 신속하고 일관성 있게 이루어지기 어려울 때가 있다. 대통령 및 지방자치단체장 선거 또는 국회의원 및 지방의회의원 선거 등을 통한 주요한 정치세력의 변화는, 공공상담조직의 입장에서는 조직의 사업 방향에 영향을 미치는 외부 힘의 변화를 의미한다. 이 때문에 수년간 추진해오던 사업이 정치세력이 바뀌면서 중단되고 이전과 다른 방향의 새로운 공공사업이 추진되는 일이 종종 발생한다. 공공상담조직의 구성원이 이러한 상황에 반복적으로 직면하면 사기가 저하되고 직무 자율성과 의사결정권이 침해당한다고 느낄 수 있다. 이처럼 공공상담조직의 사업이 외부의 영향에 의해 자주 번복될수록 공공상담조직의 구성원들은 더욱 안전지향적이고 보수적인 태도로 직무에 임하게 될 가능성이 커진다.

그러나 공공상담조직의 구성원들이 외부 세력에 일방적으로 영향을 받기만 하는 것은 아니다. 이들은 공공봉사동기(public service motivation: PSM)라는 특유의 이타적인 내재적 직무 동기를 가지는 것으로 알려져 있다(Perry & Wise, 1990). 공공봉사동기는 사적인 이득이 아닌 공공의 이익을 중요하게 생각하며 자신의 업무 수행을 통해 공공의 이익을 높이고자 하는 동기로, 공공정책 결정에 대한 호감(attraction to policy making), 공공의 이익에의 헌신(commitment to public interest), 정서적 동정심(compassion)과 자기희생(self-sacrifice)이라는 네 가지 하위 차원으로 구성된다(Perry & Wise, 1990). 또한 공공봉사동기가 높은 구성원일수록 자신이 맡은 직무에 더욱 만족하고, 조직의 목표에 몰입하며, 조직 내에서 혁신적이고 진취적인 행동을 더 많이 한다(Naff & Crum, 1999; Crewson, 1997; 김태호, 노종호, 2010). 공공봉사동기는 업무 성과에도 긍정적인 영향을 미쳐, 공공봉사동기가 높은 구성원들이 많은 조직일수록 조직 내부의 의사소통과 업무 수행이 더 효율적으로 이

> **🔍 사례** 과중한 업무 부담 문제가 해결되지 않아 핵심 인력이 이직한 상담기관
>
> S시 산하의 공공기관인 C재단은 수년 전부터 성매매피해 청소년을 전문적으로 상담하고 있다. 최근 온라인을 통한 성매매 문제가 심각한 사회 문제로 떠오르고 피해 청소년 사례가 많이 증가하였지만, C재단은 추가 상담 인력을 충원하지 않고 기관 내의 소수 상담 인력만으로 급증하는 상담사례에 대응하고 있다. 초등학생 두 아이를 키우면서 C재단의 상담실에서 전일제 근무를 하는 W 씨는 자신의 직무에 대한 사명감으로 최근 폭증하는 상담 업무를 소화하기 위해 3개월째 매일 야간 상담 업무를 하고 있다. 그러나 올해 초등학교에 입학한 둘째 아이가 학교 적응에 어려움을 겪자, W 씨는 자녀들을 제대로 돌보지 못했다는 죄책감 때문에 시간제 근무가 가능하고 보수도 현재 직장보다 훨씬 높은 민간상담기관으로 이직하였다.

루어진다(Ritz, 2009).

이처럼 공공상담조직에서 종사하는 상담자들이 가지고 있는 특징인 공공봉사동기는 직무 태도와 성과에 긍정적인 영향을 주지만 여기에만 의존하여 희생을 강요해서는 안 된다. 상담자들에게 적절한 인센티브와 보상을 제공하지 않고 내적 동기와 사명감에 기대어 조직을 운영하면 상담자들의 복지가 훼손될 뿐만 아니라 직무소진이 발생할 위험 또한 높아질 수 있다는 점을 유념할 필요가 있다.

한편, 공공상담조직의 관리자들에게 요구되는 리더십 유형은 크게 두 가지로 나눌 수 있다. 첫 번째는 외부지향 리더십으로, 이는 정치적 지지를 끌어내기 위해 조직 외부와 원만한 관계를 유지하는 역량을 뜻한다. 공공상담조직의 관리자는 부정적인 영향으로부터 조직을 보

🔍 **사례 외부지향 리더십과 내부지향 리더십의 장단점**

M시 산하의 공공상담기관에서 근무하는 A 팀장과 B 팀장은 리더십 스타일이 정반대다. A 팀장은 상담 분야가 아닌 타 분야 공공정책 운영 경험이 많은 행정전문가로, 호탕하고 사교성이 좋으며 외부 네트워크 능력이 훌륭하여 기관에 필요한 예산을 확보하는 능력이 탁월하다. 그러나 A 팀장의 팀원들은 팀장이 외부 출장으로 자주 자리를 비워 결재 하나 받기가 쉽지 않다고 불평이다. 반대로 B 팀장은 전문상담기관에서 오랫동안 근무한 상담 전문가로서 사교적이지는 않아도 꼼꼼해서 팀 소속 상담자들의 사례 슈퍼비전을 개인별로 하나하나 챙겨준다. 그래서 B 팀장의 팀원들은 상담 실력이 날로 성장하지만, 팀장이 팀에 필요한 추가 인력과 예산을 확보하지 못하고 모든 내부 업무를 너무 깐깐하게 관리하려고 해서 숨이 막힌다는 불만을 토로한다.

호해줄 수 있는 조직 외부와 네트워크를 형성하고 이를 효과적으로 관리하여 자기 기반을 확보하는 리더십을 갖추어야 한다. 조직의 관리자가 이러한 외부지향 리더십이 부족하면, 조직에 필요한 물적 자원인 예산과 인력을 확보하는 데 차질이 생기고 외부 세력의 영향에 조직이 좌지우지될 가능성이 있다. 외부지향 리더십이 중요시되는 공공상담조직에서는 외부와의 네트워크 역량에 초점을 두기 때문에 종종 상담 분야 전문가 출신이 아닌 사람을 관리자로 두기도 한다.

두 번째는 내부지향 리더십으로, 이는 조직의 사업과 구성원에 대한 관리 역량을 뜻한다. 공공상담조직의 관리자는 조직 내 상담 업무가 조직의 목표에 맞게 효율적이고 효과적으로 수행되는지, 조직 구성원들이 각자의 역량을 최대한 발휘할 수 있도록 적절히 배치되었는지 등과 같이 조직 운영 전반을 평가하고 관리하며 책임질 수 있어야 한다. 공공상담조직의 관리자가 조직 내부를 적절히 관리하기 위해서는 상담 업무에 대한 이해가 높아야 하기 때문에 내부지향 리더십이 중요시되는 공공상담조직에서는 상담 분야 전문가 출신인 사람을 관리자로 두는 경향이 강하다.

공공상담조직에서 요구되는 리더십 유형을 외부지향 리더십과 내부지향 리더십으로 구분하기는 했지만, 공공상담조직에서는 관리자의 자질로서 두 가지 유형의 리더십을 동시에 요구한다. 그러나 현실적으로 한 사람의 관리자가 두 유형의 리더십을 모두 완벽히 갖추고 발휘하기는 쉽지 않다.

(4) 상담자들이 유념해야 할 사항

공공상담조직에서 근무하는 상담자들은 직무에 임할 때 다음과 같은 사항에 대해 유념할 필요가 있다.

첫째, 공공상담조직의 상담자는 임의로 사업을 수행하지 않도록 유의해야 한다. 공공상담조직은 국민의 세금을 집행할 수 있는 권한을 위임받아 사업을 수행한다. 따라서 사업과 관련된 법률, 기관의 규정, 조직 내 업무 라인, 예산 배정 상황 등을 사전에 확인하여 사업을 수행해야 한다. 공공상담조직에서 처음 근무하는 신입 상담직원들은 창의적인 아이디어를 가지고 새로운 상담 사업을 추진하던 중에 예산이나 규정을 확인하지 않고 자의적으로 진행하다가 곤란한 상황에 봉착하는 경우가 있다. 사업비 집행 규정을 확인하지 않고 사업 진행에 필요하다고 판단하여 임의로 물품 구매 계약을 맺었다가 예산 지출이 승인되지 않아 구매하기로 계약한 업체에 의도치 않게 손해를 끼치는 사례를 예로 들 수 있다.

둘째, 공공상담조직의 상담자는 상담 사업을 기획하고, 예산을 집행하고, 사업을 평가하는 과정에서 해당 기관의 운영 지침, 업무 관련 규정, 사업 관련 법률 등을 준수해야 한다. 또한 사업 관련 사진, 회의록, 공문서, 결재 서류와 같은 사업 수행 과정에 대한 기록과 자료들을 꼼꼼하고 체계적으로 정리해야 한다. 이는 사업이 사전에 계획된 절차에 따라 진행되었다는 증거 자료인 동시에, 사업 운영의 적절성을 평가할 수 있는 중요한 근거자료로 활용될 수 있기 때문이다.

셋째, 공공상담조직의 상담자는 공공조직의 예산과 조직의 안정성을 충분히 인식한 상태에서 사업을 수행해야 한다. 공공상담조직은 외부환경이 급속히 변하더라도 조직의 안정성이 어느 정도 보장되기 때문에 일정한 범위 안에서는 조직의 구성원들이 안정적으로 사업에 임할 수 있다.

3) 민간상담조직의 특성

이하에서는 민간상담조직의 특성을 보다 심층적으로 이해하기 위해 민간상담조직의 목표, 환경 및 구조, 조직원 및 리더십 등의 특성과 상담자들이 유념해야 할 사항에 대해 각각 살펴볼 것이다.

(1) 목표의 특성

민간상담조직은 기본적으로 시장 원리에 따라 움직인다. 민간조직은 시장의 수요에 맞춰 산출물을 공급하여 발생한 수익으로 자원을 확보함으로써 조직을 유지하기 때문에 영리 추구는 민간조직의 기본적인 목표라고 할 수 있다. 그런데 상담은 전문적인 활동으로서 내담자의 안녕에 최대한 기여하고자 한다는 윤리적인 가치를 지향한다. 따라

🔍 **사례** 영리 추구와 관련된 민간상담조직의 비윤리적 운영

T상담센터는 대도시의 중심가에 위치한 유명 사설 상담기관이다. 어느 날 상담자 L 씨는 상담센터장으로부터 상담 회기를 너무 일찍 종결하지 말라는 요청을 받았다. 장기 상담으로 진행하는 안정적인 사례가 많을수록 상담센터의 수익이 많아진다는 이유에서였다. 또한 T센터는 최근에 개인상담이 시간당 수익률이 높지 않다는 이유로 개인상담실을 줄이고 집단상담과 교육이 가능하도록 강의 시설을 확장하고 관련 프로그램을 대대적으로 개발하였다. 그러나 상담자 L 씨는 집단상담이 부적합한 내담자에게조차 개인상담실을 배정하기 어렵게 된 현재의 상담센터 운영 방침에 마음이 많이 불편하다.

서 민간상담조직의 목표는 영리 추구를 기본으로 하면서도 동시에 전문 상담조직으로서 상담윤리를 구현하고자 한다. 하지만 영리 추구와 상담윤리라는 목표는 그 지향이 달라서 민간상담조직 내 상담자들이 윤리적 갈등을 겪을 수 있다.

(2) 환경 및 구조의 특성

민간상담조직은 국민 또는 국민의 대리인에 의해 합의된 정책에 따라 움직이는 공공상담조직과는 달리, 시장 원리에 따라 움직이기 때문에 환경과 구조에서 다음과 같은 특성이 나타난다.

첫째, 민간상담조직은 시장의 변화에 반응하여 조직의 환경을 빠르게 적응시킨다. 시장의 변화에 적응하지 못하는 민간상담조직은 시장에서 경쟁력을 갖추기 어렵기 때문이다. 상담 서비스가 거래되는 시장에서 잠재적 내담자들의 새로운 상담 수요가 발생하면 민간상담조직은 이러한 수요에 부응한 새로운 상담 서비스를 공급한다. 반대로 사회적 환경의 영향으로 특정한 상담 서비스에 대한 수요가 줄어들면 민간상담조직은 해당 상담 서비스의 공급을 줄인다. 이는 시장 원리에 따른 자연스러운 현상으로, 상담자의 입장에서 상담 수요의 감소와 그에 따른 공급의 감소는 상담자 수익의 감소를 의미한다. 이때 민간상담조직은 수익 보존과 조직의 생존을 위해 조직 규모를 줄이거나 대안적인 사업을 개척하는 등 시장 환경에 기민하게 반응한다.

한편 상담 서비스를 받는 고객이 상담 서비스의 품질에 만족하지 못한다면 해당 서비스에 대한 수요는 줄어들 것이다. 민간상담조직에서 상담자의 상담 성과는 고객의 서비스 만족도에 빠르게 반영되며, 결과적으로 수익성과 직접적으로 연결된다. 이렇듯 상담자의 업무 성과가 서비스 수익성으로 이어지기 때문에 민간상담조직은 상담 서비스의 주된 생산자인 상담자들의 업무 성과를 객관적이고 지속적으로 평가한다. 이러한 이유로 민간상담조직에서는 상담자의 업무 성과에 따라 급여가 책정되는 경우가 빈번한데, 상담자의 입장에서는 업무 성과와 연동되는 급여 체계에 스트레스를 받을 수 있다. 특히 내담자의 만족도 평가에 따라 상담자의 급여가 달라지는 환경은 상담자와 내담자 간의 안정적이고 치료적인 관계에 부정적인 영향을 미칠 수 있다.

둘째, 민간상담조직에서는 상담자들의 임금 수준과 고용의 질 또한 수요와 공급의 원리에 따라 결정된다. 민간상담조직에서는 상담 서비스의 수익성을 우선시하기 때문에 효율성을 높이기 위해 조직의 구조를 쉽게 변경하기도 한다. 또한 서비스 운영과 관련된 절차적 규정이나 규칙도 수익성과 효율성을 위해 간소화하는 경우가 많다. 이러한 민

🔍 **사례** 상담 만족도 평가와 성과급의 연동이 불러온 부정적 결과

기업형 민간 심리상담센터인 N사에서는 상담 회기가 종료될 때마다 고객들에게 상담 회기에 대한 만족도 평가를 받아 업무 평가에 반영하는 시스템을 도입하였다. 이는 고객들의 만족도 평가가 높은 상담자일수록 업무 평가에서 높은 등급을 주고, 성과급 인센티브도 제공하는 시스템이다. 그런데 이러한 평가 시스템이 도입된 이후, N사 소속의 상담자들은 성과급 수입을 더 많이 받기 위해 내담자가 평가하는 만족도를 높일 방법을 고민하게 되었다. 그러다 보니 상담자들은 내담자들이 상담 효과를 즉각적으로 느끼는 조언하기 위주의 상담기술을 구사하고, 장기적인 자기 탐색과 자기 통찰을 이끄는 상담기법은 꺼리게 되었다.

간상담조직의 융통성은 시장의 변화에 기민하게 대응할 수 있도록 도움으로써 조직의 시장 경쟁력을 강화할 수 있다. 그러나 한편으로는 시장 상황에 따라 조직 내 인력 수급이 쉽게 변동되어 상담자들의 고용 불안정을 심화시키는 문제점으로 나타나기도 한다. 고정 임금이 있고 의료비나 자녀수당 등의 복지가 일관성 있게 지원되는 정규직이라면 안정성이 보장되겠지만, 시장의 변동성이 큰 민간상담조직에서는 정규직보다는 계약직이나 시간제 근무 방식이 상대적으로 흔하다. 이로 인해 민간상담조직에서는 상담자의 역량 수준과 시장에서의 상담 수요에 따라 상담자들 간 수입 격차가 큰 편이다.

(3) 구성원 및 리더십의 특성

민간상담조직에서는 수익성의 증대가 일차적 목표이기 때문에 상담자의 보수가 업무 성과에 따라 연동되는 등 성과에 대한 압력이 큰 반면, 비교적 융통성 있게 운영되고 상담자에게 업무에 대한 재량적 관리 권한을 상당히 부여한다. 또한 개별 상담자가 진행하는 상담사례나 외주된 수탁 사업의 프로젝트 단위와 같이 담당 업무의 영역과 책임이 분명하고, 그에 따라 업무와 관련된 의사결정에 자율성이 있다는 특징을 가지고 있다. 따라서 민간상담조직의 상담자들은 업무상 자율성에 대한 만족도가 공공상담조직보다 훨씬 높은 편이다. 그러나 높은 성과를 내야 한다는 압박감으로 인해 큰 스트레스를 받을 수 있다.

한편, 민간상담조직의 관리자는 시장에 대한 이해가 높아야 하고 시장의 변화에 기민하게 대응할 수 있도록 정보 수집 능력이 우수해야 한다. 특히 본인이 이끄는 민간상담조직이 시장에서 어떠한 우위를 가졌는지를 객관적으로 파악할 수 있어야 한다. 소규모 개인상담소라고

하더라도 상담 수요를 정확히 분석하여 차별화된 프로그램을 구비함으로써 시장 경쟁력을 높일 수 있다. 동시에 민간상담조직의 관리자는 조직 내부를 효과적으로 관리하여 조직의 생산성을 제고해야 한다. 상담 서비스의 성과는 주로 상담자의 자질과 역량에 토대를 둔다. 그렇기 때문에 관리자는 조직 내에서 활동하는 상담자들이 상담 관련 업무를 효과적으로 수행할 수 있게끔 사례 슈퍼비전과 업무 지도를 적절히 지원해야 한다. 이를 위해 상담사례의 난이도와 내담자 특성을 평가하여 소속 기관 상담자의 역량 수준에 맞는 상담사례를 배정하는 것이 중요하다. 또한 상담자가 상담사례를 진행하는 과정에서 애로사항이 발생하면 자문과 사례지도 및 관리를 통해 상담조직 전체의 서비스 품질을 관리해야 한다.

(4) 상담자들이 유념해야 할 사항

민간상담조직에서 근무하는 상담자들은 직무에 임할 때 다음과 같은 사항에 대해 유념할 필요가 있다.

첫째, 민간상담조직은 영리 추구의 목표와 상담윤리 사이에 끊임없는 긴장과 갈등이 있음을 명심해야 한다. 상담은 사회적인 서비스로서 수요와 공급의 흐름에 따라 유통되는 상품인 동시에, 내담자의 안녕과 복지를 추구하고 사회의 건강성에 기여하고자 하는 활동이다. 따라서 민간상담조직의 상담자들은 조직 내에서 산출되는 상담 서비스가 시장에서 경쟁력을 갖출 수 있도록 노력하면서도 사회적으로나 내담자 개인에게 해가 되지 않고 도움을 주는 서비스를 제공해야 한다. 서비스의 시장 경쟁력과 윤리적 수행이라는 가치는 어느 하나만을 선택할 수 있는 것이 아니며, 민간상담조직의 상담자는 민간상담 서비스의 이 두 가지 가치 모두를 합리적으로 고려해야 한다.

둘째, 민간상담조직의 상담자는 자신의 전문적 경쟁력이 무엇인지 탐색하고 이를 계발하기 위해 끊임없이 노력해야 한다. 최근에는 상담을 전문적으로 수련하고자 하는 사람들이 급증하고, 상담 자격증을 보유하거나 상담 관련 석박사 학위를 취득한 사람도 크게 늘었다. 즉, 상담자 공급이 과도하게 증가한 만큼 민간상담 시장에서 상담자 간 경쟁이 더욱 치열해질 수 있다. 또한 상담 서비스는 사회적 서비스의 일종으로, 내담자의 심리사회적 건강 증진과 인성 발달을 추구하고 내담자가 가지고 있는 일상의 문제 해결을 돕는 활동을 수행한다. 그런데 이러한 효과는 오로지 상담만을 통해 얻어지는 것이 아니다. 일반적으로 심리적인 문제를 겪고 있는 사람에게 상담이라는 서비스는 자신의 어려움을 해결할 수 있는 여러 선택지 중의 하나일 것이다. 그는 심리적 어려움을 해결하기 위해 상담이 아니라 일주일간의 해외여행이나 요가 수업을 선택할 수도 있다. 만약 자녀의 사회성 발달을 염려하는 부모라면 아이와 함께 민간 아동상담기관을 방문하는 대신에 아이를 스포츠클럽에 보낼 수도 있다. 최근 마음건강과 심리교육 시장이 확대된다고 해서 그것이 반드시 민간상담 시장의 성장을 의미하는 것은 아니다. 그러므로 시장의 경쟁 한가운데 서 있는 민간상담조직의 상담자들은 마음건강과 심리교육 시장 전체에서 그리고 상담 분야 내에서 자신의 전문적 경쟁력을 높이기 위해 항상 노력을 기울여야 한다.

셋째, 민간상담조직의 상담자는 융통성 있는 조직 환경의 특성을 충분히 인식하고 최대한 활용할 수 있어야 하며, 보다 적극적이고 창의적인 태도를 가지고 업무에 임할 필요가 있다. 민간상담조직의 유동성은 상담자들에게 직업적 불안정성을 의미할 수도 있지만, 적극적인 관점에서 보면 이를 변화 가능성이라고 받아들일 수도 있다. 민간상담조직은 시장의 수요에 부응하기 위해 조직 구성원들의 창의적인 아이디어와 열정이 효과적으로 발휘될 수 있도록 구성원 개인에게 업무 재량권을 충분히 보장하는 편이다. 자율적 관리와 융통적 조직, 개인의 업무 성과에 대한 명확한 보상체계에 매력을 느끼는 상담자라면 민간상담조직에서 환영받는 인재가 될 수 있을 것이다.

 토론 주제

1 자신의 성격 특성 및 가치관과 상담조직의 목표, 환경 및 구조, 조직원
   및 리더십 특성 등을 고려할 때, 자신이 공공상담조직에 적합할지,
   민간상담조직에 적합할지 생각해보자.

2 아래는 코로나 시기 민간상담조직과 공공상담조직의 명암을 소개한
   내용이다. 이와 같이 사회적 환경의 변화로 민간상담 영역이 위축되는
   상황에서 민간상담조직에 종사하는 상담자들이 어떻게 위기를 타개해나갈 수
   있을지 생각해보자.

   > 2020년 1월부터 시작된 코로나19가 확산되면서 대면상담이 어려운 상황이
   > 지속되었다. 특히 대면상담 서비스를 위주로 하는 많은 민간상담조직들은
   > 내담자의 방문이 끊기면서 상담사례를 진행하기 어려워지자 수익이
   > 급감하여 문을 닫을 수밖에 없었다. 반면 방문 내담자의 수요가 크게 줄어든
   > 상황에서도 공공상담조직들은 사전에 확보된 예산과 인력을 보장받으며
   > 조직을 보존할 수 있었다. 또한 사회적 거리두기 조치가 장기화되면서
   > 실직이나 사회적 단절 등으로 인한 정신적 어려움을 겪는 사람들이 많아졌고
   > 여기에 대한 공적 자금 투입의 필요성이 인정되면서, 공공상담조직은
   > 온라인상담 등 비대면상담 서비스를 더욱 확대할 수 있었다.

상담 관련 내용은 현재 학교·청소년·노인·범죄·가족·직업 등 100여 개의 분야별 법률에서 개별 조항으로 다루어지고 있으며, 각각의 법은 상담과 상담자에 대해 나름대로 규정하고 있다. 이러한 상담 관련 법률은 상담 활동의 근거가 될 뿐 아니라, 향후 상담 분야 발전의 기초가 된다는 점에서 매우 중요하다. 그러나 아직 상담 활동, 상담 인력, 상담자격 등 다양한 상담정책과 사업에 공통적으로 적용되는 기준과 체계가 갖추어져 있지 않아 여러 혼란이 야기되고 있다. 따라서 이러한 혼란을 줄이고 상담 분야의 지속적인 발전을 도모하기 위해서는 상담 전반을 관장하는 모법(母法)으로서의 상담법을 제정하여 각 분야별 상담 관련 법률에 공통적으로 적용할 필요가 있다. 이 장에서는 먼저 우리나라에서 시행되고 있는 상담 관련 법률들의 현황을 다룬 뒤, 상담법 제정을 위한 다양한 노력들과 상담법(안)에 대해 살펴보고, 모법으로서의 상담법 제정을 위해서는 어떤 과제들을 해결해나가야 하는지 탐색해본다.

1. 상담 분야 현행 법률

현행 법률에서 '상담'이라는 용어를 사용한 법률은 460여 개에 이르는데(김인규, 손요한, 2020; 최정아, 2018), 여기에는 세무, 재무, 회계, 법률, 인사, 고충, 민원 등 심리상담이나 전문상담 이외의 영역을 다루는 법도 포함된다.

여러 학자들은 이러한 상담 관련 현행 법률에 대한 분석 및 연구를 진행해왔다. 먼저, 김요완(2018)은 비밀유지에 관한 법적 규정, 신고의무에 관한 법적 규정, 상담자 자격과 관련한 국내 법 체계 등을 정리하여 제시하였고, 최정아(2018)는 '심리상담'을 규정하고 있는 133개의 법률 조문을 상담 장소, 상담 문제, 상담 대상별로 구분하고 심리상담 서비스 제공인력, 세부 직무, 직위 등을 분석하였다. 김인규와 손요한(2020)은 '심리상담'을 다루는 101개의 법률을 소관 부처, 상담기관, 상담 인력, 상담자격 등으로 구분하여 분석하였다. 또한 김인규 등(2020)은 가정폭력, 성폭력, 범죄피해, 군 생활 문제, 청소년 문제, 학교생활 문제, 가정 문제, 회사에서의 문제 등 상담 영역별로 관련된 법률을 상담 사례와 함께 제시하였다. 아래에서는 최정아(2018), 김인규와 손요한(2020)을 중심으로 상담 분야 법률에 대해 살펴본다.

1) 현황

최정아(2018)는 상담을 언급한 462개 법률 중 심리상담을 명시한 법 133개를 분석하고, 이들 법률을 심리상담이 필요한 장소, 상담 문제의 종류, 상담이 필요한 대상자별로 구분하여 표 2-1과 같이 제시하였다.

표 2-1 심리상담이 명시된 법률

영역	법률	법률 수
가정	가사소송규칙, 가정보호심판규칙, 가족관계의 등록 등에 관한 규칙, 민법 제836조의2(이혼의 절차), 한부모가족지원법, 가정폭력방지 및 피해자보호 등에 관한 법률, 민사소송 등에서의 전자문서 이용 등에 관한 규칙	7
학교	정부조직법, 초·중등교육법, 영재교육 진흥법, 행정권한의 위임 및 위탁에 관한 규정, 지방교육행정기관 및 공립의 각급 학교에 두는 국가공무원의 정원에 관한 규정, 교사임용후보자명부작성규칙, 교원 등의 연수에 관한 규정, 교원자격검정령, 교육공무원 승진규정, 교육공무원 임용후보자 선정경쟁시험규칙, 교육부와 그 소속기관 직제, 방송통신중학교 및 방송통신고등학교 설치기준령, 사학기관 재무·회계 규칙, 학교 밖 청소년 지원에 관한 법률, 학교보건법, 학교안전사고 예방 및 보상에 관한 법률, 학교폭력예방 및 대책에 관한 법률	17
직장	공무원 후생복지에 관한 규정, 공무원보수규정, 공무원임용시험령, 국가기술자격법 시행규칙, 산업재해보상보험법, 상호저축은행법, 신용협동조합법, 경찰공무원 보건안전 및 복지 기본법, 소방공무원 보건안전 및 복지 기본법, 양성평등기본법, 가족친화 사회환경의 조성 촉진에 관한 법률	11
군대	군인의 지위 및 복무에 관한 기본법, 군에서의 형의 집행 및 군수용자의 처우에 관한 법률	2
재난 · 재해 · 위기	자연재해대책법, 재난 및 안전관리 기본법, 재해구호법, 4·16세월호참사 피해구제 및 지원 등을 위한 특별법, 가축전염병 예방법, 소방기본법, 보건복지부와 그 소속기관 직제 시행규칙, 건강가정기본법, 청소년복지 지원법, 자살예방 및 생명존중문화 조성을 위한 법률, 행정안전부 소관 비상대비자원 관리법	11
중독	마약류중독자 치료보호규정, 사행산업통합감독위원회법, 게임산업진흥에 관한 법률, 과학기술정보통신부와 그 소속기관 직제 시행규칙, 지능정보화 기본법, 국민건강증진법, 청소년 보호법	7
범죄	소년법, 소년심판규칙, 보호소년 등의 처우에 관한 법률, 보호관찰 등에 관한 법률, 치료감호 등에 관한 법률, 법무부와 그 소속기관 직제 시행규칙, 성매매방지 및 피해자보호 등에 관한 법률, 성매매알선 등 행위의 처벌에 관한 법률, 성폭력방지 및 피해자보호 등에 관한 법률, 성폭력범죄 등 사건의 심리·재판 및 피해자 보호에 관한 규칙, 성폭력범죄의 처벌 등에 관한 특례법, 성폭력범죄자의 성충동 약물치료에 관한 법률, 사회복지사업법, 양성평등기본법, 전자장치 부착 등에 관한	25

	법률 시행규칙, 형의 집행 및 수용자의 처우에 관한 법률, 범죄피해자 보호법, 범죄피해자보호기금법, 주민등록법, 공익신고자 보호법, 검사의 수사지휘 및 특별사법경찰관리의 수사준칙에 관한 규칙, 경찰공무원 승진임용 규정, 교도관직무규칙, 진술조력인의 선정 등에 관한 규칙, 협동조합 기본법	
고용	전문직공무원 인사규정, 자격기본법, 진로교육법, 청년고용촉진 특별법, 고용노동부와 그 소속기관 직제 시행규칙, 고용보험 및 산업재해보상보험의 보험료징수 등에 관한 법률, 고용보험법, 고용정책 기본법, 근로자직업능력 개발법, 근로복지기본법, 남녀고용평등과 일·가정 양립 지원에 관한 법률, 노숙인 등의 복지 및 자립지원에 관한 법률, 국민기초생활 보장법, 국민연금법 시행규칙, 제대군인지원에 관한 법률, 퇴직교원 평생교육활동 지원법, 직업안정법	17
영유아·아동·청소년	청소년 기본법, 청소년활동 진흥법, 실종아동등의 보호 및 지원에 관한 법률, 영유아보육법, 지방자치법, 아동보호심판규칙, 아동복지법, 아동학대범죄의 처벌 등에 관한 특례법, 아동·청소년의 성보호에 관한 법률, 여성가족부 직제	10
노인	노인복지법, 노인장기요양보험법	2
귀화자·이민자	다문화가족지원법, 통일부와 그 소속기관 직제 시행규칙, 북한이탈주민의 보호 및 정착지원에 관한 법률	3
장애인	발달장애인 권리보장 및 지원에 관한 법률, 장애아동 복지지원법, 장애인 등에 대한 특수교육법, 장애인고용촉진 및 직업재활법, 장애인복지법, 장애인차별금지 및 권리구제 등에 관한 법률	6
정신질환자	정신건강증진 및 정신질환자 복지서비스 지원에 관한 법률, 정신요양시설의 설치기준 및 운영 등에 관한 규칙, 지역보건법, 장기공공임대주택 입주자 삶의 질 향상 지원법, 치매관리법	5
기타	암관리법, 사회보장급여의 이용·제공 및 수급권자 발굴에 관한 법률, 국가보훈처와 그 소속기관 직제 시행규칙, 신문 등의 진흥에 관한 법률, 국민체육진흥법, 자원봉사활동 기본법, 자동차손해배상 보장법, 환자안전법, 전문직공무원 인사규정, 민사소송 등에서의 전자문서 이용 등에 관한 규칙	10
총계		133

출처: 최정아(2018)를 재구성.

표 2-1에서 볼 수 있듯이 상담 장소에는 가정, 학교, 직장, 군대가 있고, 상담 문제에는 재난·재해·위기, 중독, 범죄, 고용 문제가 포함된다. 상담 대상에는 사회적 취약계층인 영유아·아동·청소년, 노인, 귀화

자·이민자와 신체적 취약계층인 장애인, 정신적 취약계층인 정신질환자가 포함된다. 그 밖에 「암관리법」, 「사회보장급여의 이용·제공 및 수급권자 발굴에 관한 법률」, 「신문 등의 진흥에 관한 법률」 등은 기타 범주로 분류된다. 이렇게 분류한 결과, 범죄 영역에서 심리상담이 가장 많이 언급되고 있음이 확인되었다(총 133개 법률 중 25개). 다음으로는 학교 영역과 고용 영역이 각각 17개 법률을 포함하여 뒤를 이었고, 직장 영역과 재난·재해·위기 영역이 각각 11개, 영유아·아동·청소년 영역과 기타 영역이 각각 10개 순으로 상담을 언급하고 있었다. 각 법률의 구체적인 내용은 국가법령정보센터(https://www.law.go.kr)에서 확인할 수 있다.

한편 김인규와 손요한(2020)은 심리상담을 명시한 101개의 국내 현행 법률을 소관 부처별로 분석하였다. 그 결과 법무부 22개(21.8%), 보건복지부 20개(19.6%), 여성가족부 14개(13.9%), 고용노동부 10개(9.9%) 순으로 나타났다(그림 2-1 참조). 각 부처별 상담 관련 법률에 대해 자세히 살펴보자.

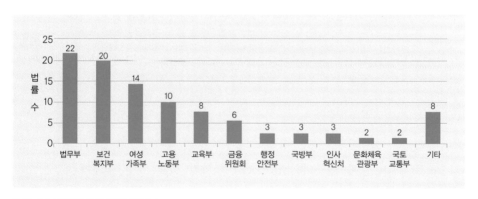

그림 2-1 부처별 상담 관련 법률 수
출처: 김인규, 손요한(2020)을 재구성.

(1) 법무부

법무부(대법원 포함)가 관장하는 상담 관련 법률은 총 22개이다.

- 가사소송규칙
- 가정보호심판규칙
- 가정폭력범죄의 처벌 등에 관한 특례법
- 가족관계의 등록 등에 관한 규칙
- 교도관직무규칙
- 민법
- 범죄피해자 보호법
- 법무부와 그 소속기관 직제
- 보호관찰 등에 관한 법률
- 보호소년 등의 처우에 관한 법률
- 성매매알선 등 행위의 처벌에 관한 법률
- 성폭력범죄 등 사건의 심리·재판 및 피해자 보호에 관한 규칙
- 성폭력범죄의 처벌 등에 관한 특례법
- 성폭력범죄자의 성충동 약물치료에 관한 법률
- 소년법
- 소년심판규칙
- 아동보호심판규칙
- 아동학대범죄의 처벌 등에 관한 특례법
- 진술조력인의 선정 등에 관한 규칙
- 치료감호 등에 관한 법률
- 전자장치 부착 등에 관한 법률
- 형의 집행 및 수용자의 처우에 관한 법률

법무부 소관 상담 관련 법률은 범죄 유형에 따른 가해자와 피해자의 상담 지원을 명시하고 있다. 이들 법에 포함된 상담 관련 기관에는 보호시설, 청소년비행예방센터, 청소년심리상담실, 정신의료기관 등이 있다. 이 중 수탁 또는 위탁 형태로 상담이 운영되는 기관은 상담소, 보호시설 등으로 명시하고 위탁 단체 및 시설의 조건을 제시하고 있다. 상담 인력으로는 전문상담인, 사회복귀업무교도관, 정신건강전문요원, 진술조력인 등이 있으며 기관에 따라 센터장, 사무국장, 상담원, 생활지도사 등 직급과 직렬에 따른 명칭을 사용하기도 한다.

(2) 보건복지부

보건복지부가 관장하는 상담 관련 법률은 총 20개이다.

- 국민기초생활 보장법
- 긴급복지지원법
- 노숙인 등의 복지 및 자립지원에 관한 법률
- 노인복지법
- 노후준비 지원법
- 발달장애인 권리보장 및 지원에 관한 법률
- 보건의료인력지원법
- 사회복지사업법
- 사회서비스 이용 및 이용권 관리에 관한 법률
- 실종아동등의 보호 및 지원에 관한 법률
- 아동복지법
- 암관리법
- 영유아보육법

- 자살예방 및 생명존중문화 조성을 위한 법률
- 장애아동 복지지원법
- 장애인복지법
- 정신건강증진 및 정신질환자 복지서비스 지원에 관한 법률
- 지역보건법
- 치매관리법
- 후천성면역결핍증 예방법

보건복지부 소관 법률은 노숙인, 장애인, 영유아 등 사회적 취약계층을 위한 다양한 전문기관의 설치·운영에 대한 내용을 명시하고 있다. 이들 법에 명시된 상담 관련 기관으로는 지역자활센터, 긴급지원기관, 노숙인자활시설, 노인일자리전담기관, 중앙노후준비지원센터, 행동발달증진센터 등의 전문기관이 있다. 또한 기관의 목적에 따라 노인복지상담원, 자립지원전담요원, 장애인복지상담원 등의 전문 인력을 제시하고 있다. 일례로 국민의 정신건강증진과 정신질환자의 인간다운 삶을 지원하기 위한 법률인「정신건강증진 및 정신질환자 복지서비스 지원에 관한 법률」은 전문기관으로 국가트라우마센터, 정신건강복지센터, 중독관리통합지원센터를, 전문 인력으로 정신건강전문요원을 명시하고 있다.

(3) 여성가족부

여성가족부가 관장하는 상담 관련 법률은 총 14개이다.

- 가정폭력방지 및 피해자보호 등에 관한 법률
- 가족친화 사회환경의 조성 촉진에 관한 법률

- 건강가정기본법
- 다문화가족지원법
- 성매매방지 및 피해자보호 등에 관한 법률
- 성폭력방지 및 피해자보호 등에 관한 법률
- 아동·청소년의 성보호에 관한 법률
- 양성평등기본법
- 여성폭력방지기본법
- 청소년 기본법
- 청소년 보호법
- 청소년복지 지원법
- 학교 밖 청소년 지원에 관한 법률
- 한부모가족지원법

여성가족부 소관 법률은 가족, 여성, 아동·청소년의 보호와 복지를 위한 전문기관의 설치 및 운영에 대해 규정하고 있으며, 다문화, 양성평등, 성매매, 성폭력 등의 사회적 문제와 관련된 상담 및 지원 업무도 다루고 있다. 이들 법에 포함된 상담 관련 기관으로는 가정폭력 관련 상담소, 다문화가족지원센터, 성폭력피해상담소, 여성인력개발센터, 청소년 방과 후 활동 지원센터 등이 있다. 상담 인력은 상담원, 전문 인력, 종사자 등으로 명시되어 있는데, 법에 따라 전문 인력에 대한 자격을 별도로 제시하기도 한다. 예를 들어 「건강가정기본법」에서는 건강가정사업을 수행할 전문가로 건강가정사를 명시하고 있다.

(4) 고용노동부

고용노동부가 관장하는 상담 관련 법률은 총 10개이다.

- 고용보험법
- 고용상 연령차별금지 및 고령자고용촉진에 관한 법률
- 고용정책 기본법
- 근로복지기본법
- 근로자직업능력 개발법
- 남녀고용평등과 일·가정 양립 지원에 관한 법률
- 장애인고용촉진 및 직업재활법
- 직업안정법
- 청년고용촉진 특별법
- 경력단절여성등의 경제활동 촉진법

고용노동부 소관 법률은 경력단절 여성, 고령자, 장애인, 청년 등의 직업 능력 개발과 고용을 위한 지원을 명시하고 있다. 이들 법에는 상담 관련 기관으로 고령자고용정보센터, 한국고용정보원, 고용평등상담실, 한국장애인고용공단, 직업안정기관 등의 전문기관이 포함되어 있다. 상담 인력으로는 전문 인력, 민간직업상담원, 상담전담자 등이 있는데, 예를 들어 「장애인고용촉진 및 직업재활법」에는 한국장애인고용공단에서 장애인 직업생활 상담원을 포함한 전문요원을 양성하도록 규정하고 있다.

(5) 교육부

교육부가 관장하는 상담 관련 법률은 총 8개이다.

- 공교육 정상화 촉진 및 선행교육 규제에 관한 특별법
- 교원의 지위 향상 및 교육활동 보호를 위한 특별법

- 영재교육진흥법 시행령
- 장애인 등에 대한 특수교육법
- 진로교육법
- 초·중등교육법
- 학교안전사고 예방 및 보상에 관한 법률
- 학교폭력예방 및 대책에 관한 법률

교육부 소관 법률에서는 초·중등학교를 대상으로 학교상담, 진로교육, 학교안전사고와 학교폭력 예방 등의 업무를 다루고 있다. 이들 법은 상담 관련 기관으로 국가진로교육센터, 교원치유센터, 선행교육 예방 연구센터 등의 전문기관과 영재학교, 학교, 상담실 등을, 상담 인력으로는 교원, 전문상담교사, 진로전담교사, 전문상담순회교사 등을 명시하고 있다.

(6) 금융위원회

금융위원회가 관장하는 상담 관련 법률은 총 6개이다.

- 보험업법
- 상호저축은행법
- 신용협동조합법
- 여신전문금융업법
- 은행법
- 자본시장과 금융투자업에 관한 법률

금융위원회 소관 법률에서는 고객응대 직원에 대한 보호 조치의 일환으로 은행과 보험업에서 고충처리위원의 역할을 명시하고 있으나, 구체적인 상담기관과 인력은 나와 있지 않다.

(7) 행정안전부

행정안전부가 관장하는 상담 관련 법률은 총 3개이다.

- 재난 및 안전관리 기본법
- 재해구호법
- 제주특별자치도 설치 및 국제자유도시 조성을 위한 특별법

행정안전부 소관 법률에서는 재난 및 안전관리, 구호 등을 규정하고 있다. 비(非)상시적 재난 상황을 염두에 둔 「재난 및 안전관리 기본법」은 상담기관을 명시하지는 않았으나 재난피해자를 위한 심리회복 전문가 인력 확보는 명시하고 있다. 다만 그 구체적인 자격 요건은 제시하지 않았다. 「재해구호법」은 중앙 및 시·도 재난심리회복지원단 설치를 규정하고 있다. 「제주특별자치도 설치 및 국제자유도시 조성을 위한 특별법」은 상담기관으로는 직업안정기관과 국제고등학교를, 상담 인력으로는 직업상담원, 전문상담교사를 제시하고 있다.

(8) 국방부

국방부가 관장하는 상담 관련 법률은 총 3개이다.

- 국군포로의 송환 및 대우 등에 관한 법률 시행령
- 군에서의 형의 집행 및 군수용자의 처우에 관한 법률
- 군인의 지위 및 복무에 관한 기본법

국방부 소관 법률에는 「군인의 지위 및 복무에 관한 기본법」을 기본으로 국군포로 지원, 군수용자 처우와 관련된 법률이 있다. 이들 법은 별도의 상담기관은 명시하지 않았다. 상담 인력에는 외부 전문가, 병영생활 전문상담관, 성고충 전문상담관이 포함되어 있다.

(9) 인사혁신처

인사혁신처가 관장하는 상담 관련 법률은 총 3개이다.

- 공무원고충처리규정
- 공무원 재해보상법 시행령
- 공무원 후생복지에 관한 규정

인사혁신처 소관 법률은 공무원의 고충상담 및 고충심사, 재해로 인한 심리치료 상담 지원, 공무원 상담센터 설치 등을 명시하고 있다. 「공무원 재해보상법 시행령」은 심리상담기관에 대해 '심리상담과 관련하여 「부가가치세법」 제8조에 따른 사업자등록을 한 자'로 규정하였고, 「공무원 후생복지에 관한 규정」은 상담기관으로 공무원 상담센터를 명시하고 있으나 상담 인력에 대해서는 따로 명시하지 않았다. 「공무원고충처리규정」은 상담기관으로 고충심사위원회를, 상담 인력으로는 고충상담원을 명시하고 있다.

(10) 문화체육관광부

문화체육관광부가 관장하는 상담 관련 법률은 총 2개이다.

- 게임산업진흥에 관한 법률

- 사행산업통합감독위원회법

문화체육관광부 소관 법률에서는 게임 및 도박중독과 관련된 예방 및 치료를 명시하고 있다. 이들 법은 상담기관으로 게임 과몰입 치료 및 예방 상담시설, 한국도박문제관리센터를 명시하고 있으나, 상담 인력의 명칭과 자격은 나와 있지 않다.

(11) 국토교통부

국토교통부가 관장하는 상담 관련 법률은 총 2개이다.

- 자동차손해배상 보장법
- 장기공공임대주택 입주자 삶의 질 향상 지원법 시행령

국토교통부 소관 법률에서는 자동차 사고 피해자의 직업재활상담, 장기공공임대주택 입주자의 삶의 질 향상을 위한 상담 지원을 명시하고 있다. 「자동차손해배상 보장법」은 상담기관으로 직업재활시설을 명시한다. 「장기공공임대주택 입주자 삶의 질 향상 지원법 시행령」은 상담기관이나 상담 인력에 대해 따로 제시하고 있지 않다.

(12) 기타 부처

경찰청, 소방청, 국가보훈처 등 심리상담 관련 법령이 1개만 언급된 부처별 법률은 다음과 같다.

- 4·16세월호참사 피해구제 및 지원 등을 위한 특별법 [국무조정실, 해양수산부]

- 가축전염병 예방법 [농림축산식품부]
- 경찰공무원 보건안전 및 복지 기본법 [경찰청, 해양경찰청]
- 공익신고자 보호법 시행령 [국민권익위원회]
- 국가정보화 기본법 [과학기술정보통신부]
- 북한이탈주민의 보호 및 정착지원에 관한 법률 [통일부]
- 소방공무원 보건안전 및 복지 기본법 [소방청]
- 제대군인지원에 관한 법률 [국가보훈처]

이들 법에서는 상담 관련 기관으로 의료기관, 소방전문치료센터, 지역적응센터, 인터넷중독대응센터 등을 명시하고, 상담 인력으로 소방보건의, 북한이탈주민 전문상담사, 정신건강의학과 전문의, 정신건강전문요원 등을 명시하고 있다.

2) 법률에 명시된 상담기관

최정아(2018)는 심리상담이 명시된 법률 133개에서 상담 서비스 제공자의 직위가 언급된 상담기관을 영역별로 구분하여 표 2-2와 같이 제시하였다. 이에 따르면 범죄 영역의 기관이 지원시설, 자활지원센터, 성매매피해상담소 등 13개로 가장 많고, 그다음으로 정신질환자 영역의 기관이 보건소, 건강생활지원센터, 치매상담센터 등 9개였다. 이어서 재난·재해·위기 영역의 기관이 시·도 청소년상담복지센터, 시·군·구 청소년상담복지센터, 청소년복지시설 등 6개, 가정 영역의 기관이 한부모가족복지시설, 긴급전화센터, 가정폭력 관련 상담소 등 5개 순으로 나타났다.

한편 김인규와 손요한(2019)이 상담 관련 법률 101개를 분석한 결

표 2-2 법률에 명시된 상담기관(영역별)

영역	기관	기관 수
가정	한부모가족복지시설, 긴급전화센터, 가정폭력관련 상담소, 가정폭력 피해자 보호시설, 의료기관	5
학교	학교 밖 청소년 지원센터	1
범죄	일반 지원시설, 청소년 지원시설, 외국인 지원시설, 자립지원 공동생활시설, 자활지원센터, 성매매피해상담소, 성매매방지 중앙지원센터, 전담의료기관, 성폭력피해상담소, 성폭력 피해자 보호시설, 성폭력 피해자 통합지원센터, 성폭력전담 의료기관, 전담의료기관	13
재난·재해·위기	시·도 청소년상담복지센터, 시·군·구 청소년상담복지센터, 청소년쉼터, 청소년자립지원관, 청소년치료재활센터, 청소년회복지원시설	6
아동	지역아동보호전문기관, 지역가정위탁지원센터, 아동복지시설, 아동학대 전담의료기관	4
노인	노인 의료복지시설(노인요양시설, 노인요양 공동생활가정), 노인보호 전문기관	2
정신질환자	보건소, 보건의료원, 보건지소, 지역보건의료기관, 건강생활지원센터, 치매상담센터, 치매상담전화센터, 중앙치매센터, 광역치매센터	9

출처: 최정아(2018)를 재구성.

과에 따르면 상담기관을 명시한 법률은 총 74개(73.3%)로, 대다수 법률에서 상담 전문기관의 설치·운영에 대해 다루고 있었다. 이들 법에서는 대부분 상담기관의 운영 형태로 직접 실시 또는 전문기관 위탁을 함께 명시하고 있어 지자체에 따라 차이가 있을 것으로 보인다.

상담기관을 명시하지 않은 법률은 총 27개(26.7%)로, 이들 법에서는 상담 활동은 명시하고 있지만 구체적인 운영기관을 언급하지는 않았다. 대표적인 예로 「국군포로의 송환 및 대우 등에 관한 법률」, 「장기공공임대주택 입주자 삶의 질 향상 지원법 시행령」이 있는데, 해당 법령의 경우 상담 활동은 명시하였지만 수행기관이 명시되지 않아 실제 수행 여부가 불분명하다. 또한 「가사소송규칙」, 「가족관계의 등록 등에 관한 규칙」처럼 외부 전문상담자를 위촉하거나 그들에게 의뢰하여 상담을 지원하는 경우에는 별도의 상담기관이 명시되어 있지 않다.

한편, 유사 법률 간에는 기관 연계에 대한 내용을 다루고 있는 경우가 많아서 몇몇 기관은 다수의 법률에서 함께 언급된다. 대표적인 연계기관으로는 성매매피해상담소, 아동보호전문기관, 장애인복지기관, 정신건강복지센터, 직업안정기관 등이 있다. 법률 조항 중 기관 연계와 관련된 내용의 예시는 다음과 같다.

제23조(가족지원)

① 법 제28조제1항에 따른 가족지원은 가족상담, 양육상담, 보호자 교육, 가족지원프로그램 운영 등의 방법으로 한다.

② 제1항에 따른 가족지원은 「건강가정기본법」 제35조에 따른 건강가정지원센터, 「장애인복지법」 제58조에 따른 장애인복지시설 등과 연계하여 할 수 있다.

(「장애인 등에 대한 특수교육법 시행령」)

제14조의2(고용지원 연계)

① 국가 및 지방자치단체는 한부모가족의 모 또는 부와 아동의 취업기회를 확대하기 위하여 한부모가족 관련 시설 및 기관과 「직업안정법」 제2조의2제1호에 따른 직업안정기관간 효율적인 연계를 도모하여야 한다.

(「한부모가족지원법」)

상담기관을 명시한 74개 법률에서 언급된 상담기관은 총 117개이다. 여기에서 중복 언급된 기관과 단순 상담소, 상담실, 치료기관으로 명시된 기관을 제외하면 총 99개이다. 이를 업무 및 인력 자격 명시 유무에 따라 구분해보면 기관명, 업무, 인력 자격이 모두 명시된 기관은 43개(43.4%), 기관명과 업무 내용이 명시된 기관은 23개(23.2%), 기관명과 인력 자격이 명시된 기관은 23개(23.2%), 기관명만 명시된 기관은 10개(10.1%)로 나타났다.

법률에서 업무를 명시한 66개 기관을 상담 영역별로 정리하면 표 2-3과 같다. 아동·청소년 영역이 11개(16.7%)로 가장 많았고, 진로직업 영역이 9개(13.6%)로 뒤를 이었다. 부부·가족 영역, 정신질환 영역, 취약계층 영역은 각각 7개(10.6%)로 나타났다.

표 2-3 법률에 업무가 명시된 상담기관(영역별)

영역	기관	기관 수(%)
아동·청소년	가정위탁지원센터, 실종아동전문기관, 아동보호전문기관, 아동복지시설, 육아종합지원센터, 이주배경청소년지원센터, 청소년 방과 후 활동 지원센터, 청소년 보호·재활센터, 청소년비행예방센터, 청소년상담복지센터, 학교 밖 청소년 지원센터	11(16.7)
진로직업	고용촉진 시설, 광역자활센터, 국가진로교육센터, 기능대학, 지역자활센터, 지역진로교육센터, 한국고용정보원, 한국자활복지개발원, 한국잡월드	9(13.6)
부부·가족	가정폭력 관련 상담소, 가정폭력피해자 보호시설, 가족친화지원센터, 건강가정지원센터, 긴급전화센터, 한국건강가정진흥원, 한부모가족복지시설	7(10.6)
정신질환	국가트라우마센터, 보건소, 인터넷중독대응센터, 중독관리통합지원센터, 치매상담전화센터장, 치매안심센터, 한국도박문제관리센터	7(10.6)
취약계층	사회복지관, 노숙인자활시설, 노숙인종합지원센터, 다문화가족지원센터, 북한이탈주민 예비학교, 북한이탈주민지원재단, 정착적응시설	7(10.6)

노인	고령자고용정보센터, 고령자인재은행, 노인보호전문기관, 중견전문인력 고용지원센터, 중앙노후준비지원센터, 지역노후준비지원센터	6(9.1)	
장애인	발달장애인지원센터, 장애인 가족 지원 사업 수행기관, 중앙장애아동지원센터, 지역장애아동지원센터, 한국장애인고용공단, 행동발달증진센터	6(9.1)	
범죄	갱생보호시설, 성매매방지중앙지원센터, 성매매피해상담소, 성폭력피해상담소	4(6.1)	
여성	경력단절여성지원센터, 중앙경력단절여성지원센터, 한국양성평등교육진흥원, 한국여성인권진흥원	4(6.1)	
위기	안산트라우마센터, 자살예방센터	2(3.0)	
중증질병	국립암센터	1(1.5)	
직장	보건의료인력지원전문기관	1(1.5)	
학교	선행교육예방 연구센터	1(1.5)	
총계		66(100.0)	

출처: 김인규, 손요한(2019).

법률에 명시된 상담기관을 소관 부처별로 정리하면 표 2-4와 같다. 보건복지부 소관의 상담기관이 36개(36.4%)로 가장 많았고, 그다음으로 여성가족부 27개(27.3%), 고용노동부 13개(13.1%), 교육부 6개(6.1%) 순이다.

표 2-4 법률에 명시된 상담기관 수(부처별)

소관 부처	기관 수(%)	소관 부처	기관 수(%)
보건복지부	36(36.4)	문화체육관광부	2(2.0)
여성가족부	27(27.3)	행정안전부, 국토교통부	1(1.0)
고용노동부	13(13.1)	과학기술정보통신부	1(1.0)

교육부	6(6.1)	국무조정실, 해양수산부	1(1.0)
법무부	4(4.0)	국토교통부	1(1.0)
통일부	4(4.0)	농림축산식품부	1(1.0)
인사혁신처	2(2.0)	총계	99(100.0)

출처: 김인규, 손요한(2019)을 재구성.

3] 법률에 명시된 상담 인력

최정아(2018)는 심리상담이 명시된 국내법 133개 조문 중 심리상담 서비스를 제공하는 인력(이하 상담 인력)의 자격에 관해 언급한 법 88개를 분석하여 표 2-5와 같이 제시하였다. 상담 인력에 대해 법률에서는 특정 자격의 소지자가 아닌 '관련 시설 실무경력자', '관련 학위 소지자', '기타'라는 모호한 표현 방식이 가장 빈번하게 언급된다. 여기서 '관련 시설 실무경력자'는 심리상담 관련 전문성은 없더라도 해당 영역의 일반 업무 종사 경험이 있는 사람을 의미하고, '학위 소지자'는 일반적으로 관련 학사 학위를 소지한 사람을 가리키며, '기타'는 상담 실무를 수행해도 된다고 소관 주무부처 장관이나 시·도, 시·군·구의 장에게 인정받은 사람을 뜻한다. 이 세 가지 표현으로 언급된 상담 인력은 전체 554건 중 약 30%에 해당하는 170회의 빈도를 보인다. 구체적으로 보면 관련 시설 실무경력자로 49회, 관련 학위 소지자로 56회, 기타로 65회 언급되고 있다. 여기에 공무원(41회)과 일반 교사(19회)를 실무경력자에 포함한다면 그 비중은 더 늘어난다.

법률에서 가장 빈번히 명시되고 있는 상담 인력 자격은 「사회복지사업법」상의 사회복지사로 86개의 법률에서 언급되고 있다. 이는 상

표 2-5 법률에서 상담 인력의 언급 빈도(영역별)

영역	a	b	c	d	e	f	g	h	i	j	k	l	m	n	o	p	q	r	s	t	u	v
가정	1			9		7	5	3	2					1	1			3	4	2	2	
학교				2	1		2	2	7		12	1	2	2	2							
직장	2				1	1			2		1	1	1									
군대		1	1	1	1			1						1								1
재난·재해·위기	5	1		11	9	2	1	16	7	3	1			14	9							1
중독	3								4													
범죄	10	4	3	23		11	25	17	20	2				5	5				3	3	3	5
고용				4		4	5	1	10	4		4										
영유아·아동·청소년	6	6	6	20	7	10	11	10	4	10				5	4					1		1
노인	3	2	2	3		2																
귀화자·이민자				1				1								2		1				
장애인	3	3	3	2	2		2	2	6		2	1	1		1							2
정신질환자	12	12	2	8		4		4						1	1							
기타	1		1	2					2													
총계	46	29	28	86	20	41	49	56	65	19	16	2	8	31	22	1	2	5	7	6	5	10

a=정신건강의학과 전문의, b=정신건강임상심리사, c=정신건강사회복지사, d=사회복지사, e=임상심리사, f=공무원, g=관련 시설 실무 경력자, h=하위 소지자, i=기타, j=일반교사, k=전문상담교사, l=전문상담사, m=직업상담사, n=청소년상담사, o=청소년지도사, p=장애인재활상담사, q=북한이탈주민전문상담사, r=건강가정사, s=가정폭력피해상담원, t=성폭력피해상담원, u=성매매피해상담원, v=민간자격

출처: 최정아(2018).

담 인력 자격을 언급한 법 88개를 기준으로 약 98%를 차지하는 수치이다. 즉, 대부분의 법에서 「사회복지사업법」의 사회복지사 자격이 상담 서비스를 제공할 수 있는 자격으로 언급되고 있음을 알 수 있다. 그 다음으로는 정신건강의학과 전문의가 46개의 법률에서 언급되면서 약 52%의 비중을 차지하는 것으로 나타났다. 이 두 자격의 공통점은 각각 「의료법」, 「사회복지사업법」과 같이 해당 영역을 포괄하는 모법(母法)을 통해 보장받고 있는 자격이라는 점이다. 이 외에 청소년상담사, 정신건강전문요원(정신건강임상심리사, 정신건강사회복지사), 임상심리사, 청소년지도사, 전문상담교사가 꽤 빈번히 언급되었으나, 그 빈도는 20회 내외로 사회복지사에 비하면 상대적으로 적은 수치이다. 그리고 나머지 자격들의 언급 빈도는 10회 이하로 미미한 수준에 그쳤다.

이를 영역별로 살펴보면, 가정, 재난·재해·위기, 범죄, 영유아·아동·청소년, 노인 영역에서는 전체적인 분포와 유사하게 사회복지사, 관련 학위 소지자, 실무경력자, 기타로 언급된 경우가 많았다. 그러나 학교 영역에서는 전문상담교사가, 중독 영역에서는 정신건강의학과 전문의와 기타가, 정신질환자 영역에서는 정신건강의학과 전문의와 정신건강전문요원의 상담 활동이 강조되고 있다. 그리고 「아동복지법」, 「아동학대범죄의 처벌 등에 관한 특례법」, 「치매관리법」, 「지역보건법」 등에서는 상담원과 별도로 임상심리상담인을 구분하였으며, 그 자격은 정신건강전문요원에 국한하여 규정하고 있었다.

한편, 김인규와 손요한(2020)이 상담 관련 법률 101개를 분석한 결과에 따르면, 이 중 상담 인력을 명시한 법률은 총 78개(77.2%)였다. 이들 법률 가운데 인력명과 자격 기준을 함께 제시한 법률은 64개(63.4%), 인력명만을 명시한 법률은 14개(13.9%)로 나타났다.

자격 기준을 명시한 64개의 법률에서 상담기관이 명시된 경우에는 직급 또는 직렬, 세부 자격 기준을 구체적으로 확인할 수 있었다. 상담기관이 명시되지 않은 경우에는 건강가정사, 북한이탈주민전문상담사, 장애인 직업생활 상담원, 가족친화 관련 전문인력, 전문상담교사, 진로전담교사 등으로 전문자격의 기준이 표현되어 있었다. 자격 기준을 명시하지 않고 인력명만 명시한 14개의 법률은 전문 인력, 심리회복 전문가, 전문상담인 등의 명칭만을 언급하고 있어 객관적인 전문성을 파악하는 데 한계가 있다.

상담 인력의 자격 기준을 명시한 64개의 법률에서 전공 분야, 자격증, 경력 등 세부 자격 기준의 언급 빈도는 377회로 나타났다. 이러한 자격 기준은 명칭과 수행 업무를 고려하여 상담 분야 자격 기준과 유사 분야 자격 기준으로 구분할 수 있다. 법률에서의 언급 빈도는 상담 분야 자격 기준이 67건(17.8%), 유사 분야 자격 기준이 310건(82.2%)으로 나타났다.

상담 분야의 세부 자격(표 2-6 참조)을 살펴보면 청소년상담사가 19회(28.4%), 직업상담사가 12회(17.9%), 전문상담교사가 11회(16.4%) 순으로 많이 언급되었다. 상담 분야 학위는 석사 이상이 7회(10.4%), 학사가 6회(9.0%)였다. 그리고 상담 업무 경력을 요구하는 경우는 9회(13.4%)로 나타났다. 또한 기관의 장, 책임자, 팀장 등 관리자는 주로 석사 이상의 학위와 실무경력을 요구하며, 상담원이나 팀원 등 실무자는 주로 학사 학위와 실무경력을 요구하는 것으로 나타났다.

유사 분야 세부 자격으로(표 2-7 참조)는 사회복지사가 41회(13.2%), 관련 교육 이수자가 19회(6.1%), 정신건강전문요원과 정신과 의사가 18회(5.8%) 순으로 많이 언급되었다. 임상 분야는 정신건

표 2-6 법률에서 상담 분야 세부 자격·학위·경력의 언급 빈도

구분		빈도(%)
세부 자격	청소년상담사	19(28.4)
	직업상담사	12(17.9)
	전문상담교사	11(16.4)
	장애인직업생활상담원	2(3.0)
	북한이탈주민전문상담사	1(1.5)
	소계	45(67.2)
학위	상담 분야 석사 이상	7(10.4)
	상담 분야 학사	6(9.0)
	소계	13(19.4)
경력	상담 관련 경력자	9(13.4)
총계		67(100.0)

출처: 김인규, 손요한(2020).

강전문요원 18회(5.8%), 임상심리사 11회(3.5%), 정신건강임상심리사 6회(1.9%), 임상심리전문가 1회(0.3%) 등 총 36회(11.6%) 언급되어 사회복지사에 이어 가장 많이 언급된 자격으로 나타났다. 그리고 심리상담 분야와 다소 거리가 먼 간호사, 보육교사, 요양보호사, 변호사, 공인노무사 등의 자격 기준도 제시되어 있다. 유사 분야 학위는 아동, 여성, 보건, 복지, 재활 등의 전공 분야에서 학사 학위가 24회(7.7%), 석사 이상의 학위가 20회(6.5%)의 빈도로 언급되었다. 경력을 요구하는 경우는 86회로 보건, 복지, 장애인재활, 직업재활, 성매매, 가정폭력, 성폭력, 취업과 같은 분야의 관련 경력자가 52회(16.8%), 해당 분야의 공무원 경력자가 34회(11.0%) 언급되었다.

표 2-7 법률에서 유사 분야 세부 자격·학위·경력의 언급 빈도

구분		빈도(%)
	사회복지사	41(13.2)
	관련 교육 이수자	19(6.1)
	정신건강진문요원	18(5.8)
	정신과 의사	18(5.8)
	청소년지도사	14(4.5)
	임상심리사	11(3.5)
	직업능력개발훈련교사	11(3.5)
	간호사	7(2.3)
	교원(초·중등)	7(2.3)
	정신건강임상심리사	6(1.9)
	특수교사	6(1.9)
세부 자격	관련 민간자격	5(1.6)
	건강가정사	4(1.3)
	유치원교사	3(1.0)
	정신건강사회복지사	2(0.6)
	공인노무사	1(0.3)
	변호사	1(0.3)
	요양보호사	1(0.3)
	임상심리전문가	1(0.3)
	작업치료사	1(0.3)
	장애인직업능력평가사	1(0.3)
	장애인직업재활전문요원	1(0.3)
	장애인직업훈련교사	1(0.3)
	소계	180(57.7)

학위	유사 분야 석사 이상	20(6.5)
	유사 분야 학사	24(7.7)
	소계	44(14.2)
경력	관련 경력자	52(16.8)
	공무원 경력자	34(11.0)
	소계	86(27.8)
	총계	310(100.0)

출처: 김인규, 손요한(2020).

2. 상담 법제화를 위한 노력과 과제

현행 법률 중 심리상담을 다루는 100여 개의 법률은 상담 영역별 상담 기관과 상담 인력, 상담 업무 등에 대해 규정하고 있으며, 이들은 관련 정부 부처, 지방자치단체, 공공기관의 상담 관련 정책 및 사업의 근거로 기능하고 있다. 그러나 학교상담처럼 법제화가 충분히 이루어지지 않은 영역들이 여전히 존재한다. 또한 무엇보다 상담 분야 전체를 관장하는 모법으로서의 상담법이 제정될 필요가 있다.

이 절에서는 상담 법제화를 위한 국내 여러 학회 및 연구진들의 노력을 살펴보고, 지금까지 독립적인 법률로서 제안된 상담사법(안)의 내용들을 제시한다. 나아가 모법으로서의 상담법을 제정하기 위해 해결해야 할 과제들에 대해 알아본다.

1) 상담 법제화를 위한 노력

상담 법제화를 위한 노력은 10여 년의 역사를 지닌다. 김인규 (2009)가 학교상담법 제정의 필요성과 내용을 제시한 이후, 황준성 등 (2011)이 학교상담 법제화에 대한 요구분석 내용을 제시하였다. 이어 김영근 등(2012)은 상담사법 제정의 필요성과 기본적인 내용을, 김정 진(2016)은 상담사의 처우 및 지위 향상을 위한 법률 내용을, 법무법인 서희(2020a, 2020b)는 심리상담사법안을 제안하였다.

이러한 연구를 기초로 상담법제화를 이루기 위한 여러 노력이 이루어져 왔다. (사)한국상담학회와 (사)한국상담심리학회는 공동으로 학교상담법제화 추진 위원회를 구성하여 학교상담진흥법(의안번호 제 1805750호, 제1902377호), 학교상담 지원에 관한 법(의안번호 제1807259호) 을 발의하는 성과를 거두었다. 또한 (사)한국상담학회 등 상담 분야 주요 학회로 구성된 상담진흥협회는 2015년부터 상담진흥법을 발의하고 자 노력하면서 상담사법 제정을 위한 서명운동을 진행하고, 상담의 날 (8월 8일) 제정을 위한 행사를 2018년부터 매년 개최하고 있다. 2017년 부터 (사)한국상담학회와 (사)한국상담심리학회는 공동으로 상담정책 포럼을 정례적으로 개최하고, 2019~2020년에 법무법인 서희의 심리 상담사법 연구(법무법인 서희, 2020a, 2020b)를 지원하였다. 정부 차원에 서는 교육부가 학교상담법을 만들기 위해 지속적인 노력을 기울이고 있다. 법률 제정을 통한 상담자격 법제화 시도와 별도로 전문상담사(한 국상담학회), 심리상담사(한국상담심리학회) 등의 민간자격을 공인화하 기 위한 노력도 계속되고 있다.

상담계의 이런 시도와는 별도로 상담 관련 직역에서의 법제화는 계속되어 왔다. 2000년대에 들어 임상심리사(「국가기술자격법」), 진로 상담교사(「진로교육법」), 장애인재활상담사(「장애인복지법」), 정신건강 사회복지사, 의료사회복지사, 학교사회복지사(「사회복지사업법」) 등 상담 분야와 관련되는 국가자격이 신설되었다. 또한 기존의 「정신보건법」이 2017년 「정신건강증진 및 정신질환자 복지서비스 지원에 관한 법률」로 명칭과 내용이 변경되었으며, 2019년에는 심리상담소의 개설·운영에 대한 규제사항을 신설하는 개정안(의안번호 제2020636호)이 발의되기도 하였다. 또한 2020년 (사)한국심리학회는 보건복지부의 의뢰를 받아 '심리서비스입법연구'를 수행하고 그 결과인 심리서비스법(안)을 제시하였다.

2) 상담사법(안)의 내용

심리상담이 독자적인 전문 영역으로 사회적 위상을 확보하기 위해서는 외국의 사례에서처럼 심리상담의 전반적인 영역을 관장하는 독립적인 모법으로서의 상담법을 제정해야 한다. 김영근 등(2012)과 김정진(2016), 법무법인 서희(2020a, 2020b)는 이러한 독립적인 법률의 필요성을 제기하고 그 안을 제시하였다.

김영근 등(2012)이 제안한 '상담사법'은 5장 33조로 구성되어 있고, 김정진(2016)이 제안한 '상담사의 처우 및 지위 향상을 위한 법률'은 8장 40조로 구성되어 있으며, 법률사무소 서희(2020a)가 제안한 '심리상담사법'은 8장 49조로 구성되어 있다. 각 장에 대해 살펴보면 다음과 같다. 먼저 세 법안 모두 제1장에서는 해당 법의 제정 목적과 상담·상담자·내담자에 대한 용어 정의, 상담자의 직무 및 지위 등과 관련된 조항을 다루었다. 또한 제2장에서는 상담자의 자격 및 결격 사유와 관련된 조항을, 제3장에서는 상담자로서의 자격 등록 및 상담소 개업 등의 조항을, 제4장에서는 상담자의 권리 및 의무와 관련된 조항을, 제5장에서는 상담사협회와 관련된 조항을 제시하였다.

세 법안에는 약간의 차이가 있는데 김영근 등(2012)과 법무법인 서희(2020a)의 법안에서는 제5장에 상담윤리와 관련된 조항도 함께 제시한 반면, 김정진(2016)의 법안에서는 제6장에 상담윤리협의회 구성 및 업무 조항을 제시하였다. 또한 김영근 등(2012)의 법안에서는 제6장에 상담사의 징계에 대한 조항을 다루고 제7장에 상담 행위의 제한과 관련된 조항을 다루었다면, 김정진(2012)과 법무법인 서희(2020a)의 법안에서는 이 내용을 하나의 장에 포괄하여 다루었다. 세 법안 모두 제8장에서 벌칙과 관련된 조항을 제시하였다(표 2-8 참조).

표 2-8 상담사법(안) 비교

상담사법 (김영근 등, 2012)	상담사의 처우 및 지위 향상을 위한 법률 (김정진, 2016)	심리상담사법 (법무법인 서희, 2020a)
제1장 총칙 제1조 (목적) 제2조 (정의) 제3조 (지위) 제4조 (직무)	**제1장 총칙** 제1조 (목적) 제2조 (상담사의 사명) 제3조 (상담사의 직무와 지위) 제4조 (상담사의 처우개선과 신분보장) 제5조 (용어 정의) 제6조 (상담사의 종류)	**제1장 총칙** 제1조 (목적) 제2조 (정의) 제3조 (업무) 제4조 (심리상담사가 아닌 자에 대한 금지사항) 제5조 (인권존중 및 품위유지 의무 등)
제2장 상담사의 자격과 면허 제5조 (자격) 제6조 (결격사유) 제7조 (국가시험) 제8조 (연수) 제9조 (상담사자격제도 심의위원회) 제10조 (상담사 자격증 교부)	**제2장 상담사의 자격** 제7조 (상담사의 자격) 제8조 (자격시험) 제9조 (상담사의 결격사유)	**제2장 자격과 시험** 제6조 (심리상담사의 자격) 제7조 (결격사유) 제8조 (심리상담사 자격심의위원회) 제9조 (심리상담사시험) 제10조 (응시자격) 제11조 (심리상담사시험의 위탁) 제12조 (부정행위자에 대한 제재) 제13조 (심리상담사 자격증의 발급 등)
제3장 등록과 개업 제11조 (등록) 제12조 (등록거부) 제13조 (등록취소)	**제3장 상담사의 등록과 개업** 제10조 (자격등록) 제11조 (등록거부) 제12조 (등록심사위원회의 설치)	**제3장 등록** 제14조 (등록) 제15조 (등록의 취소) 제16조 (등록료)

3) 심리상담 모법 제정을 위한 과제

모법으로서의 상담법 제정은 심리상담 분야 전체를 관장하는 법을 갖춤으로써 심리상담의 법적 지위와 영역을 확보하고, 이후 학교상담, 청소년상담, 중독상담 등 심리상담의 하위 영역별 법률 체제를 구축하기 위한 기반이 된다는 데 의의가 있다. 이는 독자적인 법률 체제를 갖추어 전문 영역을 확보하고, 종사자들의 권익을 보호 및 관리하는 의료·복지·교육 등의 분야와 유사한 법적 체제를 갖는 것을 의미한다(김인규, 손요한, 2019).

그러나 이를 이루기 위해서는 상담 분야 내에서의 의견 조율뿐만 아니라, 정신건강의학, 사회복지, 임상심리, 간호 등 연관 분야와의 업무 경계 설정에 대한 합의와 한국심리학회에서 최근 추진하고 있는 '심리사법' 등 유사 법안과의 조정을 이룰 필요가 있다. 또한 본 법률의 주무부처로서 김영근 등(2012)과 법무법인 서희(2020a)는 보건복지부를, 김정진(2016)은 교육부를 제시하였으나 이들 부처에서는 부처 업무 범위 내의 심리상담 사업은 관리하지만 범부처 차원의 심리상담 모법 관리는 거부하고 있어 법률 제정 과정에 어려움이 많다. 따라서 심리상담 모법의 추진은 광범위한 기초 작업이 수반되는 장기적 과제로 추진되어야 한다.

이상의 내용을 고려할 때, 심리상담 모법 제정을 위해서는 다음과 같은 방안을 실행할 필요가 있다. 첫째, 심리상담 분야를 언급하는 현행 법률에 근거한 실제 심리상담 기관, 인력, 사업의 내용을 파악해야 한다. 현재 다양한 정부 부처와 공공기관이 심리상담 관련 사업을 수행하고 있으나, 전체적인 규모와 내용이 파악되지 않고 있다. 그러므로 우선 현행 법률에 기초한 정책 사업을 파악하고, 이에 따른 인력의 양성과 배치, 수혜자의 규모와 효과 등을 분석하는 것이 필요하다.

둘째, 심리상담 분야와 관련하여 통일된 기준을 설정하고 이를 적용해야 한다. 다양한 법률이 각기 다른 기준을 설정하여 활용하게 되면, 국가나 공공영역에서 제공하는 상담 서비스 수준에 대해 일정한 기대를 하기 어렵다. 이에 국가 차원에서 제시한 NCS 심리상담 분야의 내용을 활용하여 상담자, 상담 행위, 상담기관에 관한 통일된 기준을 마련한 후, 우선적으로 공공상담 서비스 영역에 적용할 필요가 있다.

셋째, 상담 법제화를 위한 기반을 조성해야 한다. 상담 법제화의 필요성과 구체적인 안은 이미 마련되었고, 이를 위한 노력 또한 지속되어왔다. 그러나 아직 상담계 내부의 의견 조율 등 해결해야 할 과제들이 산적해있다. 따라서 상담 분야 단일기구 설립, 상담자의 정책역량 강화 및 상담정책 전문가 양성, 상담을 국가의 공적 영역으로 다루는 담론 형성 등(김인규, 2018a) 상담 법제화 추진을 위한 기반을 조성하고자 노력해야 한다.

 토론 주제

1   현재 다양한 법률에서 언급하는 상담, 상담 행위, 상담자, 상담기관이 일정 수준 이상의 전문성을 갖도록 하기 위해 무엇이 필요할지 토론해보자.

2   '상담법'을 제정하려면 우선 '상담'의 범위를 설정해야 한다. 법에서 관장하는 상담의 범위는 어떠해야 할지 토론해보자.

3   모법으로서의 상담법 제정의 필요성에 대해 토론해보자.

상담정책

상담은 상담자와 내담자 간에 이루어진다는 점에서 사적 영역에 속하지만, 상담 서비스가 계약 관계에 기초하여 제공되고, 내담자의 마음건강과 일상생활에 큰 영향을 미칠 수 있으며, 전 국민을 대상으로 제공된다는 점에서 볼 때 공적 영역에 속하는 일이기도 하다. 공적 영역이란 국가나 지방자치단체의 업무 영역이라는 의미이며, 국가와 지방자치단체는 관련 법령이나 정책을 통해 해당 영역을 관리·지원·운영하고 있다. 실제 현재 공공상담 영역에서는 정부와 지자체가 다양한 상담 관련 정책들을 수립하고 관련 사업들을 수행하고 있다. 또한 민간의 상담 활동은 기초적인 수준에서 정책적 관리를 받고 있다. 이 장에서는 우리나라의 상담을 공공상담과 민간상담으로 나누어, 공공상담에서의 상담 분야별 정책과 민간상담에서의 사업 운영 및 상담 단체들에 대해 살펴본다.

1. 공공상담정책의 현황

현재 정부 및 지방자치단체, 공공기관은 각 기관의 업무와 관련된 상담 정책 및 제도들을 수립하여 다양한 상담 사업을 실시하고 있다. 이러한 공공상담 서비스는 법적 근거가 있고 예산·인력 등의 인프라를 안정적으로 구축했다는 점에서 전체 상담 서비스 분야가 발전하는 데 크게 기여했을 뿐만 아니라 민간상담 서비스의 성장 또한 이끌었다. 이 절에서는 학교상담, 청소년상담, 아동상담, 가정상담, 노동·직업상담, 여성상담 등 다양한 상담 영역에서 수립된 정책과 관련 사업들에 대해 살펴본다.

1) 학교상담정책(교육부)

우리나라의 학교상담제도는 1950년대 말 교도교사제도에서 시작하여 1990년대 초 진로상담교사제도, 1999년 전문상담교사제도로 명칭이 바뀌어왔다. 전문상담교사는 처음엔 초등전문상담교사, 중등전문상담교사, 특수전문상담교사로 구분되어 있었고 비학위 양성 과정을 통해 자격이 부여되었지만, 2004년부터는 학교급 구분이 아닌 1급과 2급으로 구분하여 각 급수에 해당하는 자격 취득 기준이 제시되었다. 전문상담교사 1급은 교육대학원 상담 관련 석사과정이나 교육대학원에서 운영하는 1급 전문상담교사 양성 과정을 이수한 자에게 부여되고, 2급은 2급 전문상담교사 양성 과정을 인가받은 대학교의 상담학과 및 상담 관련 학과 또는 교육대학원 졸업자에게 부여된다. 전문상담교사는 중등학교 교사 임용 후보자 선정 경쟁시험을 통해 선발되어 각급 국·공립학교 및 교육(지원)청에서 학교상담을 실시한다. 정부는 학교상담의 활성화를 위하여 2005년 9월부터 전문상담교사를 채용하여 지역 교육청 소속의 순회교사로 근무하도록 하고, 2007년부터는 일부 공립학교에 배치하기 시작하였다(김인규, 2011). 전문상담교사 자격에 대한 보다 구체적인 내용은 4장을 참조하면 된다.

위기 학생 지원을 위해 2008년 정부에서는 위(Wee) 프로젝트 모형을 개발하였는데, 여기서 'Wee'는 'We(우리들) + Education(교육)', 'We(우리들) + Emotion(감성)'을 의미한다. 위(Wee) 프로젝트 사업은 「위(Wee) 프로젝트 사업 관리·운영에 관한 규정」(교육부훈령 제329호)에 근거하여 시행되고 있다.

제2조(용어 정의)

이 규정에서 사용하는 용어의 정의는 다음과 같다.

1. " 위(Wee) 프로젝트 사업(이하 "사업"이라 한다)"이란 「초·중등교육법 시행령」 제54조 제1항에 따른 학생에 대하여 종합적인 진단·상담·치유 프로그램 등을 제공하는 사업을 말한다.

(「위(Wee) 프로젝트 사업 관리·운영에 관한 규정」)

위(Wee) 프로젝트 기관에는 학교 안에 설치되어 내담자 학생에 대한 고민상담을 진행하는 '위(Wee) 클래스', 시·도 교육청 및 교육지원청에 설치되어 학교 차원의 지도가 어려운 학생에게 맞춤형 서비스를 제공하는 '위(Wee) 센터', 고위기 학생을 대상으로 진학과 취업 등의 자립지원 통합 서비스를 제공하는 기숙형 장기(3~6개월) 교육센터 '위(Wee) 스쿨' 등이 있다. 2020년을 기준으로 전국에 위(Wee) 클래스는 7,631개, 위(Wee) 센터는 233개(가정형 위(Wee) 센터 19개와 병원형 위(Wee) 센터 5개 포함), 위(Wee) 스쿨은 15개가 운영 중이다. 위(Wee) 프로젝트가 시작된 2008년부터 2020년도까지의 연도별 기관 설립 현황은 표 3-1과 같다.

　기관별 역할과 운영에 대해 좀 더 자세히 살펴보면 위(Wee) 클래스는 단위학교에 설치되어 학교 부적응 학생을 조기에 발견하거나 예방하며, 학생들이 학교에 잘 적응하고 문제를 해결할 수 있도록 돕는 역할을 한다. 이를 위해 위(Wee) 클래스에 소속된 상담자는 개인상담, 집단상담, 심리검사, 자문, 관련 기관 연계 등의 상담 관련 업무와 상담 기록 등의 행정 업무를 수행한다.

　시·도 교육청은 위(Wee) 클래스 구축 희망 학교를 대상으로 위(Wee) 클래스 설치를 안내하고, 학교에 상주하면서 상담 업무를 수행할 전문상담교사 또는 전문상담사를 배치한다. 만약 별도로 상담자를 배치하기 어려운 경우에는 해당 업무를 담당할 교사를 지정한다. 위(Wee) 클래스의 시설은 학생의 비밀보호를 위해 교실 한 칸 크기 이상의 독립된 공간을 확보하고, 연 200만 원 이상의 예산을 편성해야 하는 등의 위(Wee) 클래스 구축 및 운영 기준에 따라 설치된다.

　위(Wee) 센터는 교육지원청 차원에서 설치된 학교상담기관으로,

표 3-1 연도별 위(Wee) 프로젝트 기관 현황

구분	2008	2009	2010	2011	2012	2013	2014	2015	2016	2017	2018	2019	2020
위(Wee) 클래스	530	1,530	2,530	3,170	4,658	4,904	5,633	6,191	6,382	6,624	6,965	7,230	7,631
위(Wee) 센터	31	80	110	126	140	155	188	198	204	209	215	218	233
위(Wee) 스쿨	–	–	3	3	4	7	9	11	11	13	13	14	15

출처: 한국교육개발원(2020).

단위학교에서는 선도나 치유가 어려워 학교 측에서 의뢰하거나 학생 또는 보호자가 직접 상담을 신청한 경우에 상담 서비스를 지원하는 곳이다. 위(Wee) 센터에는 전문상담(순회)교사, 임상심리사, 전문상담사, 사회복지사 등 전문성 있는 학교상담사들이 배치되어 위기 학생에 대해 더욱 전문적인 맞춤형 서비스를 제공한다. 위(Wee) 센터에서는 위(Wee) 클래스에서 의뢰된 학생을 대상으로 면밀한 심리검사 및 상담을 수행하며, 이를 통해 심층적인 평가와 필요한 지원을 제공한다. 또한 정서·행동특성검사 결과 고위기군으로 분류된 학생의 부적응 행동이나 정서 특성을 심층적으로 평가하고, 학교폭력 가해 학생을 특별교육 프로그램에 연계시키며, 학업을 중단할 위험이 있는 학생에게 학업중단 숙려상담을 실시한다. 뿐만 아니라 지역사회 유관기관과 연계하여 다문화 학생 등 경제적·사회적 도움이 필요한 학생에게 관련된 지원 및 서비스를 제공한다. 교사 및 보호자를 대상으로는 학생지도를 위한 자문도 실시한다.

위(Wee) 센터는 모든 교육지원청 단위에 구축되어 있으며, 해당 지원청의 사정에 맞게 인력을 배치하여 운영하고 있다. 일반적으로는 소속 교육지원청이 관할하는 모든 학생을 대상으로 상담을 진행하지만, 지역 특성에 따라 대상이나 방법을 특화하여 운영하는 가정형 위(Wee) 센터, 병원형 위(Wee) 센터도 있다. 가정형 위(Wee) 센터는 가정 내 사정으로 학교에 다니기 어려운 초·중·고등학교 학생을 대상으로 만들어진 기관이며, 단기 기숙형과 통학형으로 구분된다. 병원형 위(Wee) 센터는 대학병원 내에 설치되어 정신의학 전공 센터장을 비롯하여 정신보건 전문간호사, 전문상담사, 임상심리사, 사회복지사 등이 근무하는 형태로 운영된다.

위(Wee) 스쿨은 시·도 교육청 차원에서 설치된 기관으로, 심각한 위기상황에 놓여 중·단기적 치유와 상담이 필요한 고위기군 학생이 입소하는 장기 위탁교육기관(학교)이며 학교장이 학생과 보호자의 동의를 얻어 신청한다. 위(Wee) 스쿨에는 수업을 담당하는 교사와 치유 업무를 담당하는 전문상담교사, 전문상담사, 임상심리사, 사회복지사, 청소년지도사 등이 있다. 운영 프로그램으로는 원적교로 복귀하기 위한 교과 활동, 직업진로교육, 방과 후 활동, 상담 활동 등이 있으며, 학생의 자해 및 자살과 같은 극단적인 행동을 예방하기 위한 자문의 사업도 운영한다. 위(Wee) 스쿨은 기숙형과 통학형으로 구분되며, 위(Wee) 스쿨 운영에 관심 있는 시·도 교육청이 교육부와 지자체의 협조를 얻어 구축한다.

교육부는 이러한 위(Wee) 프로젝트 기관뿐 아니라 학교폭력 피·가해 학생 전담지원기관, 117 학교폭력 신고센터 등도 운영 중이다. 위(Wee) 프로젝트에 대해서는 이 책의 10장과 11장에서 자세히 다루고 있다.

2) 청소년상담정책(여성가족부)

우리나라의 청소년상담제도는 1991년 「청소년 기본법」의 제정과 1993년 (재)청소년대화의광장의 개원으로부터 시작된다. 이후 전국적으로 시·도 및 시·군·구별로 청소년상담복지센터가 설립되어 활발한 청소년상담 활동을 전개해왔고, 청소년대화의광장은 1999년에 한국청소년상담원으로, 2012년에 한국청소년상담복지개발원으로 명칭이 변경되었다. 이 기관에서는 청소년상담 연구와 프로그램 개발 및 보급, 청소년상담자 연수 등을 통해 청소년상담의 내용과 체제 구축을 지원해왔다. 또한 2003년부터 청소년상담사제도를 실시하여 2021년 2월 기준 26,364명의 청소년상담사(1급 885명, 2급 9,382명, 3급 16,097명)가 배출되어 각종 청소년상담기관에서 활동하고 있다(청소년상담사 홈페이지, 2021). 청소년상담사 자격에 대한 구체적인 내용은 4장을 참조하면 된다.

정부는 2006년 국가청소년위원회를 발족하면서 '위기 청소년 사회안전망 구축'을 정책 비전으로 제시하고, 그 첫걸음으로 지역사회청소년통합지원체계(Community Youth Safety Net: CYS-Net, 이하 청소년안전망) 구축을 추진하였다. 청소년안전망 사업은 9~24세 청소년 및 학부모를 대상으로 하며, 그 추진 방향은 지역사회 기반의 청소년 사회안전망을 확대하고 위기 청소년을 발견·보호·지원하기 위해 청소년전화 1388 및 청소년동반자(Youth Companion: YC) 프로그램을 운영하며 지역사회의 청소년 유관기관 및 단체와의 협력체계(예: 1388청소년지원단)를 강화하는 것이다. 다시 말해 청소년안전망 사업은 지역주민, 기관(예: 경찰, 교육청, 학교, 쉼터, 복지시설), 단체 등 지역 내 활용 가능한 자원을 연계하여 안전망을 구축함으로써 학업중단, 가출, 인터넷 중독과 같은 위기에 처한 청소년들을 발견하고 상담, 보호, 자립 등 통합적인 맞춤형 서비스를 제공하는 사업이다.

청소년안전망 서비스는 다음과 같이 진행된다. 우선 청소년전화 1388은 365일 24시간 고민상담부터 긴급한 위기 문제 해결까지 종합적인 서비스를 제공하는 체제로서, 어려움을 겪는 청소년을 발견·발굴하고 관련 기관에 내방시키는 기능을 한다. 이렇게 청소년안전망에 연결된 청소년에게는 고민상담, 심리상담, 정보 제공, 관련 기관 연계 등 일반상담이 제공되고, 가출이나 폭력 등 긴급구조가 필요한 경우에는 위기상담이 제공된다. 그 후 청소년동반자와 1388청소년지원단을 통해 청소년들에게 필요한 맞춤형 서비스를 제공한다. 청소년동반자는 전문가가 도움이 필요한 위기 청소년을 직접 찾아가 정서적 지지, 심리상담, 지역자원 지원 및 기관 연계 등의 서비스를 제공하는 프로그램이다. 1388청소년지원단은 전국 청소년상담복지센터에 소속되어 위기 청소년을 조기에 발견하고 지원하는 역할을 수행하는 민간의 자발적 참여 조직이다. 여기에는 지역사회 내 약국, 병원, PC방, 노래방, 택시회사, 학원, 자원봉사자, 변호사, 교사 등이 참여하여 발견·구조, 의료·법률, 복지 지원, 상담·멘토 등의 다양한 활동을 수행한다.

청소년안전망의 허브(HUB) 기관은 청소년상담복지센터로, 2021년 3월 기준 전국에 238개가 설치되어 있다(표 3-2 참조). 청소년 및 학부모가 청소년의 가출, 폭력 등과 같은 위기 문제나 심리 정서적 문제로 도움이 필요한 경우, 언제든지 지역 내 청소년상담복지센터를 통해 위기개입, 긴급구조, 일시보호 등 다양한 청소년안전망 서비스를 제공받을 수 있다. 한편, 한국청소년상담복지개발원은 정부의 주요 청소년정책인 청소년안전망 사업이 현장에서 충실히 운영될 수 있도록 프로그램을 개발하고 보급하며, 지역센터 인력의 전문성을 강화하기 위해 교육연수를 제공하는 등 다양한 지도·지원을 한다. 청소년상담에 대해서는 이 책의 9장에서 자세히 다루고 있다.

표 3-2 청소년상담복지센터 전국 현황

지역	서울	부산	대구	인천	광주	대전	울산	경기	강원
센터 수	25	16	9	10	6	3	6	33	14
지역	충북	충남	전북	전남	경북	경남	제주	세종	계
센터 수	13	16	15	23	23	22	3	1	238

출처: 한국청소년상담복지개발원 홈페이지. https://www.kyci.or.kr

3) 아동상담정책(보건복지부)

우리나라의 아동상담정책은 주로 사회복지적 접근의 일부로 다루어져 왔으며, 특히 폭력피해 아동상담에 초점을 두고 있다. 아동상담정책의 주요 대상인 보호대상아동은 "보호자가 없거나 보호자로부터 이탈된 경우 또는 보호자가 아동을 학대하는 경우 등 그 보호자가 아동을 양육하기에 적당하지 않거나 양육할 능력이 없는 경우의 아동"(「아동복지법」 제3조 제4호)에 해당한다. 이러한 보호대상아동은 임시보호시설에서 임시보호 조치하거나 안전하다고 인정되는 자에게 일시 위탁된다(「아동복지법」 제15조). 그 후 아동과 보호자는 상담 및 지도를 받고, 아동은 보호자 또는 대리양육을 원하는 연고자 가정에 보호양육 조치되거나 아동보호를 희망하는 자에게 가정위탁된다. 만약 아동이 이상의 보호조치에 부합하지 않다면 적합한 아동복지시설에 입소하게된다. 보호대상아동은 보호자 및 아동의 제반 사항을 고려하여 「입양특례법」에 따라 입양기관을 통해 가정법원으로부터 입양허가를 받은 후 국내 또는 국외에 입양될 수 있다(그림 3-1 참조).

아동을 보호하는 시설장 및 종사자는 아동의 건강을 유지하고 증진하기 위해 지속적으로 주의를 기울이는 등 최선을 다해야 한다. 지방자치단체는 아동이 적기에 예방접종, 건강검진, 심리치료 등을 받을 수 있게 지원·관리하여 그들의 신체적·정신적 문제를 미리 발견할 수 있도록 해야 한다. 특히 규정에 따라 보호조치 전에 모든 보호대상아동에게 심리검사를 철저히 실시해야 한다. 이에 따라 2020년 보건복지부는 심리·정서·인지·행동상의 어려움이 있는 시설아동의 문제행동 개선 등을 통해 아동의 전인적 성장을 도모하고자 아동복지시설 아동치

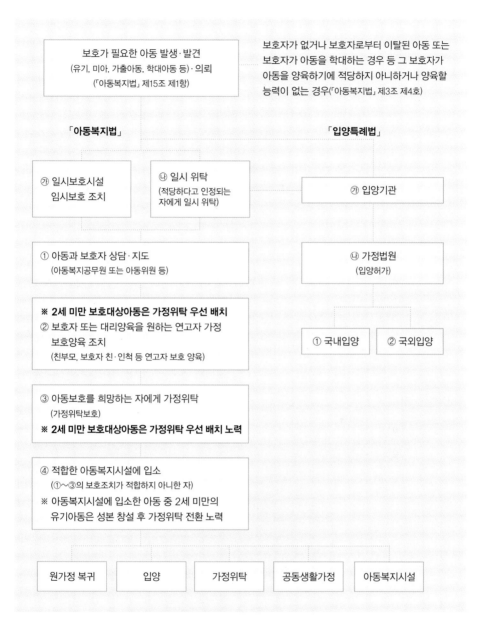

보호가 필요한 아동 발생·발견
(유기, 미아, 가출아동, 학대아동 등)·의뢰
「아동복지법」 제15조 제1항

보호자가 없거나 보호자로부터 이탈된 아동 또는
보호자가 아동을 학대하는 경우 등 그 보호자가
아동을 양육하기에 적당하지 아니하거나 양육할
능력이 없는 경우(「아동복지법」 제3조 제4호)

「아동복지법」   「입양특례법」

㉮ 일시보호시설   ㉯ 일시 위탁
  임시보호 조치   (적당하다고 인정되는   ㉮ 입양기관
                        자에게 일시 위탁)

① 아동과 보호자 상담·지도   ㉯ 가정법원
  (아동복지공무원 또는 아동위원 등)   (입양허가)

※ 2세 미만 보호대상아동은 가정위탁 우선 배치
② 보호자 또는 대리양육을 원하는 연고자 가정
  보호양육 조치   ① 국내입양   ② 국외입양
  (친부모, 보호자 친·인척 등 연고자 보호 양육)

③ 아동보호를 희망하는 자에게 가정위탁
  (가정위탁보호)
※ 2세 미만 보호대상아동은 가정위탁 우선 배치 노력

④ 적합한 아동복지시설에 입소
  (①~③의 보호조치가 적합하지 아니한 자)
※ 아동복지시설에 입소한 아동 중 2세 미만의
  유기아동은 성본 창설 후 가정위탁 전환 노력

원가정 복귀   입양   가정위탁   공동생활가정   아동복지시설

그림 3-1 보호대상아동 발생 시 업무처리 흐름도
출처: 보건복지부(2020).

료재활 사업을 실시하였다. 이 사업에서는 전국의 아동복지시설 보호 아동 중 심리치료 개입이 시급한 아동을 대상으로 아동역량 강화, 종사 자역량 강화, 지역사회역량 강화 등의 영역에서 맞춤형 아동 치료·재 활 프로그램, 통합 사례관리 지원, 아동·가족역량 강화 프로그램비 지 원 및 개발, 주 양육자 상담비 지원 등의 사업을 수행한다. 아동복지시 설 아동치료재활 사업에 대한 내용은 표 3-3과 같다.

한편, 「아동복지법」에서는 아동보호전문기관, 가정위탁지원센터, 아동양육시설, 지역아동센터 등 여러 아동복지시설에 대해 규정하고 있다. 먼저 제45조에서는 지방자치단체가 학대받은 아동의 치료, 아동 학대의 재발 방지 등 사례관리 및 아동학대예방을 담당하는 아동보호 전문기관을 시·도 및 시·군·구에 1개소 이상 두도록 하였다. 제46조 에서는 해당 기관이 피해 아동, 피해 아동의 가족 및 아동학대 행위자 를 위한 상담·치료 및 교육, 아동학대예방 교육 및 홍보, 피해 아동 가

표 3-3 아동복지시설 아동치료재활 사업

구분	세부 지원 내용
아동역량 강화	• 맞춤형 아동 치료·재활 프로그램(종합심리검사, 치료프로그램비 지원) • 통합 사례관리 지원 • 아동·가족역량 강화 프로그램비 지원 및 개발
종사자역량 강화	• 실무자 간담회 및 종사자 교육 실시 • 주 양육자 상담비 지원
지역사회역량 강화	• 시·도별 자원 네트워크 구축 및 활용 • 솔루션 위원회 설치·운영
조사 연구	• 효과성 평가 및 사례관리 성과 연구 용역(임상 분야/사례관리 분야)
홍보 사업	• 다양한 매체 활용한 홍보 활동 • 우수사례 공모전 실시

출처: 보건복지부(2020).

정의 사후관리 등의 업무를 수행하도록 명시하였다. 아동보호전문기관은 2021년 1월 기준 전국에 69개가 설치되어 있다.

「아동복지법」 제48조에서는 지방자치단체가 보호대상아동에 대한 가정위탁 사업을 활성화하기 위하여 시·도 및 시·군·구에 가정위탁지원센터를 두도록 하고, 제49조에서 해당 센터의 업무를 규정하였다. 규정된 업무로는 가정위탁사업의 홍보, 가정위탁을 하고자 하는 가정에 대한 발굴 및 조사, 가정위탁 대상 아동에 대한 상담, 가정위탁을 하고자 하는 사람과 위탁가정 부모에 대한 교육, 위탁가정의 사례관리, 친부모 가정으로의 복귀 지원, 가정위탁 아동의 자립계획 및 사례관리, 관할 구역 내 가정위탁 관련 정보 제공 등이 포함된다. 가정위탁지원센터는 2021년 1월 기준 18개가 설치되어 있다.

「아동복지법」 제50조에서는 국가 또는 지방자치단체가 아동복지시설을 직접 설치할 수 있으며, 국가 또는 지방자치단체가 아닌 자는 관할 시장·군수·구청장에게 신고하고 설치할 수 있도록 하였다. 제52조에서는 아동복지시설의 종류를 제시하고 있는데, 앞서 다룬 아동보호전문기관과 가정위탁지원센터를 제외한 아동복지시설은 표 3-4와 같다. 아동복지시설은 2019년 12월 기준 281개가 설치·운영되고 있다.

「아동복지법 시행령」에서는 아동보호전문기관의 상담원(제42조 별표 8, 제43조 별표 10), 가정위탁지원센터의 상담원(제47조 별표 11, 제48조 별표 13), 아동복지시설의 상담원(제52조 별표 14, 별표 15)의 자격과 배치 기준을 제시하고 있다.

먼저 아동보호전문기관은 임상심리치료 전문 인력 1명 및 상담원 6명 이상을 채용해야 한다. 임상심리치료 전문 인력은 임상심리사 자격이 있거나 놀이치료, 미술치료, 음악치료, 심리상담 등 전문적인 치

표 3-4 아동복지시설의 종류

구분	내용
아동양육시설	보호대상아동을 입소시켜 보호, 양육 및 취업훈련, 자립지원 서비스 등을 제공하는 것을 목적으로 하는 시설
아동일시보호시설	보호대상아동을 일시보호하고 아동에 대한 향후의 양육대책수립 및 보호조치를 행하는 것을 목적으로 하는 시설
아동보호치료시설	불량행위를 하거나 불량행위를 할 우려가 있는 아동으로서 보호자가 없거나 친권자나 후견인이 입소를 신청한 아동 또는 가정법원, 지방법원소년부지원에서 보호위탁된 19세 미만인 사람을 입소시켜 치료와 선도를 통하여 건전한 사회인으로 육성하는 것을 목적으로 하는 시설 정서적·행동적 장애로 인하여 어려움을 겪고 있는 아동 또는 학대로 인하여 부모로부터 일시 격리되어 치료받을 필요가 있는 아동을 보호·치료하는 시설
공동생활가정	보호대상아동에게 가정과 같은 주거여건과 보호, 양육, 자립지원 서비스를 제공하는 것을 목적으로 하는 시설
자립지원시설	아동복지시설에서 퇴소한 사람에게 취업준비기간 또는 취업 후 일정 기간 동안 보호함으로써 자립을 지원하는 것을 목적으로 하는 시설
아동상담소	아동과 그 가족의 문제에 관한 상담, 치료, 예방 및 연구 등을 목적으로 하는 시설
아동전용시설	어린이공원, 어린이놀이터, 아동회관, 체육·연극·영화·과학실험전시 시설, 아동휴게숙박시설, 야영장 등 아동에게 건전한 놀이·오락, 그 밖의 각종 편의를 제공하여 심신의 건강유지와 복지증진에 필요한 서비스를 제공하는 것을 목적으로 하는 시설
지역아동센터	지역사회 아동의 보호·교육, 건전한 놀이와 오락의 제공, 보호자와 지역사회의 연계 등 아동의 건전육성을 위하여 종합적인 아동복지 서비스를 제공하는 시설
아동권리보장원	아동정책에 대한 종합적인 수행과 아동복지 관련 사업의 효과적인 추진을 위하여 필요한 정책의 수립을 지원하고 사업평가 등의 업무를 수행하는 시설

출처: 「아동복지법」 제52조.

료를 할 수 있는 등 피해 아동의 심리치료를 할 수 있는 사람이어야 한다. 상담원은 ① 사회복지사 1급 자격이 있거나, ② 대학 등에서 심리학과를 졸업한 사람 또는 보건복지부령으로 정하는 아동복지 또는 사회복지 관련 교과목을 이수하고 졸업한 사람으로서 표 3-5의 교육과정을 수료한 사람이어야 한다. 교육은 기본교육 80시간과 전문교육 20시간으로 구성되며, 기본교육은 3개 영역에 걸쳐 11개 과목을 다루고, 전문교육은 2개 과목을 다룬다.

가정위탁지원센터는 임상심리치료 전문 인력 1명, 상담원 6명 이상을 두어야 한다. 가정위탁지원센터 임상심리치료 전문 인력의 자격기준은 앞의 아동보호전문기관의 자격과 동일하다. 상담원의 자격 기준은 ① 사회복지사 1급 자격이 있거나, ② 대학 등에서 심리학과를 졸

표 3-5 아동보호전문기관 상담원의 교육과정

단계	교육 과목(시간)	이수 시간
기본교육	1. 아동복지의 기본가치 이해(4) 2. 아동복지법의 이해(4) 3. 아동학대 원인 및 영향(8) 4. 아동보호체계에 대한 이해(8) 5. 가족보존서비스의 이론과 실제(8)	32시간
	1. 초기조사와 사례계획(8) 2. 위기 개입(6) 3. 아동 분리와 배치(6) 4. 학대 유형별 개입방법(12)	32시간
	1. 아동 학대와 방임에 대한 생태학적 관점(8) 2. 통합적 접근방법(8)	16시간
전문교육	1. 아동학대와 관련된 특수한 문제와 개입방법(8) 2. 학대 유형별 상담사례 실습(12)	20시간

출처: 「아동복지법 시행령」 별표 18.

업한 사람 또는 보건복지부령으로 정하는 아동복지 또는 사회복지 관련 교과목을 이수하고 졸업한 사람으로, 아동보호전문기관의 기준과 달리 교육과정 이수에 대한 조건은 없다.

그 외 아동복지시설은 시설의 종류와 규모에 따라, 종사자의 직종에 따라 필요 인력 수가 다르다. 여기에서는 아동 수가 30명 이상인 아동복지시설 상담원의 자격과 배치 기준을 간략히 언급하고자 한다. 아동 30명 이상 아동복지시설 중 아동양육시설과 아동일시보호시설, 아동상담소의 경우 상담지도원은 필요 인원, 임상심리상담원은 1명을 두어야 한다. 아동보호치료시설은 임상심리상담원 1명, 자립지원시설은 상담지도원 3명이 있어야 한다. 상담지도원의 자격 기준은 사회복지사 2급 이상 자격, 유치원·초등학교 또는 중등학교 교사 자격, 또는 보육교사 1급 자격을 보유한 사람이며, 임상심리상담원의 자격 기준은 대학 등에서 심리 관련 학과를 졸업했거나 임상심리사 2급 이상의 자격이 있는 사람이다. 아동 수 30명 미만의 아동복지시설 상담원 자격 및 배치 기준은 「아동복지법 시행령」 제52조 별표 14를 참고하면 된다.

4] 가정상담정책[여성가족부]

2005년 시행된 「건강가정기본법」에서는 국가 및 지방자치단체가 건강가정사업을 실시하도록 중앙, 시·도 및 시·군·구에 건강가정지원센터를 설치하고 운영할 것을 의무화하였다. 건강가정지원사업은 여성가족부에서 담당하다가 2008년 보건복지가족부로 이관되었고, 2010년 다시 여성가족부에서 담당하게 되었다.

전국의 건강가정지원센터는 가족의 건강한 성장 및 발전을 지원하고 가족 문제를 해결하는 데 도움을 주기 위해 가족돌봄나눔 사업, 생애주기별 가족교육 사업, 가족상담 사업, 가족친화문화 조성 사업, 정보 제공 및 지역사회 네트워크 사업을 추진하고 있다. 또한 일반가족은 물론, 한부모가족, 조손가족, 다문화가족, 이혼전후 가족 등 다양한 가족을 대상으로 상담·교육·문화 프로그램이 결합된 맞춤형 통합 서비스를 지원한다(표 3-6 참조). 이 외에도 돌봄지원사업, 취약·위기가족지원사업, 미혼모부자가족지원사업, 기타 부처 및 유관기관과의 협력사업 등을 통해 다양한 가족 사업을 수행하고 있다.

건강가정지원센터의 가족상담 전문 인력은 ① 가족상담 관련 전공학과의 석사과정 이상을 수료했거나, ② 관련 전문 학회에서 발급하는 2급 이상 자격증을 소지했거나, ③ 관련 전문 학회에 소속되어 100시간 이상의 상담 실무경력 또는 이에 상당하다고 인정되는 경력을 가졌

표 3-6 건강가정지원센터 사업 영역

사업 영역	내용
가족돌봄나눔	모두가족봉사단, 모두가족품앗이, 아버지–자녀가 함께하는 토요프로그램, 아이돌봄 서비스, 공동육아나눔터
가족교육	예비/신혼기 부부 결혼준비교육, 학년 전/학년기· 청소년기 자녀를 둔 부모교육, 중년기·노년기교육, 아버지교육, 남성대상 돌봄 참여 및 자기돌봄 교육
가족상담	이혼 전후 가족상담, 부모자녀 상담, 부부상담, 재혼가족상담, 고부갈등상담, 가족관계에 의한 갈등상담
가족문화	가족사랑의 날 프로그램, 가족여가 프로그램, 지역참여 및 나눔행사, 건강가정 관련 캠페인
다양한 가족 통합 지원	한부모가족, 조손가족, 다문화가족, 맞벌이가족, 장애아를 둔 가족, 북한이탈주민가족, 군인가족, 수령자가족, 재혼가족 등 다양한 형태의 가족 통합 지원
지역사회 연계	지역사회 협의체 연계, 센터사업 유관 관계 연계

출처: 건강가정지원센터 홈페이지. https://familynet.or.kr

거나, ④ 관련 분야 석사학위를 취득한 후 1년 이상 관련 기관 상담원으로 근무한 경력이 있거나, ⑤ 관련 분야 학사학위를 취득한 후 2년 이상 관련 기관 상담원으로 근무한 경력이 있는 사람이어야 한다(여성가족부, 2021a).

한편, 한국사회가 다문화 사회로 변화하면서 2006년 여성가족부 담당하에 다문화가족지원센터가 설치되었다. 이 센터는 2008년 보건복지가족부로 이관되었다가 2010년 다시 여성가족부에서 담당하게 되었다.

다문화가족지원센터 사업의 기본 방향은 다문화가족에게 가족교육·상담·문화 프로그램 등을 제공하여 결혼이민자의 한국사회 조기적응 및 다문화가족의 안정적인 가족생활을 지원하는 것이다. 주요 사업으로는 한국어 교육, 통역·번역 서비스 지원, 가족구성원 간 관계 증진을 위한 상담 및 사례관리, 결혼이민자를 대상으로 한 사회적응교육 및 취업교육 지원, 가족교육 프로그램, 다문화가족 자녀 언어발달 지원, 다문화가족 자녀 방문교육, 다문화가족 이중언어 환경조성 코칭 서비스 등이 있다.

다문화가족지원센터의 다문화상담 전문 인력은 ① 가족상담 관련 석사학위를 소지했거나, ② 가족상담 관련 학사학위 소지자로서 상담 경력 2년 이상의 실무경력을 가져야 한다(여성가족부, 2021a).

정부는 2014년부터 건강가정지원센터와 다문화가족지원센터를 통합하는 시범사업을 실시하여 점차 그 수를 늘려가고 있다. 2020년 8월 기준 전국에 건강가정지원센터 29개, 다문화가족지원센터 32개, 건강가정·다문화가족지원센터 196개가 운영되고 있다.

5] 노동·직업상담정책(고용노동부 주관, 부처 연합)

우리나라의 노동·직업상담 관련 정책은 여러 부처가 연합하여 다양한 대상에게 필요에 맞는 상담 서비스를 제공한다는 특징이 있는데, 이는 고용복지플러스센터를 통해 확인할 수 있다. 고용복지플러스센터는 고용노동부(고용센터), 보건복지부(복지지원팀), 여성가족부(여성새로일하기센터), 금융위원회(서민금융센터), 보훈처(제대군인지원센터), 자치단체(일자리센터, 복지지원팀) 등 다양한 정부 부처가 협력하여 고용·복지·서민금융 등의 서비스를 일괄 처리하고 지원하는 기관이다.

고용복지플러스센터는 1998년 취업알선·고용보험·직업훈련의 원스톱 서비스를 제공하기 위해 직업안정과와 고용보험과를 통합한 고용안정센터가 출범하면서 시작되었다. 고용안정센터는 2006년 고용지원센터로, 2010년 고용센터로 명칭이 변화하였다. 그러다 2014년 정부가 고용복지플러스센터를 시범적으로 실시하면서 고용센터가 점차 고용복지플러스센터로 전환되는 추세이다. 2020년에 고용복지센터와 출장소가 개소되면서 전국에 고용센터 2개, 고용복지플러스센터 98개, 고용복지센터 30개, 출장소 41개가 운영되고 있다(표 3-7 참조).

표 3-7 고용복지플러스센터 확대 과정

	2014	2015	2016	2017	2018	2020
고용센터	76	54	24	4	2	2
고용복지플러스센터	10	40	70	94	98	98
고용복지센터	–	–	–	–	–	30
출장소	–	–	–	–	–	41
총계	86	94	94	98	100	171

출처: 고용복지플러스센터 홈페이지. https://www.workplus.go.kr

고용복지플러스센터는 실직자(고용센터), 구직자(일자리센터), 경력단절여성(새일센터), 중장년 퇴직자(중장년 일자리 희망센터), 중·장기복무 제대자(제대군인지원센터), 사회복지서비스 대상자(복지·자립지원팀) 등 대상의 특성에 맞게 취업 및 재취업, 창업 지원 및 상담, 전직 서비스 등 다양한 직업상담 서비스를 제공한다(표 3-8 참조).

또한 근로복지공단은 「근로복지기본법」 제83조에 근거하여 근로복지넷을 통해 근로자지원프로그램(Employee Assistance Program: EAP)을 제공하고 있다. EAP는 직장인이 과도한 스트레스로 인해 삶의 균형이 깨졌을 때 이를 해결할 수 있도록 상담, 컨설팅, 교육 등을 제공

표 3-8 고용복지플러스센터의 서비스

서비스 창구	내용
고용센터	실직자 생계안정을 위한 구직급여 및 재취업 지원, 구인, 구직자 맞춤형 취업 지원, 일자리 창출과 취약계층 등을 지원하는 고용안정 사업 등 종합 고용 서비스 제공
일자리센터	구직자 취업 지원(면접기술 코칭, 동행면접 등), 일자리 발굴, 채용행사 등 취업 지원 서비스 제공
새일센터	출산과 육아 등으로 경력이 단절된 여성을 대상으로 취업상담과 직업교육 훈련, 인턴십 연계 등 경력단절여성 맞춤형 고용서비스 제공
중장년 일자리 희망센터	40대 이상 중장년 퇴직(예정)자에게 재취업 및 창업, 생애설계 지원, 사회 참여 기회 제공 등의 종합 전직 서비스 제공
제대군인 지원센터	중·장기복무(5년 이상) 제대(예정) 군인에게 진로상담, 취·창업 지원 등을 통해 성공적인 사회 안착 지원
복지·자립 지원팀	사회복지서비스 상담 및 신청·접수, 공공·민간 복지 지원을 연계하고 영유아기부터 노년기, 장애인에 이르기까지 개인별 맞춤 복지혜택 등 관련 상담 제공
서민 금융센터	경제적 어려움을 겪는 서민이나 영세상공인, 저신용 서민이나 영세상공인, 저신용·저소득자 등을 대상으로 서민층 저리자금, 신용회복 지원, 불법 사금융 피해 상담 서비스 제공

출처: 고용복지플러스센터 홈페이지. https://www.workplus.go.kr

하는 종합 프로그램이다. 근로복지넷의 EAP는 상시 근로자 수 300인 미만의 중소기업과 소속 근로자로서 근로복지넷 홈페이지에 가입한 후 상담을 신청한 사람에게 제공된다. EAP에서는 직무 스트레스, 조직 내 소통 능력, 직장 내 괴롭힘, 부부 관계 및 자녀 문제 등 다양한 이슈들에 대한 온·오프라인 상담 서비스를 지원한다(표 3-9 참조).

표 3-9 근로복지넷 EAP상담 지원 내용

온라인	서비스 분야
• 게시판 EAP상담 • 희망드림 톡(모바일 EAP상담) • 전화 EAP상담	• 직무 스트레스 • 조직 내 소통능력(동료, 상·하 간 갈등) • 업무역량(리더십) 강화 • 불만고객 등 응대 • Work-Life Balance (장시간, 육아휴직 등) • 직장 내 괴롭힘 • 성격진단 • 스트레스 관리 • 정서문제(우울, 불안, 장애, 분노, 강박 등) • 생활습관 관리(금연, 절주, 비만 등) • 대인 관계 • 자살 • 부부(관계 갈등, 성 문제, 맞벌이, 주말부부) • 자녀(학습코칭, 또래 관계, 발달, ADHD 등) • 기타(가족 내 정신질환, 부모봉양 등)
오프라인	
• 근로자상담(1:1 대면) • 기업상담: 집단프로그램(특강/교육)	

출처: 근로복지넷 홈페이지. https://www.workdream.net

6) 여성상담정책(여성가족부)

여성상담정책으로는 여성긴급전화 1366, 해바라기센터, 가정폭력 상담소, 성폭력피해상담소, 성매매피해상담소 등의 여성상담 전문기관의 운영을 들 수 있다.

여성긴급전화 1366은 가정폭력·성폭력·성매매·스토킹 등 여성폭력 피해자가 긴급한 구조, 보호 또는 상담이 필요한 경우 365일 24시간 언제든 상담을 받을 수 있도록 운영하는 서비스이다. 서비스를 이용하기 위해서는 국번 없이 '1366'(특정 지역센터 상담 요청 시 '지역번호+1366')으로 전화를 걸면 된다. 여기서 '1366'이라는 숫자는 '위기에 처한 여성에게 1년 365일에 하루를 더하여 충분하고 즉각적인 서비스를 제공한다'는 의미이다. 여성긴급전화 1336은 2021년 2월 기준 중앙센터 및 광역자치단체 단위로 전국에 18개소를 운영하고 있다(여성가족부 홈페이지, 2021).

해바라기센터는 가정폭력·성폭력·성매매 피해자와 그 가족에게 상담, 의료, 법률·수사, 심리치료 등을 통합적으로 제공하는 곳으로, 2020년 기준으로 전국 40개 센터가 있다(여성가족부, 2021b).

가정폭력상담소와 성폭력피해상담소, 성매매피해상담소는 각각 가정폭력, 성폭력, 성매매 피해와 관련하여 상담 및 교육, 쉼터 연계, 법률지원 등을 제공하는 곳이다. 가정폭력상담소는 2020년 8월 기준 전국 208개소가 있으며, 성폭력피해상담소는 104개소, 성매매피해상담소는 29개가 있다.

긴급전화센터·상담소·보호시설에 종사하는 가정폭력피해상담원의 자격 기준은 「가정폭력방지 및 피해자보호 등에 관한 법률 시행규칙」 제9조 별표 3에 규정되어 있다. 성폭력피해상담소·성폭력피해자보호시설·해바라기센터에 종사하는 성폭력피해상담원의 자격 기준은 「성폭력방지 및 피해자보호 등에 관한 법률 시행령」 제7조 별표 1에서 확인할 수 있다. 가정폭력피해상담원과 성폭력피해상담원의 자격 기준에 관한 보다 상세한 내용은 4장에서 다룬다.

7) 중독상담정책(보건복지부·한국지능정보사회진흥원)

보건복지부는 중독관리통합지원센터를 설치·운영하여 알코올 및 기타 중독(마약, 도박, 인터넷 게임 등)에 대한 예방교육을 실시하고, 중독선별검사 보급을 통해 조기발견을 활성화하며, 지역사회의 알코올 중독 고위험군에게 상담을 제공한다. 서비스 대상은 지역사회 내 알코올 및 기타 중독자와 그 가족 등 지역주민으로, 전화 또는 센터 방문을 통해 서비스를 신청하면 이용할 수 있다.

중독관리통합지원센터에서는 일반적으로 알코올·기타 중독자 관리, 중독자 가족 지원, 중독 폐해 예방 및 교육, 지역사회 안전망 조성, 지역진단 및 기획 등의 사업들을 진행함으로써(표 3-10 참조), 중독자의 조기발견·진단·상담·치료·재활·사회복귀를 지원한다. 이와 함께 지역특성에 따른 특화 사업(노숙인, 쪽방 거주자, 새터민, 해외 이주민, 외

표 3-10 중독관리통합지원센터 사업 내용

영역	내용
알코올·기타 중독자 관리 사업	신규 발견 및 이용체계 구축, 사례관리 서비스, 위기관리 서비스, 재활 프로그램, 직업재활 서비스
알코올·기타 중독자 가족 지원 사업	신규 가족발견 및 이용체계 구축, 사례관리 서비스, 가족교육 및 프로그램, 위기관리 서비스, 가족모임 지원 서비스
알코올·기타 중독 폐해 예방 및 교육 사업	고위험군·조기발견 및 개입 서비스, 아동·청소년 예방교육사업, 직장인 음주·기타 중독 폐해 예방 지원 사업, 지역주민 예방교육 사업, 인식개선 및 홍보 사업
지역사회 안전망 조성 사업	보건복지 네트워크 구축, 지역 법무 연계·협력체계 구축, 자원봉사 관리·운영체계 구축, 경찰 및 응급 지원 네트워크 구축, 지역 인프라 구축
지역진단 및 기획	지역사회 진단 및 연구, 서비스 기획, 자원조정 및 중재

출처: 보건복지부 홈페이지. https://www.mohw.go.kr

국인 근로자 등)도 수행한다. 해당 사업들은 정신건강전문요원, 사회복지사, 간호사 등이 담당하여 진행한다. 중독관리통합지원센터는 2021년 1월 기준으로 전국에 49개가 운영되고 있다.

또한 한국지능정보사회진흥원에서는 스마트폰 과의존 문제 해소 및 예방 전문상담기관으로 2021년 2월 기준 전국에 18개 스마트쉼센터를 운영하고 있다. 이 센터에서는 건강한 스마트폰 사용을 통해 삶의 균형을 회복할 수 있도록 예방교육, 상담, 실태조사, 캠페인 등 다양한 사업을 추진하고 있다(표 3-11 참조).

표 3-11 스마트쉼센터의 사업 내용

영역	내용
스마트쉼 캠페인	건강한 디지털 문화 조성 및 스마트폰 과의존 예방을 위해 종교단체, NGO, 기업, 학회 등으로 구성된 스마트쉼 문화 운동본부와 함께 스마트 휴데이(休day), 실천수칙 보급 등 다양한 캠페인 활동을 전개
전문상담	스마트폰 과의존과 관련하여 학교 부적응, 학업 및 진로, 부모와의 갈등 등 다양한 심리적 어려움을 극복할 수 있도록 전문상담 실시
전문 인력 양성 및 보수교육	상담자, 예방교육 강사, 교사를 대상으로 스마트폰 과의존에 대한 상담이론과 실제 접근법들을 교육하여 스마트폰 과의존 문제에 체계적으로 대응할 수 있도록 전문역량 강화 전문상담사 자격검정제도를 통한 체계적인 상담 전문 인력 확보
예방교육	학교, 기관, 시설에 전문강사를 파견하여 유아, 청소년, 성인 등 전 국민 대상 스마트폰 과의존 예방교육 지원
찾아가는 가정방문상담	스마트폰 과의존 문제로 심각한 어려움을 겪고 있어 도움이 필요한 취약계층 가정은 물론 일반가정(고위험 사용자군, 잠재적 위험사용자군 해당자)으로 전문가가 직접 방문하여 상담 실시
조사 및 연구	스마트폰 과의존 문제에 대처하기 위해 매년 스마트폰 과의존 실태 조사와 상담 프로그램 개발, 뉴미디어 과의존과 관련한 연구 실시
거버넌스 구축 및 운영	스마트폰 과의존 문제에 효과적으로 대처하기 위한 전국 18개 스마트쉼센터와 전문상담·치료기관을 연계하여 상담 서비스 제공

출처: 스마트쉼센터 홈페이지. https://www.iapc.or.kr

한국지능정보사회진흥원은 전문 인력 양성 사업으로 인터넷중독 전문상담사 제도를 운영한다. 인터넷중독전문상담사는 상담에 필요한 전공, 경력 등 일정 자격 요건을 갖춘 자로서 자격검정 시험에 합격하고 자격연수를 이수한 자에게 한국지능정보사회진흥원장이 부여하는 민간자격(등록번호 2014-2177)이다. 이 자격 제도의 목적은 스마트폰 과의존 상담 전문 인력을 체계적으로 양성하여 양질의 서비스를 제공함으로써 내담자의 신뢰를 확보하고 상담 만족도를 향상시키는 것이다. 인터넷중독전문상담사는 전국 18개 스마트쉼센터를 비롯한 상담 전문 기관과 심리상담센터 등에서 스마트폰 과의존 상담, 디지털 시민역량 강화교육, 청소년 ICT 진로교육 및 상담, 스마트폰의 바른 사용을 위한 지역사회 인식 제고 등의 직무를 수행한다.

8) 군상담제도(국방부)

국방부는 「군인의 지위 및 복무에 관한 기본법」 제41조에 의거하여 병영생활 전문상담관 및 성고충 전문상담관 제도를 운영하고 있다.

제41조(전문상담관)
　① 군인이 다음 각 호의 사항으로 군 생활의 고충이나 어려움을 호소하는 경우에 이에 대한 상담 등을 하기 위하여 대통령령으로 정하는 규모 이상의 부대 또는 기관에 병영생활 전문상담관을 둔다.
　　1. 군 생활에 따른 부적응에 관한 사항
　　2. 가족관계 및 개인 신상에 관한 사항
　　3. 구타, 폭언, 가혹행위 및 집단 따돌림 등 군 내 기본권 침해에 관한 사항

4. 질병·질환 및 건강 악화 등 신체에 관한 사항

5. 장기복무 군인가족의 자녀교육 및 현지생활 부적응 등 사회복지에 관한 사항

6. 그 밖에 군 생활로 인하여 발생하는 고충이나 어려움에 관한 사항

② 성희롱, 성폭력, 성차별 등 성(性)관련 고충 상담을 전담하기 위하여 대통령령으로 정하는 규모 이상의 부대 또는 기관에 성(性)고충 전문상담관을 둔다.

(「군인의 지위 및 복무에 관한 기본법」)

이 법에서는 병영생활 전문상담관 및 성고충 전문상담관을 '대통령령으로 정하는 규모 이상의 부대 또는 기관'에 둔다고 규정하고 있다. 동법 시행령 제31조에 따르면 병영생활 전문상담관은 대령급 이상의 장교가 지휘하는 부대 또는 기관에 배치한다는 의미이고, 성고충 전문상담관은 육군과 공군에서는 중장급 이상의 장교가, 해군과 해병대에서는 소장급 이상의 장교가 지휘하는 부대 또는 기관에 배치한다는 의미이다.

병영생활 전문상담관은 부적응 또는 집단 따돌림 등으로 인해 군 생활에 어려움을 호소하는 군인을, 성고충 전문상담관은 성희롱이나 성폭력 등 성과 관련된 고충을 겪고 있는 군인을 상담한다. 「병영생활 전문상담관 운영에 관한 훈령」(국방부훈령 제2166호)에서는 병영생활 전문상담관의 업무에 대해 규정하고 있다(표 3-12 참조).

2005년부터 선발 배치된 병영생활 전문상담관은 2020년 5월 기준 549명이 활동 중이다. 2020년 국방부는 복무 부적응 장병에 대한 상담주기를 최소화할 수 있도록 병영생활 전문상담관을 660명까지 확대하고 대대급에도 배치할 계획을 발표하였다(국방부, 2020a). 성고충

표 3-12 병영생활 전문상담관의 업무

구분	내용
임무	군 생활에 고충을 호소하는 군인 및 장기복무 군인 가족에 대한 전문적인 심리상담과 그 밖에 상담과 관련하여 지휘관이 부여한 업무
	복무 부적응을 겪고 있는 장병이 상담실을 방문 시 대면상담하거나, 출장상담, 심리검사 및 각종 집단상담 프로그램 등을 실시
	상담역량의 구비가 필요한 간부 및 병사에게 상담 관련 교육을 시행 또는 지도
	각종 심리검사 및 심리상담 결과에 대한 분석을 통해 건전한 병영문화 조성을 위한 제도적 보완사항 등을 건의
세부 업무	"병영생활전문상담관실" 세부 운영계획 수립 시행
	사고우려자 및 도움·배려 병 등에 대한 현장위주 상담 관리
	장병 기본권 보장 관련 갈등관리 및 지휘조언
	군내 사용하는 인성검사 분석 및 후속조치 조언
	각종 집단상담 프로그램 지도 및 시행
	그린캠프(Green Camp), 병역심사관리대 운영지원 및 장병 상담교육
	군생활, 성고충, 개인신상, 가족관계 및 자녀교육 등으로 인한 어려움을 겪고 있는 군인 및 장기복무군인가족에 대한 상담 조언(다만, 성고충(피해)을 인지하거나 식별 시는 성고충 전문상담관에게 피해자 상담을 연계하며, 연계 전까지는 상담 조언)
	주기적 상담결과 분석 및 분석결과의 지휘 참고자료 제공
	그 밖에 상담관 임무와 관련하여 운영부대장 또는 직접운영부대장이 부여한 업무

출처: 「병영생활전문상담관 운영에 관한 훈령」 제18조, 제19조.

전문상담관은 군내 성폭력 예방과 사건 발생 시 피해자 보호 및 사건 처리 지원 업무를 수행하며, 2013년 선발하기 시작하여 2020년 7월 기준 48명이 활동 중이다(국방부, 2020b).

병영생활 전문상담관 및 성고충 전문상담관의 자격 기준은 「군인의 지위 및 복무에 관한 기본법」제41조에서 규정하고 있다. 이에 따르면 전문상담관은 ① 대통령령으로 정하는 심리상담 또는 사회복지분야 관련 자격증을 소지하고 일정 기간 이상의 상담경험이 있는 사람이거나, ② 대통령령으로 정하는 자격을 갖추고 일정 기간 이상 군 복무경력이 있는 사람이어야 한다. 이때 '심리상담 또는 사회복지 분야 자격증'은 동법 시행령 제32조 별표 2에 명시되어 있으며, 국가자격증으로는 임상심리사 및 직업상담사, 사회복지사, 정신보건임상심리사 또는 정신보건사회복지사, 전문상담교사, 청소년상담사를 제시한다. 민간자격증으로는 국방부장관이 인정하여 고시하는 자격증이라 되어 있는데, 이는 임상심리전문가(한국임상심리학회), 상담심리사 1·2급(한국상담심리학회), 전문상담사 1·2급(한국상담학회), 군상담수련전문가(대한군상담학회), 군상담심리사1·2·3급(대한군상담학회) 등이다. 이 민간자격들은 국가기관(한국직업능력개발원)에 등록된 자격증에 대해 2017년 전문가 평가(이동귀 등, 2017)를 거쳐 선정된 결과이며, 향후 신규 등록 자격증 및 기존 자격증의 변경 사항에 대해 평가하여 재고시하거나 변경될 수 있다(국방부, 2020c).

9) 범죄피해자상담제도(경찰청·법무부)

범죄피해자상담제도는 「범죄피해자 보호법」제7조와 동법 시행령 제9조에 근거한다.

제7조(손실 복구 지원 등)
① 국가 및 지방자치단체는 범죄피해자의 피해정도 및 보호·지원의

필요성 등에 따라 상담, 의료제공(치료비 지원을 포함한다), 구조금 지급, 법률구조, 취업 관련 지원, 주거지원, 그 밖에 범죄피해자의 보호에 필요한 대책을 마련하여야 한다.

② 국가는 범죄피해자와 그 가족에게 신체적·정신적 안정을 제공하고 사회복귀를 돕기 위하여 일시적 보호시설(이하 "보호시설"이라 한다)을 설치·운영하여야 한다. 이 경우 국가는 보호시설의 운영을 범죄피해자 지원법인, 「의료법」에 따른 종합병원, 「고등교육법」에 따른 학교를 설립·운영하는 학교법인, 그 밖에 대통령령으로 정하는 기관 또는 단체에 위탁할 수 있다.

③ 국가는 범죄피해자와 그 가족의 정신적 회복을 위한 상담 및 치료 프로그램을 운영하여야 한다.

(「범죄피해자 보호법」)

제9조(상담 및 치료 프로그램의 운영)

보호시설의 장은 법 제7조 제3항에 따라 입소자의 심신의 안정을 위하여 입소자의 특성 등을 고려한 상담 및 치료 계획을 수립·실시하고 그 내용을 기록·유지하여야 한다.

(「범죄피해자 보호법 시행령」)

이 법에 따라 범죄피해자를 지원하기 위해 경찰청은 피해자전담경찰관, 피해자심리전문요원, 피해자위기개입상담관 제도를, 법무부에서는 스마일센터를 운영하고 있다.

경찰청은 회복적 경찰활동 및 범죄피해자 지원의 일환으로 범죄 발생 초기부터 다양한 피해자 보호 및 자원활동을 전개하고 있다. 여기서 회복적 경찰활동이란 가해자 검거 및 처벌적 대응을 넘어, 당사자의 동의를 전제로 가·피해자 간 대화를 통해 근본적인 문제 해결 방안을 모색할 수 있도록 지원하는 활동이다. 경찰청은 범죄피해자의 회복과 지원을 위해 경제적 지원제도(예: 범죄피해자구조금제도, 긴급복지 지원제도), 법률적·심리적 지원제도(예: 무료법률구조제도, 법률홈닥터, 스마일센터를 통한 심리치료 지원 요청), 기타 지원제도(예: 피해자 임시숙소 제도, 성폭력·가정폭력피해자 보호시설 연계) 등의 다양한 피해자 지원제도를 수행하고 있다(경찰청 홈페이지, 2021). 이러한 범죄피해자 지원을 수행하는 인력으로는 피해자전담경찰관, 피해자심리전문요원, 피해자위기개입상담관이 있다. 이들은 피해자 심리 지원 업무를 담당한다는 측면에서는 유사하나, 선발 기준 및 근무여건에서 차이가 있다.

피해자전담경찰관은 「피해자 보호 및 지원에 관한 규칙」(경찰청훈령 제1003호) 제12조에 따라 ① 심리학 전공 석사 학위 이상 소지자이거나, ② 심리학 학사 학위 소지자로서 '심리·상담' 분야에서 근무 또는 연구 경력이 2년 이상인 사람 중에서 선발한다. 이들은 전국 각 경찰서에 배치되어 피해자에 대한 경제적·심리적·법률적 지원 등 종합적인 보호·지원 업무를 담당하면서 피해 상황에 맞는 맞춤형 보호 지원 서비스를 제공하고 있다. 범죄 발생 초기에 개입하여 피해자를 상담하고, 경찰청에서 개발한 범죄피해 트라우마 척도(VTS) 검사를 실시하며, 전문 심리요원을 연계하여 심리적 지원을 받을 수 있도록 도와준다.

피해자심리전문요원은 범죄로 인한 정신적인 스트레스에 대해 심리적 지원을 제공하기 위해 경찰청에서 2006년부터 선발하였다. 이들은 CARE(Crisis-intervention, Assistance & REsponse, 위기개입·지원·대응)요원으로도 불리며, 심리학 전공자 및 관련 분야 경력자가 경찰관(경장)으로 특채 선발되어 전국 지방경찰청 청문 기능에 배치된다. 이들은 강력범죄가 발생했을 때 현장에 출동해 피해자를 대상으로 심리적 응급처치를 실시하고 안정을 유도한다. 이후 전문심리평가와 상담을 실시하고 지원기관과 연계하는 등 피해자에게 필요한 정신적·심리적 지원을 제공한다.

피해자위기개입상담관은 범죄 발생 초기에 위기개입을 통한 심리적 응급처치를 수행하고 심리평가·상담을 실시하고자 2018년부터 경찰청에서 선발하였다. 피해자위기개입상담관은 심리학을 전공한 상담전문가로서 1년 이상의 상담경력을 가진 사람 중에 선발하며, 각 지방경찰청 청문감사관실 피해자 보호팀 소속이다. 이들은 범죄가 발생했을 때 피해자전담경찰관 및 피해자심리전문요원이 심리 지원을 요청해오면, 해당 경찰서에 파견되어 즉시 심리적 응급처치 및 심리평가와 상담을 실시하고, 필요한 경우 상담기관인 스마일센터, 한국피해자지원협회, 정신건강증진센터 등으로 연계하는 업무도 한다.

법무부에서 운영하는 스마일센터는 범죄피해자 및 그 가족에게 심리치료 서비스를 제공하여 정상적인 생활로의 복귀를 지원하는 기관이다. 서비스 지원 대상은 살인, 강도, 강간, 방화, 상해 및 기타 강력범죄로 인한 정신적 충격 때문에 일상생활이 어려워 심리치료가 필요하다고 판단되는 사람들이다. 스마일센터에서는 임상심리전문가 등이 체계적인 심리상담 및 진단평가, 심리치료 등을 실시하여 이들이 범죄 후유증에서 회복할 수 있도록 지원한다. 지원 절차는 피해자 본인이나 범죄피해자 지원센터, 검찰·경찰·법원 등에서 스마일센터에 지원을 요청하면, 접수 후 접수 사례회의와 종합 사례회의를 거쳐 심리평가, 심리치료·상담, 정신과 진료, 법률지원, 입소프로그램 등의 서비스를 제공한다(그림 3-2 참조). 스마일센터는 2021년 4월 기준 전국에 16개소가 운영되고 있다(스마일센터 홈페이지, 2021).

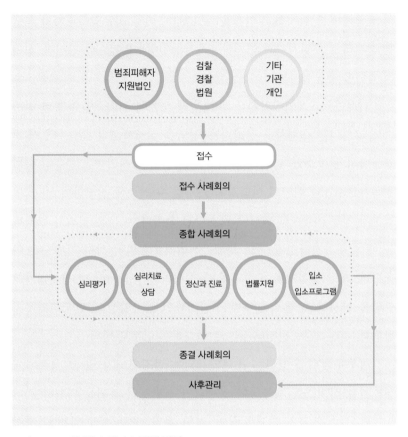

그림 3-2 스마일센터 서비스 진행 절차
출처: 스마일센터 홈페이지. https://resmile.or.kr

10) 이혼숙려상담제도(법무부)

이혼숙려상담제도는 이혼율 증가에 대한 대책으로 2004년 공청회를 거쳐서 입안되었고, 3년간의 시범실시 기간을 거친 후 2008년 6월 전격적으로 시행되었다. 이 제도는 합의 또는 재판 이혼에 대한 법원의 판결이 있기 전에 상담 등을 통해 부부가 이혼의 아픔과 이혼 후의 삶에 대해 충분히 고민할 수 있도록 숙려 기간을 주는 것으로, 숙려 기간은 미성년자 자녀가 있으면 3개월, 없으면 1개월이다.

「민법」 제836조의2 제1항에 따르면 가정법원은 필요한 경우 부부에게 이혼상담에 관해 전문적인 지식과 경험을 갖춘 전문상담인의 상담을 받을 것을 권고할 수 있다. 가정법원은 대학교수와 의사, 상담전문가 등을 전문상담인으로 위촉하여 법원의 예산 범위 내에서 무료상담을 실시하고 있다.

> 제836조의2(이혼의 절차)
> ① 협의상 이혼을 하려는 자는 가정법원이 제공하는 이혼에 관한 안내를 받아야 하고, 가정법원은 필요한 경우 당사자에게 상담에 관하여 전문적인 지식과 경험을 갖춘 전문상담인의 상담을 받을 것을 권고할 수 있다.
>
> (「민법」)

11] 심리상담 바우처 사업

바우처 사업은 「사회서비스 이용 및 이용권 관리에 관한 법률」에 근거하여 현금이나 물품 대신 이용권(바우처)을 통해 국민들에게 사회서비스를 제공하는 사업이다. 지방자치단체 및 공공기관은 매년 해당기관의 바우처 사업을 공지한다. 상담기관에서는 관련된 사업에 참여기관으로 등록하여 바우처 사업 대상자에게 상담 서비스를 제공하고 그 비용에 대해 지원받을 수 있다.

바우처 사업을 통해 상담 서비스를 제공할 수 있는 인력은 「지역사회서비스 투자사업 제공인력 자격기준 고시」(보건복지부고시 제2019-296호)에 사업별로 명시되어 있다. 이에 따르면 상담 관련 서비스를 제공하기 위해서는 상담 관련 전공을 이수하였거나 상담 관련 자격을 갖추고 있어야 하며 구체적인 전공 및 자격은 사업별로 차이가 있다(표 3-13 참조).

바우처 사업에 대한 상세한 내용은 국가바우처 홈페이지(http://www.voucher.go.kr)와 각 지자체의 바우처 사업 관련 홈페이지에서 확인할 수 있다. 예를 들어 서울시의 경우 상담 관련 바우처 사업으로 영유아 발달 지원 서비스, 정신건강 토탈케어 서비스, 아동·청소년 비전형성 지원 서비스, 아동·청소년 심리 지원 서비스, 부모성장을 위한 심리 지원 서비스, 청년 심리 지원 서비스 등을 제공하고 있다(서울시복지재단 지역사회서비스 지원단 홈페이지, 2021).

표 3-13 아동·청소년·성인·청년 분야 바우처 상담 서비스 제공인력 자격 기준

서비스명/ 서비스 내용	제공인력 자격 기준
영유아 발달 지원 서비스	• 언어재활사, 전문상담교사, 특수학교 정교사, 유치원정교사, 보육교사, 간호사, 사회복지사, 정신건강전문요원, 임상심리사 • 「자격기본법」 제17조에 따른 미술, 음악, 행동, 놀이, 심리, 상담, 감각 관련 민간자격 취득 후 장애아동 재활 또는 영유아발달 관련 실무경력이 1년 이상인 자 • 영유아 발달지원 서비스 관련 전공자로서, ① 전문학사 이상 학위 취득 후 관련 실무경력이 1년 이상이거나, ② 학사 이상 학위 취득 후 관련 실무경력이 6개월 이상이거나, ③ 석사 이상 학위 취득 후 관련 실무경력이 3개월 이상인 자 • 관련 학과 석사 이상 학위 취득 후 실무경력 300시간 이상 보유자
아동·청소년 심리 지원 서비스	• 언어재활사, 청소년상담사, 전문상담교사 및 특수학교 정교사, 정신건강전문요원, 임상심리사 • 「자격기본법」 제17조에 따른 미술, 음악, 행동, 놀이, 인지, 심리, 상담 관련 간자격 취득 후 아동청소년심리지원 서비스 관련 실무경력이 1년 이상인 자 • 아동청소년심리지원 서비스 관련 전공자로서, ① 전문학사 이상 학위

	취득 후 관련 실무경력이 1년 이상이거나, ② 학사 이상 학위 취득 후 관련 실무경력 6개월 이상이거나, ③ 석사 이상 학위 취득 후 관련 실무경력이 3개월 이상인 자 • 관련 학과 석사 이상 학위 취득 후 실무경력 300시간 이상 보유자
아동·청소년 정서발달 지원 서비스	■ 정서프로그램 　• 「자격기본법」 제17조에 따른 음악·미술·예술·놀이 재활(심리 또는 상담) 관련 민간자격 취득 후 아동·청소년의 정서발달 관련 실무경력이 1년 이상인 자 　• 교육학, 유아교육학, 특수교육학, 초등교육학, 예체능교육학, 재활학, 음악·미술·예술 재활(심리 또는 상담) 분야를 전공한 자로서, ① 전문학사 이상 학위 취득 후 관련 실무경력이 1년 이상이거나, ② 학사 이상 학위 취득 후 관련 실무경력이 6개월 이상이거나, ③ 석사 이상 학위 취득 후 관련 실무경력이 3개월 이상인 자 　• 음악·미술·예술 재활(심리 또는 상담) 관련 학과 석사 이상 학위 취득 후 실무경력 300시간 이상 보유자 ■ 클래식프로그램 　• 서비스를 제공하고자 하는 악기 전공의 학사 이상의 학위 소지자
아동·청소년 비전형성 지원 서비스	• 청소년상담사, 초등학교 정교사, 중등학교 정교사, 전문 상담교사, 임상심리사, 사회복지사, 직업상담사, 청소년지도사 • 평생교육사로서 아동교육론 또는 청소년교육론을 이수한 자 • 심리학·아동청소년학·교육학·사회복지학과 등 관련 학과 전공자로서, ① 전문학사 이상 학위 취득 후 관련 실무경력이 1년 이상이거나, ② 학사 이상 학위 취득 후 관련 실무경력이 6개월 이상이거나, ③ 석사 이상 학위 취득 후 관련 실무경력이 3개월 이상인 자 • 「자격기본법」에 제17조에 따른 아동·청소년에 대한 라이프 코칭·리더십·커리어코칭·자기주도 학습코칭 관련 민간자격 취득 후 해당 분야 서비스 제공 실무경력이 1년 이상인 자
정신건강 토탈케어 서비스	• 정신건강전문요원, 임상심리사, 간호사, 사회복지사
자살 위험군 예방 서비스	• 정신건강전문요원, 임상심리사, 간호사, 사회복지사
성인(청년) 심리 지원 서비스	• 정신건강전문요원, 전문상담교사, 임상심리사 • 심리, 상담 등 관련 전공자로서, ① 학사 이상 학위 취득 후 관련 분야 실무경력이 6개월 이상이거나, ② 석사 이상 학위 취득 후 관련 분야 실무경력 3개월 이상인 자

출처: 보건복지부(2019).

12) 상담 분야의 NCS

국가직무능력표준(National Competency Standards), 즉 NCS는 산업현장에서 직무를 수행하기 위해 요구되는 지식·기술·태도 등의 내용을 국가가 산업부문별·수준별로 체계화하여, 국가적 차원에서 표준화한 것이다. 상담 분야의 NCS는 2013년에는 직업상담, 2014년에는 청소년상담복지, 2015년에는 심리상담 등이 개발되었다. 2015년 NCS 분류체계의 개편에 따라 상담 분야는 대분류 '07. 사회복지·종교'의 중분류 '02. 상담'으로 편성되었다. '02. 상담'은 다시 직업상담 서비스, 청소년지도, 심리상담이라는 세 가지 소분류로 구분된다. '직업상담 서비스'는 하위 세분류로 '직업상담, 취업알선, 전직지원'을, '청소년지도'는 하위 세분류로 '청소년활동, 청소년상담복지, 진로지원'을, '심리상담'은 하위 세분류로 동일한 명칭인 '심리상담'을 포함한다.

이 일곱 가지 세분류 중에서 상담 분야와 특히 관련이 있는 직업상담, 청소년상담복지, 심리상담의 능력단위와 수준은 표 3-14와 같다. 직업상담은 35개 능력단위로 구성되어 있다. 청소년상담복지는 2014년 개발 당시에는 13개 능력단위로 구성되었다가 2016년 24개 능력단위로 확장되었다. 심리상담은 12개 능력단위로 구성되어 있다. NCS와 상담 직무에 대해서는 이 책의 5장에서 자세히 다루고 있다.

상담 인적자원개발위원회는 상담 분야 NCS를 관리하기 위해 '상담의 산업화를 위한 인적자원체계 구축'을 모토로 2018년 설치되었다. 이 위원회에서는 상담 분야 인적 자원 관련 논의, NCS 개발 및 보완, 상담 분야의 산업인력 현황 분석과 전략 분야 발굴, 일학습병행제 운영·지원 등의 업무를 수행한다(상담 인적자원개발위원회 홈페이지, 2021).

표 3-14 상담 분야 NCS 능력단위 구성표

세분류	능력단위명	수준	능력단위명	수준	능력단위명	수준
직업상담	사이버직업상담	4	직업적응상담	5	다문화직업상담	5
	직업상담행정	3	전직상담	5	심층직업상담 초기면담	6
	직업상담마케팅	4	전직실행 지원	5	심층직업상담	6
	직업상담홍보	4	창업준비상담	5	심층직업상담 변화관리	6
	직업상담네트워크구축	4	창업실행지원	4	집단상담프로그램 실시	5
	직업심리검사 선정	5	직업복귀자 역량분석	5	직업심리검사 도구개발	8
	직업심리검사 실시	4	직업복귀상담	5	직업상담프로그램 개발	6
	직업심리검사 해석	5	은퇴자 특성분석	5	직업상담 슈퍼비전	8
	구직역량분석	5	은퇴상담	5	직업상담사업 현황분석	5
	취업상담	5	재활직업역량 분석	5	직업상담사업 계획수립	5
	구직자 사후관리	4	재활직업상담	5	직업정보관리	5
	직업적응문제 진단	5	다문화직업역량 분석	5		
청소년상담복지	심리평가	6	상담준비	4	진학 및 취업지원	4
	집단상담	5	개인상담	4	생활기술교육	4
	청소년부모상담	6	전화상담	4	청소년 사례 통합관리 준비	4
	상담자문	6	게시판·메일 상담	4	청소년 사례 통합관리 운영	4
	상담수퍼비전	7	채팅상담	4	청소년 교육·훈련 준비	5
	청소년상담 연구개발	8	위기상황 확인	6	청소년 교육·운영 및 평가	4
	내담자 응대	4	위기지원	4	지역자원 발굴 및 관리	4
	접수면접	5	진로상담	4	지역자원 연계 협력	4
심리상담	상담안내	3	집단상담프로그램 운영	6	심리검사 활용	5
	접수상담	6	관계자 상담	6	심리상담 자료관리	4
	내담자 의뢰·연계	4	위기상담	7	심리상담 자문	6
	개인심리치료상담	6	심리상담 교육	5	상담자 훈련	8

출처: 국가직무능력표준 홈페이지. https://ncs.go.kr

2. 민간상담 사업의 운영과 상담 단체

우리나라는 공공상담뿐 아니라 민간상담도 활성화되어 많은 민간상담기관에서 상담 서비스를 제공하고 있다. 그러나 민간상담기관의 설립이나 운영에 관한 일정한 지침이 없어 여러 어려움이 발생하고 있다(김인규, 2018a; 김인규, 장숙희, 2019). 이 절에서는 민간상담 영역에서 운영하는 사업과 민간상담을 활성화하기 위한 정부 차원의 계획에 대해 알아보고, 주요 상담 단체들의 현황에 대해 살펴본다.

1) 민간상담 사업의 운영

우리나라에는 현재 민간상담기관 개설 및 운영에 관한 별도의 법률이 없어, 일반적인 사업자등록만으로도 민간상담기관을 개설할 수 있다. 개인사업자로 등록하려면 「부가가치세법」 제8조에 의거하여 사업 개시일부터 20일 이내에 사업장 관할 세무서장에게 사업자등록을 신청하면 된다. 단, 신규로 사업을 시작할 경우에는 사업 개시일 이전이라도 신청할 수 있다.

민간상담의 사업 운영에 관한 정부 정책 또한 없다. 일반적으로 민간상담기관에서 실시하는 상담 사업에는 일반상담, 프랜차이즈 상담, EAP상담, 바우처 사업, 상담교육 등이 있다. 먼저, 일반상담은 내담자를 대상으로 한 심리상담, 가족상담, 집단상담, 심리검사, 놀이치료, 미술치료 등의 대면상담과 전화상담, 이메일상담, 게시판상담, 화상상담 등 매체를 활용한 비대면상담이 포함된다.

프랜차이즈 상담은 상담기관의 브랜드를 창출하여 여러 지역에 같은 명칭의 상담기관을 개소하고 상담기관 운영, 상담자 관리, 상담 진행 등을 일정한 체제에 따라 동일하게 운영하는 기업 형태의 상담이다.

근로자지원프로그램을 뜻하는 EAP상담은 일반 회사나 공공기관의 근로자들이 근무로 인한 스트레스와 어려움에 대해 도움받을 수 있도록 하는 상담 서비스로, 앞서 1절의 '5) 노동·직업 상담정책'에서 간략히 언급한 바 있다. 기업에서는 직장인들이 일과 가정의 균형을 유지하고 회복할 수 있도록 EAP는 물론, 직무 스트레스 관리와 예방 프로그램을 도입하는 등 전문적인 상담 서비스를 활용하고 있다. 기업과 공공기관은 자체적으로 상담 인력을 선발하여 프로그램을 운영하기도 하지만 외부 상담기관에 이를 의뢰하기도 한다. 이에 민간상담기관은 상담 의뢰 의사가 있는 공공기관이나 기업의 공지를 확인하여 신청하고, 담당 기관으로 선정되면 의뢰한 곳에 상담자를 파견하거나 상담기관을 방문한 내담자에게 상담 및 교육 서비스를 제공한다. 또한 민간상담기관은 바우처 상담 사업에도 참여할 수 있다.

민간상담기관은 상담이론교육, 부모자녀 대화법, 정서관리방법 등의 상담교육 프로그램을 개발하여 실시하기도 한다. 그리고 학교·기관·단체 등 외부기관에서 특정 주제의 상담교육에 대한 요구가 있을 때에는 그에 맞는 교육을 제공하기도 한다. 예를 들어 중·고등학교에는 진로캠프, 학교폭력 가·피해자 상담 및 교육, 창의적 체험 활동, 방과 후 수업, 학부모 교육 등을, 대학교에는 이성 교제 교육, 데이트폭력 가·피해자 교육 및 상담, 진로교육 프로그램 등을, 기업·종교단체·복지기관에는 심리 정서 교육, 가족 관계 교육, 공동체 훈련 등을 제공한다. 또한 상담 관련 민간학회에서 발급하는 상담자격을 취득하는 데 필요한 상담수련 프로그램을 개설하여 운영하기도 한다.

정부는 2021년 1월 보건복지부, 교육부, 여성가족부, 행정안전부, 고용노동부 등 정신건강 관련 부처 합동으로 '제2차 정신건강복지기본계획'을 발표하면서, 민간 심리상담 분야의 서비스 활성화 기반을 구축하기 위한 두 가지 세부 방안을 제시하였다. 하나는 심리상담 분야 민간 서비스 제공현황 실태 분석이다. 이를 위해 관련 자격증 현황, 양성교육 및 보수교육 체계, 업무 범위와 전달체계 등을 분석하고 그 결과에 근거하여 서비스 개선방안을 도출할 계획이다. 다른 하나는 심리상담 서비스 활성화 등에 대한 제도적 지원 방안 마련이다. 이를 위해 민간 서비스 제공현황 분석 결과와 관련 단체 의견수렴 등을 바탕으로 자격관리 및 지원체계에 관한 법적 근거 마련 여부를 검토하고, 이와 연동하여 '공공 심리지원센터 구축 모델'(가칭)의 타당성을 검토할 계획이다(보건복지부, 2021).

2) 상담 단체 현황

의료, 법률, 사회복지 등 전문직의 근거 법령은 대부분 해당 분야의 전문가 단체에 대해 규정하고 있다. 따라서 향후 상담 분야 제도화가 진행되면 상담자 단체에 대해서도 법적 근거가 마련되고 활동 기준이 제시될 것이다. 현재는 '상담법'과 같은 법적·제도적 근거가 없지만, 상담의 학문적·실제적 발전과 상담자 권익 옹호를 위해 다양한 상담 단체가 설립·운영되고 있다. 학회, 협회, 협의회 등의 이름으로 설립되어 운영되는 상담 단체는 각 단체의 소재지나 성격에 따라 여러 정부 부처, 지역자치단체, 교육청, 세무서 등에 등록되어 있다. 여기에서는 대표적인 학회로서 한국상담학회와 한국상담심리학회를 살펴보고, 협회로는 한국카운슬러협회, 한국상담진흥협회, 한국전문상담교사협회를, 협의회로는 전국대학상담학과협의회, 전국대학교학생상담센터협의회, 한국청소년상담복지센터협의회에 대해 살펴본다.

(1) 한국상담학회 | counselors.or.kr

한국상담학회는 2000년에 4개의 분과학회(대학상담학회, 집단상담학회, 진로상담학회, 아동청소년상담학회)와 600여 명의 회원으로 창립하였고, 2006년에 사단법인으로 등록하였다. 한국상담학회는 상담학의 정체성 확립, 상담학 연구, 상담 및 상담학의 발전, 회원의 상담자질 및 상담기술의 향상, 회원의 권익 옹호를 목적으로 하고 있다. 2021년 2월 기준 30,000여 명의 개인회원과 349개 기관회원, 224개의 교육연수기관이 있고, 전문상담사 1급 1,705명, 2급 6,699명을 배출하였다. 한국상담학회는 11개 상임위원회, 6개 특별위원회, 14개 분과학회와 9개 지역학회로 구성되어 있으며(표 3-15 참조), 다양한 상담연구, 상담교육 및 연수 프로그램, 대국민 상담 서비스 등을 통해 회원의 상담 전문성 향상과 국민의 마음건강 증진을 위해 노력하고 있다.

한국상담학회의 주요 활동으로는 상담학 연구 및 학술지(『상담학연구』,『상담학 연구: 사례 및 실제』,『Journal of Asia Pacific Counseling』) 발간, 상담 프로그램(재난 교육프로그램, 상담학 연수회, 차세대 상담자 양성교육)의 개발 및 보급, 국제학술교류, 학술대회 및 사례발표회 개최, 전문상담사 자격 제도 운영, 사회봉사 및 상담 지원 활동(재난상담 지원단), 상담사 지위 보장 활동, 기타 활동(상담 관련 공모전 개최, YTN 라디오 상담학교)이 있다.

표 3-15 한국상담학회 조직 및 구성

상임위원회	기획위원회, 윤리위원회, 학술위원회, 학회지편집위원회, 국제학술지편집위원회, 교육연수위원회, 자격검정위원회, 통합학술및사례연구위원회, 홍보위원회, 대외협력위원회, 국제교류위원회
특별위원회	상담정책위원회, 국가자격·법제화추진위원회, 전문가지원관리위원회, 학생위원회, 연차학술대회위원회, 사회적위기상담위원회
분과학회	대학상담학회, 집단상담학회, 진로상담학회, 아동청소년상담학회, 학교상담학회, 초월영성상담학회, 부부가족상담학회, NLP상담학회, 군·경·소방상담학회, 교정상담학회, 심리치료상담학회, 기업상담학회, 중독상담학회, 생애개발상담학회
지역학회	대구경북상담학회, 대전세종충청상담학회, 제주상담학회, 부산울산경남상담학회, 전북상담학회, 광주전남상담학회, 서울경기인천상담학회, 강원상담학회, 국제지역상담학회(KCA-IC)

출처: 한국상담학회 홈페이지. http://counselors.or.kr

(2) 한국상담심리학회 | krcpa.or.kr

한국상담심리학회는 1964년 한국심리학회 산하 임상심리분과회에서 시작하여, 1987년에 상담심리 및 심리치료학회, 1996년에 상담 및 심리치료학회로 개칭한 이후 2003년 현재의 한국상담심리학회로 개칭한 뒤 2004년 사단법인으로 등록하였다. 한국상담심리학회는 상담심리학 및 심리치료에 관한 제반 학술연구, 국민의 심리적 건강 증진을 위한 활동, 이를 수행할 수 있는 상담심리사의 양성 및 회원의 자질향상과 회원 상호 간의 친목을 도모함을 목적으로 한다. 2020년 12월 기준 개인 회원은 35,575명, 기관 회원은 79개에 이르며, 상담심리사 1급 1,672명, 2급 1,672명을 배출하였다. 한국상담심리학회는 14개 위원회, 19개 연구회, 110개 분회로 구성되어 있으며(표 3-16 참조), 상담연구, 상담연수, 사례발표, 대국민 상담홍보 등 다양한 행사를 통해 회원의 상담 전문성을 향상하고 국민의 심리적 건강을 증진하기 위해 노력하고 있다.

한국상담심리학회의 주요 활동으로는 학술대회와 심포지엄 등의 학술 활동, 학술지(『한국심리학회지: 상담 및 심리치료』) 발간, 상담심리사 양성, 교육 및 연수, 사회협력 및 상담 지원(상담심리사 수련, 상담교육 및 수련 상담 프로그램 개발 지원, 사회적 이슈에 대한 상담 활동 지원, 사회사업 참여 및 상담 지원 활동, 기업 및 공공기관·산업체 근로자 대상의 위탁교육 및 상담 진행, 상담심리사 1·2급 추천, 정부·국회·공공기관 토론회 및 세미나 참여) 등이 있다.

표 3-16 한국상담심리학회 조직 및 구성

운영위원회	학술위원회, 사례연구위원회, 자격관리위원회, 교육연수위원회, 상담심리사수련위원회, 홍보위원회, 대외협력위원회, 학회지편집위원회, 상벌 및 윤리위원회, 자격검정위원회, 공공정책 및 위기지원위원회, 학술윤리위원회, 상담심리사지원위원회, 중장기지원 TFT
연구회	NLP연구회, LGBT상담연구회, 현실역동집단상담, 집단상담연구회, 전문상담교사 연구회, 자아초월상담연구회, 인지행동치료연구회, 인간관계훈련연구회, 실존치료연구회, 성상담연구회, 서울정신분석상담연구회, 부부·가족상담연구회, 동양상담연구회, 노인상담연구회, 기독교상담연구회, 긍정심리상담연구회, 교정상담 연구회, 게슈탈트 표현예술상담연구회, 감수성훈련연구회
분회	가톨릭대(성심), 가톨릭상담센터, 강남대학교, 건양대, 경기남부, 경남, 경남대, ……, 한남대, 한동, 한림대분회, 한상연, 한세, 한양대학교, 홍익대학교, 횃불트리니티상담센터

출처: 한국상담심리학회 홈페이지. https://krcpa.or.kr

(3) 한국카운슬러협회 | hanka.or.kr

한국카운슬러협회는 1963년 상담 및 청소년지도에 관한 학술적 연구와 전문인 양성을 통해 상담을 발전시키고 인간 복지 향상에 기여할 목적으로 창립되었다. 2020년 8월 현재 학교상담슈퍼바이저급 306명,

학교상담전문가 1급 173명, 2급 306명을 배출하였다. 한국카운슬러협회의 주요 사업에는 연차학술대회 개최, 학술지 발행, 자격증 발급 등이 있으며, 전국 16개 시·도 지부와 4개 분과의 모임을 통해 전문성을 향상하기 위해 노력하고 있다.

(4) 한국상담진흥협회 | koreancounselor.org

한국상담진흥협회는 2016년 국민 모두가 각자의 실존의 장에서 충분히 접촉하고 사랑할 줄 알며, 충분히 기능할 수 있도록 돕는 고도의 전문적인 활동인 상담을 온 국민이 누릴 수 있도록 힘쓰기 위해 3개 학회(한국상담학회, 한국기독교상담학회, 한국가족치료학회)가 연합하여 설립되었다. 한국상담진흥협회는 2020년 8월 기준 4개 연구단체회원과 7개 사업주단체회원으로 구성되어 있으며, '전문상담진흥법' 제정 추진, 상담의 날 행사 운영, 가습기살균제 피해자 상담, 상담전문가 실태조사, 상담 인적자원개발위원회 참여 등의 사업을 통해 상담의 법제화 및 제도화, 상담자의 권익 보호를 위해 노력하고 있다.

(5) 한국전문상담교사협회 | cafe.daum.net/hansangcoun

한국전문상담교사협회는 학교상담의 발전 및 전문상담교사의 권익 신장을 위해 2005년 창립되었다. 2020년 현재 전국 17개 시·도 지회로 구성되어 있으며, 약 3,000명의 전문상담교사가 정회원으로 가입되어 있다. 한국전문상담교사협회는 우리나라 전문상담교사 대표 단체로서 학교상담정책 수립 참여, 학교상담 전문성 향상, 전문상담교사 교류 지원 등을 통해 초·중·고등학교 학생들의 건강한 성장을 지원한다.

(6) 전국대학상담학과협의회 | kacd.kr

전국대학상담학과협의회는 대학교의 상담학과와 상담학을 활성화하기 위해 2006년 창립되었다. 2021년 2월 기준 회원학과는 전국 55개교(일반 대학교: 40개교, 사이버대학교: 15개교)에 이르고, 상담심리지도사 1급 13,689명과 2급 4,629명을 배출하였다. 전국대학상담학과협의회는 학술대회, 상담심리지도사 자격발급, 상담학 연구 지원, 상담학과 학생들의 활동 지원 등을 통해 상담학 및 상담학과의 발전과 학생들의 진로개척 등을 위해 노력하고 있다.

(7) 전국대학교학생상담센터협의회 | ccus.kr

전국대학교학생상담센터협의회는 회원 대학의 학생상담센터에서 학생들의 대학생활 적응과 정신건강 증진 및 진로지도를 도울 수 있는 프로그램을 개발·보급하고 기관 및 개인 회원 상호 간의 정보교류를 촉진할 목적으로 1996년에 설립되어, 2021년 2월 현재 244개 회원교를 두고 있다. 전국대학교학상담센터협의회는 학술지 발간, 학술대회 개최, 전국 대학상담센터 실태조사, 대학상담윤리 가이드북 제작, 우수 상담기관 시상 등의 사업을 통해 대학상담센터의 발전을 위해 노력하고 있다. 전국대학교학생상담센터협의회에 대해서는 이 책의 12장에서 자세히 설명하고 있다.

(8) 한국청소년상담복지센터협의회

한국청소년상담복지센터협의회는 전국에 있는 청소년상담복지센터(학교 밖 청소년 지원센터 포함) 간의 교류와 협력을 촉진하고, 청소년 상담자의 전문성 향상 및 권익 증진을 도모하며, 관련 심포지엄을 개최할 목적으로 1995년 창립되었다. 2020년 기준 전국 235개 청소년상담 복지센터와 전국 214개 학교 밖 청소년 지원센터(꿈드림)를 대표하는 협의기구이다. 한국청소년상담복지센터협의회는 전국청소년종합상담실 연찬회, 청소년 정책방향 정립을 위한 대토론회, 청소년정책기본계획 공청회, 청소년안전망 실효성 증진 전문가 간담회 등을 개최하여 청소년상담자의 권익을 증진하고 청소년상담복지센터의 운영을 활성화하기 위해 노력하고 있다. 이 외에도 세월호 참사에 따른 긴급 위기지원, 국민참여예산제도에 제안된 청소년 사회안전망 구축 사업 소개 영상 제작, 청소년상담 채널 통합 콜센터 설치·홍보 협조 등 이슈에 따른 다양한 활동을 진행하고 있다.

 토론 주제

1 공공상담정책으로 새롭게 개발해야 할 내용을 찾아 그 필요성과 내용에 대해 토론해보자.

2 기존의 공공상남정책 중 더 빌진되어야 할 부분이 있다면 이에 대해 토론해보자.

3 민간상담을 위해 필요한 정책을 구상해보자.

4 민간상담기관의 상담 사업으로 유망한 아이템에 대해 토론해보자.

5 민간상담기관과 공공상담기관이 협력하여 시너지를 낼 수 있는 정책들에 대해 고민하고 토론해보자.

Chapter
04

상담자격

상담기관은 소속 상담사가 상담사로서의 전문성을 갖추었는지를 점검해야 한다. 상담사의 전문성은 상담 성과뿐만 아니라 학위, 경력, 자격 등의 객관적 자료를 통해서도 확인할 수 있다. 이때 상담자격은 상담사의 전문성을 확인할 수 있는 자료로써 가장 많이 사용된다. 상담자격은 공신력 있는 기관에서 일정한 수련 및 검정 과정을 거쳐 발급되므로 다른 자료에 비해 상담 전문성을 비교적 더 정확하게 증명할 수 있다고 여겨지기 때문이다. 그러나 아직 국내의 상담자격 제도는 체계적으로 확립되지 않아 여러 문제점을 드러내고 있다. 이 장에서는 국내 상담자격 제도의 현황을 국가자격과 민간자격으로 나누어 살펴보고 그 발전 방안을 모색한다.

1. 상담사의 구분

상담사는 도움을 필요로 하는 내담자에게 상담 서비스를 제공하는 사람을 의미한다. 그렇다면 상담사의 자격을 논하기 전에 우선 어떤 활동이 상담 서비스인지를 규정해야 한다. 그러나 아직 상담에 대한 하나의 합의된 정의가 없이 다양한 개념이 통용되고 있기 때문에 그 범위와 수준을 명확하게 규정할 필요가 있다. 김인규(2018c)는 상담과 전문상담의 개념을 구분하여 다음과 같이 제시하였다.

> 상담은 인격적인 만남을 통해 사람들의 바람직한 변화를 돕는 과정이며, 전문상담은 국가수준의 제도와 법률에 기초하여 제도적으로 공인된 상담교육과 검정 과정을 거쳐 전문상담자 자격을 취득한 상담자가 학문적 기초가 있고 경험적으로 검증된 이론에 근거하여 공식화된 상담 목표를 효과적인 절차와 방법을 활용하여 윤리적인 규범을 준수하며 달성해나가는 과정이다.

상담의 정의에서는 만남, 바람직한 변화, 상담 과정 등을 다루고 있으며, 전문상담의 정의에서는 국가수준의 상담제도, 공인된 교육과 검정 과정, 전문상담자 자격, 학문적 기초와 경험적으로 검증된 이론, 공식화된 상담 목표, 효과적인 절차와 방법, 윤리적 규범 등을 다루고 있다. 여기에서 제시된 일반적 의미의 상담의 경우 이를 이해하고 실제 생활에 적용하는 데 무리가 없지만, 전문상담이라는 개념은 우리 사회에서 충분히 이해하고 적용하기가 어렵다. 상담과 관련된 법, 제도,

자격 등이 제도화되지 않았으며, 상담이론, 상담 목표, 상담기법과 절차, 상담윤리 등도 아직 구체적이고 뚜렷하게 확립되지 않았기 때문이다. 그러므로 여러 이론적, 실제적, 사회적, 제도적 기반을 구축하여 전문상담을 정립하기 위해서는 상담학을 체계화하고 발전시킬 필요가 있다.

한편, 한국산업인력공단에서 제공하는 국가직무능력표준(NCS)은 심리상담, 청소년상담복지, 직업상담의 각 분야에 대하여 다음과 같이 정의한다.

- 심리상담은 심리사회적 문제 해소 및 성장을 위하여 전 연령의 개인 또는 그와 관련된 사람에게 전문적 상담 관계에 기초하여 심리교육 및 예방, 심리치료 등을 수행하는 일이다.
- 청소년상담복지는 청소년의 행복과 균형 있는 성장을 위하여 청소년과 그 주변인을 대상으로 전문적 상담 서비스, 보호 및 위기개입, 지역사회 연계망 운영, 교육과 예방 활동을 통합적으로 수행하는 일이다.
- 직업상담은 상담의 기본 원리와 기법에 준하여 진로탐색, 직업선택, 직업적응, 직업전환, 은퇴 등에서 발생하는 개인의 직업 관련 문제를 예방하고 지원하며, 처치하는 일이다.

NCS에서 제시한 심리상담의 정의는 일반인이나 상담전문가들이 생각하는 전문상담에 관한 설명이고, 청소년상담복지의 정의는 청소년이라는 특정 연령층을 대상으로 하는 상담에 대한 설명이며, 직업상담의 정의는 직업이라는 특정 상담 영역을 대상으로 하는 상담에 대한 설명이라고 할 수 있다. 이와 같이 상담의 어느 측면에 초점을 맞추느냐에 따라 다양한 상담 서비스 명칭이 만들어질 수 있으며, 이에 따라 상담사의 명칭도 다양하게 나타날 수 있다. 상담사가 담당하는 상담 대상, 주로 다루는 상담 문제, 내담자에게 사용하는 상담 방법, 근무하는 현장을 기준으로 현재 활동하고 있는 상담사를 구분해보면 표 4-1과 같다.

표 4-1 상담사의 구분

기준	종류
상담 대상	아동상담사, 청소년상담사, 가족상담사, 노인상담사, 군상담사, 다문화상담사 등
상담 문제	심리상담사, 직업상담사, 학습상담사, 인터넷중독상담사, 도박중독상담사, 가정폭력상담사, 성폭력상담사 등
상담 방법	정신분석상담사, 현실치료상담사, 게슈탈트상담사, 해결중심접근상담사, NLP상담사, 통합예술치료상담사 등
상담 현장	학교상담사, 기업상담사, 군상담사, 교정상담사 등

이 구분에 따르면 한 상담사에 대해서 여러 상담사 명칭이 사용될 수 있음을 알 수 있다. 예를 들어 중학교에서 청소년을 대상으로 해결중심접근으로 학습 문제를 상담하는 상담사에게는 학교상담사, 청소년상담사, 해결중심접근상담사, 학습상담사라는 명칭이 사용될 수 있으며, 기업에서 근로자 가족을 대상으로 현실치료접근으로 가정폭력 문제를 상담하는 상담사에게는 기업상담사, 가족상담사, 현실치료상담사, 가정폭력상담사라는 명칭이 사용될 수 있다. 그러나 이와 같은 상담사 명칭은 상담의 여러 측면에 따라 개념적으로 구성한 것이다. 실제 상담자격은 다음 절에서 살펴볼 여러 상담자격 제도 내에서 특정한 명칭으로 운영되고 있다.

2. 상담자격

자격에 관한 기본적인 사항을 규정하는 「자격기본법」은 제2조에서 자격과 관련한 용어를 다음과 같이 정의하고 있다.

제2조(정의)

이 법에서 사용하는 용어의 정의는 다음과 같다.

1. "자격"이란 직무 수행에 필요한 지식·기술·소양 등의 습득 정도가 일정한 기준과 절차에 따라 평가 또는 인정된 것을 말한다.

2. "국가직무능력표준"이란 산업현장에서 직무를 수행하기 위하여 요구되는 지식·기술·소양 등의 내용을 국가가 산업부문별·수준별로 체계화한 것을 말한다.

3. "자격체제"란 국가직무능력표준을 바탕으로 학교교육·직업훈련(이하 "교육훈련"이라 한다) 및 자격이 상호 연계될 수 있도록 한 자격의 수준 체계를 말한다.

4. "국가자격"이란 법령에 따라 국가가 신설하여 관리·운영하는 자격을 말한다.

5. "민간자격"이란 국가 외의 자가 신설하여 관리·운영하는 자격을 말한다.

(「자격기본법」)

따라서 상담자격이란 상담 직무 수행에 필요한 지식·기술·소양 등의 습득 정도가 일정한 기준과 절차에 따라 평가 또는 인정된 것을 말한다. 이는 학위나 경력 등 상담사의 전문성을 확인할 수 있는 다른 자료를 포함하는 것이며, '평가 또는 인정'을 받는 데 일정한 기준과 절차가 요구되기 때문에 타당성과 신뢰성을 보장할 수 있다. 그러나 현재 국내에서 활용되고 있는 상담자격의 종류는 매우 다양하므로 상담기관은 소속 상담사가 신뢰할만한 상담자격을 가지고 있는지 확인할 필요가 있다.

1) 상담자격의 종류

일반적으로 자격은 국가가 관리·운영하는 국가자격, 민간이 관리·운영하는 민간자격, 그리고 민간자격 중에서 국가가 인정하는 국가공인 민간자격으로 구분된다. 국가자격은 해당 상담 업무와 관련된 정부 부처가 자격관리를 담당한다. 현재 법령상에 명시되어 국가자격이라 볼 수 있는 상담 분야 자격은 청소년상담사, 장애인재활상담사 등의 검정형 자격과 전문상담교사, 성폭력피해상담원, 가정폭력피해상담원 등의 과정평가형 자격, 직업상담사와 같은 검정형과 과정평가형 모두를 포함하는 자격으로 구분할 수 있다. 검정형은 일정 요건을 갖춘 자를 대상으로 필기시험, 면접시험, 실기시험, 연수 등의 일련의 검정 과정을 실시하여 최종 합격자에게 자격을 부여하며, 과정평가형은 일정 요건을 갖추고 법률이 정한 일정한 교육을 이수한 자에게 자격을 부여한다.

민간자격은 한국직업능력개발원에 등록한 후 민간에서 자체적으로 운영한다. 상담 분야 민간자격은 한국직업능력개발원 민간자격정보서비스 홈페이지(https://www.pqi.or.kr)를 통해 현황 자료를 찾아볼 수 있는데, 2021년 1월 기준 '상담'을 키워드로 검색하면 5,176개, '심리상담'을 검색하면 3,084개의 상담자격이 검색된다. 이와 같이 많은 상담자격이 발급되는 상황은 다양한 상담접근이 활성화되고 상담 분야가 확장됨으로써 일반 국민이 상담 서비스를 제공받을 기회를 증가시킨다는 점에서 긍정적인 측면이 있다. 그러나 이런 수많은 민간자격이 체계적으로 관리되거나 연구되지 않아 일반 국민과 정부 관계자들로부터 상담 영역에 대한 의심과 불신을 불러일으키는 원인이 되기도 한다. 이에 따라 민간자격에 대한 체계적 관리의 필요성이 제기되고 있다(김인규, 2018a; 김인규, 장숙희 2019). 또한 아직 상담 분야에는 국가공인 민간자격이 없다.

2] 국가자격

국가자격은 법령에 따라 국가가 신설하여 관리·운영하는 자격으로서, 그 운영 주체가 국가이고 법령에 근거를 둔 절차와 방법을 따른다는 점에서 민간자격보다 공신력을 지닌다. 그렇기에 해당 자격증을 보유한 상담사는 상담기관에 지원할 때 고용자에게 능력과 전문성에 있어 좀 더 신뢰감을 줄 수 있다.

이 절에서는 현재 상담 분야 국가자격으로 운영되고 있는 전문상담교사, 청소년상담사, 직업상담사, 성폭력피해상담원, 가정폭력피해상담원, 장애인재활상담사의 정의, 법적 근거, 취득 조건 등에 대해 살펴본다.

(1) 전문상담교사
전문상담교사는 교육기관 또는 학교 현장에서 학생들을 대상으로 상담 업무를 수행할 수 있는 자격을 갖춘 사람으로, 「초·중등교육법」 제21조 제2항에 근거하고 있다.

② 교사는 정교사(1급·2급), 준교사, 전문상담교사(1급·2급), 사서교사(1급·2급), 실기교사, 보건교사(1급·2급) 및 영양교사(1급·2급)로 나누되, 별표 2의 자격 기준에 해당하는 사람으로서 대통령령으로 정하는 바에 따라 교육부장관이 검정·수여하는 자격증을 받은 사람이어야 한다.

(「초·중등교육법」)

전문상담교사의 직무는 법적으로 규정된 바는 없으며, 학교상담 관련 여러 매뉴얼과 연구에서 다양하게 제시되고 있다. 일반적으로 전문상담교사는 개인상담, 집단상담, 심리검사 실시 및 해석 등을 포함하는 상담 활동뿐 아니라 학생 및 부모, 교사를 대상으로 하는 교육을 진행한다. 또한 또래상담자와 같은 상담 프로그램을 개발 및 운영하고, 지역사회 자원들을 발굴하여 이를 학생들과 연계시키기도 한다. 연간 계획 수립, 상담 프로그램 홍보 및 사례관리, 상담 활동에 대한 결과 보고 및 평가와 같은 행정 업무도 함께 수행한다(김소아 등, 2020).

전문상담교사 자격은 1급과 2급으로 구분된다. 1급 전문상담교사는 ① 2급 이상의 교사 자격을 가진 사람이 3년 이상의 교육경력과 대학원에서의 전문상담교사 양성 과정을 이수하거나, ② 2급 전문상담교사 자격을 가진 사람이 3년 이상의 전문상담교사 경력과 함께 자격연수를 받게 되면 취득할 수 있다. 2급 전문상담교사는 ① 대학교 상담·심리 관련 학과에서 소정의 교직학점을 취득한 후 졸업하거나, ② 교육대학원의 상담·심리 관련 학과에서 전문상담 교육과정을 마치고 석사학위가 있거나, ③ 2급 이상의 교사자격증을 보유하고 대학원에서 전문상담교사 양성 과정을 이수한 사람이 취득할 수 있다(표 4-2 참조).

표 4-2 전문상담교사 자격 기준

등급	자격 기준
전문상담교사 1급	1. 2급 이상의 교사자격증(「유아교육법」에 따른 2급 이상의 교사자격증을 포함한다)을 가진 사람으로서 3년 이상의 교육경력이 있는 사람이 교육부장관이 지정하는 교육대학원 또는 대학원에서 일정한 전문상담교사 양성 과정을 마친 사람 2. 전문상담교사(2급) 자격증을 가진 사람으로서 3년 이상의 전문상담교사 경력을 가지고 자격연수를 받은 사람
전문상담교사 2급	1. 대학·산업대학의 상담·심리 관련 학과를 졸업한 사람으로서 재학 중 일정한 교직학점을 취득한 사람 2. 교육대학원 또는 교육부장관이 지정하는 대학원의 상담·심리 교육과에서 전문상담 교육과정을 마치고 석사학위를 받은 사람 3. 2급 이상의 교사자격증(「유아교육법」에 따른 2급 이상의 교사자격증을 포함한다)을 가진 사람으로서 교육부장관이 지정하는 교육대학원 또는 대학원에서 일정한 전문상담교사 양성 과정을 마친 사람

출처: 「초·중등교육법」 별표 2.

자격 기준에서 볼 수 있듯 전문상담교사 자격을 취득하기 위해서는 관련 학과에 입학하여 소정의 교육과정을 이수해야 한다. 우선, 대학 과정에서는 2급 전문상담교사 양성 과정이 운영된다. 대학에서 2급 전문상담교사자격을 취득하고자 하는 사람은 상담·심리학 및 관련 학과 또는 학부에 입학하여 17개 기본 이수과목 중 7개 과목을 필수과목으로 이수하고(표 4-3 참조), 이를 포함한 전공 관련 과목을 50학점 이상 이수하며, 교직과목 이수, 교육실습, 교육봉사 활동을 실시해야 한

표 4-3 전문상담교사 2급 자격 취득을 위한 대학 과정의 기본 이수과목

등급	기본 이수과목(또는 분야)
전문상담교사 2급	심리학개론, 심리검사, 성격심리학, 특수아상담, 집단상담, 가족상담, 진로상담, 상담이론과 실제, 심리치료(또는 임상심리학), 아동심리학, 청소년심리, 상담실습, 직업교육론, 직업정보, 진로지도, 학습심리학, 이상심리학

출처: 교육부(2020b).

다. 2급 전문상담교사 양성 과정은 전국 35개 학과에 개설되어 있다.

　다음으로, 대학원 과정에서는 교육대학원에서 1급 및 2급 전문상담교사 양성 과정이 운영되고 있다(표 4-4 참조). 1급 전문상담교사는 2급 필수 이수과목에서 '상담실습 및 사례연구'를 제외한 8개 과목 중 7개 이상(14학점 이상)을 이수하고, 선택과목 21개 중 2개 이상(4학점 이상)을 이수해야 한다. 또한 '상담실습 및 사례연구'를 이수하지 않는 대신에 2개 이상의 사례연구 발표 및 20시간 이상의 실습을 해야 한다. 2급 전문상담교사는 필수 이수과목 9개 중 7개 이상(14학점 이상)을 이수하고, 선택과목 21개 중 14개 이상(28학점 이상)을 이수하도록 하고 있다. 1급 전문상담교사 양성 과정은 전국 157개 교육대학원에서 운영하고 있으며, 2급 전문상담교사 양성 과정은 전국 30개 교육대학원에서 운영하고 있다.

표 4-4 전문상담교사 자격 취득을 위한 대학원 과정의 이수과목

구분	이수과목	최소 이수학점	
		1급	2급
필수	심리검사, 성격심리, 발달심리, 특수아상담, 집단상담, 가족상담, 진로상담, 상담이론과 실제	14학점 이상 (7과목 이상)	14학점 이상 (7과목 이상)
	상담실습 및 사례연구		
선택	아동발달, 학습심리, 행동수정, 생활지도연구, 이상심리, 청년발달, 영재아상담, 학습부진아, 사회변화와 직업의 세계, 학교심리, 적응심리, 사이버상담, 성상담, 학습상담, 인지심리, 심리학개론, 사회심리, 생리(생물)심리, 인간관계론, 특수교육학개론, 학교부적응상담	4학점 이상 (2과목 이상)	28학점 이상 (14과목 이상)

* 전문상담교사(1급) 양성 과정의 경우 '상담실습 및 사례연구'는 학점(교과목) 이수는 하지 아니하나, 2종 이상의 사례연구·발표를 하고 20시간 이상의 실습을 하여야 한다.
출처: 「교원자격검정령 시행규칙」 별표 4.

(2) 청소년상담사

청소년상담사는 "청소년 상담관련 분야의 상담실무경력 및 기타자격을 갖춘 자로서 자격시험에 합격하고, 자격연수 100시간을 이수한 자에게 여성가족부 장관이 부여하는 국가자격"으로, 「청소년 기본법」 제22조 제1항에 근거한다.

제22조(청소년상담사)
① 여성가족부장관은 청소년상담사 자격검정에 합격하고 청소년상담사 연수기관에서 실시하는 연수과정을 마친 사람에게 청소년상담사의 자격을 부여한다.

「청소년 기본법」

청소년상담사 자격은 1급, 2급, 3급으로 구분된다. 1급 청소년상담사는 청소년상담을 주도하는 전문가로서 청소년상담정책 개발 및 행정 업무 총괄, 상담기관 설립 및 운영, 청소년들의 제문제에 대한 개입, 2급 및 3급 청소년상담사 교육 및 훈련 등의 업무를 수행한다. 2급 청소년상담사는 청소년 정신을 육성하는 청소년상담사로서 청소년상담의 전반적인 업무를 수행하며, 청소년의 각 문제 영역에 대한 전문적 개입, 심리검사 해석 및 활용, 청소년상담과 관련된 독자적 연구 설계 및 수행, 3급 청소년상담사 교육 및 훈련 등의 업무를 수행한다. 3급 청소년상담사는 유능한 청소년상담사로서 기본적인 청소년상담 업무 수행, 집단상담의 공동지도자 업무 수행, 매체상담 및 심리검사 등의 실시와 채점, 청소년상담 관련 의뢰체계 활용, 청소년상담실 관련 행정적 업무 등을 수행한다(청소년상담사 홈페이지, 2021).

청소년상담사 각 급별 자격시험 응시자격은 「청소년 기본법 시행령」별표 3에 상담 관련 분야 학위 또는 상담 실무경력을 기준으로 규정되어 있다. 1급 청소년상담사는 ① 상담 관련 분야의 박사학위를 취득했거나, ② 석사학위 취득 후 상담 실무경력이 4년 이상이거나, ③ 2급 청소년상담사로서 상담 실무경력이 3년 이상인 사람이 응시할 수 있다. 2급 청소년상담사는 ① 상담 관련 분야의 석사학위를 취득했거나, ② 학사학위 취득 후 상담 실무경력이 3년 이상이거나, ③ 3급 청소년상담사로서 상담 실무경력이 2년 이상인 사람이 응시할 수 있다. 3급 청소년상담사는 ① 상담 관련 분야의 학사학위를 취득했거나, ② 전문학사를 취득한 사람으로서 상담 실무경력이 2년 이상이거나, ③ 학사학위 취득 후 상담 실무경력이 2년 이상이거나, ④ 전문학사학위 취득 후 상담 실무경력이 4년 이상이거나, ⑤ 고등학교 졸업 후 상담 실무경력이 5년 이상인 사람이 응시할 수 있다(표 4-5 참조).

이때 상담 관련 분야란 법령에 나열되어 있는 10개의 "상담관련분야"(청소년학, 청소년지도학, 교육학, 심리학, 사회사업학, 사회복지학, 정신의학, 아동학, 아동복지학, 상담학) 또는 이들의 조합일 경우 인정하고, 이 10개 분야 이외의 추가적인 문구가 포함될 경우에는 인정되지 않는다. 예를 들어 '청소년+상담학', '심리+상담학', '교육+심리학' 등은 인정되나 '교육+공학', '산업+심리학', '교정+상담학' 등은 인정되지 않는다. 또한 상담 관련 분야를 판단할 때는 학위명이 아닌 학부명, 학과명 또는 전공명을 기준으로 한다(한국산업인력공단, 2020a).

이와 같은 응시자격 기준을 충족시키면 필기시험을 볼 자격이 주어진다. 등급별 필기시험의 검정 과목은 필수과목과 선택과목으로 구성되어 있다. 1급 청소년상담사의 필수과목은 상담사 교육 및 사례지도, 청소년 관련 법과 행정, 상담연구방법론의 실제 등 3개이며, 선택과

표 4-5 청소년상담사 응시자격 기준

등급	응시자격 기준
1급 청소년상담사	1. 대학원에서 청소년(지도)학·교육학·심리학·사회사업(복지)학·정신의학·아동(복지)학·상담학 분야 또는 그 밖에 여성가족부령으로 정하는 상담 관련 분야(이하 "상담관련분야"라 한다)의 박사학위를 취득한 사람 2. 대학원에서 상담관련분야의 석사학위를 취득한 후 상담 실무경력이 4년 이상인 사람 3. 2급 청소년상담사로서 상담 실무경력이 3년 이상인 사람 4. 제1호 및 제2호에 규정된 사람과 같은 수준 이상의 자격이 있다고 여성가족부령으로 정하는 사람
2급 청소년상담사	1. 대학원에서 상담관련분야의 석사학위를 취득한 사람 2. 대학 또는 다른 법령에 따라 이와 동등한 학력을 인정받는 기관에서 상담관련분야 학사학위를 취득한 후 상담 실무경력이 3년 이상인 사람 3. 3급 청소년상담사로서 상담 실무경력이 2년 이상인 사람 4. 제1호부터 제3호까지에 규정된 사람과 같은 수준 이상의 자격이 있다고 여성가족부령으로 정하는 사람
3급 청소년상담사	1. 대학 및 「평생교육법」에 따른 학력이 인정되는 평생교육시설의 상담관련분야의 학사학위를 취득한 사람 2. 전문대학 또는 다른 법령에 따라 이와 동등한 학력을 인정받는 기관에서 상담관련분야 전문학사를 취득한 사람으로서 상담 실무경력이 2년 이상인 사람 3. 대학 또는 다른 법령에 따라 이와 동등한 학력을 인정받는 기관에서 학사학위를 취득한 후 상담 실무경력이 2년 이상인 사람 4. 전문대학 또는 다른 법령에 따라 이와 동등한 학력을 인정받는 기관에서 전문학사학위를 취득한 후 상담 실무경력이 4년 이상인 사람 5. 고등학교를 졸업하고 상담 실무경력이 5년 이상인 사람 6. 제1호부터 제4호까지에 규정된 사람과 같은 수준 이상의 자격이 있다고 여성가족부령으로 정하는 사람

출처: 「청소년 기본법 시행령」 제23조 제3항 별표 3.

목은 비행상담, 성상담, 약물상담, 위기상담 등 4개 중 2개를 선택한다.
2급 청소년상담사의 필수과목은 청소년 상담의 이론과 실제, 상담연구

방법론의 기초, 심리측정 평가의 활용, 이상심리 등 4개이고, 선택과목
은 진로상담, 집단상담, 가족상담, 학업상담 등 4개 중 2개를 선택한다.
3급 청소년상담사의 필수과목은 발달심리, 집단상담의 기초, 심리측
정 및 평가, 상담이론, 학습이론 등 5개이고, 선택과목은 청소년이해론,
청소년수련활동론 등 2개 중 1개를 선택한다(표 4-6 참조). 필기시험에
합격하면 면접시험을 치르게 된다.

　　필기시험과 면접시험에 모두 합격하면 자격연수를 받게 된다. 청
소년상담사 자격연수는 한국청소년상담복지개발원이 주관하며 등급
별로 100시간 이상(집합교육 56시간+사전과제 45시간)의 연수를 실시한
다. 연수는 합숙 및 비합숙, 집중 및 분산의 형태로 운영되고, 사전과
제 및 이론과 실습 등 관련 교육으로 구성된다. 사전과제는 자기주도
적 학습 과정으로 안내받은 과제(예: 슈퍼비전 실시, 받은 사례의 축어록

표 4-6 청소년상담사 자격검정 과목

| 등급 | 검정 과목 | |
	구분	과목
1급 청소년상담사	필수	상담사 교육 및 사례지도, 청소년 관련 법과 행정, 상담연구방법론의 실제
	선택	비행상담, 성상담, 약물상담, 위기상담 중 2과목
2급 청소년상담사	필수	청소년 상담의 이론과 실제, 상담연구방법론의 기초, 심리측정 평가의 활용, 이상심리
	선택	진로상담, 집단상담, 가족상담, 학업상담 중 2과목
3급 청소년상담사	필수	발달심리, 집단상담의 기초, 심리측정 및 평가, 상담이론, 학습이론
	선택	청소년이해론, 청소년수련활동론 중 1과목

출처: 「청소년 기본법 시행령」 제23조 제3항 별표 4.

제출)를 정해진 기한 내에 제출하도록 하고 있다. 교육은 등급별로 과목이 다른데, 1급 청소년상담사 연수과목은 청소년 상담·슈퍼비전, 청소년상담 프로그램 개발, 청소년 위기개입Ⅱ, 청소년 문제세미나, 청소년 관련법과 정책 등 5개이며, 2급 청소년상담사 연수과목은 청소년상담과정과 기법, 지역사회상담, 부모상담, 청소년 위기개입Ⅰ, 청소년진로·학업상담 등 5개이고, 3급 청소년상담사 연수과목은 청소년개인상담, 청소년집단상담, 청소년매체상담, 청소년 상담 현장론, 청소년 발달 문제 등 5개이다(표 4-7 참조). 이러한 자격연수 과정을 마치면 청소년상담사 자격을 취득하게 된다.

표 4-7 청소년상담사 연수과목

등급	과목
1급 청소년상담사	청소년 상담·슈퍼비전, 청소년상담프로그램 개발, 청소년 위기개입Ⅱ, 청소년 문제세미나, 청소년 관련법과 정책
2급 청소년상담사	청소년상담과정과 기법, 지역사회상담, 부모상담, 청소년 위기개입Ⅰ, 청소년진로·학업상담
3급 청소년상담사	청소년개인상담, 청소년집단상담, 청소년매체상담, 청소년 상담 현장론, 청소년 발달 문제

출처: 청소년상담사 홈페이지. http://youthcounselor.or.kr

(3) 직업상담사

직업상담사는 구인·구직·취업알선·진학·직업적응 등 직업 관련 다양한 영역에서 상담, 직업소개, 직업 관련 검사 실시 및 해석, 직업지도 프로그램 개발과 운영, 직업상담 행정 업무 등을 수행할 수 있는 자격이다. 직업상담사 자격은 한국산업인력공단에서 주관하고 있으며, 국가기술자격으로 운영되고 있다. 직업상담사를 규정하는 법은 「국가

기술자격법」 제8조의2이다.

제8조의2(국가기술자격의 운영분야)

① 국가는 다음 각 호의 어느 하나에 해당하는 분야에 대하여 국가기술자격을 운영할 수 있다.

1. 국민의 생명·건강 및 안전에 직결되는 분야

2. 사회질서 또는 선량한 풍속의 유지를 위하여 국가적인 관리가 필요하거나 고도의 윤리성이 요구되는 분야

3. 국가의 기간(基幹)·전략산업 유지·발전 및 신산업(「산업발전법」 제4조 제2항 제3호에 따른 신산업을 말한다) 육성을 위하여 국가적인 인력양성과 직무 수행 능력의 인정이 필요한 분야

4. 전 산업에 공통되는 기초직무로서 국가적인 직무 수행 능력의 인정이 필요한 분야

② 국가기술자격의 종목은 고용노동부령으로 정한다.

(「국가기술자격법」)

직업상담사는 직업의 종류, 전망, 취업 기회 등에 관한 자료를 수집하고 관리하며, 구직자와 면담하거나 적성검사, 흥미검사 등 직업심리검사를 통하여 취미, 적성, 흥미, 능력, 성격 등의 요인을 조사한다. 이러한 조사를 통해 얻게 된 자료를 참고하여 구직자에게 알맞은 직업정보 및 취업정보를 제공하면서 직업선택에 관해 조언한다. 또한 비디오, 슬라이드 등의 시청각 장비를 사용하여 직업정보 및 직업윤리 등을 교육하고, 청소년·여성·중고령자·실업자 등을 위한 직업지도 프로그램 개발과 운영을 담당하기도 한다(워크넷 홈페이지, 2021).

직업상담사는 「국가기술자격법 시행령」 제12조의2 별표 1에 근거하여 1급, 2급으로 구분된다. 제14조 제1항 별표 3에서는 각 급별 직업

상담사 검정 기준을 제시하고 있다(표 4-8 참조). 1급 직업상담사는 직업상담 및 직업지도 업무의 기획·평가 능력, 의뢰인의 문제점에 대한 파악·상담 능력, 의뢰인의 직업문제에 대한 진단·분류·처리 능력, 직업정보 관리 능력의 유무를 검정한다. 그리고 2급 직업상담사는 의뢰인의 문제점에 대한 파악·상담 능력, 의뢰인의 특성에 적합한 검사방법 선정 및 표준화된 절차에 따른 검사·판정 능력, 관련 정보의 수집·분석 능력, 관련 프로그램 활용 능력의 유무를 검정한다.

직업상담사 자격을 취득하기 위해서는 검정형과 과정평가형 중 한가지 방식을 선택하여 통과해야 한다. 단, 2급은 응시자격 제한이 없지만 1급은 일정한 조건을 갖춰야 응시가 가능하다. 직업상담사 1급의 응시자격은 2급 자격 취득 후 해당 실무에 2년 이상 종사한 사람 또는 2급 자격은 취득하지 않았으나 해당 실무에 3년 이상 종사한 사람이다.

표 4-8 직업상담사 검정 기준

등급	검정 기준
직업상담사 1급	1. 직업상담과 직업지도 업무를 기획하고 평가할 수 있는 능력의 유무 2. 구인·구직 상담, 창업상담, 진학상담, 경력개발상담, 직업적응상담, 직업전환상담 등을 통하여 의뢰인의 문제점을 정확히 파악하고 상담할 수 있는 능력의 유무 3. 의뢰인의 직업문제를 진단하고 분류하며 처리할 수 있는 능력의 유무 4. 노동시장, 직업분야 등과 관련된 직업정보를 관리할 수 있는 능력의 유무
직업상담사 2급	1. 구인·구직 상담, 창업상담, 진학상담 등을 통하여 의뢰인의 문제점을 정확히 파악하고 상담할 수 있는 능력의 유무 2. 의뢰인의 특성에 적합한 검사방법을 선정하여 표준화된 절차에 따라 검사하고 판정할 수 있는 능력의 유무 3. 노동시장과 직업분야에 대한 정보를 수집하여 분석할 수 있는 능력의 유무 4. 직업지도 및 취업 관련 프로그램을 활용할 수 있는 능력의 유무

출처: 「국가기술자격법 시행령」 제14조 제1항 별표 3.

① 검정형

검정형은 필기시험과 실기시험을 통해 자격을 취득하는 방식이다. 각 급별 필기 과목은 5개이고 실기 과목은 1개이다(표 4-9 참조). 필기시험은 객관식 문항으로 구성되며, 실기시험의 경우 1급은 컴퓨터로 답안을 입력하는 작업형, 2급은 필답형으로 구성된다.

표 4-9 직업상담사 필기 및 실기 과목

등급	필기 과목	실기 과목
직업상담사 1급	고급직업상담학, 고급직업심리학, 고급직업정보론, 노동시장론, 노동관계법규	직업상담실무 (작업형, 3시간 정도)
직업상담사 2급	직업상담학, 직업심리학, 직업정보론, 노동시장론, 노동관계법규	직업상담실무 (필답형, 2시간 30분)

출처: Q-Net 홈페이지. http://www.q-net.or.kr

② 과정평가형

과정평가형은 지원자가 NCS 기반 일정 요건을 충족하는 교육·훈련 과정을 수강한 후에, 내부 평가 및 외부 평가를 통해 자격이 부여되는 방식이다.

직업상담사 과정평가형 편성기준에서는 교육·훈련과정의 기준시간을 직업기초능력, 필수능력단위, 선택능력단위로 나누어 제시하고 있다. 직업기초능력은 직업인으로서 기본적으로 갖추어야 할 공통 능력을 의미한다. 필수능력단위는 직업상담사로서 필수적으로 수행해야 하는 업무에 필요한 역량을, 선택능력단위는 직업상담사로서 선택적으로 수행하는 업무에 필요한 역량을 개발하는 교과이다.

2021년부터 시작된 직업상담사 1급 과정평가형 자격 제도의 총 교육시간은 800시간 이상이다. 직업기초능력에는 의사소통능력, 수리

능력, 문제해결능력, 자기개발능력, 자원관리능력, 대인관계능력, 정보능력, 기술능력, 조직이해능력, 직업윤리가 포함되며, 40~80시간을 이수해야 한다. 필수능력단위는 2개 세분류 아래 전직상담, 경력목표설정 사전분석 등 14개 교과가 제시되어 있으며 450시간 이상 이수해야 한다. 선택능력단위는 3개 세분류 아래 심층직업상담 초기면담, 전직환경 인지 등 13개 교과가 제시되어 있으며 310시간 이상을 이수해야 한다(표 4-10 참조).

2018년부터 시작된 직업상담사 2급 과정평가형 자격 제도의 총 교육시간은 400시간 이상이다. 직업기초능력은 1급에서 제시한 내용과 동일하나, 필요 시간은 1급보다 적은 30~60시간이다. 필수능력단위는 2개 세분류 아래 직업심리검사 선정, 직업훈련 상담 등 11개 교과가 제시되어 있으며 240시간 이상 이수해야 한다. 선택능력단위는 1개 세분류 아래 사이버직업상담, 직업상담마케팅 등 16개 교과가 제시되어 있으며 130시간 이상 이수해야 한다(표 4-11 참조).

직업상담사 1급과 2급 모두 교육·훈련이 종료되면 교육·훈련기관의 장이 지원자를 대상으로 필수능력단위와 선택능력단위에 대해 포트폴리오, 시험, 구두 발표 등의 방법으로 내부 평가를 실시한다. 내부 평가가 끝나면 이수자를 확정하고, 이수자들에 대해 외부 평가를 실시한다. 외부 평가의 실시기관은 한국산업인력공단으로, 회차별로 외부 평가 대상종목이 지정되어 있으며 국가기술자격의 공신력과 평가의 형평성 등을 고려해 전국적으로 동시에 실행한다. 평가 항목에는 평가 기준 충족 여부, 내부 평가의 적정성, 출석관리 등이 있다. 외부 평가에 합격한 최종 합격자에게는 해당 등급의 직업상담사 과정평가형 국가기술자격증이 발급된다.

표 4-10 직업상담사 1급 과정평가형 교육·훈련과정 편성기준

구분			교육·훈련 시간
	교과목	하위 영역	
직업기초능력	의사소통능력	문서이해능력, 문서작성능력, 경청능력, 언어구사력, 기초외국어 능력	40~80시간
	수리능력	기초연산능력, 기초통계능력, 도표분석능력, 도표작성능력	
	문제해결능력	사고력, 문제처리능력	
	자기개발능력	자아인식능력, 자기관리능력, 경력개발능력	
	자원관리능력	시간관리능력, 예산관리능력, 물적자원관리능력, 인적자원관리능력	
	대인관계능력	팀웍능력, 리더십능력, 갈등관리능력, 협상능력, 고객서비스능력	
	정보능력	컴퓨터 활용능력, 정보처리능력	
	기술능력	기술이해능력, 기술선택능력, 기술적용능력	
	조직이해능력	국제감각, 조직 체제이해능력, 경영이해능력, 업무이해능력	
	직업윤리	근로윤리, 공동체 윤리	
	세분류	능력단위	
필수능력단위	직업상담	전직상담, 전직실행 지원, 은퇴자 특성분석, 은퇴상담, 심층직업상담, 직업상담 슈퍼비전, 직업상담사업 현황분석, 직업상담사업 계획수립, 직업정보관리, 직업심리검사 해석	450시간 이상
	전직지원	경력목표설정 사전분석, 경력목표설정 컨설팅, 생애설계 욕구사정, 생애설계지원 컨설팅	
	세분류	능력단위	
선택능력단위	직업상담	심층직업상담 초기면담, 심층직업상담 변화관리, 구직역량분석, 취업상담, 창업준비상담, 직업복귀상담, 직업상담프로그램 개발, 재활직업상담, 다문화직업상담	310시간 이상
	전직지원	전직환경 인지	
	취업알선	취업역량강화 프로그램 기획, 취업역량강화 프로그램 운영, 취업알선 사례관리	
총계			800시간 이상

출처: 한국산업인력공단(2020b).

표 4-11 직업상담사 2급 과정평가형 교육·훈련과정 편성기준

구분			교육·훈련 시간
직업기초능력		1급과 동일	30~60시간
필수능력단위	세분류	능력단위	
	직업상담	직업심리검사 선정, 직업심리검사 실시, 직업심리검사 해석, 구직역량분석, 취업상담, 구직자 사후관리, 집단상담프로그램 실시, 직업정보관리	240시간 이상
	취업알선	직업훈련 상담, 구인자 일반상담, 구인개척	
선택능력단위	세분류	능력단위	
	직업상담	사이버직업상담, 직업상담미케팅, 직업상담홍보, 직업상담네트워크구축, 직업적응 상담, 전직상담, 전직실행 지원, 창업준비상담, 직업복귀상담, 은퇴자 특성분석, 은퇴상담, 재활직업상담, 다문화직업상담, 직업상담사업 현황분석, 직업상담사업 계획수립, 직업상담행정	130시간 이상
총계			400시간 이상

출처: 한국산업인력공단(2020c).

과정평가형 직업상담사 자격에 대한 내용은 과정평가형자격 홈페이지(https://c.q-net.or.kr)의 '과정평가형 자격 안내'와 '편성기준 안내'에서 확인할 수 있다.

(4) 성폭력피해상담원

성폭력피해상담원은 성폭력피해상담소·성폭력피해자보호시설 등에서 성폭력피해자를 상담하는 업무를 수행할 수 있는 자격을 갖춘 사람으로서, 「성폭력방지 및 피해자보호 등에 관한 법률」 제19조에 근거하고 있다.

제19조(상담원 등의 자격기준)

② 상담소, 보호시설 및 통합지원센터에서 종사하려는 사람은 전문 지식이나 경력 등 대통령령으로 정하는 자격기준을 갖추어야 한다.

(「성폭력방지 및 피해자보호 등에 관한 법률」)

성폭력피해상담원의 업무는 동법 제11조에 규정된 성폭력피해상담소의 업무를 통해 파악할 수 있다. 상담소에서는 성폭력 피해의 신고 접수와 상담을 수행하고, 성폭력 피해로 인해 정상적인 생활이 곤란하거나 긴급히 보호할 필요가 있는 사람을 성폭력피해자보호시설 등으로 연계하는 업무를 담당한다. 또한 피해자를 의료기관에 인도하고, 피해자에 대한 수사기관의 조사와 법원의 증인신문 등에 동행하며, 성폭력 행위자에 대한 사법처리 절차에 관하여 대한법률구조공단 등 관계기관에 필요한 협조 및 지원을 요청하는 업무를 수행한다. 그리고 성폭력 예방을 위한 홍보 및 교육, 성폭력 및 성폭력 피해에 관한 조사·연구 등도 수행한다.

성폭력피해상담원의 자격은 「성폭력방지 및 피해자보호 등에 관한 법률 시행령」 제7조 별표 1에 제시되어 있다. 성폭력피해상담원은 동법 제19조의2에 따른 상담원 교육훈련시설에서 상담원 교육과정을 이수한 사람으로서, 표 4-12에 제시된 개별 자격 기준 요건 중 하나를 충족해야 한다.

자격 기준에서 언급한 성폭력피해상담원 교육과정은 「성폭력방지 및 피해자보호 등에 관한 법률 시행규칙」 제8조의2 별표 3의2에 제시되어 있다(표 4-13 참조). 이에 따르면 성폭력피해상담원 교육과정은 소양 분야 및 전문 분야 Ⅰ, Ⅱ, Ⅲ 등 4개 영역으로 구분되며 총 100시

표 4-12 성폭력피해상담원 자격 기준

구분	자격 기준
성폭력피해상담소 · 성폭력피해자 보호시설의 상담원	1. 「고등교육법」 제2조 제1호부터 제6호까지의 규정에 따른 학교를 졸업한 사람(이와 같은 수준 이상의 학력이 있는 사람을 포함한다) 2. 「사회복지사업법」 제11조에 따른 사회복지사의 자격을 취득한 사람 3. 「사회복지사업법」 제2조 제3호 및 제4호에 따른 사회복지법인, 사회복지시설 또는 사회복지단체의 임직원으로 성폭력방지 관련 업무에 3년 이상 근무한 경력이 있는 사람 4. 공무원으로 성폭력방지 관련 업무에 3년 이상 근무한 경력이 있는 사람 5. 「장애인복지법」 제58조에 따른 장애인복지시설 또는 장애인 관련 단체의 임직원으로 2년 이상 상담 및 보호업무에 근무한 경력이 있는 사람(장애인을 대상으로 하는 상담원의 경우만 해당한다)

출처: 「성폭력방지 및 피해자보호 등에 관한 법률 시행령」 제7조 별표 1.

표 4-13 성폭력피해상담원 교육과정

교육 분야	교육 과목	이수 시간
소양 분야	여성학·여성복지 및 정책, 성폭력의 개념과 특징의 이해, 여성인권과 폭력, 행정실무(문서 작성 및 회계 등)	15시간
전문 분야 I	성폭력의 이해, 성폭력 관련 법령 및 정책, 법률구조실무(수사절차의 이해 포함), 법적 절차 및 대응방식, 피해자 등 의료지원 실무	30시간
전문 분야 II	상담심리개론, 상담원리와 기법, 상담의 기법과 프로그램, 상담자의 자세 및 윤리, 대상별 상담과정	35시간
전문 분야 III	상담 사례 연구 및 실무실습, 역할연습 등	20시간
총계		100시간

출처: 「성폭력방지 및 피해자보호 등에 관한 법률 시행규칙」 제8조의2 별표 3의2.

간을 이수해야 한다. 소양 분야는 관련 분야의 이론적·실무적 기초에 관한 4개 과목으로 구성되고 이수 시간은 15시간이다. 전문 분야 Ⅰ은 법률적·의료적 지원에 대한 5개 과목으로 구성되고 이수 시간은 30시간이다. 전문 분야 Ⅱ는 상담에 관한 5개 과목으로 구성되고 이수 시간은 35시간이다. 전문 분야 Ⅲ은 사례 및 실습에 대한 2개 과목으로 구성되고 이수 시간은 20시간이다.

(5) 가정폭력피해상담원

가정폭력피해상담원은 가정폭력 관련 긴급전화센터, 상담소 및 보호시설에서 가정폭력피해자를 상담하는 업무를 수행할 수 있는 자격을 갖춘 사람으로서,「가정폭력방지 및 피해자보호 등에 관한 법률」 제8조의2(긴급전화센터, 상담소 및 보호시설 종사자의 자격기준)에 근거하고 있다.

> 제8조의2(긴급전화센터, 상담소 및 보호시설 종사자의 자격기준)
> ② 긴급전화센터, 상담소 및 보호시설에 근무하는 상담원은 여성가족부령으로 정하는 요건에 해당하는 자로서 제8조의3에 따른 가정폭력 관련 상담원 교육훈련시설에서 여성가족부령으로 정하는 상담원 교육훈련과정을 마친 자로 한다.
> ③ 그 밖에 긴급전화센터, 상담소 및 보호시설에 종사하는 종사자의 자격기준에 필요한 사항은 여성가족부령으로 정한다.
> (「가정폭력방지 및 피해자보호 등에 관한 법률」)

가정폭력피해상담원의 업무는 동법 제5조에 규정된 가정폭력 관련 상담소의 업무를 통해 파악할 수 있다. 상담소에서는 가정폭력 신고를 접수하고, 신고자, 상담 요청자 또는 그 가족에 대한 상담을 진행하며, 가정폭력으로 인해 정상적인 생활이 어렵거나 긴급히 보호할 필요가 있는 피해자를 임시로 보호하거나 보호시설로 인도하는 일을 담당한다. 또한 행위자에 대한 고발 등 법률적 사항에 관해 자문하기 위해 관계기관에 필요한 협조와 지원을 요청하고, 경찰관서 등으로부터 인도받은 피해자를 임시 보호하는 업무를 수행한다. 그리고 가정폭력의 예방과 방지에 관한 교육 및 홍보, 가정폭력과 그 피해에 관한 조사·연구 등도 수행한다.

가정폭력피해상담원의 자격은 「가정폭력방지 및 피해자보호 등에 관한 법률 시행규칙」 제9조 별표 3에 제시되어 있다. 가정폭력피해상담원은 동법 제8조의3에 따른 교육훈련시설에서 상담원 교육과정을 이수한 사람으로서, 표 4-14에 제시된 개별 자격 기준 요건 중 하나를 충족해야 한다.

자격 기준에서 언급한 가정폭력피해상담원 교육과정은 동법 시행규칙 제11조 별표 4에 제시되어 있다(표 4-15 참조). 이에 따르면 가정폭력피해상담원 교육과정은 소양 분야 및 전문 분야 Ⅰ, Ⅱ, Ⅲ 등 4개 영역으로 구분되며 총 100시간을 이수해야 한다. 소양 분야는 가족 및 여성 문제의 기초에 관한 4개 과목으로 구성되고 이수 시간은 15시간이다. 전문 분야 Ⅰ은 법률적·의료적 지원에 대한 5개 과목으로 구성되고 이수 시간은 30시간이다. 전문 분야 Ⅱ는 상담에 관한 4개 과목으로 구성되고 이수 시간은 35시간이다. 전문 분야 Ⅲ은 사례 및 실습에 대한 2개 과목으로 구성되고 이수 시간은 20시간이다.

표 4-14 **가정폭력피해상담원 자격 기준**

구분	자격 기준
상담소·보호시설에 근무하는 상담원	1. 「고등교육법」 제2조 제1호부터 제6호까지의 규정에 따른 학교를 졸업한 사람(이와 같은 수준 이상의 학력이 있는 사람을 포함한다) 2. 「사회복지사업법」에 따른 사회복지사의 자격을 가진 사람 3. 사회복지시설·사회복지단체의 임직원 또는 공무원으로서 가정폭력 방지업무에 3년 이상 종사한 경력(단순노무자로 근무한 경력은 제외한다)이 있는 사람 4. 외국인 관련 단체 또는 시설에서 2년 이상 종사한 경력이 있는 사람(외국인 대상 상담소 및 외국인보호시설만 해당한다) 5. 장애인 관련 단체 또는 시설에서 2년 이상 종사한 경력이 있는 사람(장애인 대상 상담소 및 장애인보호시설만 해당한다)
긴급전화센터에 근무하는 상담원	1. 가정폭력, 성폭력 또는 성매매 관련 시설 상담원의 자격을 취득한 후 가정폭력, 성폭력 및 성매매 방지를 목적으로 설립된 단체 또는 시설에서 1년 이상 종사한 경력이 있는 사람 2. 「사회복지사업법」에 따른 사회복지사 2급 이상의 자격을 취득한 후 가정폭력, 성폭력 및 성매매 방지업무에 1년 이상 종사한 경력이 있는 사람 3. 외국어에 능통하고 한국어 통역이 가능한 사람(외국어 서비스를 제공하는 상담원만 해당한다)

출처: 「가정폭력방지 및 피해자보호 등에 관한 법률 시행규칙」 제9조 별표 3.

표 4-15 **가정폭력피해상담원 교육과정**

교육 분야	교육 과목	이수 시간
소양 분야	가족복지 및 정책, 여성학·여성복지 및 정책, 한국가족의 특성과 가족문제, 여성인권과 폭력	15시간
전문 분야 Ⅰ	가정폭력의 이해, 가족법 및 가정폭력 관련 법, 법률구조실무, 법적 절차 및 대응, 의료지원실무	30시간
전문 분야 Ⅱ	상담심리개론, 상담의 기법 및 프로그램, 상담자의 자세 및 윤리, 대상별 상담과정	35시간
전문 분야 Ⅲ	상담 사례 연구 및 실무실습, 역할연습	20시간
총계		100시간

출처: 「가정폭력방지 및 피해자보호 등에 관한 법률 시행규칙」 제11조 별표 4.

(6) 장애인재활상담사

장애인재활상담사는 개인의 손상이나 기능 제한, 상황적 요인 등
으로 인해 개인 활동이나 사회참여에 어려움을 가지고 있는 사람들을
대상으로 진단과 평가, 재활상담과 사례관리, 전환기 서비스 및 직업재
활 등의 전반적인 서비스를 지원하는 사람이다. 장애인재활상담사의
자격은 「장애인복지법」에 다음과 같이 규정되어 있다.

제71조(장애인복지 전문인력 양성 등)
① 국가와 지방자치단체 그 밖의 공공단체는 의지·보조기 기사, 언어
재활사, 장애인재활상담사, 한국수어 통역사, 점역(點譯)·교정사
등 장애인복지 전문인력, 그 밖에 장애인복지에 관한 업무에 종사
하는 자를 양성·훈련하는 데에 노력해야 한다.

제72조의3(장애인재활상담사 자격증 교부 등)
① 보건복지부장관은 장애인의 직업재활 등을 지원하기 위하여 제2항
에 따른 자격 요건을 갖춘 사람으로서 제73조에 따른 국가시험에
합격한 사람(이하 "장애인재활상담사"라 한다)에게 장애인재활상
담사 자격증을 내주어야 한다.

(「장애인복지법」)

장애인재활상담사는 상담을 통해 이용자의 기초정보를 수집하고,
각종 검사 및 직업평가 등을 실시하여 장애를 진단하고 평가 보고서를
작성하며, 이용자의 개인별 재활계획에 따라 필요한 재활 서비스를 운
영한다. 또한 이용자에게 적합한 직무를 개발하기 위해 지역사회 노동
시장 조사, 고용주 및 인사담당자 면담, 작업현장 관찰, 직무분석 및 직
무조정, 구인·구직자 매칭, 사업주 지원 자원개발 및 정보 제공, 고용

주·구직자 간담회 및 교육 등을 수행하며, 재활계획 실행을 모니터링하고 사례를 관리한다(워크넷 홈페이지, 2021).

　　장애인재활상담사는 1급, 2급으로 구분되며, 각 급별 응시자격 요건은 「장애인복지법」 제72조의3 제2항에 제시되어 있다. 장애인재활상담사 1급은 ① 장애인재활 분야의 박사학위를 취득했거나, ② 장애인재활 관련 교과목을 이수하고 관련 학사·석사학위를 취득했거나, ③ 2급 장애인재활상담사 자격증 소지자로서 장애인재활 관련 기관 재직 기간이 3년 이상이거나, ④ 사회복지사 자격증 소지자로서 장애인재활 관련 기관 재직 기간이 5년 이상인 사람이 응시할 수 있다. 장애인재활상담사 2급은 ① 장애인재활 관련 교과목을 이수하고 관련 전문학사학위 취득했거나, ② 사회복지사 자격증 소지자로서 장애인재활 관련 기관 재직 기간이 3년 이상인 사람이 응시할 수 있다(표 4-16 참조).

　　응시자격 기준에서 제시하는 장애인재활 관련 기관은 발달장애인지원센터, 근로복지공단, 한국장애인고용공단 등 다양하며, 「장애인복지법 시행규칙」 제57조의6 별표 6의3에서 확인할 수 있다. 또한 장애인재활 관련 교과목은 동법 시행규칙 별표 6의4에 제시되어 있는데, 여기에는 12개의 필수과목과 24개의 선택과목이 있다(표 4-17 참조). 장애인재활상담사에 응시하고자 하는 자는 필수과목은 모두 이수하고(재활실습Ⅰ은 150시간 이상 이수), 선택과목은 6개 이상을 이수해야 한다.

　　장애인재활상담사 응시자격을 충족한 사람은 필기시험에 응시할 수 있다. 필기시험 과목은 직업재활개론, 재활상담, 재활사례관리, 직업평가, 직무개발과 배치, 재활행정, 재활정책 등 7개이며, 급별로 문항 수가 다르게 출제된다. 필기시험에 합격하면 해당 등급의 장애인재활상담사 자격을 취득하게 된다.

표 4-16 장애인재활상담사 응시자격 기준

등급	응시자격
장애인재활상담사 1급	1. 「고등교육법」에 따른 대학원에서 장애인재활 분야의 박사학위를 취득한 사람 2. 「고등교육법」에 따른 대학원 대학·원격대학에서 보건복지부령으로 정하는 장애인재활 관련 교과목을 이수하고 관련 학과의 석사학위 또는 학사학위를 취득한 사람 3. 2급 장애인재활상담사 자격증을 가진 사람으로서 장애인재활 관련 기관에서 3년 이상 재직한 사람 4. 사회복지사 자격증을 가진 사람으로서 장애인재활 관련 기관에서 5년 이상 재직한 사람
장애인재활상담사 2급	1. 「고등교육법」에 따른 전문대학·원격대학에서 보건복지부령으로 정하는 장애인재활 관련 교과목을 이수하고 관련 학과의 전문학사학위를 취득한 사람 2. 사회복지사 자격증을 가진 사람으로서 장애인재활 관련 기관에서 3년 이상 재직한 사람

출처: 「장애인복지법」 제72조의3.

표 4-17 장애인재활 관련 교과목

구분	교과목
필수과목	장애의 이해와 재활, 재활상담, 재활행정, 재활정책, 직업평가, 직업상담, 직무개발과 배치, 직업재활개론, 지역사회재활시설론, 재활사례관리, 노동법규와 재활, 재활실습 I
선택과목	재활의학, 상담이론과 실제, 장애영역별 특성과 재활, 직업적응훈련, 전환교육, 보호 및 지원고용, 정신장애와 재활, 산업복지, 노동환경과 고용동향, 직업재활연구, 보조공학의 이해, 중증장애인재활, 재활프로그램개발, 자립생활, 직업심리, 직업정보와 노동시장, 진로개발과 상담, 발달장애인 재활상담, 고령장애인 재활상담, 장애의 진단과 평가, 재활시설 경영과 마케팅, 재활윤리, 사회적 목적기업, 재활실습 II

출처: 「장애인복지법 시행규칙」 제57조의6 별표 6의4.

3] 민간자격

민간자격은 한국직업능력개발원에 등록된 민간 발급기관에서 발행하는 자격증으로, 발급기관마다 검정 기준이 상이하다. 이 절에서는 상담 분야 민간자격의 현황에 대해 민간자격등록서비스 홈페이지 자료 및 김인규와 장숙희(2019)의 연구를 중심으로 알아본 후, 전문상담 분야에서 대표적으로 인정받는 민간자격인 전문상담사(한국상담학회 시행)와 상담심리사(한국상담심리학회 시행)에 대해 살펴본다.

(1) 현황

2021년 1월 12일 현재 민간자격정보서비스에 등록된 전체 민간자격은 40,767개이다. 앞서 언급했듯 '상담' 용어를 사용한 자격은 5,117개, '심리상담' 용어를 사용한 자격은 3,084개에 이른다. 이 중 '심리상담' 용어를 사용한 자격의 경우 2011년에는 48개가 신규 등록했으나, 2012년 131개, 2013년 213개, 2014년 324개, 2015년 470개로 신규 등록 개수가 급속하게 증가하였으며 그 이후에도 매년 300개 이상의 신규 자격이 등록되고 있다(그림 4-1 참조).

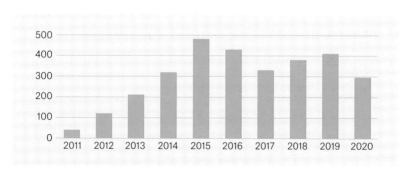

그림 4-1 연도별 심리상담자격 신규 등록 현황

김인규와 장숙희(2019)는 상담 관련 용어를 사용하는 민간자격의 현황을 다음과 같이 분석하였다. 2018년 9월까지 등록된 민간자격은 4,446개였으며, 이는 전통적 의미의 심리상담자격 4,054개와 자문 성격의 자격 392개로 분류되었다. 자문 성격의 자격은 타로, 점성술, 사주, 명리학, 작명, 관상, 풍수지리, 부동산, 주거, 재무, 대출, 주식, 두피, 미용, 아로마 등으로, 전문 심리상담 영역에서 벗어난다고 보아 분석 대상에서 제외하였다.

심리상담자격 중 대화를 주로 사용하는 상담자격은 2,541개(62.7%)였고 미술, 음악, 동물, 음식과 같은 매체를 주로 사용하는 상담자격은 1,513개(37.3%)였다. 자격의 실제 운영 여부를 확인하기 위해 민간자격정보서비스 홈페이지를 통해 자격 취득자 현황을 조사하였는데, 전체 4,054개 자격 중 744개(18.6%)만이 배출 실적을 확인할 수 있었으며 이는 대화 중심 상담자격 408개(54.8%)와 매체 활용 상담자격 336개(45.2%)로 분류되었다.

2018년 9월 30일 기준으로 상담관련 민간자격을 통해 상담사 자격을 취득한 인원은 총 403,787명으로, 대화중심 상담 분야 204,828명(50.7%)과 매체중심 상담 분야 198,959명(49.3%)으로 확인되었다. 민간자격등록제도가 최초로 시행된 2008년에 등록된 심리상담 민간자격 15개 중 11개(73.3%)가 2018년까지 계속 상담 인력을 배출하고 있었다. 이 11개의 자격 가운데 7개 자격은 2018년 9월 말까지 최소 700명에서 최대 21,800명의 자격 취득자를 배출하였다.

상담 관련 민간자격의 등록이 큰 폭으로 상승한 2014년 이후부터는 등록된 자격 건수에 비하여 상담 인력의 배출 실적이 상대적으로 부진한 것으로 나타났다. 2014년에는 등록자격 663개 중 126개(19%),

2015년에는 등록자격 835개중 138개(16.5%), 2016년에는 등록자격 742개 중 83개(11.2%), 2017년에는 등록자격 595개 중 88개(14.8%)만이 자격발급 실적을 확인할 수 있었다. 이러한 상담 인력 배출 실적은 기관별로도 차이가 컸다. 2017년에 신규자격을 등록한 기관들 중 자격발급 횟수가 가장 적은 기관은 1회였고 가장 많은 기관은 75회였으며, 자격 취득 인원이 가장 적은 기관은 1명이었고 가장 많은 기관은 1,600여 명이었다. 자격 취득 실적이 발생한 2008년 이후부터 배출된 자격 취득 인원은 기관에 따라 최소 1명에서 최대 4,300여 명으로 나타나 큰 격차를 보였다.

(2) 전문상담사(한국상담학회 시행)

전문상담사는 (사)한국상담학회의 자격 규정에 명시된 자격검정 절차에 의하여 전문상담사 자격(한국직업능력개발원 민간자격 제2008-420호)을 취득한 자이다.

전문상담사 자격의 등급은 1급 전문상담사와 2급 전문상담사로 구분되며, 각 급별 전문상담사가 수행할 수 있는 역할에는 차이가 있다. 1급 전문상담사는 전문적 상담능력과 상담자 교육 및 훈련능력을 보유한 자로서 다양한 전문 영역에서 개인 및 집단에 대한 조력·지도·진단·평가·개입, 상담 관련 연구와 프로그램 개발·보급·평가, 상담기관 운영 및 상담 인력 양성, 상담 활동에 대한 정책적 참여·자문을 수행한다. 2급 전문상담사는 전문적 상담 업무를 수행할 수 있는 실무능력을 보유한 자로서 개인 및 집단에 대한 조력·지도·진단·평가·개입, 상담 관련 연구와 프로그램 운영, 상담 관련 전반적인 업무를 수행한다(표 4-18 참조).

표 4-18 각 급별 전문상담사 역할

등급	역할
1급 전문상담사	"전문적 상담 능력과 상담자 교육 및 훈련 능력을 보유한 최고의 전문가" • 다양한 전문 영역에서 개인 및 집단의 정신건강 증진을 위한 전문적 조력 및 지도 • 다양한 전문 영역에서 심리적 장애를 겪는 개인 및 집단에 대한 진단, 평가 및 개입 • 상담 및 심리치료에 대한 연구와 상담 프로그램의 개발, 보급 및 평가 • 상담기관의 설립 및 운영과 전문상담 인력의 양성을 위한 교육 및 훈련 • 국가, 지역사회, 기업체 등 조직의 상담 활동에 대한 정책적 참여와 자문
2급 전문상담사	"전문적 상담 업무를 수행할 수 있는 실무능력을 보유한 전문가" • 개인 및 집단의 정신건강 증진을 위한 조력 및 지도 • 심리적 장애를 겪는 개인 및 집단에 대한 진단, 평가 및 개입 • 상담 및 심리치료에 대한 연구와 상담 프로그램의 운영 • 상담에 관한 전반적인 업무(접수 면접, 상담행정 등) 수행

출처: 한국상담학회(2020).

전문상담사의 자격 취득은 한국상담학회원 가입, 수련 자격 심사, 필기시험 및 수련 요건 심사, 면접시험, 자격 취득 연수, 자격 취득의 순서로 진행된다(그림 4-2 참조). 자격 취득 절차의 주요 내용을 살펴보면 다음과 같다.

그림 4-2 전문상담사 자격 취득 절차
출처: 한국상담학회 홈페이지. http://counselors.or.kr

① 수련 자격 심사

수련 자격 심사는 해당 등급의 필기시험과 수련 요건 심사에 지원할 자격이 있는지 확인하는 절차이다. 1급 전문상담사의 경우 한국상담학회 정회원으로서 1급 자격 기준 세 가지 중 하나를 충족해야 하며, 2급 전문상담사의 경우 한국상담학회 준회원 이상으로서 2급 자격 기준 세 가지 중 하나를 충족해야 지원할 수 있다. 수련 자격 심사에 합격하면 충족한 기준에 따라 A에서 D까지 4개 범주의 자격 준비 수련생으로 분류되어 이후 필기시험 및 수련 요건 심사를 거치게 된다(표 4-19 참조).

수련 자격 심사 기준에서 제시한 '상담 관련 과목'은 상담이론, 심리검사, 집단상담, 학습과 발달, 성격과 정신건강, 가족상담, 진로상담, 상담실습의 8개 영역으로 구분된다. 전문상담사 수련 자격 심사를 신

표 4-19 전문상담사 수련 자격 심사 기준

등급	자격 기준	수련 범주
1급 전문상담사	박사과정 재학 이상의 학력으로, 대학원(석,박사)에서 상담 관련 과목 36학점(4개 영역) 이상 이수한 자(단, 박사과정 과목 18학점 이상 포함)	A
	상담학 관련 전공 석사학위 취득자이며, 석사과정에서 상담 관련 과목 12학점(5개 영역) 이상 이수한 자	B
	2급 자격증 취득한 자	
2급 전문상담사	대학에서 상담 관련 과목 36학점(4개 영역) 이상 이수자(학사, 석사, 박사 이수과목 인정 가능)	C
	대학원에서 상담 관련 과목 12학점(4개 영역) 이상 이수자(석사, 박사 이수과목 인정 가능)	
	학회 가입 이후 교육연수기관에서 450시간 이상 이수한 자	D

출처: 한국상담학회 홈페이지. http://counselors.or.kr

청하는 사람은 8개 상담학 영역 중 최소 4개 영역을 반드시 포함하여 이수해야 한다. 특히 1급 전문상담사 자격을 상담학 관련 전공 석사학 위 취득자로 지원하는 경우, 상담이론 영역을 필수로 포함하여 총 5개 영역 이상 이수해야 한다(표 4-20 참조).

표 4-20 전문상담사 상담 관련 과목 예시

영역	과목 예시
상담이론	상담이론, 상담심리학, 상담(심리치료)이론과 실제, 상담심리학 특론, 상담특강, 상담과 심리요법, 상담심리연구, 상담심리세미나, 상담연구세미나, 심리치료와 고급상담이론, 비교 심리치료, 개인상담이론, 개인상담연구
심리검사	심리검사, 심리검사이론, 심리검사실제, 심리평가, 심리진단, 심리진단 및 평가, 투사법검사, 심리측정이론, 고급심리측정, 교육·심리검사 및 진단, 심리검사제작, 아동심리평가
집단상담	집단상담, 집단상담이론, 집단상담연구, 집단상담 및 치료, 고급집단상담 및 심리치료, 집단치료, 집단과정, 집단상담실제, 집단상담실습, 집단상담 및 교육프로그램개발, 집단상담프로그램개발과운영, 집단상담슈퍼비전
학습과 발달	학습이론, 학습상담, 학습과 상담
	발달심리, 발달심리연구, 고급발달심리학, 고급응용발달심리학
성격과 정신건강	성격이론, 성격심리, 성격이론과 상담, 성격이론 및 적응심리, 성격 및 사회성발달, 고급성격심리학, 성격연구세미나, 사회 및 성격발달론, 성격 및 개인차
	이상심리, 이상심리학, 고급이상심리학, 정신건강과 상담, 정신병리학
가족상담	가족상담, 가족상담이론, 가족상담실제, 가속 및 부부상담, 가족 및 부부치료, 가족치료세미나, 인간관계와 가족상담론
진로상담	진로상담, 진로상담이론, 진로상담실제, 진로지도와 상담론, 생애와 진로, 진로지도, 진로 및 직업상담
상담실습	상담현장실습, 임상 및 상담현장실습, 학교 현장실습

출처: 한국상담학회(2020).

② 필기시험 및 수련 요건 심사

필기시험은 과목당 객관식 25문항으로 구성되어 있다. 1급 전문상담사의 필기시험 과목은 상담철학과 윤리, 고급 상담이론과 실제, 집단상담 프로그램 개발, 심리평가와 진단, 고급 상담연구방법론, 상담 슈퍼비전의 이론과 실제 등 6개이다. 2급 전문상담사의 필기시험 과목은 상담윤리, 상담이론과 실제, 집단상담이론과 실제, 심리검사와 상담, 상담연구방법론, 진로상담, 가족상담 등 7개인데, 이 중 진로상담과 가족상담은 둘 중 하나를 선택하여 응시한다. 필기시험은 과목별 40점 이상, 평균 60점 이상의 점수를 받아야 합격한다.

수련 요건 심사는 수련 자격 심사에서 확인된 자신이 속한 범주에서 수련 기준을 충족시켰는지를 심사받는 절차이다. 수련 기준은 범주에 따라 요구되는 수련 요건, 총 수련시간, 수련기간 등이 다르다. 1급 전문상담사 자격 취득을 위하여 A 범주 수련생은 3년 이상의 기간에 걸쳐 540시간의 수련이, B 범주 수련생은 4년 이상의 기간에 걸쳐 720시간의 수련이 요구된다. 2급 전문상담사 자격 취득을 위하여 C 범주 수련생은 1년 이상의 기간에 걸쳐 180시간의 수련이, D 범주 수련생은 2년 이상의 기간에 걸쳐 360시간의 수련이 요구된다. 구체적인 수련 요건은 표 4-21에 제시하였다.

수련 자격 심사, 필기시험, 수련 요건 심사를 통과한 사람이 면접시험에 응시하여 합격한 뒤 자격 취득 연수를 이수하면 전문상담사 자격증을 취득한다. 보다 자세한 내용은 한국상담학회 홈페이지(http://counselors.or.kr)에서 확인할 수 있다.

표 4-21 전문상담사 수련범주별 수련 기준

구분			1급		2급	
수련범주			A	B	C	D
수련 요건	내담자 경험	개인상담 내담자	20시간	30시간	10시간	20시간
		집단상담 집단원	90시간	120시간	30시간	60시간
	개인 상담	접수 면접	–	20시간	20시간	40시간
		상담자 경험	180시간	240시간	60시간	120시간
		슈퍼비전	50시간	70시간	20시간	40시간
		사례보고서 제출	–	1사례	1사례	2사례
		공개사례발표회 발표	2사례	2사례	–	–
		공개사례발표회 참여	40시간	50시간	10시간	20시간
		자율선택수련	70시간	70시간	–	–
	집단 상담	지도자 경험	80시간	105시간	25시간	50시간
		슈퍼비전	10시간	15시간	5시간	10시간
		사례보고서 제출	–	1사례	1사례	2사례
		공개사례발표회 발표	1사례	1사례	–	–
	기타 요건	연차 학술대회 참여	1회	2회	1회	2회
		연수/학술 모임 참여	60시간	80시간	20시간	40시간
		연구실적	1건	1건	–	–
총 수련시간			540시간	720시간	180시간	360시간
수련기간			3년 이상	4년 이상	1년 이상	2년 이상

출처: 한국상담학회(2020).

(3) 상담심리사(한국상담심리학회 시행)

상담심리사는 (사)한국상담심리학회의 자격규정에 명시된 자격검정 절차에 의하여 상담심리사 자격(한국직업능력개발원 민간자격 제2008-400호)을 취득한 자이다.

상담심리사 자격의 등급은 1급 상담심리사와 2급 상담심리사로 구분되며, 각 급별 상담심리사가 수행할 수 있는 역할에는 차이가 있다. 1급과 2급 상담심리사가 공통으로 수행하는 기본 업무로는 개인이나 집단에 대한 조력·지도·평가·상담, 지역사회 또는 기업을 대상으로 한 자문·교육, 상담 및 심리치료 연구 등이 있다. 1급 전문상담사는 이러한 공통 업무에 더하여 상담실 운영, 상담심리사 교육·자문, 상담 전문가 수련 내용 평가 인준 및 추천 업무를 수행한다(표 4-22 참조).

상담심리사의 자격 취득 절차는 한국상담심리학회원 가입, 상담 경력 및 과목이수 충족, 자격시험 합격, 최소 수련 내용 충족, 자격심사

표 4-22 각 급별 상담심리사 역할

등급	역할
1급·2급 상담심리사 공통	• 개인 또는 집단의 심리적 성숙과 사회적 적응능력 향상을 위한 조력 및 지도 • 심리적 부적응을 겪는 개인 또는 집단에 대한 심리평가 및 상담 • 지역사회 상담교육, 사회병리적 문제에 대한 예방 활동 및 재난후유증에 대한 심리상담 • 기업체 내의 인간관계 자문 및 심리교육 • 상담 및 심리치료에 관한 연구
1급 상담심리사	• 상담심리사 공통 기본 업무 • 상담실 책임 운영 • 상담심리사(1, 2급)의 교육지도와 자문 • 상담전문가(1, 2급) 수련 내용 평가 인준 및 자격 추천

출처: 한국상담심리학회 홈페이지. https://krcpa.or.kr

그림 4-3 상담심리사 자격 취득 절차
출처: 한국상담심리학회 홈페이지. https://krcpa.or.kr

합격, 자격 취득의 순서로 진행된다(그림 4-3 참조). 자격 취득 절차의 주요 내용을 살펴보면 다음과 같다.

① 상담경력 및 과목이수 충족

상담경력 및 과목이수 조건은 자격시험에 응시할 수 있는 자격을 뜻한다. 1급 상담심리사의 경우 한국상담심리학회 정회원으로서 1급 조건 다섯 가지 중 하나, 2급 상담심리사의 경우 한국상담심리학회 준회원으로서 2급 조건 네 가지 중 하나를 충족해야 한다(표 4-23 참조).

과목이수 조건에서 제시한 '상담 관련 과목'은 매체를 중심으로 한 과목이 아닌 언어를 기반으로 한 상담과목으로서, 심리치료이론, 집단상담 등을 포함한다. '기초과목'은 심리통계, 연구방법론, 실험설계, 동기와 정서 등을 포함한다(표 4-24 참조).

② 자격시험

자격시험은 과목당 객관식 25문항으로 구성되어 있다. 1급 상담심리사의 자격시험 과목은 상담 및 심리치료이론, 집단상담 및 가족치료, 심리진단 및 평가, 성격심리 및 정신병리, 심리통계 및 연구방법론 등 5개이며, 2급 상담심리사의 자격시험 과목은 상담심리학, 발달심리

표 4-23 상담심리사 상담경력 및 과목이수 조건

등급	조건
1급 상담심리사	상담 관련 석사학위 취득 후 3년 이상의 상담경력, 석사과정 중 상담 관련 과목 4과목 이상, 기초과목 1과목 이상 이수(학부과정 중 이수과목 인정되지 않음)
	2급 상담심리사 자격 취득 후 4년 이상의 상담경력
	상담 비관련 석사학위 취득 후 상담 관련 박사과정 입학한 후 3년 이상의 상담경력, 박사과정 중 상담 관련 과목 4과목 이상, 기초과목 1과목 이상 이수(학·석사과정 중 이수과목 인정되지 않음)
	한국연구재단에서 인정하는 외국대학의 상담 관련 분야 박사학위, 외국의 상담 및 심리치료 분야의 전문가 자격증(각국 정부나 주정부 또는 각국 심리학회의 공인된 자격검정 절차를 통과한 수준의 자격증)을 소지하고, 국내에서 1년 이상의 상담경력
	한국연구재단에서 인정하는 외국대학의 상담 관련 분야 박사학위, 본 학회와 MOU를 체결한 외국학회(APA, ACA)가 인증한 교육기관에서 인턴십 과정을 마치고, 국내에서 1년 이상의 상담경력
2급 상담심리사	상담 관련 석사 입학 후 1년 이상의 상담경력, 석사과정 중 상담 관련 과목 4과목 이상, 기초과목 1과목 이상 이수(학부과정 중 이수과목 인정되지 않음)
	상담 관련 학사학위 취득 후 2년 이상의 상담경력, 학부과정 중 상담 관련 과목 3과목, 기초과목 3과목 이상 이수
	비상담 관련 학사학위 취득 후 3년 이상의 상담경력
	외국의 상담 및 심리치료 분야의 자격증(각국 정부나 주정부 또는 각국 심리학회의 공인된 자격검정 절차를 통과한 수준의 자격증) 소지, 국내에서 1년 이상의 상담경력

출처: 한국상담심리학회 홈페이지. https://krcpa.or.kr

표 4-24 상담심리사 상담 관련 과목 및 기초과목 예시

영역	과목 예시
상담 관련 과목	미술치료, 놀이치료, 독서치료, 음악치료, 동작치료 등이 아닌 언어를 기반으로 한 상담과목으로서, 심리치료이론, 집단상담, 상담방법, 상담면접, 상담사례실습 및 지도, 정신병리, 심리평가, 가족상담, 청소년상담, 진로상담, 아동상담, 상담윤리 등
기초과목	심리통계, 연구방법론, 실험설계, 동기와 정서, 고급성격심리학, 고급사회심리학, 고급발달 심리학 등

출처: 한국상담심리학회 홈페이지. https://krcpa.or.kr

학, 이상심리학, 학습심리학, 심리검사 등 5개이다. 자격시험은 과목별 40점 이상, 평균 60점 이상의 점수를 받아야 합격한다.

③ 최소 수련 내용 충족

최소 수련 내용이란 자격심사 청구를 위해 충족해야 하는 과정을 뜻한다. 수련 내용은 크게 접수 면접, 개인상담, 집단상담, 심리평가, 기타의 5개 영역으로 구분되며, 요구되는 기준은 급별로 다르다. 구체적인 수련 내용 기준은 표 4-25에 제시하였다.

표 4-25 상담심리사 급별 수련 내용 기준

구분		1급	2급
접수 면접		–	20회 이상
개인 상담	면접상담	20사례 이상, 합 400회기 이상	5사례, 합 50회기 이상
	슈퍼비전	50회 이상	10회 이상
집단 상담	참여경험	2개 집단 이상	참여 또는 보조리더 2개 집단 이상
	리더 또는 보조리더	2개 집단 이상 진행	
	슈퍼비전	2개 집단 이상	–
심리 평가	검사 실시	20사례 이상	10사례 이상
	해석상담	20사례 이상	10사례 이상
	슈퍼비전	10사례 이상	5사례 이상
	검사종류	• 자격검정위원회에서 인정하는 개인용 검사, 성인 및 아동용 개인용 지능검사 등 • 자격검정위원회에서 인정하는 표준화 검사(개인용 이외의 검사) • 한 검사가 전체 사례의 ½을 초과할 수 없음	
기타	공개사례 발표	• 개인상담 4사례, 총 40회기 이상 (상담심리사 2급 자격으로 응시 : 개인상담 3사례, 총 30회기 이상)	• 개인상담 2사례, 총 10회기 이상 (외국자격증 소지자로 자격시험 면제자 : 개인상담 1사례, 총 10회기 이상)
	상담사례 연구 활동	30회 이상 참여	10회 이상 참여
	학술 및 연구 활동	1편 이상의 연구 논문 제출	–

출처: 한국상담심리학회 홈페이지. https://krcpa.or.kr

상담경력 및 과목이수를 충족한 뒤 자격시험에 합격하고, 최소 수련 내용을 충족하면 자격심사(면접)를 청구한다. 자격심사까지 합격하면 상담심리사 자격을 취득한다. 보다 자세한 내용은 한국상담심리학회 홈페이지(https://krcpa.or.kr)에서 확인할 수 있다.

3. 상담자격 제도의 발전 방안

지금까지 살펴본 것처럼 국내의 상담 관련 자격은 국가자격과 민간자격 모두 그 종류가 매우 많다. 국가자격은 정부의 여러 부처에서 아동상담, 청소년상담, 학교상담, 여성상담 등 부처별로 필요한 상담 관련 사업을 수행하고 인력을 수급하기 위해 실시하고 있다. 이와 같은 상담 사업과 상담 인력을 규정하는 법률도 「아동복지법」, 「청소년복지 지원법」, 「학교폭력예방 및 대책에 관한 법률」 등 100여 개에 달해(김인규, 손요한, 2020; 최정아, 2018), 한편으로는 다양한 분야에서 상담이 자리를 잡아가는 것처럼 보이기도 한다.

그러나 상담 관련 국가자격을 부처별로 관리하거나 인정하다 보니 정부의 상담 사업에 참여하는 상담자의 수준이 매우 다양하다는 문제가 있다(김인규, 손요한, 2020; 최정아, 2018; 이동귀 등, 2013; 이동귀 등, 2017). 또한 민간자격은 자격발급과 상담 활동에 대해 규제가 거의 없다 보니 상담자 또는 상담기관의 비윤리적·위법적 사례가 발생하고, 상업적 수익모델에 따라 상담기관을 운영하면서 상담 본연의 정신이 훼손되는 상황까지 오게 되었다는 비판(김영근 등, 2012; 김정진, 2016)

이 제기되고 있다. 따라서 이 절에서는 상담자격 제도의 문제점을 파악하고 그 해결방안을 제시하고자 한다.

1) 국가자격의 문제점

김인규(2018a)는 국가자격인 청소년상담사 자격과 전문상담교사 자격을 살펴보고 이와 같은 상담 분야 국가자격의 문제점으로 다음의 세 가지를 제시하였다.

첫째, 현재의 상담 분야 국가자격은 그 분야의 상담에 대한 독점적 자격이 아니다. 즉, 국가자격이 해당 분야에서 일하기 위해 필수적으로 취득해야 하는 자격이 아니며 다른 자격으로도 이를 대체할 수 있다는 것이다. 예를 들어 공공기관인 청소년상담복지센터에서는 일정한 인원의 청소년상담사 자격증 소지자를 두어야 하지만 해당 자격 없이 일하는 경우도 있으며(김창대 등, 2013), 민간 청소년상담센터에서는 청소년상담사 자격이 필수가 아니다. 또한 학교에서 전문상담교사로 일하기 위해서는 전문상담교사 자격이 필수적이지만, 위(Wee) 클래스나 위(Wee) 센터에는 전문상담교사 자격 없이 민간상담자격만 보유하고 학교상담 업무를 수행하는 상담자가 많다. 이는 국가자격이 공공기관에서의 안정적인 근무에 필요한 조건일 뿐 해당 분야의 전문가임을 검증하는 데 필수 자격은 아니라는 점에서 국가자격으로서의 권위와 위상을 떨어트리는 요인이 된다.

둘째, 현재의 상담 분야 국가자격은 상담 실무능력에 대한 검증이 부족하다. 청소년상담사와 전문상담교사 모두 양성 과정 또는 검정 과정에서 상담 실무능력에 대한 요구와 검증이 민간자격보다도 부족한 실정이다. 청소년상담사는 면접에서 상담사례개념화 능력이나 위기상담 대처 능력 등을 검증하고 100시간의 연수를 통해 청소년상담 실무능력을 향상시키고자 하지만, 과연 이 두 과정을 통해 상담 실무능력이 충분히 길러지거나 검증되는가는 의문의 여지가 있다(김동일 등, 2017; 김창대 등, 2013). 또한 전문상담교사 양성 과정에서 교생실습 4주와 교육봉사 50시간을 이수하도록 하고 임용고사 2차 과정에서 면접을 통해 상담 실무능력을 검증하고자 하지만, 이 역시 충분한 역량 함양과 검정의 과정이라고 보기는 어렵다(김인규, 조남정, 2011; 김희정 등, 2015; 김소아 등, 2020). 이에 국가자격을 취득하고 해당 분야에서 일하면서 민간자격을 취득해야 전문성을 개발하고 유지할 수 있다고 인식되기도 한다.

셋째, 현재의 상담 분야 국가자격은 자격갱신이나 보수교육 등의 체계적 관리가 실시되고 있지 않다. 청소년상담사와 전문상담교사 모두 보수교육이나 연수 등의 형태로 추후 교육을 실시하고 있지만, 그 내용과 수준에 있어 체계적으로 실시된다고 보기 어렵다. 공공기관에 근무하는 청소년상담사의 경우 연 8시간의 보수교육을 받도록 법적으로 규정하고 있으나 교육 내용은 정해진 것이 없으며, 전문상담교사 역시 여러 연수가 진행되지만 전문상담교사의 발달단계 등을 고려한 연수체계(최해림, 김영혜, 2006)가 마련되어 있지는 않다. 무엇보다도 두 개의 자격 모두 자격 취득 후 상담자 역량개발에 핵심적인 상담 슈퍼비전이 의무화되어 있지 않아 상담자의 상담 전문성을 향상하고 유지할 수 있는 자격관리체계가 구축되었다고 보기 어렵다.

2) 민간자격의 문제점

김인규와 장숙희(2019)는 국내 민간상담자격의 현황을 개관하고 그 문제점을 다음과 같이 제시하였다.

첫째, 자격의 일정한 기준이 없다. 현재 2,000여 종에 이르는 심리상담 민간자격의 가장 큰 문제점은 상담이 무엇인가에 대한 일관된 기준이 없다는 점이다. 각 자격을 발급하는 학회, 협회, 기관, 개인마다 상담의 개념 정의가 다르고, 따라서 상담에 포함된 활동과 그에 요구되는 지식, 기술, 태도가 다르다. 이는 각 자격의 고유한 특성을 허용하여 다양한 상담접근이 발달할 수 있는 상황이라 볼 수도 있지만, 상담으로 포괄되는 범위가 지나치게 넓어져 상담의 전문성이 훼손되고 부인될 우려가 있다. 실제로 타로상담, 전생치료, 푸드테라피, 역사치료 등 기존의 심리상담 분야에서는 낯선 상담접근이 대중매체를 통해 소개되면서 상담의 범위를 명확하게 규정할 필요성이 제기되고 있다. 또한 각 자격마다 수련감독자, 1급, 2급 등 자격의 등급을 부여하고 있는데 여기에도 일관된 기준이 없다. 어느 자격에서는 학부 졸업자가 1급을 취득할 수 있지만 다른 자격에서는 2급을 취득한다. 또한 실제 상담을 실시하고 슈퍼비전을 받아야 취득할 수 있는 자격이 있는 반면에, 이러한 상담 실무 과정 없이 자격이 발급되는 경우도 많다. 따라서 자격의 명칭이나 등급만으로는 어느 영역, 어느 수준의 능력을 인정해준 것인지를 알기가 어려워 많은 혼란과 불신을 일으키고 있다.

둘째, 자격관리 체제가 구축되어 있지 않다. 민간자격이 등록되었다고 해도 신고한 대로 자격을 운영하는지 전혀 관리되지 않는다면 자격의 질을 신뢰하기 어렵다. '민간자격 등록신청 편람'(한국직업능력개발원, 2021)에 명시된 "등록으로 자격의 품질을 인정하거나 독점적 운영 권한을 부여하는 것은 아님"이라는 표현은 현재의 자격등록 체제가 자격의 질을 관리하지 않는다는 것을 명확하게 드러내고 있다. 실제로 형식적인 등록과 비용 납부만 하면 쉽게 자격을 취득할 수 있는 민간자격으로 인해 피해를 입은 사례가 언론에 자주 보도되고 있다. 또한 비교적 공신력 있는 민간학회에서도 자격 수련 과정이 부실하게 운영되는 일부 사례가 나타나 우려의 목소리가 높다. 예를 들어 전문가로서 적합하지 않은 수련생에게 수련감독자가 자격을 부여할 수도 있고, 자격부여가 거부된 수련생이 다른 수련감독자에게 자격을 부여받을 수도 있기 때문에 취득한 자격이 전문가로서의 자질을 보장한다고 보기 어려운 것이다. 뿐만 아니라 상담을 수행하면서 발생한 윤리적·법적 문제에 대한 처벌 등의 관리도 잘 이루어지지 않고 있다. 이처럼 민간자격의 관리 체제가 미흡하여 일어난 문제들이 사회적 이슈로 제기되고 있지만, 현재 다양한 상담자격과 운영 주체의 난립으로 인해 상담자의 문제를 책임감 있게 처리하지 못하고 있으며, 한 자격 체제에서 처벌을 받아도 다른 자격을 활용하여 여전히 일상적인 상담 활동을 할 수 있는 상황이다.

셋째, 상담수련의 혼란과 비용 부담의 문제가 있다. 상담 교육과정의 종류가 너무 많다 보니 상담자가 되고자 하는 개인의 입장에서는 어느 자격을 취득해야 할지 혼란스러울 수 있다. 이들은 상담 관련 공식 학교교육을 받아야 하는지, 어느 학회 활동을 해야 하는지, 어느 자격이 유용한지 등에 대해 신뢰할만한 기준과 지침을 알기 어렵다. 따라서 무조건 많은 자격증을 보유하고자 자격증 쇼핑을 하기도 하며, 상업적 목적으로 운영되는 무용한 자격증을 취득하는 데 비용과 시간을 낭비하기도 한다. 상담 관련 학과를 다니는 경우 대체로 지도교수와 관련된 학회 활동을 하고 해당 학회의 자격증 수련을 받지만, 여러 이유로 눈치를 보며 다른 학회의 자격을 취득하려 하기도 한다. 또한 공식적인 학교교육의 비용 이외에 민간자격 취득을 위한 수련비용을 따로 감당해야 해서 상담사 지망생들의 부담이 가중되는 실정이다(곽미용, 이영순, 2010; 최해림, 김영혜, 2006).

3) 상담자격 제도의 발전 방안

이와 같은 상담자격 제도의 문제점을 해결하기 위해 상담법 제정, NCS 기반 상담자격 제도 시행, 상담교육인증 제도 시행, 상담 활동에 대한 행정 규제, 상담 활동 관리감독 기구 설치 및 운영 등의 발전 방안을 고려할 수 있다(김인규, 2018a).

(1) 상담법 제정

자격 제도의 유형은 자격이 발휘하는 기능에 따라 업무독점형 자격과 능력인정형 자격으로 구분할 수 있다. 업무독점형 자격은 해당 자격이 없으면 그 업무에 종사할 수 없는 자격으로, 구직자가 노동시장으로 진입하는 것을 통제하는 기능을 하며 일명 면허성 자격이라고 불린다. 능력인정형 자격은 개인의 자격을 인정하는 데 그치는 자격으로, 해당 분야의 일정한 기능과 지식을 가지고 있음을 나타낸다. 의사, 변호사, 간호사, 사회복지사 등은 업무독점형 자격인 반면 현재 상담 분야 자격은 능력인정형 자격이라고 할 수 있다.

상담 분야 자격도 면허로서 운영되는 업무독점형 자격이 될 필요가 있다. 이는 전문상담과 비전문상담의 경계를 명확하게 하고, 전문상담의 질적 수준을 담보하여 전문상담에 대한 국민의 신뢰를 얻으며, 전문상담의 위상을 제고할 수 있는 방안이다. 그런데 상담 활동을 명확하게 규정하고 이를 수행하는 업무독점형 자격의 양성과 관리를 체계화하기 위해서는 우선 상담법이 제정되어야 한다(김정진, 2016; 김영근 등, 2012). 또한 이를 통해 명칭 사용의 독점권이 확보되어 일정 요건을 갖춘 사람과 활동에만 '상담'이라는 용어를 사용할 수 있도록 해야 한다. 이 과정에서 현재 사용하고 있는 '상담'이라는 용어를 다른 용어로 변경할 수도 있다.

(2) NCS 기반 상담자격 제도 시행

현재 시행되는 다양한 상담자격의 수준과 내용은 일정한 준거에 따라 정해진 것이 아니라, 각 자격의 근거 법률이나 시행기관에 따라 임의적으로 정해졌다고 할 수 있다. 이와 같이 자격의 준거가 명확하지 않은 상태에서 다양한 상담자격을 시행하는 것은 상담전문가의 길을 모색하는 이들에게 혼란을 주고, 더 중요하게는 상담사와 상담 서비스의 질을 담보할 수 없다는 문제를 초래한다. 이러한 문제를 해결하는 방법으로 상담 분야 NCS를 활용하는 방안을 고려할 수 있다.

2016년까지 상담심리, 청소년상담복지, 직업상담 등의 분야에서 NCS와 학습모듈이 개발되었으며, 향후 가족상담, 중독상담 등 여러 분야가 추가로 개발될 전망이다. 「자격기본법」 제3조에는 국가 및 민간 자격 관리자가 NCS에 부합하도록 자격 제도를 관리·운영할 것을 명시하고 있다. 따라서 상담 관련 국가자격과 민간자격은 각 자격이 NCS에 어떻게 기반하고 있는지를 명시하고, 그에 따라 자격 제도를 관리·운영할 필요가 있다.

'심리상담 NCS 개발보고서'(한국산업인력공단, 2015)는 심리상담 분야의 자격 제도를 다음과 같이 제안하였다. 자격의 명칭은 심리상담 사로 하고, 1급과 2급으로 구분한다. 산업현장의 직무 수준을 체계화한 NCS 수준을 기준으로 할 때 1급 심리상담사는 7수준으로 하고, 2급 심 리상담사는 5수준으로 한다. 자격 검정은 검정형과 과정평가형을 병행 한다. 과정평가형은 NCS 기반 교육과정 졸업자 중 상위 30% 해당자에 게 자격을 부여한다. 검정형은 NCS 기반 검정을 통과한 자에게 자격을 부여하며, 각 급별 검정과목은 표 4-26과 같다. 1급 심리상담사 검정 과목은 NCS 6수준 이상의 능력단위를 다루는 개인심리치료상담, 집 단·관계자상담, 위기상담, 상담자 훈련·자문 등 4개 과목으로 하고, 2급

표 4-26 NCS 기반 심리상담사 급별 검정과목(안)

평가 과목	능력단위	NCS 수준	2급 검정	1급 검정
상담관리	01. 상담안내	3	○	
	03. 내담자 의뢰·연계	4	○	
	10. 심리상담 자료관리	4	○	
심리검사	09. 심리검사 활용	5	○	
심리상담 교육	08. 심리상담 교육	5	○	
개인심리치료상담	02. 접수상담	6	○	○
	04. 개인심리치료상담	6	○	○
집단·관계자상담	05. 집단상담 프로그램 운영	6	○	○
	06. 관계자 상담	6		○
위기상담	07. 위기상담	7		○
상담자 훈련·자문	11. 심리상담 자문	6		○
	12. 상담자 훈련	8		○

출처: 한국산업인력공단(2015).

심리상담사 검정과목은 NCS 6수준 이하의 능력단위를 다루는 상담관리, 심리검사, 심리상담 교육, 개인심리치료상담, 집단·관계자상담 등 5개 과목으로 한다.

(3) 상담교육인증 제도 시행

상담 인력의 전문성을 확보하기 위해서는 의학, 치의학, 간호학, 건축학, 공학, 경영학 등의 분야에서 실시하고 있는 교육인증 제도를 실시할 필요가 있다. 각 전문직의 양성을 공식적인 고등교육기관이 전담하면서 그 교육과정의 표준화와 질적 수준을 담보하는 교육인증 제도는 학문의 전문성을 제고할 뿐만 아니라 사회적 신뢰성을 얻을 수 있는 방법이기 때문이다.

국내의 고등교육인증은 「고등교육법」 및 「고등교육기관의 평가·인증 등에 관한 규정」에 근거하여 실시된다.

제11조의2(평가 등)

　② 교육부장관으로부터 인정받은 기관(이하 이 조에서 "인정기관"이라 한다)은 학교의 신청에 따라 학교운영의 전반과 교육과정(학부·학과·전공을 포함한다)의 운영을 평가하거나 인증할 수 있다. 다만, 의학·치의학·한의학 또는 간호학에 해당하는 교육과정을 운영하는 학교는 대통령령으로 정하는 절차에 따라 인정기관의 평가·인증을 받아야 한다.

(「고등교육법」)

제2조(평가·인증의 실시)

　① 「고등교육법」(이하 "법"이라 한다) 제11조의2 제2항에 따라 인정받은 기관(이하 "인정기관"이라 한다)이 학교운영의 전반에 대하여

종합적으로 평가할 때에는 해당 학교가 법 제11조의2 제1항에 따라 점검·평가한 결과를 활용할 수 있다.

② 인정기관은 평가·인증의 대상이 되는 학교에 대하여 평가·인증의 수행에 필요한 자료제공을 요청할 수 있다. 이 경우 인정기관은 제공받은 자료를 평가·인증 외의 목적으로 사용할 수 없다.

「고등교육기관의 평가·인증 등에 관한 규정」

이 두 법령에 따르면 교육부장관으로부터 인정받은 기관(인정기관)이 교육과정의 운영을 평가·인증할 수 있으며, 이를 위해 인정기관은 인증 대상 학교에 필요한 자료를 요청할 수 있다. 인정기관이 되기 위해서는 다음과 같은 자격 요건을 갖추어야 한다.

제5조(인정기관의 지정기준)

① 인정기관의 지정기준은 다음 각 호와 같다.

1. 공정하고 객관적인 평가·인증을 할 수 있는 조직·기구 및 인력 등의 체제를 갖추고 있을 것

1의2. 평가·인증 사업을 다른 회계와 구분하여 별도의 회계로 관리하는 등 평가·인증과 관련한 재정·예산 체제를 갖추고 있을 것

2. 법 제11조의2 제2항에 따른 대학운영의 전반과 교육과정(학부·학과·전공을 포함한다)의 운영을 평가 또는 인증하는 데 적합한 기준, 평가방법 및 절차를 갖추고 있을 것

3. 학교에 대한 평가·인증 또는 자문활동 등을 한 실적이 있을 것

4. 최근 2년 내에 지정·재지정이 취소된 사실이 없을 것

「고등교육기관의 평가·인증 등에 관한 규정」

즉 필요 조직과 인력을 갖추고 평가 인증과 관련하여 독립적인 회계를 운영하며, 인증 기준, 절차, 방법을 구비하고 관련 실적이 있어야

인정기관으로 지정될 수 있다. 2011년 11월 한국간호교육평가원이 민간자율기구 최초로 고등교육평가·인증 인정기관으로 정부인정을 받은 이후, 2012년 한국건축학교육인증원, 2013년 한국공학교육인증원과 한국경영교육인증원, 2014년 한국의학교육평가원, 2015년 한국치의학교육평가원이 해당 학문 분야의 평가인증기관으로 지정되었다. 이 6개 평가인증기관들은 평가인증기관 연합회를 구성하여 활동하고 있다.

남상인과 김인규(2009)는 상담교육인증의 필요성을 제기하며 미국의 상담교육인증체제인 '상담 교육 프로그램 인증위원회(Council for Accreditation of Counseling and Related Educational Programs: CACREP)'와 미국심리학회 산하 '인증위원회(Commission on Accreditation: CoA)'를 소개하였다. 그 후 김인규 등(2013)은 상담교육인증에 대한 상담전문가들의 의식을 조사하였으며, 김인규와 조남정(2016)은 학부 상담교육인증의 기준을 제시하였다. 이 연구에서 학부 상담교육인증의 모델로는 최소 기준 인증형 모델이 선정되었으며, 인증 영역으로는 학과 운영, 교육 과정, 학생, 교수, 교육 환경, 교육 성과 등 6개 영역이 선정되었다. 각 영역별로 2~4개의 하위 영역이 도출되었고, 각 하위 영역별로 1~4개의 인증 기준이 개발되었다(표 4-27 참조). 또한 김인규와 최현아(2017)는 교육부로부터 평가인증기관으로 지정받아 학과 인증을 시행하고 있는 6개 학문 분야와 미국의 상담교육인증체제를 분석하고, 한국형 상담교육인증체제 구축방안으로 상담교육인증기구 설립 방법, 평가인증기관 정관(안), 상담교육인증 실시 절차를 제시하였다. 이러한 연구를 토대로 의학이나 간호학 등의 분야처럼 상담 분야에서도 상담 관련 학과의 교육을 인증하여 해당 학과 졸업자에게는 국가자격을 부여하는 데 혜택을 주는 방안을 적극적으로 고려해야 한다.

표 4-27 학부 상담교육인증의 영역별 평가 기준(안)

영역	하위 영역	내용 요약
Ⅰ. 학과 운영	비전 목표	상담 비전 목표
	운영체계	교육과정 공지
		교육과정 편성
		졸업 기준과 절차
Ⅱ. 교육 과정	학습 목표	학습 성과
	교과목 운영	교육과정 운영
	실습 운영	실습 인원
		실습 시간
Ⅲ. 학생	학생선발	학생선발방법
	학생지도	학생지도 체계
		학생지도 지원시스템 운영
	학생지원	학생활동 지원
	학과 적응 및 직업적응 프로그램	학생들의 학과적응 및 직업적응
Ⅳ. 교수	교수확보	전임교원확보
		교수 채용
		교수 역량
		비전임교원 확보
	교수업적	전임교수 수업시수
		교수 수업 현황
	교수개발지원	교수개발지원
Ⅴ. 교육 환경	행정체계	대학의 행정지원체계
	재정지원	교육관련 재정지원
	교육시설	교육시설확보
	행정 및 교육보조인력	행정 및 교육보조인력 확보
Ⅵ. 교육 성과	교육성과평가	프로그램 학습 성과 평가
	졸업생 진로	졸업생 지원체제 구축

출처: 김인규, 조남정(2016).

대국민 상담 서비스의 질을 담보하기 위해서는 상담 활동에 대한 행정 규제를 할 필요가 있다. 우선, 일정한 요건을 통과하여 인정받은 상담자격 보유자만이 상담 활동을 할 수 있도록 해야 한다. 예를 들어 현재 청소년상담복지센터에서는 청소년상담사 자격을 보유하지 않은 사람도 상담 업무를 수행할 수 있다. 이는 의료기관에서 의료 분야 전문자격을 가진 사람만이 의료 활동을 할 수 있고, 사회복지기관에서 사회복지사만이 사회복지 업무를 수행할 수 있는 것과 대조된다. 따라서 상담 분야 자격을 업무독점형으로 운영하여 전반적인 상담 활동 및 상담의 특정 분야마다 그 활동을 할 수 있는 상담자격의 종류를 제한할 필요가 있다.

또한 상담사를 양성 또는 채용할 때 개인의 일정한 사항을 점검하여 제한하는 것이 필요하다. 예를 들어 성범죄경력조회, 범죄경력조회, 피성년후견인조회 등을 통해 상담 서비스 제공에 적합하지 않은 사람이 상담자 교육 또는 상담직 채용, 상담실 개설 등을 할 수 없게 해야 한다. 참고로 현재 「아동·청소년의 성보호에 관한 법률」은 성범죄자에 대해 다음과 같이 취업제한을 하고 있다.

> 제56조(아동·청소년 관련기관등에의 취업제한 등)
> ① 법원은 아동·청소년대상 성범죄 또는 성인대상 성범죄(이하 "성범죄"라 한다)로 형 또는 치료감호를 선고하는 경우에는 판결(약식명령을 포함한다. 이하 같다)로 그 형 또는 치료감호의 전부 또는 일부의 집행을 종료하거나 집행이 유예·면제된 날(벌금형을 선고받은 경우에는 그 형이 확정된 날)부터 일정기간(이하 "취업제한 기간"이라 한다) 동안 다음 각 호에 따른 시설·기관 또는 사업장(이

하 "아동·청소년 관련기관등"이라 한다)을 운영하거나 아동·청소
년 관련기관등에 취업 또는 사실상 노무를 제공할 수 없도록 하는
명령(이하 "취업제한 명령"이라 한다)을 성범죄 사건의 판결과 동
시에 선고(약식명령의 경우에는 고지)하여야 한다. 다만, 재범의 위
험성이 현저히 낮은 경우, 그 밖에 취업을 제한하여서는 아니 되는
특별한 사정이 있다고 판단하는 경우에는 그러하지 아니한다.

「아동청소년의 성보호에 관한 법률」

이 법률의 제1호~제22호에서는 성범죄자가 일정 기간 취업할 수
없는 아동·청소년 관련 기관, 의료기관, 특수교육 관련 기관 등을 자세
히 규정하고 있다.

(5) 상담 활동 관리감독 기구 설치 및 운영

상담 관련 제반 활동을 관리감독하는 기구를 설치·운영할 필요가
있다. 현재 학교교육과 관련해서는 고등교육, 중등교육, 초등교육을 담
당하는 교육부 또는 교육청의 독립부서가 있고, 의료보건과 관련해서
는 보건의료, 공공보건, 한의학 담당부서가 따로 있으며, 노인, 아동, 여
성에 대한 부처 역시 각각 존재한다. 그러나 상담 업무와 관련된 부처
는 보건복지부, 교육부, 여성가족부, 국가안전처 등 다양하다. 따라서
어느 부처가 주 부처가 되어야 할지는 향후 논의하더라도, 우선적으로
정부 부처와 지방자치단체에 독립된 상담 관련 부서가 설치되는 것이
바람직하다.

또한 전문가 단체인 협회가 구성되어 제반 자격을 관리하고 윤리
적 문제에 대처할 필요가 있다. 대한의사협회, 대한간호사협회, 대한변
호사협회, 한국사회복지사협회 등 각 전문 분야의 협회가 해당 분야 전

문직의 자격 및 활동을 지도·감독·지원하는 것처럼, 상담 관련 단일협회가 구축되어 상담 활동에 대한 지도감독을 해야 한다.

　　향후 상담계에서는 상담자격 제도의 문제점을 개선하기 위한 논의를 더욱 활발하게 진행하고, 한목소리로 발전 방안을 추진해야 할 것이다. 이를 위해 상담 관련 학과, 상담 분야 학회, 상담 실무자 단체, 상담기관 협의회 등이 공동으로 연구 및 사업을 추진하는 기구를 구성하여 자격 및 상담 분야 제반 사항에 대한 주요 이슈들을 다루어나갈 필요가 있다. 이렇게 할 때 상담이 전문직으로서의 위상을 갖게 될 것이며, 국민 행복을 위한 양질의 상담 서비스를 제공할 수 있게 될 것이다.

 토론 주제

1　상담 분야에서 국가자격으로 신설되어야 할 자격에는 무엇이 있는지 논의해보자.

2　상담 분야의 민간자격을 효과적으로 관리할 수 있는 방법에 대해 논의해보자.

3　상담자격이 업무독점형 자격이 되는 것이 좋을지, 능력인정형 자격이 되는 것이 좋을지 생각해보고 그 이유를 말해보자.

4　상담교육인증 제도의 필요성과 실현방안에 대해 토론해보자.

상담자의
직무역량과 조직적응

상담행정은 책무성 있는 상담 서비스를 제공하기 위한 일련의 조직적인 활동이다. 이때 상담 서비스는 개인이 임의로 제공하는 것이 아니라 계획과 시스템에 의해 체계적이고 조직적으로 제공된다(차명호 등, 2014). 상담자가 목표로 하는 상담 서비스를 상담행정의 흐름 속에서 적절히 제공하기 위해서는, 무엇보다도 상담조직에서 요구하는 직무역량을 효과적으로 수행하고 상담기관의 조직 특성에 잘 적응해야 한다. 따라서 이 장에서는 상담자에게 요구되는 직무역량에 대한 이해와 더불어 상담자가 조직 내에서 경험하는 각종 어려움, 상담자의 정체성과 소명의식 등 조직 구성원으로서 상담자가 경험하는 다양한 이슈들을 살펴보고자 한다.

1. 직무역량

공공상담조직이든 민간상담조직이든 각각의 상담조직들은 소속된 조직원인 상담자들에게 특정한 직무역량을 요구한다. 여기에서는 우선 직무역량의 개념에 대해 개괄적으로 다루고, 상담자에게 요구되는 직무역량 요소를 상세하게 검토해보고자 한다. 또한 국가직무능력표준(NCS)에서 규정하는 상담자의 직무역량을 살펴봄으로써 우리나라 상담현장에서 상담자에게 요구되는 역량에 대해 구체적으로 확인할 것이다.

1] 직무역량의 개념

지능지수(IQ)가 높은 사람이 항상 일을 잘하는 것은 아니다. '일머리와 공부머리는 다르다'는 말이 있듯이, 공부를 잘한다고 해서 실제 업무능력이 우수한 것도 아니다. 조직심리학자인 McClelland(1973)는 전통적인 지능 개념을 넘어, 개인이 자신의 직무와 관련하여 발휘하는 능력을 평가하기 위해 역량(competency)이라는 개념을 제안하였다. 그는 지능의 경우 인종이나 사회경제 수준에 따라 편향된 결과가 나올 수 있다고 보고, 실제 업무 수행성과를 예측하기 위한 방법으로 직무상의 준거 표본을 사용하여 역량을 규정하고자 하였다.

이처럼 역량 개념은 태생부터 직무 수행과 관련된 인간의 능력을 측정하고 평가할 목적으로 제안되었다. 학자마다 역량을 정의하는 방식에는 다소 차이가 있지만, 일반적으로 역량은 외적으로 관찰 및 측정 가능하며 지속적인 행동을 유발하는 개인의 내적인 특성을 의미한다.

뿐만 아니라 행동 준거로서 고성과자의 행동 특성과 관련되며, 조직이 구성원에게 요구하는 바람직한 행동 및 태도를 반영한다(이홍민, 2016).

현재는 역량 개념을 직무와 관련하여 '특정한 상황이나 직무에서 준거에 따른 효과적이고 탁월한 성과의 원인이 되는 개인의 내적 특성'이라고 정의한 Spencer와 Spencer(1993)의 직무역량 개념이 보편적으로 받아들여지고 있다. 요컨대, 직무역량이란 '개인이 수행하는 직무 활동과 관련하여 효과적인 성과로 이끄는 지식, 능력, 기술, 경험, 행동의 집합체'라고 정의할 수 있다. 이러한 직무역량 개념은 다양한 직무 분야에서 실제적 성공의 요건을 규명하기 위해 활발히 적용되고 있다(이홍민, 김종인, 2003).

2) 상담자 직무역량 모델

직무역량 모델은 인적 자원의 효과적인 관리와 운영을 돕고 업무 성과를 향상시킬 목적으로, 직무와 관련하여 요구되는 역량의 요소들을 체계화한 것이다. 국내 상담 분야의 역량 모델은 다른 전문 분야에 비해 다소 늦은 감은 있지만 2000년대 후반 이후로 다양한 상담 분야에 적용되어 개념화되었다. 상담자 역량 모델은 상담 분야별 특성을 반영한 역량 모델과 상담자로서의 특정한 직무와 관련된 역량 모델로 나눌 수 있다.

상담 분야별 특성을 반영한 상담자 역량 모델로는 진로상담전문가 역량 모델(유현실, 2009)을 비롯하여 다문화상담자 역량 모델(임은미 등, 2018), 사회정의 옹호 역량 모델(임은미, 2017) 등이 있다. 이 모델들을 간략히 소개하면 다음과 같다.

유현실(2009)은 델파이 연구방법을 적용하여 진로상담 분야 전문가 패널 32명을 설문조사한 결과를 바탕으로, 청소년, 대학, 성인 등 세 분야의 진로상담전문가에게 요구되는 이론지식 역량군, 직무지식 및 수행 역량군, 태도 및 개인자질 역량군 등 3개의 역량군, 14개의 역량 요소, 49개의 역량 지표를 제안하였다(표 5-1 참조). 임은미 등(2018)은 Arredondo 등(1996)의 다문화상담 역량 모델과 선행연구 등을 참고하여 한국형 다문화상담자 역량 모델을 제안하고 이를 측정할 수 있는 척도를 개발하였다. 이 다문화상담자 역량 척도는 상담자 문화에 대한 수용, 상담자 문화에 대한 지식, 상담자 문화의 영향 조절 노력, 내담자 문화에 대한 존중, 내담자 문화에 대한 지식, 다문화적 지식 활용, 다문화적 기법 수용, 개입 기법의 차별적 요소에 대한 지식, 다문화적 상담 개입 기술을 포함하는 9개 요인과 각 요인별 5개 문항으로 구성된다. 또한 임은미(2017)는 사회정의 옹호 모델과 문화적 요소 모델을 검토하여 한국 상담자를 위한 사회정의 옹호 역량 모델을 제안하고 이를 측정할 수 있는 자기보고식 척도를 개발하였다. 이 사회정의 옹호 역량 척도는 내담자 역량 강화 요인, 환경 변화 필요 인식 요인, 상담자 사회 참여 요인이라는 3개 요인과 24개 문항으로 구성된다.

한편, 조직에서 요구되는 상담자로서의 특정한 직무와 관련된 역량 모델로는 청소년상담사 역량 모델(조수연, 양미진, 2013), 전문상담교사 역량 모델(정환경, 김수경, 2017), 진로진학상담교사 역량 모델(류영철, 2014) 등이 있다. 각 모델들은 청소년상담사, 전문상담교사, 진로진학상담교사 등과 같이 특정한 직무와 관련하여 요구되는 역량들을 정의하고 있다. 예를 들어 조수연과 양미진(2013)이 제시한 청소년상담사 직무역량 모델은 청소년상담 전문가 31명의 패널을 대상으로 델파

표 5-1 진로상담 전문가 역량 모델

역량군	역량 요소	역량 지표
이론지식	진로 관련 이론에 대한 이해	진로발달·의사결정·직업이론에 대한 이해, 인간발달이론 및 생애역할에 대한 이해, 진로 관련 정신건강 문제에 대한 이해
	상담과 교육프로그램의 원리에 대한 이해	개인 상담의 원리에 대한 이해, 집단 상담의 원리에 대한 이해, 교육 프로그램의 원리에 대한 이해
	개인차 및 다양성에 대한 이해	개인차에 대한 이해, 심리측정 및 평가 원리에 대한 이해, 사회적 다양성에 대한 이해
직무지식·수행	진로상담	내담자와 협력관계 형성 능력, 사례개념화 및 개입전략 수립 능력, 진로상담 개입 기술 활용 능력, 집단상담 수행 능력, 내담자 진로성과 평가 능력, 다문화 상담 능력, 학업 상담 능력, 구직기술 지도 능력, 상담실무 절차에 대한 지식과 수행 능력
	진로검사	진로검사에 대한 이해와 선정 능력, 진로검사 실시 및 해석 능력, 진로검사 결과 활용 능력
	진로정보	진로정보 수집 및 관리 능력, 진로정보 선별 및 활용 능력, 내담자의 진로정보 활용역량 촉진 능력
	진로 프로그램	진로 프로그램 개발 능력, 진로 프로그램 진행 능력, 진로 프로그램 운영 능력, 진로 프로그램 성과 평가 능력
	연계 및 자문	지역사회 관련기관 연계 및 내담자 의뢰 능력, 지역사회 관련기관 자문 능력, 내담자 관련인 자문 능력
	연구	연구 계획 및 수행 능력, 전문적 글쓰기 능력
	전문 교육	진로상담 슈퍼비전 능력, 진로상담 교육과정 교수 능력
	조직	조직 이해 능력, 조직 관리 능력
태도·개인자질	개인자질	대인관계 능력, 의사소통 능력, 이타성, 개방적 태도, 창의적 문제해결 능력
	전문가 윤리 및 사회적 책임감	상담자 윤리규정에 대한 이해, 상담과정의 윤리적 진행에 대한 중요성 인식, 진로상담 관련 법적·윤리적 문제에 대한 판단 능력, 사회적 책임감
	성찰 및 자기계발	자기 문제 인식 능력, 슈퍼비전 활용 능력, 지속적 자기계발 능력

출처: 유현실(2009).

이 기법을 적용하여 청소년상담사에게 요구되는 6개의 역량군과 21개의 역량 요소를 제안한 모델이다(표 5-2 참조). 이렇듯 상담자의 전문적인 직무와 관련된 모델은 각 직무의 교육, 성과 평가, 자격 인증 등을 위한 기초 자료로 활용되고 있다.

표 5-2 청소년상담사 직무역량 모델

역량군	역량 요소	역량에 대한 정의
상담	상담지식	상담이론, 상담대상, 문제영역, 상담방식에 대한 이론적 이해 역량
	상담전략 및 기술	내담자 문제 이해 및 이에 기반한 상담전략, 기술 적용 역량
	사례관리	상담 초기부터 종결, 추수평가까지의 전반적인 사례관리 역량
	위기관리	내담자, 내담자 환경 및 상담자 위기상황에 대한 대처 역량
	심리검사	심리검사의 이해 및 활용 역량
일반	청소년 이해	청소년 발달, 문화, 환경 및 관련 법령, 정책 등에 대한 이해 역량
	의사소통	조직 내 개인 간/집단 간 의사소통 능력 및 보편적인 커뮤니케이션 역량
	윤리	상담자와 관계 맺는 대상(내담자, 보호자, 기관)과의 윤리(전문의식, 책임의식, 비밀보장, 청렴성 등)에 관한 역량
	자기관리	다양한 측면의 자기관리 역량
교육	일반 교육연수	내담자 및 부모 등 일반인 대상의 교육 기획·운영·평가 역량
	상담자 교육 및 슈퍼비전	인턴·상담자·자원봉사자 대상의 교육 및 슈퍼비전 역량
행정	행정실무	행정 업무 및 전산 사무에 필요한 소프트웨어 활용 능력, 문서 작성 및 기안에 관한 전반적 역량
	재무관리	예산 편성, 집행, 결산, 관리·감독 등 재정 실무 역량
경영	리더십	조직 내 팀워크 강화 및 조직의 성과를 위한 리더의 자질과 역량
	팔로워십	조직 내 개인 역할 이해 및 참여, 협조 역량

	고객 만족	고객 만족 및 관리를 위한 전략 및 기술 역량
	마케팅	사업 기획, 홍보 및 평가 역량
	경영관리	조직 목표 설정, 성과관리, 인사관리 및 전반적 경영에 대한 역량
	네트워크 구축 및 활용	휴먼 네트워크 및 타 기관과의 협력체계 구축 역량
연구	연구설계 및 수행	자료수집, 통계분석 및 결과 해석과 정책 및 프로그램 개발 역량
	연구보고서 작성 및 평가	연구보고서 작성 및 연구물에 대한 질적 평가 역량

출처: 조수연, 양미진(2013).

상담자 직무역량 모델은 상담자가 실제 직무를 수행할 때 요구되는 역량을 요소별로 구체적으로 제시해준다. 이러한 정보는 예비 상담자와 현직 상담자들이 상담 직무를 보다 효과적으로 수행하기 위해 현재 어떤 역량을 가지고 있고 어떤 역량이 부족한지를 스스로 평가할 수 있도록 돕는다. 이를 통해 상담자는 자신에게 부족한 직무역량을 강화하는 교육훈련을 받음으로써 직무역량을 높이고 업무 성과를 향상시킬 수 있다.

3) NCS와 상담 직무역량

상담 직무역량과 관련하여 요구되는 지식, 기술, 태도 등에 대한 보다 일반적인 규정은 국가직무능력표준(National Competency Standards: NCS)을 통해 이해할 수 있다. 아래에서는 상담 직무와 관련된 NCS 내용에 대해 알아보겠다.

우리나라 「자격기본법」 제2조 제2호에 따르면 NCS란 "산업현장
에서 직무를 수행하기 위해 요구되는 지식·기술·소양 등의 내용을
국가가 산업부문별·수준별로 체계화한 것"으로 정의된다. 국내에서
NCS는 학벌이 아닌 능력 중심 사회를 지향하고자 하는 목적으로 산업
현장에서 요구되는 실제 업무역량을 국가 차원에서 능력 수준에 따라
표준화한 것이다.

일찍이 많은 선진국에서는 국가자격체계(National Qualification
Framework: NQF)를 제정함으로써 현장 실무교육을 촉진하고, 자격과
경력 등의 직무 경험을 포괄하며, 평생교육과 정규교육 과정 이외의 다
양한 학습 경로를 인정하고자 하였다. NQF가 도입되기 이전에도 많은
산업현장에서는 직무분석이라는 방식으로 현장에서 요구되는 직무의
내용과 수준을 명확히 규정하고, 이를 근로자의 선발, 배치, 운영, 평가,
교육훈련 등에 적용해왔다. 특히 인력의 국가 간 이동과 고용을 보장
하기 위하여 유럽연합에서는 2008년부터 유럽국가자격체계(European
Qualification Framework: EQF)를 구축하였다. 이러한 직무역량에 관한
표준 지침들은 실제 산업현장에서 요구되는 직무와 관련된 능력 요소
들을 명확히 함으로써 직무와 관련된 능력, 자격 요건 등에 대한 의사
소통을 촉진한다.

NCS는 직무분석에 기초하여 특정 직업에서 직무를 성공적으로
수행하기 위해 요구되는 표준적인 역량을 체계화하여 제시하고 있다.
NCS의 분류표는 한국고용직업분류 등을 참고하여 직무의 유형을 중심
으로 NCS를 단계적으로 구성한 것으로, '대분류(24개)→중분류(80개)
→소분류(257개)→세분류(1,022개)'로 구성되어 있다. 이 분류표는 각

직무(세분류)에 따라 어떤 역량이 어느 수준에서 성취되어야 하는지를 규정함으로써 교육 및 직업훈련이 더욱 충실하게 이루어질 수 있도록 지원한다(2020년 6월 기준). 그림 5-1에서 볼 수 있듯이 각 직무의 하위에는 여러 능력단위들이 있고, 능력단위마다 능력단위 요소(수행준거, 지식·기술·태도), 적용범위 및 작업상황, 평가지침, 직업기초능력 등이 규정되어 있다.

NCS는 초기부터 산업 현장의 직무요구서로 활용되었고, 현장에서 요구되는 역량 중심의 교육훈련이 이루어질 수 있도록 직무별 NCS 학습모듈과 연동되었다. NCS 학습모듈이란 NCS 능력단위를 교육 및 직업훈련에 활용할 수 있도록 구성한 교수·학습 자료로, 학습자의 직무능력을 높이기 위해 요구되는 학습 내용 및 학습 요소를 NCS에서 규정한 업무 프로세스나 세부 지식, 기술을 토대로 재구성한 것이다.

그림 5-1 NCS 구성요소
출처: 고용노동부, 한국산업인력공단(2020).

따라서 NCS 학습모듈은 고등학교, 고등교육기관, 각종 훈련기관, 기업체 등에서 NCS 기반 교육 과정을 용이하게 구성 및 운영할 수 있도록 지원하는 역할을 한다.

(2) 상담 직무의 NCS 구성체계

상담 직무는 NCS의 24개 대분류 중에서 '07. 사회복지·종교'의 하위 중분류인 '02. 상담'에 규정되어 있다. 중분류의 상담은 다시 직업상담 서비스, 청소년지도, 심리상담의 세 가지 소분류로 구분되고, 각 소분류는 다시 세분류로 구분된다. 구체적으로 보면 직업상담 서비스는 직업상담, 취업알선, 전직지원으로 나뉘고, 청소년지도는 청소년활동, 청소년상담복지, 진로지원으로 나뉘며, 심리상담은 별도의 세분류를 구분하지 않는다(표 5-3 참조).

NCS 분류표의 상담 관련 직무 중에서 세분류상 '01. 심리상담' 직무에 대한 NCS 내용을 좀 더 자세히 살펴보자. NCS 규정상 심리상담

표 5-3 상담의 NCS 분류

대분류	중분류	소분류	세분류
07. 사회복지·종교	02. 상담	01. 직업상담 서비스	01. 직업상담
			02. 취업알선
			03. 전직지원
		02. 청소년지도	01. 청소년활동
			02. 청소년상담복지
			03. 진로지원
		03. 심리상담	01. 심리상담

출처: 국가직무능력표준 홈페이지. https://ncs.go.kr

직무는 "심리사회적 문제 해소 및 성장을 위하여 전 연령의 개인 또는 그와 관련된 사람에게 전문적 상담 관계에 기초하여 심리교육 및 예방, 심리치료 등을 수행하는 일"로 정의되어 있다. 심리상담 직무는 상담안내, 접수상담, 내담자 의뢰·연계, 개인심리치료상담, 집단상담 프로그램 운영, 관계자 상담, 위기상담, 심리상담 교육, 심리검사 활용, 심리상담 자료관리, 심리상담 자문, 상담자 훈련 등 총 12개의 능력단위와 47개의 능력단위 요소로 구성되어 있다(표 5-4 참조).

표 5-4에서 볼 수 있듯 각 능력단위에는 그에 해당하는 수준이 괄호 안에 숫자로 표시되어 있다. 이 숫자는 NCS의 수준체계에 따라 각 능력단위가 요구하는 직무 수준을 나타낸 것이다. NCS의 수준체계는 총 8단계로 구성되어 있는데(표 5-5 참조), 숫자가 클수록 요구하는 수준이 높다는 것을 의미한다. 표 5-4의 능력단위와 표 5-5의 수준을 동시에 보면, 예를 들어 '상담안내'는 3수준으로 단기 교육과정을 이수한 인턴이나 저숙련 근로자가 수행할 수 있는 수준의 업무임을 알 수 있다. 반면 '심리상담 자문'은 6수준으로 초급 관리자 수준에서, '상담자 훈련'은 8수준으로 상급 관리자 수준에서 수행되는 업무이다. 한편, 1수준과 2수준은 단순하고 절차화된 직무로 상담 관련 직무에는 해당하지 않음을 알 수 있다.

이렇듯 NCS는 직무별로 요구되는 구체적인 능력을 세분화하는 동시에 해당 직무능력이 어떤 교육 및 경력 수준에서 수행되는지를 제시함으로써 교육훈련 계획을 수립하거나 업무능력을 인정받기 위해 필요한 자격 수준을 이해하는 데 지침이 된다.

표 5-4 심리상담 직무의 능력단위별 능력단위 요소

능력단위(수준)	능력단위 요소(수준)	능력단위(수준)	능력단위 요소(수준)
상담안내 (3)	상담신청 응대하기(3)	관계자 상담 (6)	커플 상담하기(6)
	상담진행 절차 설명하기(3)		가족원 상담하기(6)
	상담신청 접수하기(3)		조력자 상담하기(6)
	상담예약 관리하기(3)	위기상담 (7)	위기상황 평가하기(7)
접수상담 (6)	호소문제 파악하기(5)		위기상담 계획하기(6)
	내담자 정보 수집하기(5)		위기상담하기(7)
	문제수준 분석하기(6)		위기상담 결과 평가하기(6)
	상담방법 안내하기(6)	심리상담 교육 (5)	심리상담 교육 요구 조사하기(4)
	상담자 배정하기(6)		심리상담 교육 설계하기(5)
내담자 의뢰·연계 (4)	의뢰·연계기관 발굴하기(3)		심리상담 교육 실시하기(5)
	의뢰·연계기관망 구축하기(4)	심리검사 활용 (5)	심리검사 선정하기(5)
	내담자 의뢰하기(4)		심리검사 실시하기(4)
	의뢰사례 추수관리하기(4)		심리검사 결과 평가하기(5)
개인심리 치료상담 (6)	상담 구조화하기(5)		심리검사 해석상담하기(5)
	상담관계 형성하기(5)	심리상담 자료관리 (4)	개인정보 보호하기(4)
	사례개념화하기(6)		상담기록 관리하기(4)
	상담목표 수립하기(6)		상담통계 활용하기(4)
	상담 진행하기(6)	심리상담 자문 (6)	심리상담 자문관계 구축하기(6)
	상담 종결하기(6)		심리상담 자문 계획하기(6)
집단상담 프로그램 운영 (6)	집단상담 프로그램 기획하기(5)		심리상담 자문 실시하기(6)
	집단상담 프로그램 준비하기(5)	상담자 훈련 (8)	상담자 교육분석 실시하기(8)
	집단상담 프로그램 진행하기(6)		상담자 윤리교육 실시하기(6)
	집단상담 프로그램 종결하기(6)		심리상담 훈련 실시하기(7)
			심리상담 슈퍼비전 실시하기(8)

출처: 고용노동부(2015).

표 5-5 NCS의 수준체계와 산업현장 직능 수준

수준	정의	산업현장 직능 수준	상담 분야
8	해당 분야에 대한 최고도의 이론 및 지식을 활용하여 새로운 이론을 창조할 수 있고, 최고도의 숙련으로 광범위한 기술직 작업을 수행할 수 있으며 조직 및 업무 전반에 대한 권한과 책임이 부여된 수준	상급 관리자	기관장
7	해당 분야의 전문화된 이론 및 지식을 활용하여, 고도의 숙련으로 광범위한 작업을 수행할 수 있으며 타인의 결과에 대하여 의무와 책임이 필요한 수준	중급 관리자	팀장
6	독립적인 권한 내에서 해당 분야의 이론 및 지식을 자유롭게 활용하고, 일반적인 숙련으로 다양한 과업을 수행하고, 타인에게 해당 분야의 지식 및 노하우를 전달할 수 있는 수준	초급 관리자	선임상담원
5	포괄적인 권한 내에서 해당 분야의 이론 및 지식을 사용하여 매우 복잡하고 비일상적인 과업을 수행하고, 타인에게 해당 분야의 지식을 전달할 수 있는 수준	선임 실무자	상담원
4	일반적인 권한 내에서 해당 분야의 이론 및 지식을 제한적으로 사용하여 복잡하고 다양한 과업을 수행하는 수준	실무자	선임 상담행정원
3	제한된 권한 내에서 해당 분야의 기초이론 및 일반지식을 사용하여 다소 복잡한 과업을 수행하는 수준	초급 실무자	상담행정원
2	일반적인 지식 및 감독 하에 해당 분야의 일반지식을 사용하여 절차화되고 일상적인 과업을 수행하는 수준	–	–
1	구체적인 지시 및 철저한 감독 하에 문자이해, 계산능력 등 기초적인 일반지식을 사용하여 단순하고 반복적인 과업을 수행하는 수준	–	–

출처: 고용노동부(2015).

2. 조직적응

상담자는 전문가로서 기대되는 역량을 발휘해야 한다. 또한 특정한 조직의 구성원으로서 상담 업무에 종사한다면 해당 조직의 목표, 구조, 그리고 사회적 환경에도 적응해야 한다. 여기에서는 상담자에게 요구되는 조직적응의 개념과 그 구성 요소에 대해 살펴보고자 한다.

1) 조직적응의 개념

전문가로서 자신이 담당하는 내담자에 대해서는 충실하고 유능하게 상담 활동을 수행하는 반면, 조직 환경에는 잘 적응하지 못하는 상담자들이 종종 발견되곤 한다. 왜 이러한 현상이 발생하는 것일까? 조직학자들은 이를 조직적응(organizational adaptation)이라는 개념으로 설명한다. 조직적응이란 '신입 조직원들이 조직에 새롭게 진입하여 조직의 구성원으로서 조직에서 기대하는 역할을 잘 수행해나가는 데 필요한 태도와 행동을 갖게 되는 것'을 의미한다(장주희, 2005). 신입직원이 조직적응을 잘한다는 것은 새로이 부여된 직무를 잘 이해하고, 그 직무에 만족하며, 조직몰입도가 높고 이직의도가 낮다는 것을 의미한다. 따라서 구성원의 조직적응은 조직 내 개인의 성공을 예측하는 주요 변인인 동시에, 조직의 입장에서는 구성원이 조직에서 기대하는 역할을 잘 수행하는 것과 밀접히 관련된다는 측면에서 조직의 발전을 좌우하는 중요한 요인이기도 하다.

2) 조직적응의 지표

조직학자들은 조직의 구성원이 조직에 적응하고 있는 정도를 보여주는 대표적인 지표로 구성원의 조직몰입, 직무만족, 이직의도를 제안하였다(Hulin, 1991; Wanous, 1992).

조직몰입(organizational commitment)은 개인이 특정 조직에 동일시 또는 관여하는 정도를 의미한다. 다시 말해 조직몰입 수준이 높다는 것은 조직 구성원이 조직의 목표와 가치를 자신의 목표와 가치로 기꺼이 수용하고, 조직을 위해 상당한 노력과 수고를 아끼지 않겠다는 의지적 태도를 가지고 있으며, 구성원으로서의 지위를 계속 유지하겠다는 열망이 강렬함을 뜻한다(Porter et al., 1974). 따라서 구성원의 조직몰입은 조직과 동일한 목표 초점화, 노력과 헌신, 지속적인 조직 충실성 등을 통해 조직 전체의 생산성에 긍정적인 영향을 미친다.

직무만족(job satisfaction)은 직무를 통해 얻어지거나 직무로부터 경험하는 욕구 충족의 정도로서 개인의 욕구와 가치체계에 따라 달라질 수 있다(McCormick & Tiff in, 1979). 또한 직무만족은 일종의 감정적 태도로서 '개인이 직무 경험을 통해 느끼는 유쾌함이나 즐거움 등의 긍정적인 정서 상태'라고 정의되기도 한다(Porter et al., 1974). 여러 정의에서 알 수 있듯이 직무만족은 직무에 대한 개인적인 정서적 반응이며 매우 주관적인 태도라고 할 수 있다. 이러한 직무만족은 조직 구성원 개인의 성과뿐만 아니라 조직의 성과와도 밀접하게 관련된다(김상호, 2006). 업무에 대해 긍정적인 정서적 태도를 가지면 업무에 더욱 관심을 갖고 몰입하게 되고, 이는 업무 성과에 긍정적으로 작용하기 때문이다. 따라서 조직은 조직 구성원들의 직무만족을 중요하게 관리해야 한다.

이직의도(turnover intention)는 조직 구성원으로 남는 것을 포기하고 현재 복무하고 있는 직장을 떠나려고 의도하는 정도를 의미한다(Meyer & Allen, 1984). 즉, 이직의도는 직원 스스로 현재의 직무를 더이상 수행하기 어렵다고 여기고 현재의 직무를 이탈하려는 심리적 상태를 말한다. 이직의도는 실제로 이직을 단행하는 행위를 의미하는 것은 아니지만, 선행연구에 따르면 이직의도가 실제 이직행동을 가장 잘 예측하는 변인인 것으로 밝혀졌다(Tett & Meyer, 1993). 따라서 이직의도는 조직의 안정성을 확보하기 위해 인적 자원 관리의 측면에서 매우 중요하게 고려되어야 하는 요소이다(윤소천 등, 2013).

3) 상담자의 조직적응

조직적응 개념을 상담자의 상황에 대입해보면, 상담자가 자신이 소속된 조직에 잘 적응한다는 것은 개인의 측면에서도 조직의 측면에서도 유익하며 상호 간의 발전을 위해 반드시 필요한 부분이다. 종종 전문직이라는 틀에 갇혀 조직이 상담자에게 요구하거나 기대하는 역할을 무시하고 자신이 개인적으로 중요하게 생각하는 업무만 맡으려하는 상담자들이 있다. 다른 한편으로는 조직 구성원인 상담자의 목표나 가치관을 무시하고 독단적으로 업무를 요구하는 조직도 있다. 이러한 두 가지 상황은 모두 상담자의 조직적응에 부정적인 영향을 미칠뿐만 아니라, 궁극적으로는 조직 구성원인 상담자와 조직 모두에 이롭지 못한 결과를 초래할 수 있다.

상담자가 조직의 구성원으로 근무하면서 겪는 조직적응의 어려움이나, 이러한 어려움을 극복하는 방법은 조직의 특성 또는 상담자 개인의 특성에 따라 다를 수 있다. 심윤정(2012)은 기업 내부 직원인 상담자들의 기업 내 적응 경험에 관한 내러티브 연구를 수행한 바 있다. 이 연구에 따르면 기업상담자가 경험하는 조직적응의 주된 어려움은 낯선 기업 문화, 경쟁적인 조직 풍토, 수직적 인간관계, 상담자로서 신분상의 불안정함, 상담에 대한 회사의 기대와 걱정 등이었다. 기업상담자들은 기업 내의 일상적인 이중 관계, 업무보고와 비밀보장 간의 갈등, 상담 동료와 지지 체제의 부족, 역할 정체성 혼란 등과 같은 기업 내 상담의 특수한 속성들이 조직적응의 어려움과 관련된다고 인식하고 있었다.

한편 이영아와 손은령(2015)은 전문상담교사가 학교조직에서 경험하는 어려움과 적응 과정에 대해 내러티브 연구방법을 적용하여 탐색하였다. 이 연구에 따르면 전문상담교사는 학교조직의 관료화에 따른 지시와 통제, 획일적 행정, 상담자와 교사 역할 간의 정체성 혼란, 학교조직 구성원으로서 역할 갈등, 업무 과다, 상담자에 대한 잘못된 인식 등으로 인해 정서적 소진과 심리적 어려움을 겪는 것으로 나타났다. 그러면서도 학생과의 상담 활동을 통해 전문상담교사로서 보람을 느끼고 정체성을 회복하고 있었다.

기업상담자나 학교상담자는 모두 기업과 학교라는 특정한 조직 풍토와 업무 환경의 영향을 받으면서 업무를 수행하기 때문에, 조직 환경에 능동적으로 적응하는 문제는 상담자의 직업적 행복감과 직결된다고 할 수 있다. 이와 관련하여 심윤정(2012)은 상담자가 조직 내에서 효과적으로 적응하기 위해서는 조직에 기여할 수 있는 역할을 확장하고, 조직에 적합한 상담접근 방법과 상담 시스템을 개발·구축하며, 상담자들 간 협의체를 통한 전문성 향상 활동 등에 지속적으로 참여할 필요가 있다고 제안하였다. 그리고 상담자의 조직적응을 위해서는 상담자 스스로의 노력뿐만 아니라 조직 차원의 노력도 필요하다. 조직 내 다른 구성원들이 상담 직무의 특수성과 전문성에 대해 충분히 이해하고 기관 책임자와 소속 부서장이 상담직의 고유한 자율성을 인정하는 등 조직의 특성과 상담직의 특성이 조화를 이룰 수 있도록 긍정적이고 우호적인 조직 풍토가 조성되어야 한다.

3. 조직 정체성과 전문직 정체성

상담기관에서 근무하는 상담자는 상담 업무에 종사하는 전문가이면서 상담부서가 속한 상위조직의 일원이기도 하다. 예를 들어 전문상담교사는 학교상담 분야의 전문가인 동시에 학교 교사이고, 기업의 전임 상담자는 기업상담 분야의 전문가인 동시에 소속 기업의 직원이다. 이러한 이중적인 지위와 역할은 상담자들에게 종종 정체성의 혼란이라는 문제를 야기한다. 이하에서는 조직 정체성과 전문직 정체성의 개념, 전문직의 개념과 특성에 대한 이해를 바탕으로 상담자의 조직 정체성과 전문직 정체성 간의 갈등 문제를 다루고자 한다.

1) 조직 정체성과 전문직 정체성의 개념

상담자들은 다양한 조직에 소속되어 상담 업무를 수행하기 때문에 조직 일원으로서의 정체성을 갖는다. 조직 정체성(organizational identity)이란 자신이 속한 조직을 다른 조직과 구분하게 하는 지속적이며 핵심적인 특성(Albert & Whetten, 1985)으로, 특정한 조직의 구성원이라는 자각을 통하여 스스로를 정의하는 특수한 형태의 사회 정체성을 의미한다(Ashforth & Mael, 1989). 이는 조직의 가치나 신념에 깊이 내재되어 있는 '우리는 누구인가'에 대한 집합적 느낌을 말한다(Albert & Whetten, 1985; Corley et al., 2006). 예를 들어 기업의 상담실에서 근무하는 상담자들은 그 기업의 직원으로서의 정체성을 가지고 있고, 전문상담교사는 해당 학교조직의 일원으로서의 정체성을 가지고 있다. 조직 정체성은 자신이 속한 조직과 속하지 않은 조직을 차별화함으로써 구성원 간에 공유된 가치를 제공하며 조직몰입을 유도한다. 따라서 만약 상담자가 자신이 소속된 기관이나 조직의 일원임을 부정하고 조직 정체성이 성숙되지 못한다면, 조직이 지향하는 목표나 가치를 수용하기 어렵고 조직의 운영 구조와 사회적 환경에 순응하지 못할 가능성이 높다. 이런 경우 조직 부적응으로 이어질 수 있다.

한편 상담자는 특정한 조직의 일원이기도 하지만 상담이라는 전문적인 활동을 수행하는 전문가이기 때문에 상담전문가로서의 정체성을 가지고 해당 업무에 임한다. 전문직 정체성(professional identity)이란 전문직 종사자가 전문직의 태도적 속성을 스스로 인식하는 정도를 의미한다. 즉, 전문직 정체성은 전문가로서 개인의 정체성을 말한다. 예를 들어 어떤 기업의 상담실에서 근무하는 상담자는 그 기업의 조직원인 동시에 다른 직군과 구별되는 상담전문가의 고유한 역할과 지위를 가지고 있다. 전문직 정체성이 강한 기업상담자라면, 회사의 사규보다는 본인이 속한 또 다른 집단인 상담전문가 협회의 윤리적 기준에 따라 상담을 수행할 가능성이 높다. 전문직 정체성은 전문가 조직에 속한 개인의 정체성에 해당하며, 조직 정체성의 특수한 형태이다(최윤경,

2003). 전문직 정체성은 전문가로서의 자긍심 등 안정적인 자기개념을 포괄하며, 자신의 전문적인 역할 수행에 대해 책임감을 갖게 하고 직무를 수행함에 있어서 윤리적이고 도덕적으로 행동하도록 이끈다.

2) 상담자의 조직 정체성

사회적 존재인 인간은 특정한 집단에 소속되어 활동하면서 자신이 속한 조직에 영향을 받는다. 그리고 모든 조직은 사회문화적 맥락에서 구성원들과 경험을 공유하고 상호작용하면서 조직 내에 공동체 의식을 발달시킨다. 이처럼 조직과 조직 구성원은 서로 영향을 주고받지만, 자신이 해당 조직의 일원이라고 인식하는 조직 정체성의 정도는 구성원마다 다를 수 있다. 조직 정체성이 강한 조직 구성원은 조직의 일원으로서 자신을 보다 긍정적으로 여기고, 조직에 대한 소속감을 보다 높게 지각하며, 조직과 자신을 동일시하고, 조직의 이익을 우선한다고 알려져 있다(Dutton et al., 2010). 또한 조직 정체성이 강한 조직 구성원일수록 조직에 대한 만족도가 높고 이직의도는 낮은 것으로 보고되고 있다(Lee & Park, 2009).

상담자라는 직업인은 상담전문가로서 고유한 직업 정체성을 가지는 동시에 특정한 조직에 소속되어 상담 업무를 수행한다. 예를 들어 대학의 학생상담센터에서 전임 상담자로 근무하는 A 씨는 상담전문가이면서 그 대학의 교직원 신분이기도 하다. A 씨의 주된 업무는 소속 대학의 특성에 맞는 상담 프로그램을 개발하고 재학생들에게 상담 서비스를 제공하는 것이다. 이때 A 씨는 내담자에게 최적화된 상담 서비스를 제공해야 한다는 상담전문가로서의 정체성과 더불어, 자신이 소속되어 있고 내담자 학생들이 다니고 있는 대학의 발전도 중요하게 고려할 필요가 있다. A 씨가 소속 대학의 발전을 자신에게 중요한 일이라고 여길수록, 다시 말해 조직의 성장과 자신의 성장을 동일시하는 경향이 높을수록, A 씨는 소속 대학에 보다 헌신하고자 할 것이다.

3) 전문직의 개념과 특성

상담 직무는 일종의 전문직(profession)이다. 전문직은 흔히 '프로'라고 불리며 아마추어와는 차별되는 의미로 받아들여진다. 학문적 정의에 따르면 전문직이란 '추상적이고 전문적인 지식을 사용하여 일에 대한 상당한 자율권을 갖고 고객에 대해 권위를 행사하는 높은 지위의 지식 의존 직업 집단'(유홍준, 2000)을 의미한다. 전문직은 높은 수준의 지식과 경험을 요구하는 일을 수행하므로, 일의 내용과 조건 및 수행 과정에서 외부의 간섭과 통제를 받지 않고 자율적인 권한을 인정받는다. 따라서 전문직은 높은 정신 활동이 요구되고 학문적·경험적 훈련을 지속적으로 추구해야 하는 직업이다.

이러한 전문직의 특성과 관련하여 Goode(1957)는 '핵심적 특징(core characteristics)'과 '파생적 특징(derived characteristics)'을 구분하였다. 그는 전문직의 핵심적 특징이란 '추상적인 지식체계에 대한 장기간의 전문적인 훈련'과 '사회에 대한 봉사지향성'을 의미하며, 이 두 가지 핵심적 특징으로부터 다음과 같은 열 가지 파생적 특징이 나타난다고 보았다.

• 전문직은 자체의 교육훈련에 관한 기준을 결정한다.

- 전문직을 지원하는 학생은 일반적인 수준보다 엄격한 수련 과정을 거친다.
- 전문직 기술은 면허 제도를 통해 법률적으로 보장받는다.
- 면허를 비롯한 전문직 구성원의 자격은 전문직 구성원이 스스로 규정한다.
- 전문직과 관련된 모든 규정은 전문직이 스스로 정의한다.
- 전문직은 높은 소득과 권위를 보장받으며, 유능한 학생들을 요구한다.
- 전문직은 비전문가의 평가나 통제를 괘념치 않는다.
- 전문직이 부과하는 직무 수행의 원칙은 법적 통제보다 엄격하다.
- 전문직 구성원들 간에는 여타 직업의 구성원들보다 직업적 결속력이 강력하다.
- 전문직이 그 직업을 가지고 있는 개인의 삶에서 최종 직업이 되는 경향이 있다.

또한 Moore(1970)는 전문직에 대한 주요 정의들을 검토하면서 전문직의 태도적 속성(attitudinal qualities)과 구조적 속성(structural qualities)을 정리하였다(표 5-6 참조). 태도적 속성이란 직업인이 자신의 일에 대해 갖는 태도를 반영한다. 전문직 종사자들은 자신의 직무가 공공에 대한 서비스라는 신념과 높은 직업소명의식을 가지며, 동료 전문가 집단을 자신의 주요한 준거 집단으로 삼는다. 또한 자신의 생각이나 행동을 스스로 조절할 수 있다고 여기면서 직무 수행에 있어 자율성이 보장되고 합당한 보수가 주어져야 한다고 생각한다. 구조적 속성이란 직업인이 자신의 일을 규정하는 시스템을 의미한다. 전문직은 고도로 세분화된 지식과 기술 체제를 요구하고, 이러한 수준의 전문가를 양성하는 자체의 교육훈련 시스템이 마련되어 있다. 이들의 역량과 역할은 일반적으로 공인된 면허로 규정되며, 그러한 면허를 통해 지역사회 내에서 공중의 인정을 받는다. 또한 전문가들로만 구성된 단체가 있고, 준수해야 할 윤리규정을 자체적으로 갖추고 있다.

표 5-6 전문직의 태도적 속성 및 구조적 속성

태도적 속성	구조적 속성
• 주요 준거 집단으로서 동료 활용 • 공공에 대한 봉사적 가치 • 자기 조절적 • 직업소명의식 • 자율성 • 보수에 대한 합리화	• 세분화된 지식을 갖춘 전일제 직업 • 자체 훈련 학교 • 전문적인 단체 • 면허, 지역사회의 인정 • 윤리규정

출처: Moore(1970); Freidson(1988)에서 재인용.

국내에서는 최윤경(2003)이 선행 전문직 이론에서 제시하는 전문직에 대한 정의를 검토하며 전문직을 "장기간의 추상적이고 이론적인 지식체계의 교육과 훈련, 경험에 의하여 공공에 대한 일정한 전문적 서비스를 제공하는 직업"이라고 정의하였다. 그러면서 전문직은 직업에 대한 소명의식을 가지고 있으며 자신의 전문성을 바탕으로 한 의사결정에서 자율성을 가지며, 이로써 전문성에 대한 권위와 권력을 부여받아 전문성의 질을 관리하고 유지·발전시킨다고 설명하였다.

한편 전문직의 개념은 이론적 초점에 따라 상당히 상이한 관점으로 정의되기도 한다. 특성이론적 정의에 따르면 전문직은 매우 높은 학문적 지식체계를 토대로 하여 일반적인 수준에서는 범접할 수 없는 전문적인 지식과 기술을 보유하고 있는 직업이다. 따라서 사회적 희소성과 가치로 인해 상당한 수준의 사회적 지위와 권한을 인정받으며, 높은 수준의 지식과 기술을 기대하는 만큼 고도의 수련 과정을 요구한다고 본다(Zastrow, 1978). 반면 권력이론에 따르면 전문직은 실제로 어떤 고유한 특성을 보유하고 있는 직업이 아니다. 다만 전문적인 특성이 있다고 일반 대중을 납득시킬 수 있는 권력을 가진 직업을 의미한다.

4) 상담자의 전문직 정체성

상담자의 전문직 정체성은 상담의 전문성에 기반을 둔다. 상담의 역사가 나름 오래된 미국도 상담이 전문직으로서 사회적 인정을 받기까지 근 75년 이상의 세월이 걸렸다고 한다(Wheeler, 1980). 이러한 미국 상담계의 역사는 상담 전문성의 사회적 공고화 과정으로 평가받고 있다(Munley et al., 2004). 전통적으로 미국 상담계는 정신과 의사, 임상심리학자 등 여타 정신건강 전문가와 차별화되는 상담자의 핵심적인 특징을 규정하고자 노력해왔으며, 무엇보다 생애발달적 접근과 문화적 다양성에 대한 분명한 관심을 상담의 전문성에 대한 중요한 기본 특징으로 삼아왔다(Neimeyer & Diamond, 2001).

다른 정신건강 전문 분야와 차별화되는 상담 분야의 중요한 특징은 인간을 병리적인 존재가 아니라 발달적이며 교육적인 존재로 파악하는 성장 중심 모형에 기반한다는 점이다(Meara et al., 1988). 즉, 인간을 분석의 대상이 아닌 변화와 실천의 주체로 보는 인간관은 전문직으로서 상담자의 역할을 조력 전문가 외에 교육자, 자문가, 조정자로 확대해왔으며, 최근에는 사회정의에 대한 옹호자로서의 역할을 강조하기에 이르렀다(임은미 등, 2018).

상담자의 전문직 정체성은 상담자의 직무, 활동, 일하는 장면, 태도 등과 관련된다. 상담자의 직무를 정확하고 충분하게 이해함으로써 상담자는 자신에게 기대되는 역할과 활동을 알 수 있고, 이를 통해 자신이 처한 환경에 더욱 능동적으로 적응할 수 있게 된다(유현실, 2009). 상담자의 전문직 정체성과 전문 업무에 관한 논의는 미국심리학회(American Psychological Association: APA)의 17분과(상담 분과)가 만들어지면서 시작되었다(Osipow et al., 1979). 국내에서도 1990년대 말부터 상담자의 자질, 역할, 직무 등에 관한 연구가 다양하게 이루어지고 있다. 이규미(1996)는 현대사회에서 상담자에게 요구되는 전문적 자질을 일곱 가지로 제안하였고, 최윤미(2003)는 APA에서 기술한 전문 심리학자의 역할을 기초로 하여 한국 상담자의 다섯 가지 직무 영역과 열두 가지 지식 영역을 제시하였다(표 5-7 참조).

표 5-7 상담자의 자질, 직무 영역, 지식 영역

현대사회에서 상담자에게 요구되는 전문적 자질 (이규미, 1996)	한국 상담자의 직무 영역과 지식 영역(최윤미, 2003)	
	직무 영역	지식 영역
• 인성적 자질 • 상담 관련 전문적 지식 및 기술 • 전문적 지식과 기술을 상담 서비스에 직용하는 능력 • 상담 관련 연구 및 평가 능력 • 상담 프로그램 개발 및 실천 능력 • 상담 발전을 위한 전문적·사회적·행정적 활동에의 참여 및 활동 능력 • 윤리적 및 법적 준수를 포함한 상담전문가로서의 적절한 품행	• 심리상담/심리치료 • 지역사회 상담교육 및 예방 • 심리측정과 평가 • 기업체 자문과 교육 • 상담자 교육지도와 자문	• 고급심리학 이론 • 심리측정 평가 및 해석 • 일반상담 및 심리치료 이론 • 특수영역별 상담 및 심리치료 이론 • 집단상담의 이론과 실제 • 심리통계 및 상담심리 연구방법론 • 이상행동의 이해와 평가 • 상담면접의 고급기술 • 상담의 교육 및 자문 방법(강의 및 슈퍼비전) • 대인 관계 및 행동 양식의 이해 • 조직 내 관계에 대한 이해 • 각종 중독 및 비행 등에 대한 영역별 접근 방법

한편, 상담자에게 요구되는 역할 가운데 상담의 관리적·행정적 기술에 관한 사항은 상담자들의 기대와 요구 역량 간 차이가 큰 영역이라는 지적이 있다(유현실, 2009). 즉, 상담자의 역할을 내담자와 상담자가 직접 대면하는 상담실에서의 상담 업무 자체에 한정함으로써 상담조직의 운영과 관련된 다양한 역할이 다루어지지 않는다는 것이다. 그러나 실제 현장에서 상담자가 수행해야 하는 업무의 범위와 수준은 매우 다양하다. 상담자는 내담자와의 상담과 직접 관련 있는 업무뿐 아니라, 유관기관과 관계를 유지하고 상담실을 발전시키며 상담조직 내 직원들의 인사를 관리하는 행정적 능력과 리더십, 적절한 조직관리 능력을 갖추어야 한다. 이러한 조직관리 및 행정 능력은 특히 상담자가 관리자 수준의 업무를 수행할 때 더욱 요구된다.

지금까지 상담자의 전문직 정체성은 조직 내 구성원보다는 전문가 개인으로서의 역량과 관련된 요소들이 주로 거론되었다. 내담자 특성에 관한 평가, 개인상담, 집단상담, 프로그램 개발 등 내담자에 대한 상담 개입 관련 지식과 기술, 상담전문가로서 관련 자문 및 연구 활동, 상담자로서의 전문적 윤리의식과 사회적 책임감 및 성찰적 태도 등이 여기에 해당한다. 하지만 상담자가 뛰어난 상담 능력을 지니고 있더라도 조직 및 행정 업무를 이해하지 못하면 상담자는 조직 내 직무수행과 관련하여 어려움을 겪을 수 있다. 그런 의미에서 최근 상담자의 전문직 정체성에 조직관리와 행정 업무에 대한 역량이 포함된 것은 조직 내에서의 상담자 역할과 기능을 강조한다는 점에서 중요한 의미가 있다.

5] 상담자의 전문직 정체성과 조직 정체성 갈등

앞서 설명한 바와 같이, 상담자의 전문직 정체성은 주로 독립적인 전문가로서의 상담자 역량과 관련된다. 전문직으로서 상담자는 전문직 자체의 규범과 강령에 따라 행동하고, 자체 조직을 통해 전문적인 정보를 교류하면서 전문가들만의 독특한 문화를 사회화하여 공유한다(최윤경, 2003). 국내에도 한국상담학회, 한국상담심리학회, 한국카운슬러협회 등 자체의 윤리강령을 지닌 상담자 관련 단체들이 있으며, 이들은 소속 회원들이 상담전문가로서의 역량을 증진하고 정체성을 공고히 할 수 있도록 다양한 노력을 기울이고 있다.

조직 정체성은 일반적으로 조직 내 가치와 문화를 공유하고 조직

> 🔍 **사례** 상담 전문직 정체성과 기업 조직 정체성 사이의 갈등
>
> 상담자 P 씨는 B기업 사내 상담실에서 전일제 상담자로 근무한다. 사내 상담실은 B기업의 인사부 산하 조직으로 회사 임직원들의 심리건강을 관리하고 조직적응을 돕기 위해 만들어졌다. 어느 날 인사부장은 사내 상담실에 2년 차 계약직 직원들의 심리건강 수준에 관한 자료를 요청하면서, 이를 계약 갱신에 참고할 것이라고 하였다. 사내 상담실은 인사부 산하의 조직이기 때문에 부서장인 인사부장의 지시를 이행해야 한다. 하지만 상담전문가 윤리규정에서는 내담자의 심리검사와 해석상담 결과를 내담자의 동의 없이 타인에게 공개하는 것을 금지하고 있다. 상담전문가이면서 B기업의 직원이기도 한 P 씨는 인사부의 지시를 따라야 할지, 전문가 윤리를 준수해야 할지 고민스럽다.

몰입을 촉진한다. 특히 업무 자체의 독특성과 전문성이 뚜렷하지 않은 직무의 경우에는 현재 소속된 기관에 대한 조직 정체성이 직무몰입과 직무만족을 보다 촉진한다. 그러나 상담자와 같이 직무상 전문성이 뚜렷한 직업은 현재 직무를 수행하는 기관뿐만 아니라 전문가로서 활동하는 전문가 조직에도 동시에 소속감을 느낄 수 있다. 즉, 상담자의 경우 상담자들로 이루어진 전문가 조직의 정체성이 자신의 전문직 정체성일 수 있다. 그런데 상담자가 현재 소속되어 상담을 수행하고 있는 조직과 상담전문가 조직의 문화가 상이하고 두 조직이 상담자에게 기대하는 역할과 역량이 다를 때, 상담자는 전문직 정체성과 조직 정체성 간에 내적 갈등을 겪을 수 있다.

4. 직무소진과 직업소명

상담자들은 내담자의 정서적·사회적·발달적 부적응을 예방하고 심리적 건강을 유지할 수 있도록 조력하면서 내담자의 성장과 행복에 기여하는 사회적으로 매우 가치 있는 일을 수행한다. 주요 상담학자들은 효과적인 상담을 위한 가장 중요한 도구는 상담자 자신이며(Corey & Corey, 2002), 상담의 성과에 가장 큰 영향을 미치는 요인 역시 상담자 자신이라고 강조한다(Skovholt, 2001). 상담자들은 내담자들이 일상의 어려움에 적응적으로 대처하고 삶의 의미와 행복감을 느낄 수 있게 하는 것을 커다란 직업적 보람으로 여기기도 하지만, 모든 상담자가 자신의 상담직에 보람과 소명감을 느끼는 것은 아니다. 상담자들이 부적절한 직무 환경에 지속적으로 노출될 경우, 직무와 관련된 소진을 심각하게 겪고 직업에 대한 소명의식 또한 소멸할 수 있다. 이에 상담자들의 직무소진과 직업소명에 대해 살펴보면서 상담에서의 가장 중요한 도구인 상담자 자신을 돕는 방법에 대해 탐색하고자 한다.

1) 직무소진의 개념

소진(burnout)이란 정신적·신체적 에너지가 고갈되어 탈진한 상태로, 직무와 관련해서는 주로 근로자가 장시간 스트레스 요인에 노출됨에 따라 겪게 되는 부정적인 심리적 경험을 의미한다(Maslach & Schaufeli, 1993). 소진에 처한 근로자는 정신적 및 신체적 에너지가 심각하게 손실되어 과업 수행 능력이 현저하게 낮아지고 심리적으로 고통을 받으며 불안, 긴장, 스트레스 반응 등을 동시에 경험한다(Cherniss, 1980).

Maslach과 Jackson(1981)은 소진의 세 가지 속성으로 정서적 고갈(emotional exhaustion), 비인간화(depersonalization), 개인적 성취감의 결여(lack of personal accomplishment)를 제시하였다. 정서적 고갈이란 정서적 에너지가 고갈되어 감정적으로 무뎌지고 극도의 피로감을 느끼는 상태를 말한다. 정서적 고갈은 주로 정서적 에너지가 과도하게 요구되는 상황이 장기적으로 지속되고, 이를 보충하는 데 필요한 휴식이 주어지지 않을 때 발생한다. 비인간화는 타인을 물건처럼 여기고 타인에 대해 부정적이고 냉소적인 태도를 보이면서 타인을 귀찮아하거나 멀리하는 반응을 말한다. 개인적 성취감의 결여는 직무를 수행하는 과정에서 직무에 대해 스스로 더 이상 의미 있는 기여를 하지 못한다고 여기며 자신의 능력에 대한 믿음이 상실되고 사기가 저하되는 상태를 의미한다.

　소진은 일시적으로 발생하는 것이 아니라 일련의 단계를 거치면서 장기적으로 나타나는 것으로 알려져 있다. Freudenberger와 North(1985)는 소진의 과정을 다음의 12단계로 구분하여 제시하였다. 다만 여기서 '단계'는 순서를 의미하는 것이 아니기에, 실제 소진은 특정 단계를 생략하며 나타나거나 여러 단계가 한 번에 발생할 수 있다.

1단계 자신을 증명하려는 강박으로부터 시작된다. 이때 개인은 직장에서 자신의 능력을 증명하고자 하는 과도한 욕망을 가진다. 욕망에 대한 강박은 자신을 점차 힘든 상황으로 몰아가게 된다.

2단계 과도한 업무 단계로, 이전 단계에서 자신을 증명하려는 욕망이 이끄는 힘에 따라 자신의 능력 이상으로 다른 사람들보다 더 많은 일을 맡는다. 이 단계의 개인은 자신의 유능함을 증명하기 위해 다른 사람들의 도움 없이 혼자서 많은 일을 처리하려고 한다.

3단계 개인적인 욕구를 무시하는 단계이다. 이 단계의 개인은 자신의 모든 에너지를 일에 쏟기 때문에 가족이나 친구, 수면이나 휴식 등 다른 기본적인 욕구를 충족하는 데 시간과 에너지를 쓰지 못하며, 이러한 개인적 욕구들이 중요하지 않다고 여기는 경향이 있다.

4단계 직무를 수행하는 과정에서 문제가 생기더라도 문제의 객관적인 원인을 파악하기보다는 그러한 실패를 자기 삶에 대한 위협으로 여긴다. 이 단계에서 직무와 관련한 스트레스가 가중될 때 부정적인 신체 반응이 나타나기 시작한다.

5단계 다른 사람들과 교류하지 않고 갈등을 피하려 하며 보통 사람들이 의미를 부여하는 여가나 사교 활동에 대해 가치가 없다고 여긴다. 또한 자신의 현재 업무를 최상의 가치로 여기고 이에 더욱 몰두한다. 따라서 이들은 정서적으로 더욱 무감각해지고 다른 가치들에 대해서도 무관심해진다.

6단계 인간관계가 더욱 편협해지고, 사회적 접촉이 필요한 경우에도 이를 매우 귀찮은 일로 치부하며, 자신이 하는 일에 쏟을 시간을 빼앗는다고 생각하여 타인에게 공격적이며 부정적인 태도를 취한다.

7단계 사회적 접촉을 최소화하려 하고, 일과 관련된 스트레스를 인간관계를 통해 해소하지 못하고 술이나 약물로 해결하려 한다.

8단계 가족이나 동료 등 가까운 타인이 알아차릴 정도로 일과 관련된 심리적 어려움이 행동상의 문제로 표면화된다.

9단계 자신의 내면에서 무엇을 원하는지 알지 못하고 자신만의 가치감을 상실하는 비인간화가 두드러진다. 또한 현재의 업무에 몰두하지만, 일의 의미도 자신이 살아가는 의미도 잊어버린 채 일에 기계적으로 반응할 뿐이다.

10단계 내적인 공허감이 특징으로, 이 단계의 사람들은 이를 해소하기 위하여 음식, 성, 알코올, 약물 등에 빠진다.

11단계 우울증이 주요한 특징으로, 이 단계의 사람들은 극도로 무기력하고 무망감에 빠져 있어 미래에 대한 희망을 잃고 삶의 의미도 상실해있다.

12단계 신체적·정신적으로 파탄된 상태에 이르러 극단적으로는 자살을 시도하기도 한다.

2) 상담자의 직무소진

그렇다면 상담자들에게 직무소진을 일으키는 요인은 무엇일까? 여러 연구들에서는 상담자의 직무소진과 관련하여 몇 가지 요인들을 제시하고 있다. 먼저, 상담에 대한 낮은 효능감과 자존감이 소진을 더욱 가중시킬 수 있다(도은숙, 정현숙, 2009). 상담자가 자신이 직무를 효과적으로 수행하지 못한다고 느낄수록 그리고 자신에 대한 존중감이 낮을수록, 정서적으로 고갈되는 경향이 뚜렷하고 직무와 관련된 개인적인 성취감도 감소한다. 이러한 현상이 지속되면 상담자는 자신이 존중받아야 할 인간이라기보다는 그저 주어진 일을 처리해내는 기계와 같다고 느낄 수 있다. 반면 높은 자기효능감은 직무 스트레스가 직무소진으로 이어지지 않도록 완충 역할을 한다(서지영, 2011). 한편, 상담경력이 오래된 상담자들은 신입 상담자들에 비해 직무소진을 낮게 지각하는 것으로 알려져 있다(백미현, 유현실, 2012). 이는 상담경력이 오래될수록 상담자로서의 업무 효능감이 높아지고 조직 내 갈등에 대해 유연하게 대처할 수 있는 능력이 향상되기 때문으로 추측할 수 있다.

또한 상담자의 직무소진을 일으키는 요인에는 직무 환경과 관련된 것들도 있는데, 구체적으로는 역할 모호성, 역할 갈등, 업무 과다, 도전 기회가 부족한 업무 환경 등을 들 수 있다(엄재춘 등, 2013). 역할 모호성은 직무상 발생하는 조직 내의 역할에 대한 수행 방법과 권한 정도가 불명확한 상태, 즉 역할 기대, 역할 수행 방법, 역할 수행 결과에 대한 명확한 정보나 지식이 결여된 상태를 의미한다(임상봉, 정지웅, 1988). 이러한 역할 모호성이 커질수록 직무 스트레스와 직무소진이 높아질 수 있다. 최근 상담산업이 급격히 성장함에 따라 다양한 상담 분야가 새롭게 등장하고 있다. 재난피해자 상담, 성 소수자 상담, 반려견 사별 상담 등 새로운 상담 문제가 대두되기도 하고, 모바일상담 서비스, 화상 집단상담, 인공지능 상담 등 새로운 기술이 결합된 상담 서비스가 등장하기도 한다. 이러한 새로운 상담 업무는 기존과는 다른 인적 조직과 운영 시스템을 요구하며 상담자의 역할 모호성을 가중시킬 수 있다. 다시 말해 이전에는 하지 않던 상담 업무를 새로이 시작할 때 조직 내에서 해당 업무의 내용, 기대 역할, 역할 결과에 대한 정보가 아직 구축되지 않아 상담자들에게 역할 지침이 신속히 제공되지 못할 경우, 상담자의 역할 모호성이 심화되고 이로 인해 상담자가 큰 스트레스를 받을 수 있다.

역할 갈등은 개인이 조직 내에서 특정한 지위를 가지고 역할을 수행하는 과정에서 서로 모순되는 역할 기대로 인해 느끼는 심리적 어려움 상태를 의미한다(김영돈, 2006). 역할 갈등은 특히 조직에서 기대하는 직무가 개인적인 기준이나 가치, 능력과 일치하지 않거나 개인의 가치관과 상반되는 행위를 조직에서 요구하는 경우에 발생할 수 있다. 예를 들어 주로 청소년기관에서 근무하는 청소년상담자들은 상담 사업 외에도 각종 청소년 관련 복지 사업과 교육 사업 등을 담당하기도 한다. 이때 상담자들은 청소년 사업 담당자로서 행정적인 역할을 수행하는 동시에, 개별 청소년 내담자에 대한 상담자로서의 역할도 수행해야 한다. 만약 마감 시간이 코앞인 사업보고서를 작성하느라 바쁜데 자신이 담당하던 청소년 내담자가 자해시도를 하여 긴급상담을 진행해야 한다면, 상담자는 이 두 가지 업무 간의 역할 충돌 속에서 극심한 심리적 스트레스를 경험하게 될 것이다.

이 외에도 상담자의 직무소진을 가중시키는 직무 환경 요인에는 과도한 업무, 보상체계의 부족, 기관에 대한 통제력 소외 등이 있다. 특히 자율성과 능력 개발의 기회, 적절한 보상이 주어지지 않는 업무 환경은 상담자들의 개인적인 성취감을 감소시켜 직무소진으로 이끌 수 있다.

이러한 상담자의 소진을 예방하기 위해서는 다음과 같은 점들이 고려되어야 한다. 먼저, 업무와 개인적 휴식의 균형을 유지할 필요가 있다. 이것이 가능하려면 상담자 개인당 담당하는 사례 부담(case load)이 적정한 수준이어야 한다. 나아가 상담자 스스로도 시간 관리와 갈등 해결 전략 등 자신에게 필요한 자기관리 기술을 개발하고, 소진의 징후가 나타날 경우 슈퍼바이저의 도움을 받거나 동료 및 가족의 사회적·정서적 지지를 활용하는 방법을 마련해야 한다. 또한 상담자 개인의 노력뿐만

🔍 **사례** **과중한 업무 부담으로 직무소진을 겪는 상담자**

H기업은 4년 전에 직장 내 갑질 사건으로 고용노동부의 주의 조치를 받은 이후 직원 고충상담실을 만들고 전담 상담사 한 명을 채용하였다. K 씨는 이때 채용된 상담자로, 그간 사내 상담 시스템을 정착시키기 위해 매우 열정적으로 근무하였다. 그런데 최근 H기업의 지방 공장에서 근로자 산재 사건이 심심치 않게 일어나고 직원 자살 사건까지 발생하는 등 회사의 열악한 환경에 대한 직원들의 불만이 높아지자, 인사부에서는 이를 관리하기 위해 K 씨에게 직원 대상 상담 업무를 더욱 확대하라고 지시하였다. K 씨는 늘어난 업무를 원활히 수행하기 위해 추가 상담 인력을 요청했으나 회사는 계속 충원을 미루고 있다. K 씨는 혼자서 고군분투하면서 상담실을 운영하지만 상담에 대한 열정마저 식어가는 직무소진에 시달리고 있다.

아니라 조직 차원에서도 개선의 노력이 필요하다. 상담자가 포함된 조직에서는 상담자의 전문직 정체성과 고유한 문화에 대해 충분히 이해하고, 상담 업무에 대한 합리적인 보상체계와 직무와 관련하여 효과적인 소통체계를 마련해야 한다. 상담자 자신이 상담의 성과에 영향을 미치는 가장 강력한 도구이기 때문에, 조직이 상담자들의 권익을 충분히 인정하고 그들이 자신의 역량을 십분 발휘할 수 있게 한다면 결국 상담서비스가 이루어지는 조직, 즉 기관에도 이익으로 되돌아온다.

3) 상담자의 직업소명

상담자의 직무소진을 예방하는 중요한 보호 요인으로 직업소명이 제시되고 있다(Dik & Duffy, 2009). 소명(calling)이란 '한 개인이 자신의 진로와 직업에 대해 개인적인 충만감을 느끼거나 사회적으로 의미 있는 헌신을 하도록 이끄는 목적의식'을 의미한다. 자신의 일을 소명으로 지각하는 사람은 자기 일에 만족할 뿐만 아니라 직업 수행과 관련하여 발생하는 여러 장벽에도 일을 계속해나갈 수 있는 힘을 가지게 된다(Dik & Duffy, 2009). 최근에 소명을 연구하는 학자들은 직업에 대한 소명의식이 직장 생활을 수행하기 전에 선험적으로 주어지는 것이라기보다는 직장 생활을 수행하면서 사후적으로 형성되는 것이라고 본다. 즉 소명의식은 자신의 직무와 직업에 대해 의미를 부여하는 것으로, 시간의 흐름에 따라 변하고 진로의 과정이 반영되어 재구성된다는 것이다(권인수, 김상준, 2017; 조은미, 천성문, 2019).

상담자들에게 발견되는 직업소명의 경우에도 이러한 사후적인 특징들이 발견된다. 상담자는 다수의 상담을 수행하면서 자기반성과 성찰, 동료들의 지지, 내담자의 긍정적 변화로 인한 보람 등을 경험하고, 그 과정에서 상담이라는 직업이 삶에서 차지하는 의미가 공고화된다. 이는 상담자의 소명의식을 다룬 국내의 질적 연구 결과들(이미정, 박승민, 2015; 이혜은, 김동일, 2018)에서도 확인할 수 있는데, 상담자들은 우연한 기회를 통해, 내면의 갈등을 해결하기 위해, 인간의 마음에 관심이 있어서, 타인을 돕고 싶어서 등 다양한 이유로 상담 분야에 입직한다. 그러나 이들은 상담 업무를 수행해나가면서 자신의 내적 욕구 충족을 넘어 타인과 사회에 기여하고 있다는 사명감과 자기 삶의 지향이 현재의 상담직으로 수렴된다는 목적의식을 갖게 된다. 즉, 상담자들은 상담직에 입직하여 전문가로 성장하면서 겪는 수많은 개인적·직업적 어려움을 헤쳐나가는 과정을 통해 자신의 직업에 의미를 부여하고 가치를 발견하면서 소명의식이 더욱 깊어진다.

그렇다면 상담자가 직업소명을 갖고 있다는 것은 무엇을 의미할까? 첫째, 상담자의 직업소명은 자신의 직업이 내담자의 성장과 변화에 기여하며 궁극적으로 사회 공동체의 발전과 번영에 이바지한다는 대의를 포함한다. 상담자가 내담자를 통해 사회 전반의 안녕에 선한 영향을 미침으로써 사회 전체에 유익함을 제공한다는 것이다(조은애, 2011).

둘째, 상담자의 직업소명은 개인으로서의 삶의 의미와 목적이 상담자로서의 역할 수행을 통해 실현된다는 신념을 포함한다. 따라서 상담자 역할을 수행하면서 각종 스트레스를 경험하더라도 상담직이 자신의 삶의 의미와 목적을 실현하는 통로이기 때문에, 이러한 어려움을 이겨낼 수 있는 심리적 강인성과 탄력성을 유지할 수 있다. 이와 관련하여 직업소명이 강한 상담자일수록 직무소진을 덜 경험하고 직무 열의가 높다는 연구 결과(조은애, 2011)는 상담자의 직업소명이 상담자들을 직무소진으로부터 보호하는 요인이라는 것을 보여준다.

셋째, 상담자의 직업소명은 상담자로서 자기 수련을 위해 끊임없이 노력하는 과정을 포함한다. 상담자들은 상담에서 가장 중요한 도구인 자신을 최적의 수준으로 유지하기 위해 인격적 성숙과 전문적 역량개발에 끊임없는 노력을 기울인다. 상담자로서 자신의 전문적 역할에 최선을 다해야 한다는 책무성에 대한 자각은 상담자로 하여금 개인의 삶과 전문가로서의 역량 수련을 통합하도록 촉진하며, 이러한 과정을 통해 상담자의 소명의식은 내적으로 더욱 성숙해진다(이미정, 박승민, 2015).

넷째, 상담자의 직업소명은 내담자와의 치료적 관계에서 상담자를 전문적이면서도 인성적으로 단련시키고, 내담자에 대한 이타적 존중과 공감을 지속할 수 있도록 이끌며, 내담자를 우주의 유일한 존재로 존중하게 한다(조은미, 천성문, 2019). 전문가로서의 소명의식은 상담자 자신을 내담자의 내적 성장과 변화를 위한 치료적 도구로 활용할 수 있도록 이끌며, 상담을 수행하면서 상담자와 내담자 간 관계뿐만 아니라 상담자 내면에서 발생할 수 있는 심리적 갈등과 정서적 혼란을 견딜 수 있게 하는 심리적 강인성을 제공한다.

이처럼 상담자의 직업소명은 소진을 감소시키면서 직무에 대한 열의를 향상시키고 상담자와 내담자 간의 작업동맹을 강화한다. 상담자들은 대인 접촉이 많을 수밖에 없는 업무의 특성상 정서적 고갈을 경험하기 쉽다. 이때 직업소명은 상담직의 사회적 의미와 개인적인 삶의 목적의식을 강화함으로써 업무에 대한 동기와 열의를 유지하여 상담자의 정서적 고갈을 감소시킨다. 또한 소명의식이 높은 상담자들은 내담자에게 보다 초점을 맞추고, 내담자들도 소명의식이 높은 상담자들을 더 전문적이고 긍정적으로 지각하는 경향이 있다(정지애, 강혜영, 2018).

이상에서 살펴본 바와 같이, 내담자와의 관계를 치료의 핵심적인 내용으로 다루는 상담 분야의 특성으로 인해 상담자는 다른 조력 전문직보다 정서적 고갈이 발생하기 쉽다. 여기에 더해, 업무 과다나 불합리한 보상체계, 상담 전문직에 대한 조직의 몰이해 등과 같은 직무 환경 위험 요소들은 상담직의 직무 건강성과 직무 열의를 크게 훼손시킬 수 있다. 따라서 상담자의 직무소진을 예방하기 위해서는 조직 내 위험 요소를 개선하고 제거하는 노력이 필요하며, 상담자들의 직업소명을 촉진할 수 있는 조직적·개인적 차원의 노력이 지속되어야 한다.

 토론 주제

1   216쪽에 제시된 '상담 전문직 정체성과 기업 조직 정체성 사이의 갈등' 사례와 유사한 상황에 처한다면 어떻게 대처할지 토론해보자.

2   상담기관에 입사한 지 1년밖에 안 된 신입 상담자에게 지금까지 국내에서는 시도해본 적이 없는 새로운 상담 프로그램을 개발·운영하라는 지시가 내려졌다면 어떠한 역할 모호성을 겪게 될지 구체적으로 상상해보자.

3   자신의 삶에서 상담자라는 직업이 어떤 의미를 지니는지, 자신의 삶의 목적과 지향이 상담자라는 직업과 어떤 연관성을 가지고 있는지 이야기해보자.

4   자신이 희망하는 상담 직무 또는 현재 담당하고 있는 상담 직무에서 어떠한 역량이 요구되는지 조사해보자. 그리고 그러한 역량들 중에서 이미 스스로 갖추고 있는 역량과 부족한 역량은 각각 무엇인지 평가해보고, 부족한 역량을 향상시키기 위해 어떠한 노력이 필요할지 생각해보자.

상담자는 내담자의 매우 사적이고 민감한 영역을 다루는 일을 수행하기에 고도의 전문성과 함께 높은 윤리성이 필요하다. 상담자가 다루는 내담자의 문제는 감정, 가치관, 사고, 행동 등 인간의 깊은 내면세계와 가족, 친구, 동료 등 다양한 인간관계를 포함한다. 따라서 상담자가 건강한 윤리의식을 갖추고 있어야 내담자 문제의 탐색과 해결 과정을 개인적·사회적으로 적절하게 이끌어갈 수 있다. 또한 상담자와 내담자의 관계는 대부분 내담자가 상담자에게 의존하는 1:1의 개인적 관계이므로 상담자가 높은 윤리의식을 가져야 내담자를 정서적, 관계적, 실제적으로 착취하거나 학대하지 않을 수 있다.

이 장에서는 상담행정과 관련하여 상담자들이 꼭 숙지해야 할 윤리강령에 대해 알아본다. 아울러 상담자가 윤리적 딜레마에 부딪혔을 때 활용할 수 있는 윤리적 의사결정 모델을 설명하고, 비윤리적 상담 행위가 발생했을 때 이를 처리하는 과정 등을 다룬다.

1. 주요 상담윤리강령

상담 관련 단체나 기관은 각 단체의 특성에 맞는 윤리강령을 자체적으로 제정하여 사용하거나 다른 주요 단체의 윤리강령을 준용하여 사용한다. 여기에서는 국내의 주요 상담 분야 학회인 한국상담학회와 한국상담심리학회의 윤리강령 내용을 살펴본다.

1) 한국상담학회 윤리강령

한국상담학회 윤리강령은 전문, 9개 장, 28개 조, 부칙으로 구성되어 있다(표 6-1 참조). '전문'에서는 한국상담학회의 특성 및 추구하는 가치, 상담자의 역할과 책임에 대해 약술한다. '제1장 전문적 태도'에서는 상담자가 갖추어야 할 전문적 능력과 충실성에 대해 다룬다. '제2장 정보의 보호'에서는 상담자가 지켜야 할 비밀보장의 의무에 대해서 다룬다. '제3장 내담자의 복지'에서는 내담자의 권리를 보호하고 다양성을 존중하는 것이 상담자의 책임임을 명시한다. '제4장 상담관계'에서는 상담자가 내담자와 관계를 형성함에 있어 주의해야 할 점에 대해 다룬다. '제5장 사회적 책임'에서는 상담자가 속한 사회와 고용 기관에서 준수해야 할 윤리 및 도덕, 상담기관 운영에 관한 윤리, 타 전문직과의 관계에서 가져야 할 책임 등을 규정한다. '제6장 상담연구'에서는 상담연구를 수행할 때, '제7장 심리검사'에서는 심리검사를 실시할 때 상담자가 주의를 기울여야 할 조건과 원칙에 대해 설명한다. '제8장 윤리문제 해결'에서는 상담자가 윤리문제를 대하고 처리하는 태도에 대해 다루며, '제9장 회원의 의무'에서는 한국상담학회 회원은 이러한 윤리강령을 준수할 의무가 있음을 명시하고 있다. 마지막으로 '부칙'에서는 윤리강령의 시행 일자를 제시한다.

표 6-1 한국상담학회 윤리강령의 구성

구성	세부 내용
전문	
제1장 전문적 태도	제1조(전문적 능력), 제2조(충실성)
제2장 정보의 보호	제3조(비밀보장), 제4조(집단 및 가족상담의 비밀보장), 제5조(전자 정보의 비밀보장), 제6조(상담기록), 제7조(비밀보장의 한계)
제3장 내담자의 복지	제8조(내담자 권리 보호), 제9조(내담자 다양성 존중)
제4장 상담관계	제10조(정보제공 및 동의), 제11조(다중 관계), 제12조(성적 관계)
제5장 사회적 책임	제13조(사회관계), 제14조(고용 기관과의 관계), 제15조(상담기관 운영), 제16조(타 전문직과의 관계), 제17조(홍보)
제6장 상담연구	제18조(상담연구), 제19조(연구책임), 제20조(연구참여자의 권리), 제21조(연구 결과의 보고)
제7장 심리검사	제22조(일반사항), 제23조(검사 도구 선정과 실시 조건), 제24조(검사 채점 및 해석), 제25조(정신장애 진단)
제8장 윤리문제 해결	제26조(윤리위원회와의 협력), 제27조(윤리위반)
제9장 회원의 의무	제28조(회원의 의무)
부칙	

한국상담학회 윤리강령 시행세칙은 전문상담 활동을 실천하는 과정에서 발생하는 윤리문제를 해결하는 과정과 방법을 다루고 있으며, 9개 조, 34개 항, 부칙으로 구성되어 있다. 각 조는 '제1조 목적', '제2조 위원회의 구성', '제3조 위원회의 기능', '제4조 제소 건 처리절차', '제

5조 징계의 절차 및 종류', '제6조 결정사항 통지', '제7조 재심 청구', '제8조 징계 말소 및 자격 회복 절차', '제9조 임의탈퇴'이다. 한국상담학회의 윤리강령과 시행세칙은 268~283쪽에 제시되어 있다.

2) 한국상담심리학회 윤리강령

한국상담심리학회 윤리강령은 전문, 9개 장, 36개 조, 부칙으로 구성되어 있다(표 6-2 참조). 전문은 한국상담심리학회의 목적, 상담심리사 자격 제도 운영, 상담심리사 및 수련 과정 학회원의 태도와 책무, 윤리강령 준수의 기능 등을 제시한다. '1. 전문가로서의 태도'에서는 상담심리사가 전문가로서 어떠한 전문적 능력과 성실성을 갖추어야 하며, 어떻게 자격을 관리해야 하는지 규정하고 있다. '2. 사회적 책임'에서는 상담심리사가 자신이 속한 사회 및 고용 기관과의 관계에서 지켜야 할 책임, 상담기관 운영자로서 준수해야 할 사항, 다른 전문직과 관계를 형성하고 자문을 제공하는 데 주의해야 할 원칙에 대해 다룬다. '3. 내담자의 복지와 권리에 대한 존중'에서는 상담심리사가 상담을 할 때 내담자의 복지, 권리, 다양성을 존중해야 함을 규정하고 있다. '4. 상담 관계'에서는 상담심리사가 내담자와 상담관계를 맺을 때 지켜야 할 점, 여러 명의 내담자 혹은 집단을 대상으로 상담을 진행할 때 주의해야 할 점을 제시한다. '5. 정보의 보호 및 관리'에서는 상담심리사가 내담자의 사생활을 보호하고 비밀을 유지하기 위해 상담 과정, 기록, 정보 사용, 관리 등에서 지켜야 할 원칙을 제시한다. 또한 비밀보호의 예외 및 한계에 대해서도 언급하고 있다. '6. 심리평가'에서는 심리검사를 사용·실시·해설할 때 고려해야 할 내용을, '7. 수련감독 및 상담자 교육'에서는 수련감독자와 상담 교육자의 책임과 역할 및 그 관계에 대해 제시한다. '8. 윤리문제 해결'에서는 윤리문제를 숙지해야 할 의무와 윤리위반을 인지했을 때의 책임에 대해 설명한다. '9. 회원의 의무'에서는 한국상담심리학회의 모든 회원이 윤리강령을 준수할 의무가 있음을 명시하고 있다. 마지막으로 '부칙'에서는 윤리강령의 시행 일자를 제시한다.

표 6-2 한국상담심리학회 윤리강령의 구성

구성	세부 내용
전문	
1. 전문가로서의 태도	가. 전문적 능력, 나. 성실성, 다. 자격관리
2. 사회적 책임	가. 사회와의 관계, 나. 고용 기관과의 관계, 다. 상담기관 운영자, 라. 다른 전문직과의 관계, 마. 자문, 바. 홍보
3. 내담자의 복지와 권리에 대한 존중	가. 내담자 복지, 나. 내담자의 권리와 사전 동의, 다. 다양성 존중
4. 상담 관계	가. 다중 관계, 나. 성적 관계, 다. 여러 명의 내담자와의 관계, 라. 집단상담
5. 정보의 보호 및 관리	가. 사생활과 비밀보호, 나. 기록, 다. 비밀보호의 한계, 라. 집단상담과 가족상담, 마. 상담 외 목적을 위한 내담자 정보의 사용, 바. 전자 정보의 관리 및 비밀보호
6. 심리평가	가. 기본 사항, 나. 검사를 사용하고 해석하는 능력, 다. 사전 동의, 라. 검사의 선택 및 실시, 마. 검사 결과의 해석과 진단, 바. 검사의 안전성
7. 수련감독 및 상담자 교육	가. 수련감독과 내담자 복지, 나. 수련감독자의 역량과 책임, 다. 수련감독자와 수련생 관계, 라. 상담 교육자의 책임과 역할
8. 윤리문제 해결	가. 숙지의 의무, 나. 윤리위반의 해결, 다. 상벌윤리 위원회와의 협조
9. 회원의 의무	윤리강령 준수의무
부칙	

한국상담심리학회 윤리강령 시행세칙은 윤리강령을 실행하는 데 필요한 윤리위원회의 조직, 기능 및 활동에 관한 제반 사항을 규정하고 있으며, 16개 조, 63개 항, 부칙으로 구성되어 있다. 각 조는 '제1조 목적', '제2조 위원회의 구성', '제3조 위원회의 기능', '제4조 위원장 및 위원의 직무', '제5조 제소 건 처리 절차', '제6조 청문 절차', '제7조 징계의 종류', '제8조 징계회의', '제9조 징계회의 이후의 절차', '제10조 징계에 따른 의무사항 이행', '제11조 결정사항 통지 등', '제12조 재심 청구', '제13조 기록', '제14조 제소 건에 관련된 법적 절차', '제15조 자격 회복 절차', '제16조 임의탈퇴 절차'이다. 한국상담심리학회의 윤리강령과 시행세칙은 284~308쪽에 제시되어 있다.

2. 상담윤리의 행정적 차원

언뜻 보기에 상담윤리와 상담행정은 별 관련이 없다고 생각할 수 있다. 그러나 상담윤리 영역 중에는 상담자 개인이 준수해야 할 영역뿐 아니라, 상담기관이 행정적 차원에서 관리하고 점검해야 할 영역도 있다. 이와 같이 상담기관을 운영하는 관리자가 행정적으로 고려해야 할 상담윤리 영역에는 상담사 선발 및 역량관리, 상담 수행에 대한 관리, 내담자 스크리닝, 주지된 동의, 심리검사 실시, 상담 내용 기록 및 보관, 비밀보장과 그 한계, 다중 관계, 홍보 활동, 상담기관 운영 등이 있다.

1) 상담사 선발 및 역량관리

'누가 상담을 할 수 있는가?'라는 질문은 모든 상담의 기본이 되는 질문이다. 그러나 아직 한국에서는 이에 대한 표준적인 답변이 없다. 일반적으로 상담 관련 전공, 상담 분야 자격증, 상담경력 등이 있으면 상담사 자격이 있다고 생각하지만, 이러한 여러 자격 요건에 대한 일정한 기준이 없는 것이 현실이다.

현행 법률 중 상담, 상담사 등을 언급하고 있는 법률은 100여 개에 이른다. 그런데 이 중에는 상담 분야 국가자격 소지자를 명시한 법률도 있지만, 해당 상담 업무를 수행하는 상담사의 전문적 수준에 대해 별다른 언급을 하지 않은 법률도 상당수 존재한다(김인규, 손요한, 2020). 또한 상담기관이 상담사 채용공고에 제시하는 상담자격으로는 청소년상담사, 전문상담교사, 직업상담사, 성폭력피해상담원, 가정폭력상담원 등 법률적 근거를 가진 자격뿐만 아니라, 전문상담사(한국상담학회 발행)나 상담심리사(한국상담심리학회 발행) 등의 민간자격도 있다. 최근에는 공공기관을 중심으로 NCS 기반 채용이 확대되면서 청소년상담 NCS나 심리상담 NCS에서 제시하는 상담 관련 능력단위 수행 역량을 요구하는 상담기관도 증가하고 있다(예: 한국청소년상담원, 다문화가정상담원). 그러나 민간상담 영역에서는 상담자의 자격을 규정하는 법률이나 제도가 없다.

이처럼 상담사의 전공, 자격, 경력에 대한 일정한 기준이 없기에 사실 아무나 상담 행위를 하고 있다고도 볼 수 있다. 이는 특히 상담 분야 민간자격이 4,000여 종에 이르고 이에 대한 국가적 관리가 이루어지지 않는 현 상황에서 더욱 심각한 문제이다(김인규, 2018a; 김인규, 장숙희, 2019).

그렇기에 상담기관은 상담사 선발에 대한 명확한 규정이나 지침을 마련해야 한다. 이때 상담사 선발 기준은 해당 상담기관에서 수행하고자 하는 상담 업무의 전문성에 적합해야 하며, 이에 대한 타당한 근거를 제시할 수 있어야 한다. 상담윤리강령에서는 상담사의 선발을 상담기관 운영자의 사회적 책임으로 규정하고 있다. 구체적으로는 상담기관 운영자가 업무에 적합한 전문성을 갖춘 상담자를 고용할 것, 그리고 이들의 자격증, 인적사항, 근무시간, 업무 내용 등 상담자와 관련된 정보들을 파악하고 관리할 것을 명시하고 있다. ▶ 한국상담학회 윤리강령 제5장 제15조 ① ▶ 한국상담심리학회 윤리강령 2. 다. (4)

또한 상담기관은 선발된 상담 인력이 상담자격을 유지하기 위해

🔍 **사례** 상담원 선발 기준 없이 상담기관에 파견을 요청한 정부 부처

M 씨는 자살예방 사업을 수행하기 위해 정부가 지정한 센터에서 연구원으로 근무하고 있다. 그런데 M 씨는 최근 해당 정부 부처의 자살예방 상담기관에 상담원으로 파견을 가라는 통보를 받았다. M 씨는 상담 업무를 제대로 해본 적이 없다고 센터에 거부 의사를 밝혔지만, 센터는 정부의 예산으로 운영되고 있기 때문에 상담원 파견 요청에 따를 수밖에 없다는 입장만 되풀이할 뿐이었다.

이는 M 씨만의 일이 아니었다. 해당 부처에서는 상담원 인력이 부족하다며 관련 기관들에 인력 파견을 요청했다. 파견되어 온 인력은 대부분이 상담 무경험자였으나 며칠짜리 교육을 듣고 바로 상담 업무에 투입되어야 했다.

노력하는지 점검해야 한다. 많은 상담자격은 일정한 보수교육 또는 갱신 절차를 거쳐 그 자격을 유지하는 체제를 갖추고 있다. 예를 들어 청소년상담사는 현직에 있는 경우 연 8시간의 보수교육을 받도록 규정하고 있으며(「청소년 기본법 시행규칙」 제10조의3), 한국상담학회는 전문상담사의 경우 회원자격 유지를 위해 매년 1회 이상의 윤리교육을 이수할 것, 전문 영역 수련감독자의 경우 여기에 추가로 5년마다 해당 분과학회의 자격갱신 요건을 이행할 것을 규정하고 있다(한국상담학회 자격규정 제13조). 즉, 한번 자격을 소유했다고 해서 그 자격이 계속 유지되는 것이 아니라 일정한 교육 및 연수를 정기적으로 받아야만 하는 것이다. 따라서 상담기관이 상담자의 자격 유지 여부를 확인하지 않으면 결과적으로 무자격자가 상담 행위를 하도록 방치하는 결과를 낳을 수 있다.

나아가 상담기관은 그 기관에 소속된 상담사가 상담 전문역량을 향상시키도록 지속적으로 지원하고 관리할 책임이 있다. 청소년상담지원센터, 위(Wee) 센터 등 일부 국가지원 상담기관에서는 '상담사의 역량 강화 지원 예산 편성 및 행정 지원', '정례적인 상담 슈퍼비전 실시' 등을 기관평가 항목에 포함하여 소속 상담사의 전문성 향상을 제도적으로 보장하고자 노력한다. 이렇듯 상담기관은 상담사의 전문성 향상을 위해 노력해야 하며, 상담기관뿐만 아니라 상담사도 지속적으로 교육 및 연수에 참여하고 지도감독을 받는 등 전문성을 향상시키기 위해 노력해야 한다. ▶ 한국상담학회 윤리강령 제1장 제1조 ①, ③~⑤ / 제5장 제15조 ② ▶ 한국상담심리학회 윤리강령 1. 가. (4), (5) / 1. 다. (1)~(3)

2) 상담 수행에 대한 관리

'무엇이 전문적 상담 행위인가?'라는 질문 또한 상담에 있어 가장 기본적인 질문이지만, 이 역시 표준적인 답변이 마련되었다고 볼 수 없다. 상담, 전문상담, 심리상담, 심리치료 등에 대한 명확한 규정과 범위가 설정되어 있지 않아 정신분석, 게슈탈트, 인간중심, 인지행동 등의 전통적인 상담접근뿐만 아니라 삼림치료, 원예치료, 푸드테라피 등 다양한 새로운 접근이 상담 행위로 실시되고 있다. 심지어 언론에서는 간혹 상담사가 내담자에게 치료를 위해서라며 자극적이고 특이한 상담 행위를 한 사례가 보도되곤 한다. 이러한 사례들은 그동안 전통적인 상담 활동에 치중해온 상담계에 충격을 주고, 일반 국민들에게 혼란을 야

> **🔍 사례** 치료를 이유로 내담자에게 기괴한 요구를 한 상담사
>
> S 씨는 학창시절부터 앓아왔던 공포증을 치료하기 위해 상담사를 찾아갔다. 상담사 B 씨의 상담실은 작은 오피스텔에 있었다. S 씨는 조금 의아하다고 생각했으나 친절한 상담이 나쁘지 않아 계속 상담을 진행했다. 그러나 시간이 지나면서 상담사 B 씨는 S 씨에게 공공장소에서 노래를 부를 것을 강요하거나 치료를 위해서라며 신체 접촉을 설득하는 등 기괴한 요구를 하기 시작했다. B 씨의 요구는 더욱 심해져 S 씨에게 자신의 신체부위를 직접 그려보라고 하면서 이에 저항하면 반드시 필요한 치료 방식이라는 논리를 주입했다. S 씨는 극도의 수치심과 무력감을 느끼다 결국 상담을 중단했다. 그러나 S 씨는 경찰에 신고하기는커녕, 주변에 알리거나 도움을 요청할 엄두조차 내지 못하고 있다.

기하였다.

따라서 우선 상담계에서는 공적으로 인정될 수 있는 상담의 범위를 설정할 필요가 있다. 마치 의료계에서 의료보험 적용을 받을 수 있는 의료 행위에 대해 명확한 기준을 수립하고 이를 준수할 것을 요구하는 것처럼, 상담계에도 표준적인 상담 행위가 무엇인지 규정하고 그 규정을 강제할 수 있는 제도적 장치가 필요하다. 그리고 상담기관은 소속 상담사들이 실시하는 상담의 범위 및 내용, 방법에 대해 명확한 기준을 갖추어야 하며, 이를 기관 소개 자료, 홈페이지, 상담 구조화 자료 등에 명시해야 한다. 또한 해당 상담접근이 이론적·경험적으로 효과가 있으며 전문가들이 지지하는 접근이라는 근거를 제시할 수 있어야 하고, 상담사들이 관련 규정을 준수하도록 관리 감독해야 한다.

이와 같이 상담의 범위를 설정하기 위해서는 우선 다양한 상담을 일정한 기준으로 분류하는 틀이 필요하다. 김인규(2018b)는 표 6-3과 같은 상담학의 구성안을 통하여 상담분류의 틀을 제공하였다. 이 상담

표 6-3 상담분류 틀

상담학의 영역	세부 분야
상담이론 및 접근	정신역동상담, 행동수정상담, 인지주의상담, 인본주의상담, 현실치료, 초월영성상담, NLP상담, 최면상담, 철학상담 등
상담 방법 및 도구	개인상담, 집단상담, 전화상담, 사이버상담, 표현중심상담, 매체활용상담 등
상담 대상	아동상담, 청소년상담, 성인상담, 노인상담, 가정상담, 여성상담, 다문화상담 등
상담 내용	심리상담, 진로상담, 학업상담, 비행상담, 교정상담, 중독상담 등
상담 현장	학교상담, 대학상담, 군상담, 기업상담 등

출처: 김인규(2018b, p. 158).

분류 틀은 상담기관 또는 상담사가 수행하는 상담이 어떤 상담인가를 상담이론 및 접근, 상담 방법 및 도구, 상담 대상, 상담 내용, 상담 현장 등의 영역에 따라 제시한다. 상담이론 및 접근에 따라 분류하면 정신역동상담, 행동수정상담, 인지주의상담 등으로 구분할 수 있고, 상담 방법 및 도구로 분류하면 개인상담, 집단상담, 전화상담 등으로 나뉜다. 상담 대상에 따라서는 아동상담, 청소년상담, 성인상담 등으로, 상담 내용에 따라서는 심리상담, 진로상담, 학업상담 등으로 분류된다. 마지막 상담 현장에 따른 분류로는 학교상담, 대학상담, 군상담 등이 있다.

상담기관은 그 기관 및 소속 상담사가 제공하는 상담의 범위 및 내용, 방법을 설정한 후 이를 명확하게 공지하고, 상담사들이 해당 내용을 준수하도록 관리감독해야 한다. 예를 들어 청소년상담실을 소개할 때 '청소년을 대상으로 정신역동상담접근을 활용하여 진로, 학업, 비행 등의 문제를 개인상담하는 청소년상담실'과 같은 내용을 담아 상담의 범위를 분명하게 설명해야 한다. 상담사가 자신을 소개할 때에도 '현실치료접근에 기반하여 성인 및 노인을 대상으로 가족, 성격, 심리 문제를 개인상담이나 집단상담을 통해 상담한다'와 같이 자신이 수행하는 상담 행위를 구체적으로 밝히는 것이 바람직하다. ▶ 한국상담학회 윤리강령 제1장 제1조 ②, ③, ⑤ / 제5장 제15조 ② ▶ 한국상담심리학회 윤리강령 1. 가. (1), (2), (5) / 2. 다. (4), (5)

3] 내담자 스크리닝

상담기관에서 제공하는 상담의 범위를 설정한다는 것은 곧, 그 범위에 속하지 않는 내담자에게는 상담을 제공하지 않는다는 것을 의미한다. 이에 어떤 내담자를 상담하고 어떤 내담자를 상담하지 않을 것인지를 선정하는 스크리닝 과정은 상담기관의 운영에 있어 중요한 사안이다. 예를 들어 '국가와 지방자치단체의 지원으로 무료상담을 제공하는 위(Wee) 센터나 청소년상담복지센터에서 청소년상담을 진행하던 중 부모가 상담에 참여하게 되었을 때, 부모-자녀 관계의 문제가 아닌 부부 문제, 시댁 또는 친정과의 관계 문제 등을 다루는 것이 적합한가?', '교권침해 문제에 따른 교사의 심리적 어려움을 돕기 위한 교원치유센터에서 교사의 일반적인 정서적 어려움, 학교 내 갈등 문제, 가정의 문제 등을 상담하는 것이 적절한가?' 등을 생각할 수 있다.

또한 상담사가 트라우마, 약물중독, 이혼문제 등 상담역량을 충분히 갖추지 못한 영역이나 대상이 있다면, 이에 대해 상담하지 않도록 관리할 필요가 있다. 그리고 내담자에게 상담보다 복지, 의료, 법률 서비스가 더 시급한 것은 아닌지 판단하여 우선적으로 필요한 서비스 제공기관으로 의뢰하거나 연계하는 것도 중요하다.

일반적으로 내담자 스크리닝은 상담신청서, 접수 면접, 심리검사 등을 통해 내담자의 호소문제와 증상, 문제의 종류와 수준 등을 평가하고 그 결과에 따라 내담자에 대한 개입 방향을 결정한다. 상담기관은 상담 서비스를 제공하는 주요 대상, 문제 등을 명확하게 진술하고, 이를 스크리닝하는 도구와 방법을 구비하여 소속 상담사와 직원에게 교육하며, 이것이 제대로 지켜지는지를 관리감독해야 한다.

윤리강령에서는 내담자 스크리닝에 대해 상담사의 능력 범위 안에서 상담을 진행해야 하며, 내담자를 적절하게 도와줄 수 없을 때는 다른 전문가 또는 기관에 자문을 구하거나 의뢰해야 한다고 명시하고

있다. ▶ 한국상담학회 윤리강령 제1장 제1조 ② / 제1장 제2조 ② ▶ 한국
상담심리학회 윤리강령 1. 가. (1) / 1. 나. (3), (5)

4) 주지된 동의

주지된 동의(informed consent)는 내담자의 복지와 권리보장을 위
해 필수적인 사항으로서, 내담자에게 내담자 권리를 포함하여 상담에
관한 정보를 알려주는 절차이다. 이는 상담을 진행함에 있어 내담자가
자신의 참여 의사를 자발적으로 결정할 수 있게 하는 과정이다. 내담자
에게 선택에 필요한 정보를 제공하는 주지된 동의 절차는 내담자가 상
담에 적극적으로 협조할 가능성을 높인다. 상담자는 내담자의 권리와
책임에 대해 교육함으로써, 그들에게 힘을 주고 서로 신뢰하는 관계를
만들 수 있다(Corey, 2017, p. 47).

주지된 동의에서 다루어야 할 내용에 대해 한국상담학회 윤리강
령은 '상담관련 정보'로 포괄적으로 제시하였고, 한국상담심리학회 윤
리강령은 '상담자의 자격과 경력, 상담 비용과 지불 방식, 치료기간과
종결 시기, 비밀보호 및 한계 등'과 '상담 과정의 녹음과 녹화 가능성,
사례지도 및 교육에의 활용 가능성, 내담자의 동의 또는 거부할 권리'
를 제시하고 있다. ▶ 한국상담학회 윤리강령 제4장 제10조 ▶ 한국상담
심리학회 윤리강령 3. 나. (1)~(6)

한편, 주지된 동의와 관련하여 미국상담학회의 윤리강령(ACA,
2014)에서는 다음과 같은 내용을 제시하고 있다.

• 상담의 목적, 목표, 기법, 절차, 한계, 잠정적인 위험, 성과

- 상담사의 경력, 자격, 관련 경험, 상담접근
- 상담사의 사망 등 상담을 계속할 수 없을 경우 상담을 지속하는 방법
- 기술(technology)의 역할
- 진단의 의미, 심리검사와 보고서의 의도
- 상담료의 수준과 지불 방법, 상담료 미납 시 절차
- 비밀보장과 한계
- 내담자가 자신의 기록에 접근할 수 있는 권리
- 상담 계획에 참여할 수 있는 권리
- 어떤 서비스나 상담방식의 변경을 거부할 수 있는 권리
- 이러한 거부의 결과에 대해 조언을 받을 권리

상담기관은 이러한 내용을 내담자가 듣고 동의할 수 있는 주지된 동의 절차를 수립해야 한다. 내담자의 동의는 반드시 그림 6-1의 동의서와 같은 서면을 통해 받아야 한다. 이때 상담사는 내담자가 동의를 판단할 능력이 있는지를 고려해야 한다. 대체로 내담자가 미성년자나 성인 피후견인인 경우 동의 능력이 부족하다고 보아 부모 등 보호자의 동의가 필요하다. 그러나 부모에게 상담 사실을 알리기를 거부하는 청소년 내담자나 적절한 보호자를 찾기 어려운 성인 피후견인의 경우, 상담기관이 일정한 원칙을 수립하여 주지된 동의 절차를 이행할 필요가 있다.

5) 심리검사

심리검사는 내담자 이해, 진단, 평가 등을 위해 광범위하게 사용되고 있으나, 그 목적, 절차, 결과 활용, 보고 등에 있어 세심한 주의가 필

<h1 align="center">주지된 동의서</h1>

○○ 대학교 카운슬링센터를 방문해주셔서 감사합니다. 본 기관은 당신의 복지와 권리를 존중하고, 효과적인 상담 서비스를 제공하기 위해 상담 진행에 관련하여 동의를 구하고자 합니다. 다음 내용을 잘 읽으신 후 확인 서명을 해주시기 바랍니다.

1. [상담] 상담이란 상담을 신청한 학생(이하 당신)이 상담전문능력을 갖춘 상담자에게 현재의 고민이나 도움받고 싶은 내용을 말하는 것으로 시작하여, 상담자와 당신이 그 고민이나 문제를 해결해가는 데 적극적으로 협력하는 과정입니다. 그러기에 당신이 적극적으로 상담 과정에 참여 할 때 상담의 효과는 더 커질 수 있습니다.
2. [내담자의 자율권] 당신은 상담을 시작·진행·중단할 권리가 있으며 이에 대해 상담자와 협의하는 것이 도움이 됩니다. 상담 계획이나 방법, 종료시점 등에 궁금할 때 상담자에게 언제든지 물을 수 있습니다.
3. [상담자 경력] ＿＿＿＿＿＿＿＿＿＿＿＿＿＿＿＿＿＿＿＿＿＿＿＿＿＿＿＿＿＿＿＿＿＿＿＿＿
4. [상담자 자세] 상담자는 당신의 가치를 존중하며, 당신의 목표에 성공적으로 도달하도록 최선을 다하여 상담에 임할 것입니다.
5. [상담의 구조]
   1) 상담은 주 1회, 50분씩 총 10회기를 진행합니다. 상담진행에 따라 회기 수가 줄어들거나 늘어날 수도 있으며, 그럴 경우 당신에게 동의를 구하는 절차를 거칠 것입니다.
   2) 상담시간은 상담자와 정한 시간에 진행되며, 사전 연락 없이 상담 약속 시간에 늦을 경우 약속된 상담 시간까지만 상담이 진행됩니다.
   3) 상담일정 변경 시, 최소 24시간 전 카운슬링센터(○○○-○○○○)로 연락할 것을 약속합니다. 연락 없이 3회 이상 불참 시 상담이 중단될 수 있습니다.
6. [상담료] ○○대학교 학생인 경우 상담료는 무료이며, 타기관(신경정신과 등)에 의뢰하여 상담하는 경우 그 기관과 본인이 협의해야 합니다.
7. [비밀보장] 상담 내용은 비밀이 엄격히 보장될 것이며, 당신의 허락 없이는 공개되지 않을 것입니다. 단, 아래 사항의 경우 비밀보장이 지켜지지 않을 수 있으며, 상담자는 동의 없이 보호자, 관련 전문인, 사회에 알릴 의무가 있습니다.
   (1) 내담자 본인과 타인의 생명 및 사회의 안전을 위협하는 위기상황(자살, 자해, 살해, 폭력 등)이라고 판단되는 경우
   (2) 내담자가 감염성 있는 치명적인 질병이 있다는 확실한 정보를 갖고 있는 경우
   (3) 기타 관련법이나 윤리강령이 정하는 범위(법원에서 상담관련 정보를 요구할 경우)
8. [기록, 녹음(화)에 대한 동의] 본 기관은 내담자와 상담자의 안전과 더불어 보다 높은 질적 서비스를 위해 상담 과정에 대한 녹음 또는 녹화, 기록을 하고 있으며 보유기간 이후 폐기됩니다. 상담자는 모든 사례를 기록으로 남길 의무가 있습니다. 아래 사항을 원하지 않을 경우 당신은 거절할 권리가 있으며, 거절 시 상담에 한계가 있습니다.
   (1) 향후 재상담 요청 시 효과적인 상담 진행 및 내담자의 편의 제공을 위함
   (2) 사례슈퍼비전, 사례회의 자료로 사용하기 위함(연구 등 다른 목적 시 사전 동의를 구함)
   (3) 보유기간: 녹음·녹화 자료(6개월), 기록문서(5년)
9. [전화 및 비상연락] 위급한 상황 시 주간에는 본 기관(○○○-○○○○)으로, 야간에는 전라북도정신건강 복지센터 정신건강위기상담전화(1577-0199)로 연락할 수 있습니다.

위 내용을 읽고 충분히 이해하였으며, 본 기관의 상담 규정에 동의합니다.

20 년 월 일

내담자   (서명)
상담자   (서명)

그림 6-1 주지된 동의서 양식

출처: 전주대학교 카운슬링센터(2021).

요하다. 상담기관은 해당 기관에서 사용하는 심리검사의 종류와 목표, 활용 방법에 관한 명확한 지침을 마련하고 이를 준수해야 하며, 불필요한 심리검사의 사용이나 적절하지 않은 심리검사 결과 해석 및 보고가 진행되지 않도록 관리해야 한다.

우선 상담기관은 심리검사를 실시하는 목적을 분명하게 해야 한다. 심리검사는 내담자의 현 상태를 진단하여 내담자를 이해하고 상담의 방향을 설정하는 데 도움이 될 수 있다. 그러나 상담사나 상담기관이 특정한 목적 또는 이익을 위해 내담자에게 적합하지 않거나 불필요한 심리검사를 실시하는 것은 아닌지 점검할 필요가 있다.

다음으로 검사를 선정할 때에는 내담자의 의뢰 문제, 환경, 개별적 특성 등을 고려하여 내담자에게 적합한 검사를 선택했는지, 전문적으로 검증된 검사인지, 신뢰도와 타당도 등이 확보된 검사인지, 표준화 검사라면 검사 규준이 적절하게 개정되었는지, 심리검사 관련 전문단체로부터 인정받는 검사인지를 확인해야 한다. 적절한 검사를 선택했다면 검사를 실시하기 전에 심리검사 실시자가 적합한 자격을 갖추었는지 확인해야 한다. 심리검사 실시자는 심리검사에 대한 일반적인 이해를 갖추어야 하며, 일부 심리검사의 경우 특정한 훈련이나 자격이 요구되기도 한다.

마지막으로 상담기관은 심리검사가 적절하게 시행되고 그 결과를 올바르게 활용하는지를 점검해야 한다. 대부분의 심리검사는 표준화된 실시 기준을 가지고 있으므로 일정한 조건에서 정해진 방법으로 시행되어야 한다. 또한 상담기관은 실시한 심리검사의 활용에 대한 일정한 지침을 갖추고, 상담사가 검사 결과를 활용할 때 해당 지침을 준수하도록 관리해야 한다. 나아가 상담기관은 특정 심리검사 결과를 내담자에 해석해주는 것이 적합한지, 상담사가 심리검사 해석의 자격을 갖추고 있는지, 심리검사 결과지를 내담자에게 전달할지 등에 대한 기준을 설정하고 그 기준에 따라 심리검사가 시행 및 활용될 수 있도록 지도감독해야 한다. ▶ 한국상담학회 윤리강령 제7장 제22조~제25조 ▶ 한국상담심리학회 윤리강령 6. 가.~바.

6) 상담 내용 기록 및 보관

상담사는 상담 내용을 일정한 양식에 따라 기록해야 하며 이를 상담기관의 정책에 따라 보고하고 보관해야 한다. 이에 상담기관은 필요한 상담기록 양식과 지침을 마련하여 상담사들이 이를 지키도록 해야 한다. 공공상담기관은 대체로 상담기록을 위한 전산시스템(예: 청소년상담 분야의 청소년안전망 종합정보망, 학교상담 분야의 학생상담시스템)을 활용하고 있으며, 민간상담기관을 위한 상담기록 시스템도 개발되어 사용되는 추세에 있다.

상담사는 내담자의 기록이 전자 정보의 형태로 보존되어 제3자가 내담자의 동의 없이 접근할 가능성이 있을 때, 적절한 방법을 통해 내담자의 신상이 드러나지 않도록 조치를 취해야 한다. 또한 상담사가 컴퓨터, 이메일, 팩스, 전화, 음성 메일, 자동응답기, 그리고 여타 전자 테크놀로지를 사용해 정보를 전송할 때는 비밀이 유지될 수 있도록 사전에 주의를 기울여야 한다.

상담기록과 보관에 있어서는 상담기록 열람의 권한, 기록의 보관 기간, 폐기 방법이 중요하다. 열람 권한은 대체로 상담사, 기관의 슈퍼바이저, 기관장 등에게 부여하지만, 일부 공공상담기관의 경우 기관장이 상담 전공자가 아니어서 기관장의 상담기록 열람에 대한 논란이 제기된 경우가 있다. 상담기록의 보관 및 폐기는 대체로 공문서 보관 및 폐기의 방법을 따르나 상담기관에 따라 다른 규정을 마련할 수도 있다. 또한 상담사가 상담기관을 떠날 때 상담기록을 가지고 가거나 삭제하는 경우가 있는데, 이를 방지할 수 있도록 명확한 지침을 수립하고 준수 여부를 확인하는 것이 필요하다. ▶ 한국상담학회 윤리강령 제2장 제5조, 제6조 ▶ 한국상담심리학회 윤리강령 5. 나., 바.

7) 비밀보장과 그 한계

상담사는 내담자의 상담 여부, 상담 내용, 상담 결과 등에 대해 비밀을 지킬 의무가 있다. 따라서 상담기관은 상담사들이 비밀보장을 철저히 지키도록 지속적인 교육과 관리를 실시해야 한다. 우선 상담기관은 소속 상담사로 하여금 상담 관련 내용을 일상생활에서 언급하거나 내담자의 동의 없이 특정 단체에 공개하지 않도록 교육하고 준수 여부를 정기적으로 점검해야 한다. 여기에는 상담 관련 기록이 의도하지 않게 외부에 노출되지 않도록 노력하는 일도 포함된다. 상담사의 일정표, 다이어리, 메모, 메일, 모바일기기, SNS, 컴퓨터 등을 통해 상담 관련 기록이 유출될 수 있기 때문에 상담사는 자신의 모든 기록 자료를 잘 보관할 필요가 있다.

집단상담을 할 때에는, 상담사가 모든 내담자에게 집단상담에서 진행된 내용에 대한 비밀보장의 중요성과 한계를 명확히 설명해야 한다. 가족상담에서도 각 가족구성원의 사생활 보호에 대한 권리를 존중해야 한다. 즉, 한 가족구성원에 대한 정보는 해당 구성원의 허락 없이는 다른 구성원에게 공개되지 않아야 한다. 다만 미성년자 혹은 심신미약자가 포함된 경우, 이들에 대한 비밀보장은 위임된 보호자에 의해 제한될 수 있다.

이처럼 비밀보장은 중요한 원칙이지만 불가피하게 상담사가 상담 관련 내용을 공개해야 하는 상황이 생길 수 있다. 상담사례회의, 상담 슈퍼비전, 상담사례 발표, 상담연구 등이 이에 해당한다. 이 경우 상담 기관은 상담사가 내담자로부터 상담 관련 내용 공개에 대한 동의를 받았는지, 익명성이 보장되도록 적절한 조치를 취했는지 반드시 확인해야 한다.

또한 상담기관은 상담사가 내담자 및 사회의 안전을 보호하기 위해 비밀보장을 지킬 수 없는 경우를 판단하여 적절한 보고와 신고를 하도록 해야 한다. 한국상담학회 윤리강령은 '제7조 비밀보장의 한계'

🔍 사례 비밀보장과 관련하여 갈등하는 상담사

학교에서 전문상담교사로 근무하는 J 상담사는 C 담임교사의 의뢰로 어떤 학생을 상담하고 있다. 그런데 최근 C 담임교사는 자신이 의뢰한 학생을 지도하기 위해 상담 진행상황과 내용을 알려달라고 J 상담사에게 요청하였다. J 상담사는 내담자의 상담 내용을 동의 없이 다른 사람에게 알려서는 안 될 뿐 아니라, 학생의 상담 내용 중에 담임교사와의 갈등이 있어서 학생이 이를 담임교사에게 말하지 말라고 부탁한 상황이라 C 담임교사의 요청을 거절하였다. 그러나 C 담임교사는 담임으로서 학생의 문제정도와 개선 정도를 알아야 잘 지도할 수 있다고 주장하면서 J 상담사의 고민이 깊어지고 있다.

에서 다음과 같은 경우를 비밀보장의 한계 상황으로 제시하고 있다.

- 내담자가 자신이나 타인의 생명 혹은 사회의 안전을 위협하는 경우
- 내담자가 감염성이 있는 치명적인 질병이 있다는 확실한 정보를 가졌을 경우
- 미성년인 내담자가 학대를 당하고 있는 경우
- 내담자가 아동학대를 하는 경우
- 법적으로 정보의 공개가 요구되는 경우

한국상담심리학회 윤리강령은 위 경우에 더해 여러 전문가로 구성된 팀이 개입하는 상담의 경우, 팀의 존재와 구성을 내담자에게 알리도록 규정하고 있다. ▶ 한국상담학회 윤리강령 제2장 제3조, 제4조, 제7조 ▶ 한국상담심리학회 윤리강령 5. 가., 다.~마.

8] 다중 관계

상담사는 내담자와 상담자-내담자 관계 이외의 관계 즉, 다중 관계를 맺지 않도록 노력해야 한다. 다중 관계는 상담 관계에 부정적인 영향을 미칠 뿐만 아니라 내담자를 정서적·관계적으로 착취하거나 활용할 가능성이 크다. 따라서 상담사 개인 차원에서뿐만 아니라 상담기관 차원에서 다중 관계를 방지하고 관리해야 한다. 특히 상담사와 내담자 사이에 연애 감정이 생기고 사적인 관계로 발전하거나 성적 관계를 형성하지 않도록 주의해야 한다. 상담 관계는 내담자의 취약성과 상담사에 대한 신뢰라는 특성으로 인해 연애 관계 또는 성적 관계로 변화

할 가능성이 높으므로, 상담사 개인의 노력과 함께 상담기관의 방지 장치 마련과 지속적인 관리가 필요하다.

🔍 **사례** 상담 종결 후 내담자와 다중 관계를 형성한 상담사

민간상담센터를 운영하는 Y 상담사는 이전에 내담자였던 P 씨에게 상담실 리모델링을 맡겼다. 이를 알게 된 인근 상담센터의 상담사는 내담자였던 사람과 사업 거래를 하게 되면 상담 관계에서의 경험이 사업 관계에 영향을 미쳐 부적절한 관계가 만들어지거나 좋지 않은 결과가 발생할 것이며 윤리강령상 다중 관계 금지의 원칙에도 위반된다고 말했다. 그러나 Y 상담사는 오히려 이것이 P 씨의 어려운 경제적 상황을 도와주어 결과적으로 내담자의 복지를 향상시키는 내담자 옹호 활동이라고 생각하였다.

상담실 리모델링 공사는 처음에는 잘 진행되는 것 같았으나, 시간이 지나면서 P 씨가 회사의 사정이 어렵다고 호소하며 공사 기일 연장을 요구하거나 값비싼 자재를 사용하는 일이 발생하였다. 처음에는 Y 상담사가 P 씨의 사정을 고려하여 요구를 수용하였지만 계속 문제가 생기자 요구를 거부하기 시작하였다. 그러자 P 씨는 상담할 때에는 자신을 이해하고 지원해주던 Y 상담사가 지금은 자신을 압박한다고 하면서, 상담에서 보여준 Y 상담사의 태도가 거짓이었냐고 따져 물었다. Y 상담사가 상담자-내담자 관계와 현실 관계는 다르다고 설명해도 P 씨는 계속 불평을 하였고, 결국 Y 상담사가 만족하기 어려운 상태로 공사를 마쳤다. 이에 Y는 공사가 제대로 되지 않아 계약서대로 비용을 지급할 수 없으며 다시 공사를 할 것을 요구하였다. 그러나 P 씨는 오히려 Y 상담사가 부당한 요구를 하고 있다고 주장하면서 법적 대응까지 할 것이라고 위협하였다.

우선 상담기관은 정기적인 상담사례회의를 통해 상담사가 내담자 및 내담자의 가족과 다중 관계를 형성하고 있는지 점검하고, 이러한 상황이 발생할 경우 적절한 조치를 취해야 한다. 다중 관계에는 연애 관계, 사업 관계, 지인 관계, 교육적 관계, 성적 관계 등 다양한 유형이 있다. 상담사도 지역사회 내에서 일상생활을 하는 생활인이므로 상담실 밖에서 내담자와 우연한 관계를 형성하는 것까지 완전히 차단할 수는 없다. 그러나 상담기관은 상담사가 다중 관계에 있는 내담자와 상담을 시작하지 않도록 상담사례를 배정할 때부터 고려해야 한다. 상담 도중에도 다중 관계가 발견되거나 형성되면, 해당 상담사와 논의하여 담당 상담사를 변경하는 등의 조치를 취해야 한다. 또한 상담이 종결된 이후에 상담실 밖에서 상담사와 내담자가 다른 관계를 형성하는 것도 다중 관계에 해당할 수 있으므로, 상담기관은 상담사가 상담 종결 후에도 다중 관계를 형성하지 않도록 교육하고 관리할 필요가 있다. 마지막으로, 상담자가 다른 상담자의 다중 관계 사실을 알게 된 경우 이를 숨기지 않고 기관에 보고하도록 지침을 마련해야 한다. ▶ 한국상담학회 윤리강령 제4장 제11조, 제12조 ▶ 한국상담심리학회 윤리강령 4. 가.~다.

9) 홍보 활동

상담기관과 상담사는 홍보 활동에서도 윤리강령을 지켜야 한다. 홍보와 관련된 윤리강령의 내용으로는 상담기관, 상담사, 상담 활동, 상담 효과에 대한 정확한 정보 제공, 내담자나 교육생을 모집할 때의 제한 사항, 상담에 대한 잘못된 정보를 시정할 노력, 내담자에게 홍보 활동 강요 금지 등이 있다.

최근에는 인터넷과 스마트기기가 발전하면서 상담기관 및 상담사 개인에 관한 정보 관리의 중요성이 커졌다. Wedding과 Corsini(2017)는 내담자들이 첫 번째 치료 회기를 진행하기 전이나 치료를 마친 직후에 상담자의 이름을 인터넷에 검색해볼 가능성이 있으며, 상담자들과 훈련생들이 이에 대해 알고 있어야 한다고 언급했다. 그러므로 상담자의 개인정보 중에 내담자에게 알려지기를 바라지 않는 내용이 상담자의 개인 SNS나 여타 웹페이지에 명시되어 있을 경우 문제가 될 수있다. 이는 상담기관도 마찬가지이다. 즉, 상담기관에 대한 잘못된 내용이나 공개되지 않아야 할 정보가 인터넷 공간에 게재되어 있지 않도록 주의해야 한다.

또한 상담기관과 상담사는 SNS, 댓글, 인명 검색, 언론 기사 등에 상담과 관련하여 정확한 정보가 제공되고 있는지 점검하고, 잘못된 진술이 있다면 이를 시정하도록 노력해야 한다. ▶ 한국상담학회 윤리강령 제5장 제17조 ▶ 한국상담심리학회 윤리강령 2. 바.

10) 상담기관 운영

상담기관은 소속 상담사들의 상담 행위뿐만 아니라 기관의 운영에 대해서도 윤리적인 책임을 져야 한다. 한국상담학회와 한국상담심리학회의 윤리강령은 이와 같은 상담기관 운영 측면의 윤리적 지침도 제시하고 있다. 그 주요 내용은 상담 인력의 전문적이고 체계적인 관리, 직원의 발전 도모, 직원에 대한 차별 금지, 내담자의 권리와 복지를 우선하는 경영, 상담 및 평가에 적합한 공간 확보, 고용을 빌미로 상담사에게 원하지 않는 업무 강제 금지 등이다.

우선 상담기관은 상담의 전문성을 확보하기 위해 노력해야 한다. 상담의 전문성은 적절한 자격을 갖춘 전문상담사 채용, 소속 상담사의 전문성 향상 지원, 전문상담에 필요한 시설 확보, 내담자 복지를 최우선시하는 상담기관 운영 등을 통해 확보될 수 있다. 다음으로 상담기관은 기관을 윤리적으로 운영하기 위해 노력해야 한다. 기관의 목표, 운영 지침, 활동 범위 등을 소속 상담사에게 명확하게 제시하고, 고용, 승진, 인사, 연수 및 지도감독 시에 연령, 성별, 문화, 장애, 인종, 종교, 사회경제적 지위 등을 이유로 차별하지 않아야 한다. 또한 상담기관은 임금, 근무시간, 휴가, 근로계약 등 제반 근로조건과 관련된 노동 관련 법규를 준수해야 한다. ▶ 한국상담학회 윤리강령 제5장 제15조 ▶ 한국상담심리학회 윤리강령 2. 다.

3. 윤리적 의사결정 모델과 윤리문제

상담기관은 소속 상담사가 전문상담 서비스를 윤리적으로 제공하는지를 교육, 지도, 감독할 뿐만 아니라 윤리적 갈등 상황이 생겼을 때 이를 조정, 해결, 대처해야 한다. 이는 내담자 복지를 최우선으로 하는 양질의 상담 서비스를 제공하기 위해, 나아가 상담기관과 상담사를 보호하기 위해 필요한 부분이다. 상담기관과 상담사들이 많아지고 국민들의 상담 서비스 이용이 증가하면서 비윤리적인 상담사 또는 비윤리적 상담 행위가 사회적 이슈가 되고 대중들의 비난을 받는 사례가 발생하고 있다. 따라서 상담기관은 비윤리적 상담 행위가 발생하지 않도록 윤리

적 의사결정 방법을 숙지해야 하며, 비윤리적 상담 행위가 발생했을 때
에는 절차를 준수하여 적절하게 대처해야 한다.

1) 윤리적 의사결정 모델

상담기관과 상담사는 윤리적 원칙들이 서로 충돌해서 의사결정을
내리기 힘든 윤리적 딜레마 상황을 접했을 때 이를 이해하고 대처하기
위해 일정한 이론적 관점과 실천지침을 갖춘 윤리적 의사결정 모델을
활용할 필요가 있다(서영석 등, 2009). 김옥진(2018)은 상담사를 위한 윤
리적 의사결정 모델을 이론 및 철학에 기초한 모델, 상담 실제에 기초
한 모델, 이론과 실제를 모두 고려한 통합 모델의 세 가지로 구분하여
제시하였다.

첫째, 이론 및 철학에 기초한 모델은 Kitchener(1986)의 윤리적 의
사결정 모델이다. 이 모델에서는 윤리문제가 발생하면 상담사 또는 상
담기관이 우선은 직관적 차원에서 개인의 도덕적 관념과 정서를 기초
로 의사결정을 하려고 하지만, 이로써는 윤리문제 해결에 필요한 답을
얻을 수 없다고 본다. 그렇기 때문에 윤리규칙(윤리강령), 윤리원칙(자
율성, 무해성, 선의, 공정성, 성실성 등), 윤리이론 등을 단계적으로 적용하
여 문제를 해결해가는 과정을 제시한다(그림 6-2 참조). 그러나 이 모델
은 윤리원칙이 상충하는 상황이 발생할 경우, 그다음 단계인 윤리적 이
론의 단계로 넘어가는 방법을 제시하지 않았다. 따라서 윤리적 딜레마
상황에 있는 상담사 또는 상담기관에 실제적인 도움을 주기 어렵다는
한계가 있다.

둘째, 상담 실제에 기초한 모델이란 상담 현장을 기반으로 만들어

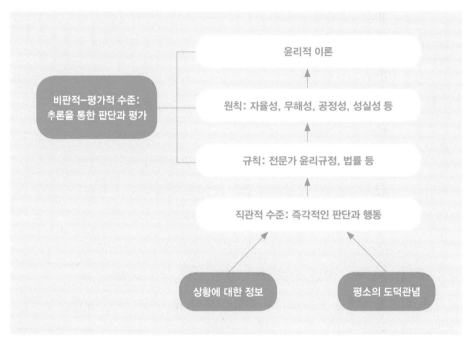

그림 6-2 Kitchener(1986)의 윤리적 의사결정 모델
출처: 김옥진(2018, p. 124).

진 모델로서 대표적으로 Stadler(1986)의 모델과 Welfel(2012)의 모델이 있다. 이 모델들은 윤리적 의사결정을 위해 필요한 자료수집, 전문가 기준과 법률 참조, 전문가 자문, 기록, 평가 등 구체적인 절차를 제시하였다(표 6-4 참조). 또한 윤리적 갈등 상황에서 전문가 기준, 관련 법률 등을 참조하거나 동료 혹은 슈퍼바이저에게 자문을 구하도록 하고 있다. 이처럼 두 모델은 윤리적 원칙이 상충될 경우 주변에 자문을 구하고 적절한 대안을 구안하여 실행한다는 구체적인 실행지침을 제공하고 있다. 그러나 어떤 원리에 기초하여 대안을 구안할 것인지에 대해서는 제시한 바가 없어, 동일한 사안에 대해서도 주변의 자문 내용에 따라 다르게 판단하고 행동하게 될 수 있다는 한계가 있다.

표 6-4 Stadler(1986)의 모델과 Welfel(2012)의 모델 비교

단계	Stadler의 모델	Welfel의 모델
1	경쟁하고 있는 원칙들을 파악하기	윤리적 감수성을 개발하기
2	추가적인 정보 구하기	관련 사실과 사례의 사회문화적 맥락을 명백히 하기
3	동료에게 자문하기	주요 쟁점 사항과 가용한 대안들을 정의하기
4	원하는 결과가 무엇인지 파악하기	전문가 기준, 관련 법률 또는 법규를 참조하기
5	성과를 달성하기 위한 행동들을 구안하기	윤리 관련 문헌을 조사하기
6	각 행동이 어떤 결과를 가져올지 평가하기	윤리적 원칙을 사례에 적용하기
7	경쟁하고 있는 비도덕적인 가치를 확인하기	슈퍼바이저와 존경받는 동료에게 자문하기
8	행동을 선택하기	심사숙고해서 결정하기
9	시범적으로 행동을 해보기	슈퍼바이저에게 알린 후 실행하고 이를 문서화하기
10	단계를 확인하고 행동하고 평가하기	경험한 것을 반성적으로 생각해보기

출처: 김옥진(2018, pp. 126-127).

셋째, 이론과 실제를 통합한 모델은 앞의 두 가지 모델을 통합한 모델이다. 이 모델은 의사결정의 구체적인 절차를 제시하여 이론 및 철학에 기초한 모델의 한계를 보완하고, 의사결정의 이론적 기초를 제공하여 상담 실제에 기초한 모델의 한계를 극복하고자 하였다. 이러한 통합 모델에는 Reamer 모델, Lewis 모델, Lowenberg와 Dolgoff 모델, 양옥경 모델 등이 있다.

이론과 실제를 통합한 모델 중 Lewis(1984)의 결정원칙적 모델은

다른 모델에 비해 상대적으로 윤리적 원리에 충실하고 이론과 실무를 모두 고려하였다는 평가를 받는다(김옥진, 2018). Lewis(1984)는 내담자 복지에 초점을 두는 공리주의 윤리학과 인간 존엄성을 최대 가치로 보는 의무론적 윤리학을 절충하여 윤리적 의사결정 절차를 제시하였다. 여기서 공리주의적 관점이란 최대 다수의 최대 행복을 기준으로 행위를 판단하는 관점을 뜻하며, 특정 행위로 인해 발생하는 직접적인 이익을 기준으로 삼는 행동 공리주의와 그 행위가 일반화되어 사회에서 규칙화되었을 때 발생하는 이익을 기준으로 삼는 규칙 공리주의로 구분된다. 또한 의무론적 관점이란 보편적 입법 원리 가능성, 인간을 수단이 아닌 목적으로 대하는 등의 도덕 법칙을 기준으로 행위를 판단하는 관점이다. 이 두 관점을 절충한 Lewis(1984)의 윤리적 의사결정 절차는 다음과 같다.

1단계 여러 대안을 공리주의적 관점에 따라 평가한다.

2단계 공리주의적 관점에서 채택된 대안이 의무론적 관점에서도 정당한가를 평가한다.

3단계 정당할 경우 이를 실천 대안으로 수용한다.

4단계 만약 의무론적 관점에서 정당하지는 않으나 의무론적 관점에서 제시된 대안과 모순되지 않는다면 공리주의적 관점에서 채택된 대안을 선택한다.

5단계 만약 공리주의적 관점에서 채택된 대안이 의무론적 관점에서 채택된 대안과 모순될 경우에는 의무론적 대안을 수용한다.

6단계 적절한 자료나 정보가 부족하여 공리주의적 대안이 미흡할 경우에는 의무론적 대안을 채택한다.

7단계 정보 부족으로 공리주의적 대안이나 의무론적 대안 모두 미흡할 경우에는 의무론적 대안을 채택한다.

8단계 의무론적 대안이 선택되었을 때 그것에 따라 행해야 할 세부적인 의무 사이에 갈등이 있는 경우, 그러한 세부사항에 대해서도 의무론적 관점을 통해 우선순위를 정한다.

9단계 세부사항의 우선순위에 따라 최종적인 실천 대안을 정한다.

이 절차는 윤리적 의사결정에서 우선 공리주의적 관점으로 대안을 평가하고, 이것이 의무론적 관점에서도 정당하거나 의무론적 관점의 대안과 모순되지 않는다면 그 대안을 선택하되 서로 상충한다면 의무론적 관점의 대안을 선택하라는 것이다. 이는 그림 6-3과 같이 세 단계로 요약할 수 있다.

다음은 윤리적 딜레마 사례에 Lewis(1984)의 결정원칙적 모델을 적용하여 공리주의적 관점과 의무론적 관점에서 해석하고 윤리적 의사결정을 하는 과정을 보여준다.

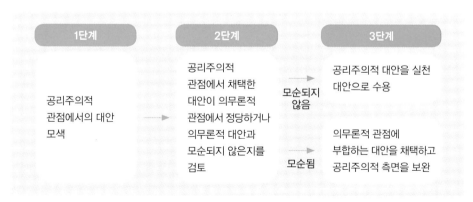

그림 6-3 Lewis(1984)의 결정원칙적 모델
출처: 김옥진(2018, p. 138)을 재구성.

병영생활 전문상담관으로 근무하는 상담사 A 씨는 직무 스트레스를 호소하는 내담병 B 씨를 상담하는 과정에서 내담병 B 씨가 입대 전 우울증으로 여러 차례 입원 및 통원 치료를 받았고, 얼마 전까지도 자해 행동을 반복했으며, 종종 자살 충동을 느낀다는 것을 알게 되었다. 일정 기간 상담을 진행했지만 B 씨는 우울감과 심리적 불편감을 계속 호소했고 자해로 인한 심각한 수준의 상처도 발견되었다. B 씨는 상관이 자신의 증상을 알게 된다면 여러 가지 불이익이 발생할 수 있다고 걱정하면서 자해 행동을 중단할 테니 자신의 자해 행동을 비밀로 해달라고 간곡히 요청한다.

이 사례를 공리주의적 관점과 의무론적 관점에서 살펴보면 다음과 같다.

- 행동 공리주의: 상담사 A 씨가 내담병 B 씨의 자해 행위를 상관에게 보고하면 군부대 내에서 발생할 수 있는 사고가 방지됨.
- 규칙 공리주의: 상담사 A 씨가 내담병 B 씨의 자해 행위를 상관에게 보고하여 B가 일정한 조치를 받게 되면 다른 내담병들도 그러한 민감한 내용에 대하여 상담을 하지 않게 됨.
- 보편적 입법 원리 가능성: 상담사 A 씨가 내담병 B 씨의 자해 행위를 상관에게 보고하는 것은 개인 및 사회에 해로운 결과를 초래할 수 있는 사안에 대해 예방 및 대응 조치를 취하고자 하는 보편적 입법 원리에 부합함.

- 인간을 수단이 아닌 목적으로 대함: 상담사 A 씨가 내담병 B 씨의
  자해 행위를 상관에게 보고하는 것은 B 씨의 전체적인 복지와 안
  녕을 목적으로 하는 행동으로 볼 수 있음.

이 사례의 상담사가 규칙 공리주의 대안을 채택한다면 이는 보편적 입법 원리 가능성, 인간을 목적으로 대하는 관점 등의 의무론적 관점과 모순된다. 그러므로 상담사는 Lewis(1984)의 모델에 따라 의무론적 관점을 채택하고, 공리주의적 관점을 보완해야 한다. 다시 말해 상담사 A 씨는 내담병 B 씨의 자해 행위를 상관에게 보고하되, B 씨에게 비밀보장 예외에 관한 상담윤리를 설명하고 B 씨가 걱정하는 불이익과 그 대처방안을 논의하며, 이 보고로 인해 B 씨에게 가해질 불이익이 최소화될 수 있는 방안에 대해 상관과 논의한다는 윤리적 결정을 내릴 수 있다.

2) 윤리문제 해결 지침

상담기관은 기관과 관련된 윤리위반 사항을 처리하는 과정을 숙지하고 이에 따라 대처해야 한다. 물론 상담기관이나 상담사가 상담윤리에 어긋나는 행동을 한 경우 당사자 간 이해와 조정, 협의에 따라 원만하게 처리되는 것이 바람직하다. 그러나 이 과정이 원만하게 진행되지 못할 때에는 윤리위반 문제로 공식화되어 관련 상급기관, 전문단체, 사법기관에 해당 사안 처리를 의뢰하게 된다.

금명자(2010)는 문제가 될 수 있는 상담자의 행동을 비전문적 행동, 비윤리적 행동, 비법적(범법) 행동으로 구분하여 각각에 대해 적절

한 조치를 취해야 한다고 주장하였다. 비전문적 행동은 일하는 기관의 직무 규범에 어긋나는 행동이고, 비윤리적 행동은 조직의 강령에 어긋나는 행동이며, 비법적(범법) 행동은 법령에 어긋나는 행동이다(표 6-5 참조). 상담기관이나 상담사의 행위가 윤리문제로 제기되는 경우는 비윤리적 행동이나 비법적(범법) 행동에 해당할 때이며, 그 문제를 어느 기관에 제기할 것인지는 문제의 성격과 해당 상담사 또는 상담기관에 대한 관리 책임 및 징계 권한을 가진 기관에 따라 달라질 수 있다.

윤리문제 해결과 관련하여 한국상담학회와 한국상담심리학회의 윤리강령은 윤리강령의 숙지, 다른 상담사의 윤리위반 신고, 윤리위원회에 협조 등을 규정하고 있다. 이 규정에 따르면 상담사는 윤리강령 및 시행세칙을 숙지하고 실천해야 하며, 다른 상담사의 윤리위반 문제를 알게 되었을 때 해당 상담사에게 고지하고 관련 전문가나 기관의 자문 등을 통해 문제를 해결하고자 노력해야 한다. 그럼에도 불구하고 문제가 해결되지 않았을 경우 윤리위원회에 제소하고, 윤리위원회의 조사, 요청, 소송 등의 절차에 협력해야 한다. ▶ 한국상담학회 윤리강령 제8장 제26조, 제27조 ▶ 한국상담심리학회 윤리강령 8. 가.~다.

표 6-5 비전문적 행동, 비윤리적 행동, 비법적(범법) 행동의 판단기준

	비전문적 행동	비윤리적 행동	비법적(범법) 행동
판단 기준	일하는 기관의 직무 규범에 어긋난 행동	조직의 강령에 어긋난 행동	법령에 어긋한 행동
예	• 상담자의 상담 시간 지각, 고지하지 않는 결회 • 너무 화려하거나 선정적인 복장	• 상담자의 일방적 상담 종료 • 비밀 누설 • 이중 관계	• 상담자가 상담 중 알게 된 아동학대를 신고하지 않는 것

출처: 금명자(2010, p. 41).

3) 윤리문제 신고 절차

윤리문제가 발생했을 때 당사자(내담자, 상담사, 상담기관, 관련자)는 우선 문제를 일으킨 상담사 또는 상담기관에 문제를 제기할 수 있다. 이후 상담사 또는 상담기관이 이에 대해 적절한 조치를 취함으로써 문제가 해결되기도 하지만, 원만하게 해결되지 않거나 당사자 간 해결이 되더라도 기관 차원의 조치가 필요하다고 판단되는 사안에 대해서는 별도의 심의와 징계 절차를 진행할 수 있다.

한국상담학회는 상담윤리위반 사항의 신고 접수 절차를 그림 6-4와 같이 제시하고 있다. 즉 한국상담학회의 윤리위반 신고서를 작성하여 윤리위원회에 이메일로 제출하면 윤리위원회에서 1차 회신하고, 사안에 따라 윤리위원회를 소집하는 등 내부 절차에 따라 진행한다. 윤리위반 신고서 양식은 그림 6-5와 같다.

이와 관련된 한국상담학회 윤리강령 시행세칙 내용에 따르면 윤리문제 제소는 제소자·피조사자, 그 외 관련자 등의 인적사항, 주소 및 연락처, 제소 내용 등이 포함된 문서와 함께 이루어져야 한다. 윤리위원회는 피조사자의 신분을 확인한 후 제소장의 사본을 제소자에게 보내며, 피조사자가 학회 회원이 아닐 때에는 이를 제소자에게 통보해야

그림 6-4 한국상담학회 상담윤리위반 신고서 접수 절차
출처: 한국상담학회 홈페이지. http://counselors.or.kr

윤리위반 신고서

1. 제소자 인적사항

이름		성별		생년월일	
회원여부	회원( ) 비회원( )	소속 (직장명)			
연락주소					
연락처		E-mail			
피조사자와의 관계	① 상담자 / 치료자　② 지도감독자　③ 교수 / 강사 ④ 직원　⑤ 동료　⑥기타(구체적으로: 　　　　　)				
피조사자를 만난 계기	개인상담( )　집단상담( )　지도감독( )　교육프로그램( )　기타(　　)				
상담목적					

2. 피조사자 인적사항

이름		성별	남 ( ) 여 ( )
나이	만　　　세	회원여부	회원 ( ) 비회원 ( )
소속(직장명)			
연락주소			
연락처		E-mail	
기타	사건조사에 도움이 될 수 있는 피의자에 대한 정보를 아는 대로 적어주세요.		

3. 제소 내용 및 증거 자료(참고 자료)

　　　　　　　　　　　　　　　　　　　　　　　_____년 _____월 _____일

　　　　　　　　　　　　　　　신고인 _____(서명 또는 인)

(사)한국상담학회 윤리위원회

그림 6-5 한국상담학회 윤리위반 신고서

출처: 한국상담학회 홈페이지. http://counselors.or.kr

한다. 윤리위원장은 제소 내용의 사실 여부를 판단해서 윤리강령을 위반한 경우 그에 따른 적절한 결정을 하고, 위반하지 않았거나 적절한 조치가 불가능한 경우 이 사실을 제소자에게 통지한다. 정보가 불충분한 경우에는 필요한 정보를 더 요청하는데, 이때 제소자는 15일 이내에 응답해야 한다.

윤리위원회에 정식 제소장이 접수되면 윤리강령, 증거 자료 등이 포함된 피소통지서를 피조사자에게 발송하며, 피조사자는 통지서를 받고 15일 이내에 서면으로 관련 증거 자료를 제출해야 한다. 조사가 필요한 사안일 경우 해당 자료를 받은 날로부터 30일 이내에 회의를 개최하고, 심의 절차를 통해 제소 내용에 대한 위반 여부를 결정한다.

제소 건과 관련해 다른 어떤 형식의 법적 조치(민사 또는 형사)가 진행 중이라면 모든 법적 조치가 취해질 때까지 심의를 보류할 수 있다. 또한 제소 건이 타 학회 윤리위원회에 제소되어 진행 중이거나 이미 윤리적 결정이 내려진 경우, 윤리위원회는 심의 후에 해당 제소 건의 기각 여부를 결정할 수 있다.

징계회의에서 윤리위원장이 제소 내용, 절차, 결과 등을 보고하면, 정해진 절차에 따라 징계가 결정된다. 윤리위원장은 제소 내용, 조사 진행 절차 및 결과, 윤리강령 위반 항목, 징계 내용을 7일 이내에 한국상담학회장에게 보고해야 한다. 징계의 종류에는 경고, 견책, 2년 이하 자격정지, 2년 이상 자격정지, 자격 영구박탈 등이 있으며, 징계위원회는 사건처리 종료 후 15일 내에 위원회의 결정 사항과 피소자의 재심 청구 권리에 관한 내용을 공증받아서 각 당사자에게 우편으로 발송한다. 경징계인 경우에는 학회장에게만 보고하고, 자격정지 또는 자격박탈의 중징계인 경우에는 학회장에게 보고한 후 위반한 윤리강령의 조항과 제재 내용을 본 학회 홈페이지, 관련 학회, 유관기관 등에 통보하거나 발표할 수 있다.

제소자나 피조사자가 학회의 결정 과정이나 결정 내용에 문제가 있다고 판단할 경우, 위원회의 결정을 통지받은 후 15일 이내에 재심을 청구할 수 있으며 재심이 청구된 날로부터 종료될 때까지 위원회의 결정은 자동으로 유예된다. 재심위원회에서는 15일 이내에 해당 사안에 대한 재심을 진행하여 그 결과를 당사자들에게 통보한다. 만약 피조사자가 재심 청구를 포기한 경우 재심 청구 기간 만료와 동시에 그 결정을 확정하며, 피조사자가 이를 이행하지 않거나 불성실하게 이행하면 윤리위원회 재심에 의하여 징계 내용을 심화시킬 수 있다.

제소 건과 관련된 위원회의 모든 기록에 대해서는 철저히 비밀보장이 되어야 하며, 청문회를 개최한 경우에는 녹음된 자료를 5년간 보관해야 한다. ▶ 한국상담학회 윤리강령 시행세칙 제4조~제7조

한국상담심리학회 윤리강령 시행세칙은 '제6조 청문 절차'와 '제10조 징계에 따른 의무사항 이행'을 추가로 제시하고 있다. 이에 따르면 위원회는 피조사자의 윤리강령 위반 여부와 위반 정도를 판단하기 위해 필요한 경우 청문 절차를 진행할 수 있고, 회원 제명을 의결하는 경우에는 청문 절차를 진행해야 한다. 그러나 재심 과정에서는 청문회를 진행하지 않는다. 징계 확정 이후 피조사자는 징계에 따른 의무사항 이행 사실을 증빙 자료를 첨부하여 위원회에 서면으로 보고해야 한다. 피조사자가 징계에 따른 의무사항을 이행하지 않거나 불성실하게 이행할 경우 위원회의 심의 및 의결에 의하여 징계 내용을 심화하거나 더 중한 징계를 할 수 있다. ▶ 한국상담심리학회 윤리강령 시행세칙 제5조~제7조, 제9조~제12조

1 상담윤리를 위반할 가능성이 있는 상황을 가정한 뒤, 그 상황이 윤리위반에 해당하는지 여부와 이를 적절하게 처리하는 방법에 대해 토론해보자.

2 변화하는 시대 상황에 따라 수정, 추가, 삭제되어야 할 상담윤리의 내용에는 무엇이 있을지 논의해보자.

3 여러 윤리 영역 중 자신이 가장 취약한 부분은 무엇이며 이를 어떻게 보완할 수 있을지 생각해보자.

4 다음 사례에 나타난 윤리적 딜레마를 파악하고, 이러한 상황에서 상담사가 어떻게 행동하는 것이 윤리적인 행동일지 토론해보자.

> 대학상담센터에서 상담 내용을 녹음할 때 상담자 개인의 휴대전화를 사용하고 있습니다. 또한 내담자의 검사 자료와 상담 일지는 시간이 날 때마다 살펴보기 위해 소지하여 다닙니다. 그리고 개인 슈퍼비전에 대한 동의를 미리 구하지 않은 상태에서 슈퍼비전을 받다가 8회기 정도 지나고 내담자의 동의를 받았습니다. 이 사례에 대한 사례발표를 하게 되어 다시 동의를 받으려 하니 다수 앞에서 발표하는 사례발표에 대해서 또 내담자에게 말하는 것이 부담스럽고 동의를 해줄지 걱정이 들어 말하지 않았습니다. 내담자가 슈퍼비전에 대해 허락해준 것이니 사례발표도 슈퍼비전의 일환이므로 동의한 것으로 여기고 넘어가야겠다고 생각하였습니다.
>
> 　사례발표 장소에서는 학회 관계자가 비밀보장을 위해 자료를 반납해야 한다고 이야기하니 여기저기서 사진을 찍는 소리가 났습니다. 사례발표 과정에서 내담자를 아는 참가자가 있을 수도 있어 내담자의 민감한 사항에 대해 말해야 할지 말아야 할지 고민이 되었으나 제대로 슈퍼비전을 받기 위해 슈퍼바이저의 질문과 객석의 질문에 대답하며 민감한 사항을 말하게 되었습니다. 이 자리에 내담자의 지인이 있으므로 말하지 못하겠다고 하는 것도 내담자가 누구인지를 더욱 특정하게 될 것 같았기 때문입니다. 이런 사례발표 준비와 진행에 무슨 문제가 있나요?
>
> 출처: 김인규 등(2017).

한국상담학회 윤리강령

◆ 전문

한국상담학회는 교육적, 학문적, 전문적 조직체이다. 상담자는 각 개인의 가치, 잠재력 및 고유성을 존중하며, 다양한 조력 활동을 통하여 내담자의 전인적 발달을 촉진한다. 상담자는 내담자의 신체적, 정신적, 사회적, 영적 안녕을 유지·증진하는 데 헌신한다. 이러한 역할을 수행하는 과정에서 상담자는 내담자의 복지를 가장 우선시한다. 상담자는 내담자와의 관계에서 의사소통의 자유를 갖되, 그에 대한 책임을 지며 내담자의 성장과 사회공익을 위하여 최선을 다한다. 이를 위해 본 학회의 상담자는 다음의 윤리규준을 준수한다.

제1장 전문적 태도

제1조(전문적 능력)

① 상담에 대한 지식, 실습, 교수, 임상, 연구를 통해 전문성을 발달시키기 위해 지속적으로 노력해야 한다.

② 상담자는 자신의 능력 및 기법의 한계를 인식하고, 전문적 기준에 위배되는 활동을 하지 않는다. 만일, 자신의 개인 문제 및 능력의 한계 때문에 도움을 주지 못하리라고 판단될 경우에는 내담자에게 동의를 구한 후, 다른 동료 전문가 및 관련 기관에 의뢰한다.

③ 상담자는 자신의 활동분야에 있어서 최신의 과학적이고 전문적인 정보와 지식을 유지하기 위해 지속적인 교육과 연수에 참여한다.

④ 상담자는 윤리적 책임이나 전문적 상담에 대해 의문이 생길 때 다른 상담자나 관련 전문가들에게 자문을 구하는 절차를 따른다.

⑤ 상담자는 정기적으로 전문가로서의 능력과 효율성에 대해 자기반성과 자기평가를 해야 하며, 필요한 경우 자신의 효율성을 증진시키기 위해 지도감독을 받아야 한다.

제2조(충실성)

① 상담자는 내담자를 보다 효과적으로 도울 수 있는 방법에 관하여 꾸준히 연구 노력하고, 내담자의 성장촉진과 문제의 해결 및 예방을 위하여 최선을 다한다.

② 상담자는 자신의 능력의 한계나 개인적인 문제로 내담자를 적절하게 도와줄 수 없을 때에는 상담을 시작해서는 안 되며, 다른 전문가에게 의뢰하는 등의 적절한 방법으로 내담자를 돕는다.

③ 상담자는 자신의 질병, 사고, 이동, 또는 내담자의 질병, 사고, 이동이나 재정적 한계 등과 같은 요인에 의해 상담을 중단할 경우, 이에 대한 적절한 조치를 취해야 한다.

④ 상담자는 상담을 종결하는 데 있어서 어떤 이유보다도 우선적으로 내담자의 관점과 요구에 대해 고려해야 하며, 내담자가 다른 전문가를 필요로 할 경우에는 적절한 과정을 통해 의뢰한다.

⑤ 상담자는 자신의 기술이나 자료가 다른 사람들에 의해 오용될 가능성이 있거나, 개선의 여지가 없는 활동에 참여해서는 안 되며, 이런 일이 일어난 경우에는 이를 시정하여야 한다.

제2장 정보의 보호

제3조(비밀보장)

① 상담자는 사생활과 비밀유지에 대한 내담자의 권리를 최대한 존중해야 할 의무가 있다.

② 상담자는 내담자 또는 내담자의 법정대리인에게 비밀보장의 예외와 한계에 대해 설명해야 한다.

③ 상담자는 제7조 비밀보장의 한계를 제외하고는, 내담자의 서면 동의 없이는 제삼의 개인이나 단체에게 상담기록을 공개하거나 전달해서는 안 된다.

제4조(집단 및 가족상담의 비밀보장)

① 상담자는 특정 집단을 대상으로 집단상담을 시작할 때 비밀보장의 중요성과 한계를 명확하게 설명한다.

② 상담자는 집단 및 가족상담시 개인의 비밀보장에 대한 권리와 그 비밀보장을 유지해야 할 의무와 관련해 참여한 모든 사람으로부터 동의를 구한다.

③ 상담자는 자발적인 동의 능력이 불가능하거나 미성년인 내담자를 상담할 때, 부모 또는 대리인의 동의를 받고, 그들이 참여할 수 있음을 알린다.

제5조(전자 정보의 비밀보장)

① 상담자는 컴퓨터를 사용한 자료 보관의 장점과 한계를 알아야 한다.

② 상담자는 내담자의 기록이 전자 정보의 형태로 보존되어 제 삼자가 내담자의 동의 없이 접근할 가능성이 있을 때, 적절한 방법을 통해 내담자의 신상이 드러나지 않도록 조치를 취한다.

③ 상담자는 컴퓨터, 이메일, 팩시밀리, 전화, 음성메일, 자동응답기 그리고 다른 전자 테크놀로지를 사용해 정보를 전송할 때는 비밀이 유지될 수 있도록 사전에 주의를 기울인다.

제6조(상담기록)

① 상담자는 내담자에게 전문적인 서비스를 제공하기 위해 내담자에 대한 상담기록 및 보관을 본 학회의 윤리강령 및 시행세칙에 따라 시행한다. 또한 상담기록을 안전하게 보관하고 허가된 사람 이외에는 기록에 접근할 수 없도록 한다.

② 상담자는 상담 내용의 녹음 혹은 녹화에 관해 내담자 또는 대리인의 동의를 구한다.

③ 상담자는 상담 내용의 사례지도나 발표, 혹은 출판 시 내담자의 동의를 구한다.

④ 상담자는 내담자가 상담기록의 열람을 요구할 경우, 그 기록이 내담자에게 잘못 이해될 가능성이 없고 내담자에게 해가 되지 않으면 응하도록 한다. 다만 여러 명의 내담자를 상담하는 경우, 내담자 자신과 관련된 부분에 대해서만 공개할 수 있다. 다른 내담자와 관련된 사적인 정보는 제외하고 열람하거나 복사하도록 한다.

⑤ 상담자는 상담과 관련된 기록을 보관하고 처리하는 데 있어서 비밀을 유지해야 하며, 이를 타인에게 공개할 때에는 내담자의 동의를 구한다. 내담자에게 해를 끼치지 않는 범위 내에서 공개해야 한다.

제7조(비밀보장의 한계)

① 상담자는 아래와 같은 내담자 개인 및 사회에 임박한 위험이 있다고 판단될 때 내담자에 관한 정보를 사회 당국 및 관련 당사자에게 제공해야 한다.

　　1. 내담자가 자신이나 타인의 생명 혹은 사회의 안전을 위협하는 경우

　　2. 내담자가 감염성이 있는 치명적인 질병이 있다는 확실한 정보를 가졌을 경우

　　3. 미성년인 내담자가 학대를 당하고 있는 경우

　　4. 내담자가 아동학대를 하는 경우

　　5. 법적으로 정보의 공개가 요구되는 경우

② 상담자는 만약 내담자에 대한 상담이 여러 전문가로 구성된 집단에 의한 지속적인 관찰을 포함하고 있다면, 그러한 집단의 존재와 구성을 내담자에게 알릴 의무가 있다.

③ 상담자는 내담자의 사적인 정보의 공개가 요구될 때 기본적인 정보만을 공개한다. 더 많은 사항을 공개하기 위해서는 사적인 정보의 공개에 앞서 내담자에게 알리고 동의를 얻어야 한다.

④ 상담자는 비밀보장의 예외 및 한계에 관한 타당성이 의심될 때에는 다른 전문가나 지도감독자 및 본 학회 윤리위원회의 자문을 구한다.

제3장 내담자의 복지

제8조(내담자 권리 보호)

① 상담자의 최우선적 책임은 내담자의 존엄성을 존중하고 내담자의 복지를 증진시키는 것이다.

② 상담자는 상담 활동의 과정에서 소속 기관 및 비전문가와의 갈등이 있을 경우, 내담자의 복지를 우선적으로 고려하고 자신이 소속된 전문적 집단의 이익은 부차적인 것으로 간주한다.

③ 상담자는 내담자에게 전문적인 도움을 주는 것이 어렵다고 판단되면 상담자는 상담 관계를 시작하지 말아야 하며, 이미 시작된 상담 관계인 경우는 즉시 종결하여야 한다. 이 경우 상담자는 내담자에게 적절한 다른 대안을 제시해 주어야 한다.

④ 상담자는 내담자의 잠재력을 개발하여 건강한 삶을 영위하도록 도움을 주며, 어떤 방식으로도 해를 끼치지 않는다.

⑤ 상담자는 상담 관계에서 오는 친밀성과 책임감을 인식하고, 전문가로서의 개인적 욕구충족을 위해서 내담자를 희생시켜서는 안 되며, 내담자로 하여금 의존적인 상담 관계를 형성하지 않도록 노력하여야 한다.

제9조(내담자 다양성 존중)

① 상담자는 모든 인간의 기본적인 권리, 존엄성, 가치를 존중하며 연령이나 성별, 인종, 종교, 성적 선호, 장애 등의 어떤 이유로든 내담자를 차별하지 않는다.

② 상담자는 내담자의 발달단계와 문화에 적합한 방식으로 정보를 전달한다.

③ 상담자가 사용하는 언어를 내담자가 이해하는 데 어려움이 있을 때는 내담자가 명확하게 이해할 수 있도록 통역자나 번역자를 배치하여 필요한 서비스를 제공한다.

④ 상담자는 자신의 고유한 가치, 태도, 신념, 행위가 사회에서 어떻게 적용되는지를 인식하고 내담자에게 자신의 가치를 강요하지 않는다.

⑤ 상담자는 훈련이나 수련감독 실천에 다문화/다양성 역량 배양을 위한 내용을 적극적으로 포

함시키고 수련생들이 이에 대한 인식, 지식, 기술을 습득할 수 있도록 적극적으로 훈련시킨다.

제4장 상담 관계

제10조(정보제공 및 동의)

상담자는 상담을 제공할 때에, 내담자에게 상담관련 정보를 제공하고 이에 대한 동의를 받는다.

제11조(다중 관계)

① 상담자는 내담자와의 친밀한 관계를 인식하고, 내담자에 대한 존중감을 유지하며 내담자를 이용하여 상담자 개인의 필요를 충족하고자 하는 활동 및 행동을 하지 않는다.

② 상담자는 객관성과 전문적인 판단에 영향을 미칠 수 있는 다중 관계를 피해야 한다. 상담자가 내담자를 지도하거나 평가를 해야 하는 경우라면 그 내담자를 다른 전문가에게 의뢰한다. 단, 내담자의 복지를 위해 상담자와 내담자가 사전 동의를 한 경우와 그에 대한 자문이나 감독이 병행될 때는, 상담 관계를 맺을 수도 있다.

③ 상담자는 특별한 경우를 제외하고는, 내담자와 상담실 밖에서 사적인 관계를 맺지 않는다.

④ 상담자는 내담자와의 관계에서 상담료 이외의 어떠한 금전적, 물질적 거래 관계도 맺지 않는다.

제12조(성적 관계)

① 상담자는 내담자 또는 내담자의 가족들과 성적 관계를 갖거나 어떤 형태의 친밀한 관계를 갖지 않는다.

② 상담자는 내담자 또는 내담자의 가족과 성적 관계를 맺었거나 유지하는 경우 상담 관계를 형성하지 않는다.

③ 상담자는 상담 관계가 종결된 이후에도 최소 2년 내에는 내담자와 성적 관계를 맺지 않는다.

④ 상담자는 상담 종결 이후 2년이 지난 후에 내담자와 성적 관계를 맺게 되는 경우에도 이 관계가 착취적이 아니라는 것을 철저하게 검증할 책임이 있다.

⑤ 상담자는 다른 상담자가 자신의 내담자와 성적 관계를 맺는 것을 알았을 경우 묵과하지 않고 적절한 조치를 취한다.

제5장 사회적 책임

제13조(사회 관계)

① 상담자는 사회윤리 및 자신이 속한 지역사회의 도덕적 기준을 존중하며, 사회공익과 자신이 종사하는 전문직의 올바른 이익을 위하여 최선을 다한다.

② 상담자는 경제적 이득이 없는 경우라 하더라도 전문적 활동에 헌신함으로써 사회에 봉사한다.

③ 상담자는 내담자의 재정 상태를 고려하여 상담료를 적정 수준으로 정하여야 한다. 정해진 상담료가 내담자의 재정 상태에 비추어 적정 수준을 벗어날 경우에는, 가능한 비용으로 적합한 상담 서비스를 받을 수 있도록 내담자를 돕는다.

④ 상담자는 수련생에게 적절한 훈련과 지도감독을 제공하고, 수련생이 이 과정을 책임 있고 유능하게 수행할 수 있도록 돕는다.

제14조(고용 기관과의 관계)

① 상담자는 자신이 재직하고 있는 상담기관의 설립 목적에 기여할 수 있는 활동을 할 책임이 있다.

② 상담자는 자신의 전문적 활동이 재직하고 있는 상담기관의 목적과 모순되고, 직무 수행에서 갈등이 해소되지 않을 때는 상담기관과의 관계를 종결해야 한다.

③ 상담자는 자신이 재직하고 있는 상담기관의 관리자 및 동료들과의 관계를 통해서 상담 업무, 비밀보장, 기록된 정보의 보관과 처리, 업무분장, 책임에 대해 상호간의 동의를 구해야 한다. 상담자가 재직하고 있는 상담기관과 비밀보장이나 정보의 보관과 처리 등 윤리적인 문제로 마찰이 생기는 경우 윤리위원회에 중재를 의뢰할 수 있다.

④ 상담자는 자신이 재직하고 있는 상담기관의 고용주에게 해를 끼칠 수 있는 상황 혹은 기관의 효율성에 제한을 줄 수 있는 상황에 대해 미리 통보를 하여야 한다.

⑤ 상담자는 해당 기관의 상담 활동에 적극적으로 종사하고 있지 않다면, 자신의 이름이 상업적인 광고나 홍보에 사용되지 않도록 해야 한다.

제15조(상담기관 운영)

① 상담기관 운영자는 상담기관에 소속된 상담자의 증명서나 자격증은 그 중 최고 수준의 것으

로 하고, 자격증의 유형, 주소, 연락처, 직무 시간, 상담의 유형과 종류, 그와 관련된 다른 정보 등이 정확하게 기록된 목록을 작성해 두어야 한다.

② 상담기관 운영자는 자신과 현재 종사하고 있는 직원의 발전에 책임 의식을 가져야 하고, 직원 들에게 상담기관의 목표와 상담 프로그램에 대해 알려주어야 한다.

③ 상담기관 운영자는 고용, 승진, 인사, 연수 및 지도감독 시에 연령, 성별, 문화, 장애, 인종, 종 교, 혹은 사회경제적 지위 등을 이유로 차별하지 않는다.

제16조(타 전문직과의 관계)

① 상담자는 상호 합의한 경우를 제외하고는 타 상담전문가로부터 도움을 받고 있는 내담자를 대상으로 상담을 하지 않는다.

② 상담자는 자신의 전문적 자격이 타 전문 분야에서 오용되는 것에 적절하게 대처하며, 자신의 이익을 위해 타 전문직을 손상시키는 언어 및 행동을 삼간다.

③ 상담자는 자신의 상담 접근 방식과 차이가 있는 다른 전문가의 접근 방식 및 전통과 관례를 존중한다.

④ 상담자는 상담 전문가로서의 자신의 관점, 가치, 경험과 다른 학문 분야에 종사하는 동료의 관점, 가치, 경험을 활용하여 내담자의 복지에 영향을 미칠 수 있는 결정에 참여하고 기여 한다.

제17조(홍보)

① 상담기관 운영자는 상담기관을 홍보하고자 할 때 일반인들에게 해당 상담기관의 전문적 활 동, 상담 분야, 관련 자격 등을 정확하게 알려주어야 한다.

② 상담기관 운영자는 내담자나 교육생을 모집하기 위해 개인상담소를 고용이나 기관가입의 장 소로 이용하지 않는다.

제6장 상담연구

제18조(상담연구)

상담연구는 연구윤리규정에 준한다.

제19조(연구책임)

① 상담연구자는 연구의 결과가 상담의 이론과 실제에 바람직한 기여를 하도록 노력해야 하고, 연구로 인한 문제에 대해 책임을 져야 한다.

② 상담자는 연구참여자를 대상으로 하는 연구를 수행할 때 윤리규정, 법, 기관 규정, 과학적 기준에 합당한 방식으로 연구를 계획, 설계, 실행, 보고한다.

③ 상담자는 윤리적인 연구 수행에 대한 궁극적인 책임이 연구책임자에게 있다는 것을 인식하고 연구 활동에 참여하는 모든 사람이 윤리적 책임을 공유하며 각자의 행동에 대해 책임을 진다는 사실을 주지시킨다.

④ 상담자는 연구참여 때문에 연구참여자의 삶에 혼란이 초래되는 것을 피하기 위해 합당한 사전 조치를 취한다.

⑤ 상담자는 연구 목적에 적합하다면 문화적인 고려를 통해 연구 절차를 구체화하도록 한다.

제20조(연구참여자의 권리)

① 상담자는 피험자에게 연구의 필요성을 포함하여 연구에 관한 전반적인 사항에 대해 상세히 설명하여 동의를 얻어야 하며, 그들이 자발적으로 연구에 참여하도록 해야 한다.

② 상담자는 내담자를 포함시키는 연구를 수행할 때 사전동의 절차에서 내담자가 연구활동에 참여할 것인지에 대해 자유롭게 선택할 수 있다는 점을 명확하게 하고 동의를 받는다.

③ 상담자는 연구 과정에서 연구참여자에 대해 획득한 정보를 비밀로 유지한다.

④ 상담자는 자료가 수집된 후 연구에 대해 참여자들이 가질 수 있는 오해를 해소하기 위해 연구의 특성을 명확하게 설명한다.

⑤ 상담자는 학술 프로젝트나 연구가 완료되면 합당한 기간 내에 연구참여자의 신분을 확인할 수 있는 자료나 정보가 포함된 오디오, 비디오, 인쇄물과 같은 기록이나 문서를 파기하는 조치를 취한다.

제21조(연구 결과의 보고)

① 연구 결과를 발표할 때에는 그 결과와 관련된 모든 정보를 정확하게 서술해야 하며, 객관적이고 공정한 발표가 되게 하고, 연구 결과가 다른 상담자의 연구를 위한 자료가 될 수 있도록 해야 한다.

② 상담자는 출판된 연구에서 중대한 오류를 발견하면, 정오표나 다른 적절한 출판 수단을 통해

그 오류를 수정하는 합당한 조치를 취한다.

③ 상담자는 모든 연구참여자의 신분을 보호하고 복지를 위해 자료를 각색·변형하고 결과에 대한 논의가 연구참여자에게 해를 끼치지 않도록 합당한 조치를 취한다.

④ 상담자는 연구대상자의 요구가 있을 경우 연구의 결과와 결론을 제공하고 연구대상자가 요구하는 연구의 오류를 바로잡을 수 있다.

⑤ 상담자는 다른 사람의 저작을 자신의 것처럼 표절하지 않는다. 또한 자신의 작품을 이중출판하거나 발표하지 않는다.

⑥ 상담자는 공동 저자, 감사의 글, 각주 달기 등의 적절한 방법을 통해 연구에 상당한 기여를 한 사람들에게 그런 기여에 합당하게 공로를 인정하고 표시한다.

제7장 심리검사

제22조(일반사항)

① 상담자는 내담자의 환경(사회적, 문화적, 상황적 특성 등)과 개별적 특성을 고려한 후, 내담자를 조력하기 위한 목적에 적합한 심리검사를 선택해야 한다.

② 심리검사를 실시할 때에는 자격이 있는 사람이 표준화된 절차에 따라 실시해야 하며, 그 과정을 경시해서는 안 된다. 또한 수련상담자는 지도감독자로부터 훈련받은 검사 도구를 제대로 이용하는지의 여부를 평가받는다.

③ 상담자는 검사 채점과 해석을 수기로 하건, 컴퓨터를 사용하건, 혹은 다른 서비스를 사용하건 상관없이 내담자의 요구에 적합한 검사 도구를 적용, 채점, 해석, 활용한다.

④ 상담자는 검사 전에 검사의 특성과 목적, 잠재적인 결과, 수령자의 구체적인 결과의 사용에 대해 설명하고 내담자의 동의를 받는다. 이 때 상담자는 내담자의 개인적·문화저 상황, 내담자의 결과 이해 정도, 결과가 내담자에게 미치는 영향을 고려한다.

⑤ 상담자는 피검자의 복지, 명확한 이해, 검사 결과를 누가 수령할 것인지에 대한 결정에서 사전 합의를 고려한다.

제23조(검사 도구 선정과 실시 조건)

① 상담자가 검사 도구를 선정할 때 도구의 타당도, 신뢰도, 실용도, 객관도, 심리측정의 한계를 신중하게 고려한다.

② 상담자는 제삼자에게 내담자에 대한 검사를 의뢰할 때, 적절한 검사 도구가 사용될 수 있도록 내담자에 대한 구체적인 의뢰 문제와 충분한 객관적인 자료를 제공한다.

③ 상담자는 문화적으로 다양한 집단을 위한 검사 도구를 선정할 경우, 그러한 내담자 집단에게 적절한 심리측정 특성이 결여된 검사 도구를 사용하지 않도록 합당한 노력을 한다.

④ 상담자는 검사 도구의 표준화 과정에서 설정된 동일한 조건하에서 검사를 실시한다.

⑤ 상담자는 기술적 또는 다른 전자적 방법들이 검사 실시에 사용될 때, 실시 프로그램이 잘 기능하고 있는지 그리고 정확한 결과를 제공하는지에 대해 점검한다.

제24조(검사 채점 및 해석)

① 상담자는 개인 또는 집단검사 결과 발표에 정확하고 적절한 해석을 포함시킨다.

② 상담자는 검사 결과를 보고할 때, 검사 상황이나 피검사자의 규준 부적합으로 인한 타당도 및 신뢰도와 관련하여 발생하는 제한점을 명확히 한다.

③ 상담자는 연령, 피부색, 문화, 장애, 민족, 성, 인종, 언어 선호, 종교, 영성, 성적 지향, 사회경제적 지위가 검사 실시와 해석에 영향을 미친다는 것을 인식하고, 내담자와 관련된 다른 요인들을 고려하여 적절하게 검사 결과를 해석한다.

④ 상담자는 기술적인 자료가 불충분한 검사 도구의 경우 그 결과를 해석할 때 주의해야 한다. 그러한 도구를 사용하는 특정한 목적을 내담자에게 명확히 알린다.

⑤ 상담자는 내담자 혹은 심리검사를 수령할 기관에 심리검사 결과가 올바로 통지되도록 해야 한다.

⑥ 상담자는 내담자 이외에는 내담자의 동의를 받은 제 삼자 또는 대리인에게 결과를 공개한다. 또한 이러한 자료는 자료를 해석할만한 전문성이 있다고 상담자가 인정하는 전문가에게 공개한다.

제25조(정신장애 진단)

① 상담자는 정신장애에 대해 적절한 진단을 하도록 특별하고 세심한 주의를 기울인다.

② 상담자는 치료의 초점, 치료 유형, 추수상담 권유 등의 내담자 보살핌을 결정하기 위해 사용되는 개인 상담을 포함한 검사 기술을 신중하게 선택하고 합당하게 사용한다.

③ 상담자는 정신장애를 진단할 때는 내담자의 문제를 규정하는 방식에 문화가 영향을 미친다는 것을 인식하고 내담자의 사회경제적·문화적 경험을 고려한다.

④ 상담자는 어떤 개인이나 집단들에 대해 오진을 내리고 정신병리화 하는 역사적·사회적 편견과 오류에 대해 충분히 이해하고 이러한 편견과 오류가 발생하지 않도록 특별한 주의를 기울인다.

⑤ 상담자는 심리검사의 결과가 내담자나 다른 사람들에게 해를 끼칠 수 있다고 판단되면 진단이나 보고를 해서는 안 된다.

제8장 윤리문제 해결

제26조(윤리위원회와의 협력)

① 상담자는 본 윤리강령 및 시행세칙을 숙지하고 이를 실천할 의무가 있다.

② 상담자는 본 학회의 윤리강령뿐만 아니라 상담관련 타 전문기관의 윤리 규준에 대해서도 충분히 이해하고 있어야 한다. 상담자에게 주어진 윤리적 책임에 대한 지식의 결여와 이해 부족이 상담자의 비윤리적 행위에 대한 면책사유가 되지 않는다.

제27조(윤리위반)

① 상담자는 다른 상담자의 윤리적인 문제를 알게 되었을 때, 윤리위원회에 제소할 수 있으며 윤리위원회는 본 윤리강령 및 시행세칙에 따라 적절한 조치를 취할 수 있다.

② 상담자는 윤리강령을 위반한 것으로 지목되는 사람에 대해 윤리위원회의 조사, 요청, 소송절차에 협력한다. 또한 자신이 연루된 사안의 조사에도 적극 협력해야 한다. 아울러 윤리문제에 대한 불만접수로부터 불만사항 처리가 완료될 때 까지 본 학회와 윤리위원회에 협력하지 않는 것 자체가 본 윤리강령의 위반이며, 위반 시 징계 등 상응하는 조치를 취할 수 있다.

③ 상담사는 윤리적 책임이 법, 규정, 또는 다른 법적 권위자와 갈등이 생기면 본 학회윤리규정에 따른다는 것을 알리고 갈등을 해결하기 위한 조치를 취한다. 만약 갈등이 그러한 방법으로 해결되지 않으면, 법, 규정, 다른 법적 권위자의 요구 사항을 따른다.

④ 상담자는 명백한 윤리강령 위반이 비공식적인 방법으로 해결되지 않거나, 그 방법이 부적절하다면 윤리위원회에 위임한다.

⑤ 상담자는 그 주장이 그릇됨을 증명할 수 있는 사실을 무모하게 경시하거나 계획적으로 무시해서 생긴 윤리적 제소를 시작, 참여, 조장하지 않는다.

제9장 회원의 의무

제28조(회원의 의무)

본 학회의 정회원, 준회원 및 평생회원은 본 학회 회원의 자격을 부여 받기 이전이라 할지라도 본 윤리강령을 준수할 의무가 있다.

◆부칙

- 본 윤리강령은 2002년 8월 17일부터 시행한다.
- 본 개정 윤리강령은 2008년 8월 19일부터 시행한다.
- 본 개정 윤리강령은 2011년 12월 25일부터 시행한다.
- 본 개정 윤리강령은 2016년 4월 4일부터 시행한다.

한국상담학회 윤리강령 시행세칙

제1조(목적)

이 시행세칙은 한국상담학회의 윤리강령을 실행하는 데 필요한 윤리위원회의 조직, 기능 및 활동에 관한 제반사항을 규정함을 목적으로 한다.

제2조(위원회의 구성)

① 윤리위원회는 위원장을 포함하여 5~7명의 위원으로 구성된다. 윤리위원회는 필요시 산하 분과 위원회를 둘 수 있다.

② 위원장은 학회장이 선임하며 임기는 2년으로 하되, 연임할 수 있다.

③ 윤리위원은 위원장이 학회장의 동의를 받아 선임하고 위원의 임기는 2년이며, 연임할 수 있다. 단, 윤리위원이 모두 동시에 교체되는 것을 피하기 위한 고려가 있어야 한다.

④ 위원장은 위원직에 공석이 생길 경우 위와 동일한 방법으로 학회장의 동의를 받아 선임하며, 이 경우 위원의 임기는 잔여임기로 한다.

제3조(위원회의 기능)

윤리위원회는 다음 각 항의 사항을 수행한다.

① 학회 윤리강령의 교육과 연구

② 학회 윤리강령과 시행세칙의 심의·수정

③ 다음 각 호에 해당되는 윤리강령 위반 행위에 대한 접수·처리·의결

    1. 현재 본 학회의 회원

    2. 위반혐의 발생 당시 본 학회 회원

    3. 본 학회에 등록된 기관 회원 혹은 단체

제4조(제소 건 처리절차)

① 제소자의 서명이 있는 문서화된 제소 건 또는 증거가 있는 익명으로 제소된 건을 접수한다.

② 제소된 문건은 학회 또는 윤리위원회로 보내져야 하며, 문건에는 제소자·피조사자, 그 외 관련자 등의 인적사항, 주소 및 연락처, 제소 내용 등이 포함되어야 한다.

③ 피조사자의 신분을 확인한 후 정식 제소장의 사본을 제소자에게 보낸다. 피조사자가 회원이

아닐 경우에는 제소자에게 그 사실을 통지해 준다.

④ 위원장은 제소 내용의 사실 여부를 확인한다. 제소 내용이 사실일 경우에는 본 학회 윤리강령의 위반 여부에 비추어 적절한 결정을 한다. 만약 제소 건이 윤리강령을 위반하지 않았다고 판단되거나, 제소 내용이 인정되어도 적절한 조치가 불가능하다고 판단될 경우, 이 사실을 제소자에게 통지해 준다.

⑤ 정보가 불충분하여 제소 건의 처리·결정이 불가능할 경우, 필요한 정보를 더 요청할 수 있다. 이 때 제소자와 관련자들은 요청일로부터 15일 이내에 응답해야 한다.

⑥ 제소자의 서명이 있는 정식 제소장이 접수되면 피조사자에게 피소통지서를 발송한다. 여기에는 윤리강령, 시행세칙, 기타 증거 자료들이 포함된다. 피조사자는 피소통지서를 받고 15일 이내에 서면으로 제소 건에 관련된 증거 자료를 제출해야 한다.

⑦ 위원장은 피조사자로부터 회답을 받은 30일 이내에 회의를 소집하고, 제소 내용과 답신, 관련 자료 등을 심의하여 윤리강령 위반 사실의 여부를 결정한다. 위원회는 심의 후에 해당 제소 건의 기각 여부를 결정할 수 있다.

⑧ 제소 건과 관련해 다른 어떤 형식의(민사 또는 형사) 법적 조치가 취해졌을 경우 제소인이나 피소된 회원은 위원회에 통지해야 하고, 그 제소 건에 관한 모든 법적 조치가 취해질 때까지 심의를 보류할 수 있다.

⑨ 제소 건과 관련해 동일한 사안으로 타 학회 윤리위원회에 제소되어 제소 건이 진행 중이거나 제소 건에 관한 윤리적 결정이 이미 내려진 경우 제소자나 피소된 회원은 해당 내용을 위원회에 통지해야 하며, 위원회는 심의 후에 해당 제소 건에 기각 여부를 결정할 수 있다.

제5조(징계의 절차 및 종류)

① 징계회의에는 윤리위원장을 포함한 전체 재적 윤리위원의 2/3 이상이 참석해야 한다. 참석이 부득이하게 어려울 경우에는 위임장을 제출할 수 있다.

② 윤리위원장은 징계회의에서 제소 내용, 제소에 따른 조사 및 절차, 결과 등을 보고한다.

③ 징계 결정은 다음의 절차를 따른다.

1. 제소 내용, 조사 내용, 청문 결과 등을 토대로 자유토론 후 징계 여부와 징계 내용을 결정한다.

2. 징계 여부와 징계 내용에 대한 만장일치가 이루어지지 않을 경우 무기명 자유 투표를 실시하며, 그 결과 출석위원 2/3 이상이 찬성한 안을 채택한다.

3. 징계 내용 중 영구 자격박탈은 참석한 위원의 만장일치 합의로 결정되며, 자격의 일시정지

는 자격 회복의 요건, 방법, 절차 등을 동시에 결정하여야 한다.

④ 윤리위원장은 제소의 내용, 조사의 진행절차 및 결과, 윤리강령 위반 항목, 징계결정의 취지 등을 포함한 징계 내용을 7일 이내에 한국상담학회장에게 보고해야 한다.

⑤ 제소 건에 관련된 위원회의 기록에 대해서는 철저히 비밀을 유지하며, 특히 청문회를 개최한 경우에는 필히 녹음된 자료를 5년간 보관한다.

⑥ 징계의 종류는 아래와 같으며 다음 사항을 준수해야 한다.

1. 경고 시, 피소인은 경고를 받은 날로부터 20일 이내에 학회와 제소인에게 본인임을 확인할 수 있는 서명 혹은 날인이 포함된 서면을 통해 사과할 의무가 있다.

2. 견책 시, 피소인은 견책을 받은 날로부터 학회가 인정하는 상담자에게 최소 6개월 동안 10회 이상의 개인상담을 받아야 하며 제5조 ⑥항 1호의 처분과 병합하여 처분할 수 있다.

3. 자격 정지 2년 이하일 경우, 피소인은 자격 정지를 받은 날로부터 학회가 인정하는 상담자에게 최소 1년 동안 20회 이상의 개인상담을 받아야 하며 제5조 ⑥항 1호의 처분과 병합하여 처분할 수 있다. 또한 징계기간을 1차에 한하여 그 기간을 연장할 수 있으며 윤리위원장이 상담자를 지정할 수 있다.

4. 자격 정지 2년 이상일 경우, 피소인은 자격 정지를 받은 날로부터 학회가 인정하는 상담자에게 최소 2년 동안 30회 이상의 개인 상담을 받아야 하며 제5조 ⑥항 1호의 처분과 병합하여 처분할 수 있다. 또한 징계기간을 2차에 한하여 그 기간을 연장할 수 있으며 학회장이 상담자를 지정할 수 있다.

5. 자격 영구박탈

⑦ 피소인이 최종의 징계결정 후, 이를 이행하지 않거나 불성실하게 이행할 경우 윤리위원회 재심에 의하여 징계 내용을 심화 내지 상위 또는 최상위 징계를 할 수 있다.

제6조(결정사항 통지)

① 위원회는 사건처리 종료 후 15일 이내에 위원회의 결정사항과 피소자의 재심 청구 권리에 관한 내용을 공증 받아서 각 당사자에게 우편으로 발송한다.

② 최종결정이 내려진 후 위원장은 학회장에게 피소인에 대한 징계 종류를 보고한다. 경징계의 경우에는 학회장에게만 보고하고, 자격정지 또는 자격박탈의 중징계인 경우에는 학회장에게 보고 후 위반한 윤리강령의 조항과 제재 내용을 본 학회 홈페이지, 관련학회, 유관기관 등에 통보하거나 발표할 수 있다.

제7조(재심 청구)

① 위원회가 조사의 절차 및 방침을 위반한 경우나, 위원회가 제소인과 피소인으로부터 제공된 자료에 근거하지 않고 임의로 결정한 경우에 각 당사자는 재심을 청구할 수 있다.

② 제7조 ①항에 해당되는 피소인은 위원회의 결정을 통지받은 후 15일 이내에 위원회에 서면으로 재심을 청구할 수 있다. 피소인이 재심청구를 포기한 경우 위원회는 재심청구기간 만료와 동시에 그 결정을 확정한다.

③ 재심을 청구한 날부터 재심이 종료될 때까지 위원회의 결정은 자동적으로 유예된다.

④ 재심 위원들은 기존의 심사과정에서 사용된 모든 자료들을 검토하여 15일 이내에 재심위원 2/3 이상의 찬성으로 결정한다.

⑤ 재심위원회는 제소인과 피소인에게 그 내용을 서면으로 통지하고, 필요한 경우 제소인과 피소인에게 추가정보를 요청할 수 있다.

제8조(징계 말소 및 자격 회복 절차)

① 견책 및 2년 이하 혹은 2년 이상의 자격정지 처분을 받은 상담자가 자격회복을 신청하는 경우에는 자격회복을 위한 소정양식(신청서, 상담자의 소견서 등)을 윤리위원회에 제출하여 심사를 받아야 한다.

② 윤리위원회의 심사 결과 재적 위원의 2/3 이상의 출석과 출석 위원 2/3 이상의 찬성으로 자격을 회복할 수 있다.

제9조(임의탈퇴)

본 학회에서 위원회의 조사 중에 탈퇴를 하는 회원은 문서로 탈퇴서를 제출하여야 하고 탈퇴서가 접수되는 대로 이를 수락한다. 단, 윤리위원회에 제소된 회원의 경우 상황이 종료될 때까지 임의탈퇴는 보류될 수 있다.

◆ 부칙

제1조(시행일)   본 윤리강령 시행세칙은 2016년 4월 4일부터 시행한다.

제2조(경과조치)   이 시행세칙은 시행 당시 윤리위원회에 계속적인 사건에도 적용한다. 다만, 종전의 규정에 따라 생긴 효력에는 영향을 미치지 아니한다.

한국상담심리학회 윤리강령

한국상담심리학회는 인간의 존엄성과 가치를 존중하고 다양한 심리적 조력활동을 통해 개인이 자기를 실현하는 삶을 살도록 돕는다. 본 학회는 이러한 목적을 구현하기 위하여 상담심리사 자격제도를 운영한다. 본 학회에서 인증한 상담심리사(1급, 2급)와 상담심리사 수련과정에 있는 학회원은 전문가로서의 능력과 자질을 향상시키며 상담심리사의 역할을 하는 데 있어 내담자의 복지를 최우선 순위에 둔다. 상담심리사는 전문적인 상담 활동을 통해 내담자의 개인적인 성장을 넘어 국민의 심리적 안녕을 도모함으로써 사회적 공익에 기여한다. 이러한 책무를 다하기 위해 상담심리사는 전문성, 성실성, 사회적 책임, 인간 존중, 다양성 존중의 원칙을 따른다. 윤리강령의 준수는 내담자와 상담자 보호 및 상담자의 전문성 증진에 기여한다. 이를 위하여 상담심리사는 다음과 같은 윤리 강령을 숙지하고 준수할 것을 다짐한다.

1. 전문가로서의 태도

가. 전문적 능력

(1) 상담심리사는 자신의 능력의 한계를 인정하고 교육과 수련, 경험 등에 의해 준비된 역량의 범위 안에서 전문적인 서비스와 교육을 제공한다.

(2) 상담심리사는 자신이 가진 능력 이상의 것을 주장하거나 암시해서는 안 되며, 타인에 의해 능력이나 자격이 오도되었을 때에는 수정해야 할 의무가 있다.

(3) 상담심리사는 문화, 신념, 종교, 인종, 성적 지향, 성별 정체성, 신체적 또는 정신적 특성에 대한 자신의 편견을 자각하고, 이를 극복하기 위해 노력해야 한다. 특히 위와 같은 편견이 상담 과정을 방해할 우려가 있을 경우 자문, 사례지도 및 상담을 요청해야 한다.

(4) 상담심리사는 자신의 활동분야에 있어서 최신의 과학적이고 전문적인 정보와 지식을 유지하기 위해 지속적인 교육과 연수의 필요성을 인식하고 참여한다.

(5) 상담심리사는 자신의 전문적 능력에 대해 정확히 인식하고 정기적으로 전문인으로서의 능력과 효율성에 대해 자기점검 및 평가를 해야 한다. 상담자로서 직무를 수행하는데 방해가 되는 개인적 문제나 능력의 한계를 인식하게 될 경우 지도감독이나 전문적 자문을 받을 책무가 있다.

나. 성실성

(1) 상담심리사는 자신의 신념체계, 가치, 제한점 등이 상담에 미칠 영향력을 자각해야 한다.

(2) 상담심리사는 내담자에게 상담의 목표와 이점, 한계와 위험성, 상담료 지불방법 등을 명확히 알린다.

(3) 상담심리사는 능력의 한계나 개인적인 문제로 내담자를 적절하게 도와줄 수 없을 때, 전문적 자문과 지원을 받는 등의 적절한 조치를 취한 뒤, 직무 수행을 제한할지 아니면 완전히 중단할지 여부를 결정해야 한다.

(4) 상담심리사는 자신의 질병, 죽음, 이동, 퇴직으로 인한 상담의 갑작스런 중단가능성에 대비하고 있어야 하며, 또한 내담자의 이동이나 재정적 한계 등과 같은 요인에 의해 상담이 중단될 경우, 이에 대해 적절한 조치를 취해야 한다.

(5) 상담심리사는 내담자가 더 이상 도움을 필요로 하지 않거나, 상담을 지속하는 것이 더 이상 내담자에게 도움이 될 가능성이 없거나, 오히려 내담자에게 해가 될 것이 분명하다면 상담 관계를 종결해야 한다. 내담자가 다른 전문가를 필요로 할 경우에는 적절한 과정을 거쳐 의뢰하거나 관련 정보를 제공한다.

(6) 상담심리사는 개인의 이익을 위해 상담전문직의 가치와 품위를 훼손하는 행동을 해서는 안 된다.

(7) 상담심리사는 자신이 지도감독 내지 평가 하거나 기타의 권위를 행사하는 대상, 즉 내담자, 학생, 수련생, 연구 참여자 및 피고용인을 물질적, 신체적, 업무상으로 착취하지 않는다.

(8) 상담심리사는 자신의 기술이나 자료가 다른 사람들에 의해 오용될 가능성이 있는 활동에 참여해서는 안되며, 이런 일이 일어난 경우에는 이를 바로잡거나 최소화하는 조치를 취한다.

다. 자격관리

(1) 상담심리사는 자신의 자격급수와 상담경력을 정확히 알려야 하며, 자신의 자격을 과장하지 않는다.

(2) 상담심리사는 자신이 상담 관련 분야에서 취득한 최종 학위 및 전공을 정확히 명시하고, 그 이외의 분야에서 취득한 학위가 있더라도 그것을 마치 상담 관련 학위인 것처럼

알리지 않는다.

(3) 상담심리사는 자신의 전문자격을 유지하기 위하여 지속적인 교육, 연수를 받아야 한다. 만약 자격이 정지되었을 경우에는 이에 따른 책임을 지며 자격을 회복하기 위해 노력한다.

2. 사회적 책임

가. 사회와의 관계

(1) 상담심리사는 사회의 윤리와 도덕기준을 존중하고, 사회공익과 상담 분야의 발전을 위해 최선을 다한다.

(2) 상담심리사는 필요시 무료 혹은 저가의 보수로 자신의 전문성을 제공하는 사회적 공헌 활동에 참여한다.

(3) 상담비용을 책정할 때 상담심리사들은 내담자의 재정상태를 고려하여야 한다. 책정된 상담료가 내담자에게 적절하지 않을 때에는, 대안적 서비스를 받을 수 있도록 돕는다.

(4) 상담심리사는 상담자 양성에 도움이 되는 다양한 전문적 활동에 참여한다.

나. 고용 기관과의 관계

(1) 상담심리사는 자신이 종사하는 기관의 목적과 방침에 공헌할 수 있는 활동을 할 책임이 있다. 기관의 목적과 방침이 상담자 윤리와 상충될 때에는 이를 해결하기 위해 노력해야 한다.

(2) 상담심리사는 근무기관의 관리자 및 동료들과 상담 업무, 비밀보장, 직무에 대한 책임, 공적 자료와 개인 자료의 구별, 기록된 정보의 보관과 처분에 관하여 상호 협의해야 한다. 상호 협의한 관계자들은 협의 내용을 문서화하고 공유한다.

(3) 상담심리사는 자신이 속한 기관의 효율성에 제한을 줄 수 있는 상황에 대해 미리 알려주어야 한다.

다. 상담기관 운영자

(1) 상담기관 운영자는 기관 내에서 이루어지는 제반 상담 활동을 관리 감독함에 있어, 내담자의 권리와 복지를 최우선으로 고려해야 한다.

(2) 상담기관 운영자는 방음, 편안함, 주의집중 등을 고려하여 상담 및 심리평가에 적합한

독립된 공간을 제공해야 한다.

(3) 상담기관 운영자는 상담심리사를 포함한 피고용인의 권리와 복지 보장 및 전문성 제고를 위해 최선의 노력을 다 할 책임이 있다.

(4) 상담기관 운영자는 업무에 적합한 전문성을 갖춘 상담심리사를 고용하고, 이들의 증명서, 자격증, 업무 내용, 기타 상담자와 관련된 다른 정보 등을 정확하게 파악하고 관리하여야 한다.

(5) 상담기관 운영자는 직원들에게 기관의 목표와 활동에 대해 알려주어야 한다.

(6) 상담기관 운영자는 고용, 승진, 인사, 연수 및 지도 시에 성별, 장애, 나이, 성적 지향, 성별 정체성, 사회적 신분, 외모, 인종, 가족형태, 종교 등을 이유로 차별적인 행동을 해서는 안 된다.

(7) 상담기관 운영자는 고용을 빌미로 상담심리사가 원치 않는 유료 상담, 유료 교육, 내담자 모집을 강제해서는 안 된다.

라. 다른 전문직과의 관계

(1) 상담심리사는 함께 일하는 다른 전문적 집단의 특성을 존중하고, 상호 협력적 관계를 도모한다.

(2) 공적인 자리에서 개인 의견을 말할 경우, 상담심리사는 그것이 개인적 의견에 불과하며 상담심리사 전체의 견해나 입장이 아님을 분명히 해야 한다.

(3) 상담심리사는 내담자가 다른 정신건강 전문가의 서비스를 받고 있음을 알게 되면, 내담자로 하여금 상담 사실을 그 전문가에게 알리도록 권유하고, 긍정적이고 협력적인 치료 관계를 맺도록 노력한다.

(4) 상담심리사는 내담자 의뢰나 소개와 관련한 비용을 수취하거나 요구하지 않는다.

마. 자문

(1) 자문이란 개인, 집단, 사회단체가 전문적인 조력자의 도움이 필요하여 요청한 자발적인 관계를 말한다. 상담심리사는 자문을 요청한 개인이나 기관의 문제 혹은 잠재된 문제를 규명하고 해결하는데 도움을 준다.

(2) 상담심리사는 자신이 자문에 참여하는 개인 또는 기관에게 도움을 주는데 필요한, 자질과 능력을 갖추었는지를 스스로 검토하고 자문에 임해야 한다.

(3) 상담심리사는 자문에 임할 때 자신의 가치관, 지식, 기술, 한계성이나 욕구에 대한 깊은 자각이 있어야 하고, 자문의 초점은 문제를 가진 사람이 아니라 풀어나가야 할 문제 자체에 두어야 한다.

(4) 자문 관계는 자문 대상자가 스스로 성장해 나가도록 격려하고 고양하는 것이어야 한다. 상담심리사는 이러한 역할을 일관성 있게 유지해야 하고, 자문 대상자가 스스로의 의사결정자가 되도록 도와주어야 한다.

(5) 상담 활동에서 자문의 활용에 대해 홍보할 때는 학회의 윤리강령을 성실하게 준수해야 한다.

바. 홍보

(1) 상담심리사는 전문가로서의 자신의 자격과 상담경력에 대해 대중에게 정확하게 홍보해야 하며, 오해를 일으킬 수 있거나 거짓된 내용을 전달해서는 안 된다.

(2) 상담심리사는 일반인들에게 상담의 전문적 활동이나 상담 관련 정보, 기대되는 상담효과 등을 정확하게 알려주어야 한다.

(3) 상담심리사는 출판업자, 언론인, 혹은 후원사 등이 상담의 실제나 전문적인 활동과 관련된 잘못된 진술을 하는 경우 이를 시정하고 방지하도록 노력한다.

(4) 상담심리사가 워크숍이나 상담 프로그램을 홍보할 때는 참여자의 선택을 위해서 정확한 정보를 제공해야 한다.

(5) 상담심리사는 상담자의 품위를 훼손하지 않도록 책임의식을 가지고 홍보해야 한다.

(6) 상담심리사는 홍보에 활용하기 위하여 내담자에게 소감문 작성이나 사진 촬영 등을 강요하지 않는다.

(7) 상담심리사는 자신이 실제로 상담 및 자문 활동을 하지 않는 상담기관이 자신의 이름을 기관의 홍보에 사용하지 않도록 해야 한다.

3. 내담자의 복지와 권리에 대한 존중

가. 내담자 복지

(1) 상담심리사의 일차적 책임은 내담자의 복지를 증진하고 존엄성을 존중하는 것이다.

(2) 상담심리사는 내담자의 잠재력을 개발하여 건강한 삶을 영위하도록 도움을 주며, 어떤

방식으로도 해를 끼치지 않는다.

(3) 상담심리사는 상담 관계에서 오는 친밀성과 책임감을 인식해야 한다. 상담심리사의 개인적 욕구충족을 위해서 내담자를 희생시켜서는 안 되며, 내담자로 하여금 의존적인 상담 관계를 형성하지 않도록 노력해야 한다.

(4) 상담심리사는 직업 문제와 관련하여 내담자의 능력, 일반적인 기질, 흥미, 적성, 욕구, 환경 등을 고려하면서 내담자와 함께 노력하지만, 내담자의 일자리를 찾아주거나 근무처를 정해줄 의무가 있는 것은 아니다.

나. 내담자의 권리와 사전 동의

(1) 내담자는 상담 계획에 참여할 권리, 상담을 거부하거나 상담 개입방식의 변화를 거부할 권리, 그러한 거부에 따른 결과에 대해 고지 받을 권리, 자신의 상담 관련 정보를 요청할 권리 등이 있다.

(2) 상담심리사는 상담을 시작할 때 내담자가 충분한 설명을 듣고 선택할 수 있도록 적절한 정보를 제공해야 하고, 상담자와 내담자 모두의 권리와 책임에 대해서 알려줄 의무가 있다. 이러한 사전 동의 절차는 상담 과정의 중요한 부분이며, 내담자와 논의하고 합의된 내용을 적절하게 문서화한다.

(3) 상담심리사가 내담자에게 설명해야 할 사전 동의 항목으로는 상담자의 자격과 경력, 상담 비용과 지불 방식, 치료기간과 종결 시기, 비밀보호 및 한계 등이 있다.

(4) 상담심리사는 내담자에게 상담 과정의 녹음과 녹화 가능성, 사례지도 및 교육에의 활용 가능성에 대해 설명하고, 내담자에게 동의 또는 거부할 권리가 있음을 알려야 한다.

(5) 내담자가 미성년자 혹은 자발적인 동의를 할 수 없는 경우, 상담심리사는 내담자의 최상의 복지를 고려하여, 보호자 또는 법정 대리인의 사전 동의를 구해야 한다.

(6) 상담심리사는 미성년인 내담자를 상담할 때, 필요하면 부모나 보호자가 상담에 참여 할 수 있음을 내담자에게 알린다. 이 경우, 상담자는 부모 혹은 보호자의 참여에 앞서 그 영향을 고려하고 내담자의 권익을 보호하도록 한다.

다. 다양성 존중

(1) 상담심리사는 모든 인간의 기본적인 권리, 존엄성, 가치를 존중하며 성별, 장애, 나이, 성적 지향, 성별 정체성, 사회적 신분, 외모, 인종, 가족형태, 종교 등을 이유로 내담자를

차별하지 않는다.

(2) 상담심리사는 내담자의 다양한 문화적 배경을 이해하려고 적극적으로 시도해야 하며, 상담심리사 자신의 고유한 문화적 정체성이 상담 과정에 어떤 영향을 주는지 인식해야 한다.

(3) 상담심리사는 자신의 고유한 가치, 태도, 신념, 행위를 인식하고, 내담자에게 자신의 가치를 강요하지 않는다.

4. 상담 관계

가. 다중 관계

(1) 상담심리사는 객관성과 전문적인 판단에 영향을 미칠 수 있는 다중 관계는 피해야 한다. 가까운 친구나 친인척, 지인 등 사적인 관계가 있는 사람을 내담자로 받아들이면 다중 관계가 되므로, 다른 전문가에게 의뢰하여 도움을 준다. 의도하지 않게 다중 관계가 시작된 경우에도 적절한 조치를 취해야 한다.

(2) 상담심리사는 상담 할 때에 내담자와 상담 이외의 다른 관계가 있다면, 특히 자신이 내담자의 상사이거나 지도교수 혹은 평가를 해야 하는 입장에 놓인 경우라면 그 내담자를 다른 전문가에게 의뢰한다.

(3) 상담심리사는 내담자와 상담실 밖에서 연애 관계나 기타 사적인 관계(소셜미디어나 다른 매체를 통한 관계 포함)를 맺거나 유지하지 않는다.

(4) 상담심리사는 내담자와의 관계에서 상담료 이외의 어떠한 금전적, 물질적 거래를 해서는 안 된다.

(5) 상담심리사는 내담자의 선물로 인해 발생할 수 있는 문제를 숙고해야 한다. 선물의 수령 여부를 결정함에 있어서 상담 관계에 미치는 영향, 선물의 의미, 내담자와 상담자의 동기, 현행법 위반 여부 등을 신중하게 고려해야 한다.

나. 성적 관계

(1) 상담심리사는 내담자 및 내담자의 보호자, 친척 또는 중요한 타인에게 자신의 지위를 이용하여 성희롱 또는 성추행을 포함한 성적 접촉을 해서는 안 된다.

(2) 상담심리사는 내담자 및 내담자의 보호자, 친척, 또는 중요한 타인과 성적 관계를 가져

서는 안 된다.

(3) 상담심리사는 이전에 연애 관계 또는 성적인 관계를 가졌던 사람을 내담자로 받아들이지 않는다.

(4) 상담심리사는 상담 관계가 종결된 이후 적어도 3년 동안은 내담자와 성적 관계를 맺지 않아야 한다. 그 후에라도 가능하면 내담자와 성적인 관계는 갖지 않는다.

다. 여러 명의 내담자와의 관계

(1) 상담심리사가 두 명 이상의 사람들에게 상담 서비스를 제공하는 경우(예: 남편과 아내, 부모와 자녀), 누가 내담자이며 각각의 사람들과 어떤 관계를 맺어갈지를 명확히 하고 상담을 시작해야 한다.

(2) 만약에 상담심리사가 내담자들 사이에서 상충되는 역할을 해야 된다면, 상담심리사는 그 역할에 대해서 명확히 하거나, 조정하거나, 그 역할로부터 벗어나도록 한다.

라. 집단상담

(1) 상담심리사는 집단 목표에 부합하는 집단원들을 모집하여 집단상담이 원활히 진행되도록 한다.

(2) 상담심리사는 집단참여자를 물리적 피해나 심리적 외상으로부터 보호하기 위해 충분한 주의를 기울인다.

(3) 집단리더는 지위를 이용하여 집단원의 권리와 복지를 훼손하지 않는다. 또한, 집단 과정에서 집단원의 선택의 자유를 존중하고, 이들이 집단 압력으로부터 보호 받을 권리가 있음을 유념한다.

(4) 집단 리더는 다중 관계가 될 수 있는 가까운 친구나 친인척, 지인 등을 집단원으로 받아들이지 않는다. 또한, 집단상담이 끝난 후 집단원과 사적인 관계를 맺거나 유지하지 않는다.

5. 정보의 보호 및 관리

가. 사생활과 비밀보호

(1) 상담심리사는 상담 과정에서 알게 된 내담자의 민감 정보를 다룰 때 특별히 주의해야

하고, 상담과 관련된 모든 정보의 관리에 있어 개인정보 보호와 관련된 법을 준수해야 한다.

(2) 상담심리사는 사생활과 비밀유지에 대한 내담자의 권리를 최대한 존중해야 할 의무가 있다.

(3) 내담자의 사생활 보호에 대한 권리는 존중되어야 하나, 때로 내담자나 내담자가 위임한 법정 대리인의 요청에 의해 제한될 수 있다.

(4) 내담자의 사생활 보호가 제한되는 경우라 하더라도, 상담심리사는 내담자의 사생활 침해를 최소화하기 위해 노력해야하고, 문서 및 구두 보고 시 사생활에 관한 정보를 포함시켜야 할 경우 그 목적과 밀접한 관련이 있는 정보만을 포함시킨다.

(5) 상담심리사는 강의, 저술, 동료자문, 대중매체 인터뷰, 사적 대화 등의 상황에서 내담자의 신원확인이 가능한 정보나 비밀 정보를 공개하지 않는다.

(6) 상담심리사는 상담기관에 소속된 모든 구성원과 관계자들에게도 내담자의 사생활과 비밀이 보호되도록 주지시켜야 한다.

나. 기록

(1) 상담기관이나 상담심리사는 상담의 기록, 보관 및 폐기에 관한 규정을 마련하고 준수해야 한다.

(2) 상담심리사는 법, 규정 혹은 제도적 절차에 따라, 상담기록을 일정기간 보관한다. 보관기간이 경과된 기록은 파기해야 한다.

(3) 공공기관이나 교육기관 등은 각 기관에서 정한 기록 보관 연한을 따르고, 이에 해당하지 않는 경우에는 3년 이내 보관을 원칙으로 한다.

(4) 상담심리사는 상담의 녹음 및 기록에 관해 내담자의 동의를 구한다.

(5) 상담심리사는 면접기록, 심리검사 자료, 편지, 녹음 파일, 동영상, 기타 기록 등 상담과 관련된 기록들이 내담자를 위해 보존된다는 것을 인식하며, 상담기록의 안전과 비밀보호에 책임을 진다.

(6) 상담심리사는 내담자가 합당한 선에서 기록물에 대한 열람을 요청할 경우, 열람할 수 있도록 한다. 단, 상담심리사는 기록물에 대한 열람이 내담자에게 해악을 끼친다고 사료될 경우 내담자의 기록 열람을 제한한다.

(7) 상담심리사는 내담자의 기록 열람에 대한 요청을 문서화하며, 기록의 열람을 제한할 경

우, 그 이유를 명기한다.

(8) 복수의 내담자의 경우, 상담심리사는 각 개별 내담자에게 직접 해당되는 부분만을 공개하며, 다른 내담자의 정보에 관련된 부분은 노출되지 않도록 한다.

(9) 상담심리사는 기록과 자료에 대한 비밀보호가 자신의 죽음, 능력상실, 자격박탈 등의 경우에도 보호될 수 있도록 미리 계획을 세운다.

(10) 상담심리사는 상담과 관련된 기록을 보관하고 처리하는데 있어서 비밀을 보호해야 하며, 이를 타인에게 공개할 때에는 내담자의 직접적인 동의를 받아야 한다.

다. 비밀보호의 한계

(1) 내담자의 생명이나 타인 및 사회의 안전을 위협하는 경우, 내담자의 동의 없이도 내담자에 대한 정보를 관련 전문인이나 사회에 알릴 수 있다.

(2) 내담자가 감염성이 있는 치명적인 질병이 있다는 확실한 정보를 가졌을 때, 상담심리사는, 그 질병에 위험한 수준으로 노출되어 있는 제 삼자(내담자와 관계 맺고 있는)에게 그러한 정보를 공개할 수 있다. 상담심리사는 제 삼자에게 이러한 정보를 공개하기 전에, 내담자가 자신의 질병에 대해서 그 사람에게 알렸는지, 아니면 스스로 알릴 의도가 있는지를 확인한다.

(3) 법원이 내담자의 동의 없이 상담심리사에게 상담관련 정보를 요구할 경우, 상담심리사는 내담자의 권익이 침해되지 않도록 법원과 조율하여야 한다.

(4) 상담심리사는 내담자 정보를 공개할 경우, 정보 공개 사실을 내담자에게 알려야 한다. 정보 공개가 불가피할 경우라도 최소한의 정보만을 공개한다.

(5) 여러 전문가로 구성된 팀이 개입하는 상담의 경우, 상담심리사는 팀의 존재와 구성을 내담자에게 알린다.

(6) 비밀보호의 예외 및 한계에 관한 타당성이 의심될 때에 상담심리사는 동료 전문가 및 학회의 자문을 구한다.

라. 집단상담과 가족상담

(1) 집단상담을 할 경우, 상담심리사는 그 특정 집단에 대한 비밀보장의 중요성과 한계를 명백히 설명한다.

(2) 가족상담에서 상담심리사는 각 가족 구성원의 사생활 보호에 대한 권리를 존중한다. 한

가족 구성원에 대한 정보는, 해당 구성원의 허락 없이는 다른 구성원에게 공개될 수 없다. 단, 미성년자 혹은 심신미약자가 포함된 경우, 이들에 대한 비밀보장은 위임된 보호자에 의해 제한될 수 있다.

마. 상담 외 목적을 위한 내담자 정보의 사용

(1) 교육이나 연구 또는 출판을 목적으로 상담 관계로부터 얻어진 자료를 사용할 때에는 내담자의 동의를 구해야 하며, 각 개인의 익명성이 보장되도록 자료 변형 및 신상 정보의 삭제와 같은 적절한 조치를 취하여 내담자에게 피해를 주지 않도록 한다.

(2) 다른 전문가의 자문을 구할 경우, 상담심리사는 사전에 내담자의 동의를 구해야 하며, 적절한 조치를 통해 내담자의 사생활과 비밀을 보호하도록 노력한다.

바. 전자 정보의 관리 및 비밀보호

(1) 전자기기 및 매체를 활용하여 상담관련 정보를 기록·관리하는 경우, 상담심리사는 기록의 유출 또는 분실 가능성에 대해 경각심과 주의의무를 가져야 하며 내담자의 정보보호를 위해 적극적인 노력을 해야 한다.

(2) 내담자의 기록이 전산시스템으로 관리되는 경우, 상담심리사는 접근 권한을 명확히 설정하여 내담자의 신상이 드러나지 않도록 조치를 취한다.

6. 심리평가

가. 기본 사항

(1) 심리평가의 목적은 심리검사를 활용하여 내담자의 자기이해 및 의사결정을 돕고 치료계획을 수립하는 데 있다.

(2) 상담심리사는 규정된 전문적 관계 안에서만 심리검사를 활용한 진단, 평가 및 개입을 한다.

(3) 심리평가에 대한 상담심리사의 결과해석, 소견 및 권고는 충분한 정보와 근거를 바탕으로 이루어져야 하며, 상담심리사는 이에 대한 내담자의 알권리를 존중한다.

(4) 상담심리사는 심리검사의 결과나 해석을 오용해서는 안 되며, 전문적 자격을 갖추지 않은 사람에 의한 심리검사의 개발, 출판, 배포, 사용에 대해서는 적절한 조치를 취한다.

(5) 상담심리사는 내담자 혹은 내담자의 법정대리인의 동의가 있는 경우에만 내담자의 개인정보가 포함된 심리평가 관련 자료를 공개한다. 단, 공개 대상은 자료를 해석할만한 충분한 자격을 갖춘 전문가로 제한한다.

나. 검사를 사용하고 해석하는 능력

(1) 상담심리사는 심리평가를 수행함에 있어 평가 도구의 채점, 해석과 사용, 관리에 대한 책임이 있으며, 자신이 훈련받은 검사와 평가만을 수행해야 한다. 이는 온라인 검사의 경우에도 해당된다.

(2) 상담심리사는 검사도구의 타당도와 신뢰도, 검사도구의 개발과 사용 지침에 대해 이해하고 있어야 한다.

(3) 상담심리사는 검사의 실시, 채점 및 해석이 제공되는 온라인 검사의 경우에도 원 검사의 구성 및 해석에 대해 숙지하고 있어야 한다.

(4) 상담심리사는 수련생이 심리검사를 유능하게 수행할 수 있는지 지속적으로 감독해야 한다.

다. 사전 동의

(1) 상담심리사는 심리평가 전에 내담자 또는 내담자의 법정 대리인에게 사전 동의를 받아야 한다. 사전 동의를 구할 때에는 검사의 목적과 용도, 비용에 대해 내담자가 이해할 수 있도록 설명해야 한다.

(2) 상담심리사는 검사 결과를 제공할 때 내담자 혹은 내담자가 사전 동의한 수령인에게 결과를 전달하고 적절한 해석을 제공해야 한다. 이는 집단으로 실시된 검사도 해당된다.

라. 검사의 선택 및 실시

(1) 상담심리사는 내담자에게 적절한 심리검사를 선택해야 하며 검사의 타당도와 신뢰도, 제한점 등을 고려한다.

(2) 상담심리사는 다문화 배경을 가진 내담자를 위한 심리검사 선택 시, 그의 사회문화적 맥락을 신중히 고려해야 한다.

(3) 상담심리사는 표준화된 조건에 따라 검사를 시행한다. 검사가 표준화된 조건에서 시행되지 않거나, 검사 수행 중 일반적이지 않은 행동 혹은 예외적인 상황이 발생할 경

우, 그러한 내용을 기록해야 하고, 그 검사 결과의 타당성을 의심하거나 무효 처리할 수 있다.

(4) 상담심리사는 신뢰할 수 있는 검사 결과를 얻기 위해 검사지 및 검사도구가 노출되지 않도록 주의하고 그 내용을 언급하지 않을 책임이 있다.

마. 검사 결과의 해석과 진단

(1) 상담심리사는 검사 해석에 있어서 성별, 장애, 나이, 성적 지향, 성별 정체성, 사회적 신분, 외모, 인종, 가족형태, 종교 등의 영향을 고려하고, 다른 관련 요인들과 통합 비교하여 검사 결과를 해석한다.

(2) 상담심리사는 경험적으로 입증되지 않은 평가 도구를 사용할 경우, 그 도구를 사용하는 목적을 내담자에게 설명하고 결과 해석에 신중해야 한다.

(3) 상담심리사는 정신장애에 대한 평가를 하는 경우 각별한 주의를 기울여야 한다. 내담자를 위한 치료 방향, 치료 유형 및 후속조치를 결정하기 위해서 개인 면담 및 평가 방법을 신중하게 선택하고 사용한다.

(4) 상담심리사는 내담자의 문제가 그가 속한 문화의 영향을 받는다는 것을 인지하고, 정신장애 진단 시 사회경제 및 문화적 경험을 고려해야 한다.

(5) 상담심리사는 정신장애를 진단하는 것이 내담자나 다른 사람들에게 해가 된다고 판단할 경우, 진단 혹은 진단 결과의 보고를 유보할 수 있다. 상담자는 진단이 지니는 긍정적, 부정적 함의를 신중하게 고려한다.

바. 검사의 안전성

(1) 상담심리사는 공인된 검사의 전부 또는 일부를 발행자 허가 없이 사용, 재발행, 수정하지 않는다.

(2) 상담심리사는 실시한 지 오래된 검사 결과에 기초한 평가를 피하고, 시대에 뒤떨어진 검사도구를 사용하지 않는다.

(3) 상담심리사는 심리검사의 요강, 도구, 자극, 또는 문항이 대중매체, 인터넷(온라인)등을 통해 노출되지 않도록 해야 하며, 또한 특정한 반응에 대한 구체적인 해석이 대중적으로 공개되지 않도록 해야 한다.

7. 수련감독 및 상담자 교육

가. 수련감독과 내담자 복지

(1) 수련감독자는 수련생이 진행하는 상담을 지도·감독할 때, 내담자의 복지를 우선적으로 고려해야 한다.

(2) 수련감독자는 수련생이 내담자들에게 상담 서비스를 제공함에 있어서, 자신의 자격 요건을 명확히 알리도록 지도한다.

(3) 수련감독자는 사전 동의 및 비밀보장 등의 권리가 내담자에게 있음을 수련생에게 주지시킨다.

나. 수련감독자의 역량과 책임

(1) 수련감독자는 사례지도 방법과 기법들에 대한 교육과 훈련을 받음으로써, 사례지도 역량을 향상시키기 위해 노력한다.

(2) 수련감독자는 전자 매체를 통하여 전송되는 모든 사례지도 자료의 비밀보장을 위해서 주의하고, 필요한 조치를 취한다.

(3) 수련감독자는 사례지도를 진행할 때, 학회에서 권고한 사례지도 형식과 시간을 준수해야 한다.

(4) 수련감독자는 사례지도를 시작하기 전에, 진행 과정에 대해 충분히 설명한 후 동의를 받음으로써, 수련생의 적극적 참여를 독려할 책임이 있다.

(5) 수련감독자는 수련생에게 그들이 준수해야 할 전문가적·윤리적 규준과 법적 책임을 숙지시킨다.

(6) 수련감독자는 지속적 평가를 통해 수련생의 한계를 파악하고, 그가 자신의 한계를 인식하고 보완할 수 있도록 돕는다.

(7) 자격 심사 추천을 하는 주 수련감독자는 수련생이 합당한 역량을 모두 갖추었다고 여겨질 때에만 훈련과정을 확인 및 추천한다.

다. 수련감독자와 수련생 관계

(1) 수련감독자는 수련생과 상호 존중하며 윤리적, 전문적, 개인적, 그리고 사회적 관계를 명료하게 정의하고 유지한다.

(2) 수련감독 관계의 변화나 확장이 있을 경우, 수련감독자는 그로 인한 문제가 발생하지 않도록 적절한 전문적 조치를 취한다.

(3) 수련감독자와 수련생은 성적 혹은 연애 관계를 갖지 않는다.

(4) 수련감독자와 수련생은 상호 성희롱 또는 성추행을 해서는 안 된다.

(5) 수련감독자는 가족, 친구, 동료 등 상대방에 대한 객관성을 유지하기 힘든 사람과 수련감독 관계를 맺지 않는 것을 원칙으로 한다.

라. 상담 교육자의 책임과 역할

(1) 상담 교육자는 상담과 관련된 자신의 지식과 능력 범위 안에서 교육을 제공하며, 상담 분야에서의 가장 새로운 정보와 지식을 활용한다.

(2) 상담 교육자는 교육과정에서 상담자의 다양성 인식 증진 및 다문화적 역량 향상을 도모한다.

(3) 상담 교육자는 교육생들이 상담이라는 전문직의 윤리적 책임과 규준을 숙지할 수 있도록 지도하고, 교육자 스스로 윤리적인 역할 모델이 될 수 있도록 노력한다.

(4) 상담 교육자는 자신이 속한 기관의 정책과 실제가 수련과정의 취지와 어긋난다면, 가능한 범위에서 그 상황을 개선하도록 노력한다.

(5) 상담 교육자는 수련중인 학회 회원의 상담료나 교육비를 책정할 때 특별한 배려를 함으로써 상담자 양성에 기여한다.

(6) 강의나 수업 중에 내담자, 학생, 혹은 수련생에 관한 정보나 이야기를 사례로 활용할 경우, 신상 정보를 충분히 변경하여 그 개인이 드러나지 않도록 보호한다.

(7) 상담 교육자는 교육생들이 훈련프로그램 중 상담자의 역할을 할 경우에도, 실제 상담자와 동일한 윤리적 의무와 책임이 있음을 인식하도록 지도한다.

(8) 상담 교육자는 평가대상이 되는 학생과 상담 관계를 맺지 않는다. 단 학교 현장에서 교육의 목적으로 이루어지는 집단 상담의 경우는 예외로 한다.

(9) 상담 교육자와 교육생은 성적 혹은 연애 관계를 갖지 않는다.

(10) 상담 교육자와 교육생은 상호 성희롱 또는 성추행을 해서는 안 된다.

8. 윤리문제 해결

가. 숙지의 의무

(1) 상담심리사는 본 윤리강령 및 적용 가능한 타 윤리강령을 숙지해야 할 의무가 있다. 본 윤리강령에 대해 모르고 있거나, 잘못 이해했다고 해도 비윤리적 행위가 정당화될 수는 없다.

(2) 상담심리사는 현행법이 윤리강령을 제한할 경우, 현행법을 우선적으로 적용한다. 만약 윤리강령이 현행법이 요구하는 것보다 엄격한 기준을 설정하고 있다면 윤리강령을 따라야 한다.

(3) 특정 상황이나 행위가 윤리강령에 위반되는지 불분명할 경우, 상담심리사는 윤리강령에 대해 지식이 있는 다른 상담심리사, 해당 권위자 및 상벌윤리 위원회의 자문을 구한다.

(4) 상담심리사는 사실이 아닌 일을 만들거나 과장해서 위반 사례로 신고하거나 이를 조장하지 않는다.

나. 윤리위반의 해결

(1) 상담심리사는 다른 상담심리사의 윤리강령 위반을 인지한 경우, 그 위반이 심각한 해를 끼치지 않는다면, 우선 해당 상담심리사에게 윤리문제가 있음을 인식시킨다.

(2) 명백한 윤리강령의 위반으로 개인이나 조직이 실질적인 해를 입거나 그럴 가능성이 있는 경우, 그리고 개별적인 시도로 해결되지 않는 경우, 상담심리사는 상벌윤리 위원회에 신고한다.

(3) 소속기관 및 단체와 본 윤리강령 간에 갈등이 있을 경우, 상담심리사는 갈등의 본질을 명확히 하고, 소속기관 및 단체에 윤리강령을 알려서 이를 준수하는 방향으로 해결책을 찾도록 한다.

다. 상벌윤리 위원회와의 협조

(1) 상담심리사는 상벌윤리 위원회의 업무에 협조한다. 상담심리사는 윤리강령을 위반한 것으로 신고 된 사건 처리를 위한 상벌윤리 위원회의 조사, 요청, 기타 절차에 협력한다.

9. 회원의 의무

본 학회의 모든 회원(정회원, 준회원)은 상담심리사 자격 취득 여부와 상관없이 본 윤리강령을 준수할 의무가 있다. 윤리강령에 어긋나는 행위를 한 상담심리사는 윤리강령과 상담심리학회 회칙에서 정한 절차에 따라 징계를 받을 수 있다. 또한, 징계 결과를 학회원, 다른 기관이나 개인에게 알릴 수 있다.

◆부칙

(1) 본 윤리강령은 2003년 5월 17일부터 시행한다.
(2) 본 윤리강령은 학회 명칭과 상담전문가 명칭을 변경함에 따라 해당되는 용어를 수정하여 2004년 4월 17일자부터 시행한다.
(3) 본 개정 윤리강령은 2009년 11월 21일부터 시행한다.
(4) 본 개정 윤리강령은 2018년 1월 1일부터 시행한다.

한국상담심리학회 윤리강령 시행세칙

제1조(목적)

이 시행세칙은 한국 심리학회 산하 한국 상담심리학회의 상담심리사 윤리강령을 실행하는 데 필요한 상벌 및 윤리위원회(이하, 위원회)의 조직, 기능 및 활동에 관한 제반사항을 규정함을 목적으로 한다.

제2조(위원회의 구성)

(1) 위원회는 상벌 및 윤리위원장(이하, 위원장)을 포함하여 7명의 상벌 및 윤리위원(이하, 위원)으로 구성된다.

(2) 위원장은 학회장에 의해 임명되며 심의위원회의 동의를 받아야 한다. 위원장의 임기는 1년으로 한다.

(3) 위원장은 나머지 6명의 위원을 학회장의 동의를 받아 선임하며 임기는 1년이다. 단 동시에 위원이 교체되는 것을 피하기 위해 일정 인원이 연임되도록 선임한다.

(4) 위원장은 위원직에 공석이 생길 경우 위와 동일한 방법으로 학회장의 동의를 받아 선임하며, 이 경우 위원은 남은 임기를 채운다.

제3조(위원회의 기능)

윤리위원회는 다음 각호의 사항을 수행한다.

(1) 학회 윤리강령의 교육

(2) 학회 윤리강령과 시행세칙의 심의·수정

(3) 다음 각 호에 해당되는 윤리강령 위반 행위에 대한 접수·처리·의결

　① 현재 본 학회의 회원

　② 위반혐의 발생 당시 본 학회 회원

　③ 본 학회에 등록된 기관 회원 혹은 단체

제4조(위원장 및 위원의 직무)

(1) 위원장의 직무

　① 학회 회원에 대한 제소 접수

② 제소 내용의 사실 여부 및 윤리강령 위반 여부 검토, 위원회의 조사 여부 결정

③ 제소인과 피소인에게 제소 건 통지

④ 위원들에게 제소 건을 알림

⑤ 제소인, 피소인, 그 외 관련된 사람들에게 추가정보 요청

⑥ 위원회의 회의 주재

⑦ 제소인과 피소인에게 위원회 결정사항 통지

⑧ 학회 보조로 법률자문 요청

⑨ 제소 건 진행시 권리행사를 회피하는 위원이 있어 의결정족수가 미달될 경우, 해당 사건 종결시까지 다른 위원을 임시 지명

(2) 위원의 직무

① 제소 내용에 대한 공정하고 신속한 처리

② 비밀 유지 및 업무와 관련된 개인과 기관의 권리 보호

③ 회원의 위반사실에 대한 정보를 접했을 경우 조사하여 제소 여부 결정

제5조(제소 건 처리 절차)

(1) 위원회는 제소인의 서명이 있는 문서화된 제소 건만을 접수한다. 단, 명백하고 공연한 윤리위반에 대하여 위원회는 직권으로 제소 절차를 개시할 수 있다. 이 경우, 위원회 명의로 문서화된 제소장을 접수한다.

(2) 제소된 문건은 학회 또는 위원회로 보내져야 하며, 문건에는 제소인·피소인, 그 외 관련자 등의 인적사항, 주소 및 연락처, 제소 내용 등이 포함되어야 접수한다.

(3) 위원장은 피소인의 신분을 확인한 후 피소인이 현재 및 윤리위반 당시에도 학회 회원이 아닐 경우에는 제소인에게 그 사실을 통지하고 기각 처리한다.

(4) 위원장은 제소 내용의 사실 여부, 사실일 경우 윤리강령의 위반 여부와 적절한 결정의 가능 여부를 검토한다. 만약 해당 제소 건이 윤리강령을 위반하지 않았다고 판단되거나, 제소 내용이 인정되어도 학회 차원의 적절한 결정이 불가능하다고 판단될 경우, 제소인에게 그 사실을 통지하고 기각 처리한다.

(5) 위원회는 제소 내용에 대한 정보가 불충분하여 제소 건의 처리·결정이 불가능할 경우, 제소인과 관련자들에게 필요한 정보를 더 요청할 수 있다. 이 때 제소인과 관련자들은 요청일로부터 20일 내에 응답해야 하며, 동 기간 내에 미응답 시 해당 제소건은 기각 처

리한다.

(6) 위원회는 제소인의 서명이 있는 정식 제소장이 접수되면 피소인에게 내용증명으로 피소통지서를 발송한다. 여기에는 윤리강령, 시행세칙, 기타 증거 자료들이 포함된다.

(7) 피소인은 피소통지서를 받고 이의가 있으면 30일 이내에 서면으로 그 이의 내용 및 제소 건에 관련된 필요한 증거 자료를 제출해야 한다. 피소인이 피소통지서를 송달받고도 위 기한 내에 이의 서면을 제출하지 아니하면 피소 내용에 대하여 이의가 없는 것으로 간주한다.

(8) 위원회는 제소 건 처리과정에서 필요하면 청문 절차를 진행할 수 있다.

(9) 위원회는 적절한 이유가 있을 때 심사를 연기할 수 있다. 피소인도 타당한 이유가 있을 때 서면으로 심사 연기를 요청할 수 있다. 단, 심사 연기 결정은 위원회에서 한다.

(10) 위원장은 피소인으로부터 회답을 받은 후 30일 이내에 위원회 징계회의를 소집하고, 위원회 징계회의에서 제소 내용과 답신, 관련 자료 등을 검토하여 윤리강령 위반에 해당하는지 여부를 심의한다.

(11) 위원회는 심의 후에 해당 제소 건의 기각 여부를 결정할 수 있다.

(12) 제소인과 피소인이 제소 내용에 대해 합의할 경우 위원회 위원 과반의 동의로 조사 및 징계 절차는 중단된다. 그러나 제소 관련 사실이나 증거들이 윤리강령에 명백히 위배된다고 판단될 경우에는 위원회는 직권으로 피소인에 대한 조사, 청문 및 징계 절차를 진행시킬 수 있다.

(13) 동일한 사안으로 타 학회나 기관의 위원회에 제소되어 제소 절차가 진행 중이거나 윤리적 결정이 내려진 경우 제소인이나 피소인은 위원회에 통지해야 하고, 위원회는 심의 후에 해당 제소건의 기각 여부를 결정할 수 있다.

(14) 피소통지서 및 최종 결정 통지서 발송은 내용증명 우편 방식을 원칙으로 하되, 피소인의 주소지 불명 등 사유가 있을 경우에는 이메일 방식을 사용할 수 있다. 그 외 모든 연락사항은 우편 또는 이메일로 가능하며 그 내용을 반드시 문서화하여 보관한다.

제6조(청문 절차)

(1) 위원회는 피소인의 윤리강령 위반 여부와 위반 정도를 판단하기 위하여 필요한 경우 위원회에 제소된 내용에 관한 청문 절차를 진행할 수 있다. 단, 회원 제명을 의결하는 경우에는 청문 절차를 진행하여야 한다.

(2) 청문회에는 위원장을 포함한 전체 재적 위원들의 과반수가 참석해야 한다. 필요에 따라 제소인, 피소인, 증인, 대리인, 기타 참고인 등의 출석을 요구할 수 있다. 이 때 청문회 출석자들의 상호 대면으로 인한 사생활 침해 등의 피해를 막기 위해 각별히 주의해야 한다.

(3) 출석 고지

① 피소인에 대한 출석 고지는 청문회 개최 15일 전까지 출석요구서를 우편 또는 이메일 등의 방식으로 발송함으로써 효력이 발생한다. 출석요구서에는 출석 요구 사유, 개최 일시, 장소, 진행 절차, 피소인의 권리 등에 관한 내용이 포함된다.

② 기타 관계자에 대한 출석 고지는 청문회 개최 전 서면 또는 유무선으로 할 수 있다. 이 경우 위원회는 청문회 개최 전까지 청문회 출석 여부 확인을 받아야 한다.

(4) 피소인의 권리

① 피소인은 위원회의 청문회 출석 요구에 가능한 한 참가해야 하며 참석하지 못할 경우 제출된 증거 자료로 회의가 진행된다.

② 피소인은 참고인이나 증인을 대동하거나 대리 출석시킬 수 있으며, 이 경우 청문회 개최 3일 전까지 위원회에 서면 또는 유무선으로 통보하여 위원장의 동의를 얻어야 한다.

③ 피소인이 청문회 출석요구서를 송달받았음에도 불구하고 기일변경 요청 등 사전 연락 없이 청문회에 출석하지 않은 경우, 피소인이 자의로 참석하지 않은 것으로 간주하며, 피소인은 이를 이유로 추가적인 청문회를 요구할 수 없다.

(5) 청문회의 실시

① 장소: 청문회장에는 위원회가 허용하지 않는 사람의 접근을 금하며, 개최장소는 비밀유지가 가능한 곳이어야 한다.

② 기록: 모든 청문 내용은 녹음되어야 한다.

③ 범위: 청문회 출석 위원들의 질의 내용은 제소된 사실의 확인 및 추가정보의 획득에 초점을 맞춘다.

④ 방식: 청문회의 방식은 대면 또는 화상으로 하되 위원회의 결정에 따른다.

(6) 피소인을 포함한 모든 청문회 참석자들은 청문회에서 다음과 같은 권리를 지닌다.

① 자신에게 불리한 질의에 답변하지 않을 권리

② 자신에게 유리한 증거나 증언을 자유롭게 제시할 수 있는 권리

(7) 청문회 종료 선언 및 고지: 위원회는 청문회의 개최 목적이 충분히 달성되었다고 판단될 경우 청문회의 종료를 선언하고, 이를 7일 내에 제소인과 피소인 또는 그 대리인에게 알려주어야 한다.

제7조(징계의 종류)

징계의 종류는 경징계(경고, 견책)와 중징계(자격정지, 자격 영구박탈, 회원 제명)로 나누며, 징계받은 피소인은 제소인의 심리적 및 신체적 건강의 회복을 위해 적극 협조해야 한다.

(1) 경고 시, 피소인은 경고를 받은 날로부터 20일 이내에 학회와 제소인에게 본인임을 확인할 수 있는 서명 또는 날인이 포함된 서면을 통하여 사과할 의무가 있다.

(2) 견책 시, 피소인은 견책을 받은 날로부터 6개월 이내에 위원회가 승인하는 상담심리사에게 10회 이상의 개인상담을 받아야 한다.

(3) 상담심리사(1급, 2급) 자격정지

① 자격정지 2년 미만일 경우, 피소인은 자격정지를 받은 날로부터 1년 이내에 위원회가 승인하는 상담심리사에게 20회 이상의 개인상담을 받아야 한다.

② 자격정지 2년 이상일 경우, 피소인은 자격정지를 받은 날로부터 2년 이내에 위원회가 승인하는 상담심리사에게 40회 이상의 개인상담을 받아야 한다.

(4) 상담심리사(1급, 2급) 자격 영구박탈

(5) 회원 제명

제8조(징계회의)

위원장은 청문회와는 별도로 다음과 같이 피소인에 대한 징계회의를 소집할 수 있다.

(1) 징계회의에는 위원장을 포함한 전체 재적 위원의 2/3 이상이 참석해야 한다.

(2) 위원장은 징계회의에서 제소 내용, 제소에 따른 조사 및 청문 절차, 결과 등을 보고한다.

(3) 징계 심의는 다음의 절차를 따른다.

① 제소 내용, 조사 내용, 청문 결과 등을 토대로 자유토론 후 징계 여부와 징계 내용을 심의한다.

② 징계 여부와 징계 내용에 대한 만장일치가 이루어지지 않을 경우 무기명 자유투표를 실시하며, 그 결과 출석위원 2/3 이상이 찬성한 안을 채택한다.

③ 징계 내용 중 영구 자격박탈 및 회원 제명은 참석한 위원의 만장일치 합의로 결정되

며, 자격의 일시정지는 자격 회복의 요건, 방법, 절차 등을 동시에 결정하여야 한다.

제9조(징계회의 이후의 절차)

(1) 위원장은 제소의 내용, 조사와 청문의 진행 절차 및 결과, 윤리강령 위반 항목, 징계결정의 취지 등을 포함한 징계회의 심의 결과를 7일 이내에 한국상담심리학회장(이하, 학회장)에게 보고해야 한다.

(2) 학회장은 위원장으로부터 징계회의 심의 결과를 보고받은 후 7일 이내에 이를 이사장에게 보고한다.

(3) 중징계의 경우 이사장은 학회장으로부터 징계회의 심의 결과를 보고받은 후 7일 이내에 이사회 소집을 통지하고 이사회 의결을 거쳐 징계한다.

(4) 경징계의 경우 이사장은 학회장으로부터 징계회의 심의 결과를 보고받은 후 7일 이내에 징계회의 심의 결과에 따라 징계한다.

제10조(징계에 따른 의무사항 이행)

(1) 피소인은 징계에 따른 의무사항 이행 사실을 위원회에 서면으로 증빙 자료를 첨부하여 보고하여야 한다.

(2) 피소인이 징계에 따른 의무사항을 이행하지 않거나 불성실하게 이행할 경우 위원회의 심의 및 의결에 의하여 징계 내용을 심화하거나 더 중한 징계를 할 수 있다.

제11조(결정사항 통지 등)

(1) 이사장은 징계 결정 후 20일 내에 징계 결정 사항을 내용증명 우편으로 피소인에게 발송한다.

(2) 이사장은 학회장 및 위원장과 협의하여 징계 결정 내용 및 위반한 윤리강령의 조항을 학회 홈페이지, 뉴스레터, 관련학회, 유관기관 등에 통보하거나 공표하도록 조치할 수 있다.

(3) 이사장은 중징계의 경우에는 학회장 및 위원장과 협의하여 징계 내용을 확인할 수 있도록 조치할 수 있다.

제12조(재심 청구)

(1) 중징계 결정 통지를 받은 피소인은 재심을 청구할 수 있다.

(2) 위 항에 해당되는 피소인은 징계 결정을 통지받은 후 20일 내에 위원회에 서면으로 재심을 청구할 수 있다. 피소인이 위 기간 내에 재심청구를 하지 아니하면 피소인의 징계 결정은 재심청구기간 만료와 동시에 확정된다.

(3) 재심을 청구한 날부터 재심이 종료될 때까지 피소인에 대한 징계 결정은 자동적으로 유예된다.

(4) 학회장은 재심 위원 7인을 새로 구성하여 임명한다.

(5) 재심 위원들은 기존의 심사과정에서 사용된 모든 자료들을 검토하여 재심 청구 접수일로부터 60일 내에 재적 재심위원 2/3 이상의 찬성으로 의결하여 결정한다.

(6) 재심위원회는 필요한 경우 제소인과 피소인에게 추가정보를 요청할 수 있으며, 청문회 없이 결정을 내리게 된다. 재심위원회의 결정은 제소인과 피소인에게 서면으로 통지한다.

(7) 재심 결정이 이사회의 결정과 같을 경우, 더 이상의 청문회나 재심은 없다.

제13조(기록)

제소 건에 관련된 위원회 및 이사회의 기록에 대해서는 철저히 비밀을 유지하며, 특히 청문회를 개최한 경우에는 녹음된 자료를 5년간 보관한다.

제14조(제소 건에 관련된 법적 절차)

(1) 제소 건과 관련하여 다른 어떤 형식의(민사 또는 형사) 법적 절차가 진행되고 있는 경우 제소인이나 피소된 회원은 위원회에 통지해야 한다.

(2) 정식 접수된 제소 건에 관련된 심의는 어떤 형식이든 그 제소 건에 관련된 모든 법적 절차가 종결될 때까지 보류된다. 단, 그 보류기간 동안 회원으로서의 활동은 중지된다. 만일 같은 제소 건이 아닐 경우, 위원회는 심의 절차의 보류 여부에 관한 법적인 자문을 구한다.

(3) 위원회는 만일 제소 건의 심의가 유예되면, 이를 제소인과 피소된 회원에게 통지한다.

(4) 관련된 법적 절차가 모두 종결되고 난 후 제소 건이 다시 진행될 때는, 위원회는 제소인과 피소된 회원에게 이를 통지한다.

제15조(자격 회복 절차)

(1) 2년 미만 또는 2년 이상의 자격정지 징계를 받은 상담심리사가 자격회복을 신청하는

경우에는 자격회복을 위한 소정양식(신청서, 상담자의 소견서 등)을 위원회에 제출하여 심사를 받아야 한다.

(2) 위원회 심사 결과 재적위원 과반수 이상의 찬성과 이사회 의결 결과 재적이사 과반수 이상의 찬성으로 자격을 회복할 수 있다.

제16조(임의탈퇴 절차)

본회에서 탈퇴를 원하는 회원은 문서로 탈퇴서를 제출하여야 하고, 심의위원회에서 승인을 받는 대로 탈퇴할 수 있다. 단, 위원회에 제소된 회원의 경우 제소 절차가 종료될 때까지 임의탈퇴는 보류된다.

◆ 부칙

- 2004년 9월 1일이 제정된 시행세칙안은 2017년 12월 22일 윤리위원회의 의결로 개정되었으며 본 개정안은 2018년 1월 1일부터 시행한다.
- 본 시행세칙의 개정은 윤리위원장의 제안과 윤리위원회의 의결로 시행한다.
- 본 시행세칙에 미비한 사항은 윤리위원회의 의결로서 시행한다.
- 본 개정안은 2020년 12월 12일부터 시행한다.

공공상담기관 행정의
실제 I

조직의 구성, 관리, 유지, 발전을 다루는 행정 업무는 조직을 운영하기 위해 기본적으로 수행해야 하는 업무이다. 그렇기에 상담기관에서 일하는 상담자 역시 행정 업무를 수행해야 한다. 일부 상담자들은 행정 업무가 마치 상담자의 활동과는 별개의 일인 것처럼 생각하는 경향이 있지만, 행정 업무와 상담 업무는 매우 밀접한 관계라 할 수 있다.

공공상담기관의 상담자들은 해당 기관의 특성을 파악하고, 이곳에서는 어떤 행정 업무들을 수행하는지 이해해야 한다. 이 장에서는 먼저 국내 공공상담기관의 현황과 운영 근거에 대해 설명한다. 그리고 공공상담기관에서 상담자가 다양한 상담 사업들을 추진할 때 수행해야 할 행정 업무에 대해 알아본다. 특히 상담 사업을 기획-진행-평가하는 전 과정에서 중요한 고려 요인인 서비스의 질과 관련해서는 별도로 다루었다.

1. 공공상담기관의 현황과 운영 근거

공공상담기관이란 공공의 영역에서 예산과 인력을 출연하거나 보조하여 설립한 상담기관을 말한다. 대체로 정부 부처나 지방자치단체에서 설립한 상담기관이 여기에 해당한다. 이러한 공공상담기관을 국가나 지자체에서 운영하기 위해서 상담기관 운영을 법으로 규정하고 기관의 경영목표체계를 수립하게 된다. 이 절에서는 우리나라 공공상담기관의 현황과 함께 공공상담기관 운영의 법적 근거와 경영목표체계에 대해 살펴보고자 한다.

1) 공공상담기관의 현황

우리나라 상담의 큰 특징 중 하나는 상담이 대체로 공공영역에서 발전해왔다는 것이다. 이는 정신건강에 문제가 있거나 사회경제적으로 취약한 상황에 처해있는 사람들에게 심리 지원을 하는 것이 국가의 책무라고 여기는 우리네 공동체 정신에서 비롯되었다고 할 수 있다. 국가와 지방자치단체는 미성년자인 아동·청소년, 사회적 차별을 경험할 가능성이 높은 다문화 가정의 구성원과 각종 범죄피해자들에게 심리 지원을 하고 있다. 또한 군 복무자와 실업자, 재소자, 재난피해자 등 특수한 상황에 처해있는 사람들에게도 다양한 상담 서비스를 제공한다. 예를 들어 코로나19 유행이 장기화됨에 따라 심리적 어려움을 겪는 국민들에게 상담을 제공하기 위해 국가와 지자체에서 적극적으로 심리지원센터를 개설하여 대국민 상담을 진행하기도 하였다.

국가나 지자체에서는 대표적으로 두 가지 방법으로 상담을 제공한다. 가장 일반적인 방법은 상담을 전문적으로 제공하는 기관을 설립하는 것이다. 청소년상담복지센터, 위(Wee) 센터 등이 그 예이다. 이 경우 예산이 많이 소요된다는 단점이 있으나, 기관을 한번 설립하고 나면 각종 상담 서비스를 안정적으로 제공할 수 있다는 장점이 있다. 두 번째는 상담을 프로그램으로 제공하는 것이다. 특히 특정 문제에만 초점을 두고 상담을 제공할 때는 이미 운영 중인 기관에 신규 사업으로 상담 업무를 추가하거나, 상담자만 배치하여 개인상담을 제공하도록 한다. 이 경우에는 일정 기간이 지난 후에 상담 사업이 종료되기 때문에 서비스 제공의 지속성이나 프로그램의 효과가 장기적으로 유지되기 어렵다.

청소년상담은 공공상담기관을 설립하여 비교적 장기간 국민들에게 서비스를 제공하고 있는 영역이다. 그중 청소년상담복지센터는 지역 내 모든 청소년과 보호자를 대상으로 상담을 제공할 목적으로 설립된 기관이며, 위(Wee) 센터는 교육지원청을 하나의 단위로 하여 관할 구역 내 학교에 재학 중인 학생들을 상담하기 위해 설치한 기관이다. 청소년상담복지센터는 2021년 기준 전국 시·도 17개소, 시·군·구 221개소가 있다(한국청소년상담복지개발원 홈페이지, 2021). 위(Wee) 센터는 233개소가 있는데, 초·중·고등학교 7,603개교에 설치되어 있는 위(Wee) 클래스를 지원하고 있다. 이 밖에 2015년부터 시작된 학교 밖 청소년 지원센터인 꿈드림에서도 상담을 기본업무로 수행하고 있다. 꿈드림은 2021년 기준 시·도 17개소, 시·군·구 203개소가 설치되어 있다(한국청소년상담복지개발원 홈페이지, 2021).

이처럼 청소년상담 영역에서는 상담을 전문적으로 수행하는 상담기관을 운영하고 있지만, 다른 영역에서는 상담 업무가 기관이 진행하는 여러 사업 중 일부인 경우가 많다. 건강가정지원센터, 정신건강복지센터, 결혼이주여성지원센터, 하나센터, 비행예방센터 등이 그 예이다.

공공영역에서의 상담은 국가나 지방자치단체가 주요정책사업의 하나로 진행하기 때문에 흔히 '정책 사업으로서의 상담'이라고 칭하기도 한다. 공공상담 관련 정책은 3장에서 상세히 설명하였으므로, 이 장에서는 국가나 지자체에서 설립한 상담전문기관이나 상담전문시설에서의 행정 실무 중 사업 관련 내용을 중심으로 소개하고자 한다.

2] 공공상담기관의 운영 근거

앞에서 언급했듯, 국가나 지방자치단체에서 공적으로 상담기관을 운영하기 위해서는 두 가지 중요한 전제가 필요하다. 하나는 상담기관 운영을 법으로 규정하는 것이고, 다른 하나는 설립 목적을 명확하게 반영한 경영목표체계를 수립하는 것이다. 법령이나 조례에 상담기관의 설립과 운영에 대한 내용이 규정되면 이를 근거로 예산과 인력을 지원받을 수 있다. 또한 목표로 하는 사업의 내용을 정의하고 사업 평가의 근거가 되는 경영목표체계를 수립하게 된다.

(1) 법령과 조례

국가와 지방자치단체에서 추진하는 모든 사업은 법에 근거해야 한다. 국가나 지자체가 상담 관련 사업을 추진할 때도 마찬가지로 사업에 대한 세부사항들이 법으로 규정되어야 한다. 이러한 법에는 상담기관 설립, 상담 서비스의 목적과 내용, 서비스 전달 체계, 상담 전문 인력, 필요 재원 확보 등의 내용이 포함된다.

흔히 법령이라고 통칭되는 법률과 명령은 국회와 행정기관이 제정하는 법을 뜻한다. 그런데 모든 법령을 국회의원 또는 행정가들이 알아서 제정 또는 개정할 수는 없다. 각 사업의 상세한 내용은 해당 분야의 전문가들이 가장 잘 알기 때문이다. 그렇기에 국회나 각 부처에서 상담 관련 법령을 제·개정할 때는 상담자들에게 자문을 구하거나 공청회 등을 통해 의견을 듣는다.

조례는 지방의회가 제정하는 일종의 지방법으로, 법령의 범위 안에서 지자체의 사무에 관한 사항을 규정한다. 법령이 헌법에 위배되어서는 안 되는 것처럼, 조례도 관련 법령의 범위를 벗어나거나 위배되는 내용은 포함할 수 없다. 어떤 조례가 지역의 실정에 적합한 이상적인 방향을 담고 있더라도 법령의 범위를 넘어설 수는 없는 것이다. 그러다 보니 여러 법령들과의 관계를 분석하여 조례의 내용을 구성하는 절차가 복잡하다는 이유로 조례를 만들지 않으려는 경향도 있다. 하지만 조례는 지방자치단체에서 상담 사업을 진행하는 데 필요한 예산과 인력 투입의 중요한 근거가 되기 때문에 반드시 필요하다. 상담과 관련된 법령과 조례의 예는 표 7-1과 같다.

표 7-1 법과 조례의 예시

영역	법령	조례
청소년상담	「청소년복지 지원법」	○○시 청소년상담복지센터 설치 및 운영에 관한 조례
학교 밖 청소년 지원	「학교 밖 청소년 지원에 관한 법률」	○○○도 학교 밖 청소년 학업 및 사회진입 지원과 기부금 모집 및 활용에 관한 조례
건강가정만들기	「건강가정기본법」	○○군 다문화가정 지원 및 문해교육 실시에 관한 조례

법령이든 조례든 새로운 법을 제정하거나 기존의 법을 개정하고자 할 때에는 법안을 구성하고 상정하고 심의하는 과정 전반에 전문가들을 참여시킨다. 전문가들에게 개별적으로 자문을 구하거나 공청회를 열어 의견을 청취하는 절차를 거치는 것이다. 따라서 상담자들은 상담 영역과 관련된 법에 대해 관심을 가지고 적극적으로 의견을 개진해야 한다. 만약 상담자가 상담 관련 법에 무관심하다면 전문직 종사자로서의 의무를 저버리는 것이며, 이러한 무관심으로 인해 상담자의 활동 영역과 권리가 제한되는 결과를 초래할 수 있음을 인지해야 한다.

상담자는 법이나 조례뿐 아니라 대통령의 국가운영방침(국정방침)이나 지방자치단체장의 운영방침(도정방침, 시정방침, 군정방침)에도 관심을 가져야 한다. 투표로 선출되는 대통령과 지방자치단체장은 선거 기간에 국민 또는 주민들에게 상담에 대한 자신의 견해를 기반으로 관련 공약을 내세우고, 당선된 후에는 해당 공약을 바탕으로 다양한 정책을 집행하고 법안을 마련한다. 따라서 상담자는 국가 또는 지역의 상담 정책에 대한 아이디어를 제공하고, 정책 방향에 맞춰서 상담 사업을 전개하는 적극적인 태도가 필요하다. 상담 관련 법률과 상담 법제화 등에 대해서는 이 책의 2장에서 상세히 다루었다.

(2) 경영목표체계

국가와 지방자치단체에서 상담 사업을 진행할 때에는 경영목표체계를 수립하도록 하고 있다. 경영목표체계는 기관에서 추진하는 상담 사업이 국가나 지자체의 정책 사업에 부합하는지, 모든 사업들이 경영 목표 달성을 위해 적절하게 진행되는지를 모니터링 가능한 형식으로 정리한 것이다. 한마디로, 경영목표체계란 기관의 운영 방향을 요약한 것이라고 할 수 있다.

　공공상담기관에 소속되어 일하고 싶은 상담자라면 경영목표체계에 대해 이해하고 있어야 한다. 상담자가 기관의 경영목표체계를 이해하면, 자신이 수행하는 업무가 기관 운영과 어떤 연관성이 있는지를 알 수 있을 뿐만 아니라 기관 전체의 업무를 파악할 수 있기 때문에 전략적으로 사업을 수행해나가는 데 도움이 된다. 결국 경영목표체계는 상담자에게 기관의 전체 사업에 대한 통찰력을 제공해줌으로써 직원으로서의 역량을 향상시키도록 돕는다. 다수의 상담기관에서는 기관의 경영목표체계를 홈페이지 등에 게시하고 있다.

　그림 7-1은 여성가족부 산하 청소년상담 공공기관인 한국청소년상담복지개발원의 경영목표체계이다. 이 그림에서 볼 수 있듯 경영목표체계에는 기관이 지향해야 할 방향인 미션과 비전이 있고, 이를 달성하는 데 추진력을 더해주는 핵심가치와 경영철학이 있다. 그리고 이에 기반하여 기관의 주요 사업 영역을 범주화한 전략목표와 전략과제가 있다. 또한 사업의 성과를 평가하기 위한 성과지표도 포함된다. 즉, 경영목표체계란 상담기관의 사업이 총망라된 것이다. 이러한 경영목표체계를 수립하는 일에 참여하기 위해서는 기관의 전체 사업에 대해 정확히 이해하고 숙지하고 있어야 한다. 경영목표체계에 포함되는 요소들을 경영 방향과 성과관리체계로 나누어 살펴보면 다음과 같다.

　① 경영 방향

　기관의 경영 방향은 미션, 비전, 핵심가치, 경영철학으로 표현된다. 미션은 기관 설립 당시 설정된 목적, 존재 이유 등을 한 문장으로 진술한 일종의 선언문을 뜻하며, 선언적 표현이라고도 한다. 미션은 해

그림 7-1 한국청소년상담복지개발원 경영목표체계
출처: 한국청소년상담복지개발원(2021).

당 기관의 심벌과 같은 역할을 하기 때문에 다소 추상적으로 표현되곤
한다. 미션의 예시는 다음과 같다.

- 아픔을 해결하지 못한 채 어른이 되는 청소년이 한 명도 없게 한다!
- 해운대구 관내 모든 학생들의 성공적인 학교생활 적응 지원!

이처럼 미션은 대개 하나의 문장으로 표현된다. 기관의 존재 이유
를 압축해서 한 문장으로 표현해야 하기 때문에 미션을 만드는 것이
쉽지는 않지만, 잘 만들어진 미션은 보는 이들의 심금을 울려서 동기를
유발하는 기능을 한다.

비전은 미션을 달성하기 위해 세우는 목표로, 5~10년 후 미래에
대한 중장기적 목표에 해당한다. 비전은 미션보다는 구체적인 내용을
담고 있으나 단기적인 성과를 나타내는 것은 아니기 때문에 추상적인
표현이 사용되기 쉽다. 그러나 많은 기관에서는 비전을 과감하게 구체
화된 수치로 표현하기도 한다. 비전의 예시는 다음과 같다.

- 지역 청소년 행복도 전국 Top 10 실현
- 9898 무브먼트 : 관내 98개 초·중·고 졸업률 98%!!

이렇듯 비전은 미션을 전제로 기관의 설립 목적을 보다 구체화한
것이며, 조직 전체 및 각 부서가 수립하는 사업목표의 근거가 된다.

핵심가치는 미션과 비전을 달성하기 위해 전체 조직 구성원들에
게 동기를 부여할 목적으로 설정한다. 대부분의 상담자들은 상담자라
는 직업을 경제적 의미 이상으로 여긴다. 예를 들어 청소년상담자들은

청소년을 상담하는 일에, 학교상담자들은 학생을 상담하는 일 그 자체에 상당한 의미를 부여하곤 한다. 즉, 돈과 상관없이 '상담'이 좋고 '타인을 도와주는 것이 좋아서' 상담을 직업으로 선택하는 경향이 있는 것이다. 대학원 학력 수준의 훈련을 요구하면서도 다른 전문 영역에 비해 처우가 좋은 편이 아님에도 상담 전공자가 매년 늘어나는 것은 아마도 상담에 취업 이상의 의미를 두기 때문일 것이다.

경영목표체계에서의 핵심가치는 바로 이러한 '일의 의미'와 관련이 깊은 개념으로, 조직의 지향점을 공유함으로써 구성원들의 동기와 신념을 자극한다. 따라서 핵심가치는 미션이나 비전을 이루는 근간이 되기도 하고, 미션이나 비전을 실현하기 위한 에너지원이 되기도 한다. 핵심가치는 짧은 단어 또는 구로 표현되지만, 이러한 짧은 문구 안에 정서적인 감흥을 일으키는 의미를 함축한다. 핵심가치의 예시는 다음과 같다.

- 소통협력, 완전무결, 평생지원
- 지역균등발전, 상생협력, 안전우선

마지막으로, 경영철학은 기관장이 가지고 있는 경영에 대한 방향성을 말한다. 대체로 경영철학은 기관장이 특별히 관심을 가지는 분야나 대상에 대한 철학을 단어 또는 구로 표현한 것이다. 기관장은 상담기관 운영에 대한 자신의 경영철학을 정리하여 직원들과 공유함으로써 구성원들이 일관성 있게 사업을 추진하도록 독려한다. 이때 주의해야 할 점은 기관장이 가진 다양한 철학적 관점 중에서 기관의 경영목표체계와 일치되는 것들만 경영철학으로 선정해야 한다는 것이다. 다시 말해 경영철학은 기관의 설립 목적과 미션, 비전에 부합해야 하며, 이를 달성하는 데 도움이 되어야 한다.

이러한 경영철학은 기관장의 연설 내용에서 자주 드러난다. 기관장은 취임사, 기념사, 종무식이나 시무식의 인사말 등에서 경영철학을 풀어 설명함으로써 전 직원들이 미션과 비전을 달성할 수 있도록 독려한다. 이러한 경영철학은 핵심가치와도 밀접한 관련이 있으며, 핵심가치에 대한 직원들의 감흥을 배가시키는 역할을 하기도 한다. 다만 경영철학은 기관에 따라 경영목표체계에 포함되지 않을 수도 있다. 경영철학의 예시는 다음과 같다.

• 고객지향, 고객우선, 고객행복

② 성과관리체계

미션과 비전 등을 통해 기관의 경영 방향을 제시했다면 이제 이를 구체적인 사업으로 표현해야 한다. 사업은 대체로 1년을 주기로 선정되는데, 수년 간 수행할 중장기적 사업이라 하더라도 매년 사업을 점검하기 위해서는 1년 단위로 체계를 잡아야 한다. 그래서 기관에서는 보통 1년을 주기로 사업별 목표를 설정하고 부서 및 개인에게 목표달성을 위한 성과지표를 부여한다. 이를 총칭하여 성과관리체계라고 하며, 여기에는 전략목표, 전략과제, 성과지표 등이 포함된다.

전략목표는 미션과 비전을 달성하기 위해 수립하는 구체적인 사업목표이다. 기관의 사업은 대개 영역별로 범주화하여 나타내는데, 상담기관은 일반적으로 기관 운영, 상담, 상담 사업, 교육연수, 연구, 특성화프로그램 등으로 영역을 구분한다. 이때 상담기관에서는 각 사업 영역의 목표가 전략목표가 되곤 한다. 상담기관은 대개 규모가 크지 않기 때문에 사업 영역별로 부서를 만들고 새로 추가되는 업무는 적절한 부서에 할당하는 경향이 있다. 그러다 보니 부서별 사업목표가 전략목표로 되기 쉬운 것이다. 이처럼 사업목표는 전략목표 구성의 가장 기본적인 형태이다.

전략과제는 보통 전략목표를 달성하기 위한 대표적인 사업들을 중심으로 구성하기 때문에 실제적인 사업명과 관련성이 크다. 기관의 규모에 따라 한 개의 전략목표에는 3~5개의 전략과제가 할당된다. 전략과제는 전략목표에 부합해야 하므로 전략과제를 수립할 때는 물론, 이를 전략목표에 배치할 때에도 기관의 구성원들과 함께 논의하는 것이 좋다.

성과지표는 각 사업별 성과를 표현한 것으로, 전략과제를 달성했을 때 거두게 되는 최종 결과를 뜻한다. 성과지표는 진술하는 방식에 따라 계량지표와 비계량지표로 구분된다. 문자 그대로 보면 계량지표는 수량화된 지표이고 비계량지표는 수량화되지 않은 지표라 할 수 있지만, 어떤 경우에는 계량지표를 과제 달성을 측정하는 메인지표로 보고 비계량지표는 메인지표를 보완해주는 지표로 여기기도 한다. 성과지표는 계량지표든 비계량지표든 구체적으로 기술되어야 하는데, 가급적 수치로 확인 가능한 것이 좋다.

성과지표는 평가 대상의 속성에 따라 투입지표와 산출지표로 구분되기도 한다(표 7-2 참조). 투입지표는 사업을 시행하는 데 투입된 자원이나 인력 등을 뜻하고, 산출지표는 사업이 완료되었을 때 도출되는 결과물을 뜻한다.

투입지표나 산출지표 모두 성과임에는 틀림없으나, 평가를 진행

표 7-2 투입지표와 산출지표

지표	의미	예시
투입지표	최종 성과를 내기 위한 과정 지표	위기 청소년 100명 상담
산출지표	최종 성과를 나타내는 지표	위기 문제 해결률 82% (*100명을 상담해서 나타난 효과)

할 때는 일반적으로 최종 성과인 산출지표를 요구한다. 예를 들어 어느 상담기관에서 1년 동안 100명에게 대면상담을 제공하고, 300명에게 상담교육을 했다고 하자. 이는 매우 의미 있는 성과이지만, 평가의 관점에서 본다면 100명을 상담하고 300명을 교육한 것이 결과적으로 어떤 가치가 있는지를 판단하는 데는 한계가 있다. 따라서 이러한 내용이 반영된 최종 성과인 산출지표에 관심을 가질 수밖에 없다. 이 예시에서 최종 성과를 표현하는 산출지표를 설정하자면 '문제 해결 정도', '교육에 대한 만족도', '상담자 역량 향상 점수', '지역사회 문제발생 빈도 감소 정도' 등이 될 수 있다.

성과지표는 평가 대상의 단위에 따라 팀 성과지표와 개인 성과지표로 나눌 수도 있다. 팀 성과지표로는 흔히 BSC(Balanced Score Card, 균형성과표)가 사용되고, 개인성과지표로는 MBO(Management By Objectives, 목표관리)가 사용된다. BSC는 부서가 가지고 있는 전략목표, 전략과제를 기반으로 정의한 부서의 대표적인 성과지표이다. MBO는 구성원 개인의 성과관리를 의미하는데, 각 개인의 MBO는 팀 성과지표인 BSC를 보완해주는 방식으로 선정한다. 즉, 개인들이 MBO를 달성하는 것이 결과적으로 BSC 목표를 달성하는 데 기여하도록 MBO를 구성해야 한다는 것이다. 조직의 중간관리자인 부서장은 각 부서원들의 MBO 달성 정도를 모니터링하면서 부서의 BSC 체계를 관리한다.

지금까지 전략목표, 전략과제, 성과지표 등의 성과관리체계에 대해 논의하였다. 전략목표에 따른 전략과제와 성과지표의 예시를 정리하면 표 7-3과 같다.

표 7-3 전략과제에 따른 성과지표의 예시

사업 영역	전략목표	전략과제	성과지표
기관 운영	지역주민이 공감하는 사회적 가치 실현	적극적 참여협력으로 시민 신뢰도 제고	신뢰도 점수 향상
		일·가정 양립 만족도 제고	만족도 점수 향상
상담	위기 청소년 70% 상담 지원	지역사회의 통합 지원 역량 제고	위기 개선 비율
		비대면상담 강화	상담 만족도 향상
상담 사업	인터넷 중독, 학교 밖 청소년 지원 사업 확대	인터넷 중독 청소년 서비스 확산	인터넷 중독 개선율
		학교 밖 청소년에게 공정한 기회 제공	사회진입 성공 비율
교육 연수	지역 내 상담 자원 500명 양성	상담 자원봉사자 양성 확대	상담 유능감 향상도
		학교상담교사연구회 구축 운영	상담 효능감 향상도

2. 상담 사업의 기획

사업 기획이란 기관에서 수행해야 하는 일을 정하고 그 일의 필요성, 방법과 시기, 소요 예산, 담당 인력 등을 구체적으로 계획하는 것이다. 기획(planning)은 조직의 관점에서 보면 조직 전체의 방향을 예측하고 구체화하는 작업이지만, 개별 부서의 관점에서 보면 부서가 수행할 사업을 계획하고 구체화하는 일이기에 계획(plan)과 여러 가지 면에서 유사한 의미를 가진다. 하지만 전문적인 기획의 관점에서 본다면 계획은 기획의 내용을 실제로 수행하기 위한 세부방침에 해당한다.

1) 상담 사업 기획의 중요성

상담 사업을 기획하는 것은 상담행정에서 매우 중요한 업무이다. 일반적으로 상담은 개인상담, 집단상담, 가족상담 등을 포함하며, 상담 사업은 이렇듯 다양한 유형의 상담을 기반으로 특정 영역을 지원하기 위한 프로젝트로 구성된다. 이와 같은 프로젝트를 구성하려면 사업의 내용, 투입 예상 인원, 소요 예산 등이 사전에 추정되어야 하는데, 이러한 과정을 상담 사업 기획이라고 한다. 상담 유형 및 상담 사업의 예시는 표 7-4와 같다.

표 7-4 상담 유형 및 상담 사업의 예시

상담 유형	상담 사업
• 개인상담 • 집단상담 • 가족상담 • 전화/사이버상담	• 또래상담 사업 • 인터넷 중독 대응 사업 • 학교 밖 청소년 지원 사업 • 자살 예방 프로젝트

만약 상담 수행만을 계획한다면 투입 인력이나 예산을 미리 꼼꼼하게 따져보지 않아도 될 것이다. 개인상담과 가족상담은 상담자 본인이 진행하면 되고, 집단상담은 한 상담자를 리더, 다른 상담자를 코리더로 배치하면 되기 때문이다. 예산 부분에서도 내담자에게 제공할 음

료와 자료 복사를 위한 지출 정도만 고려하면 된다. 이렇듯 상담 수행만을 염두에 두는 상담자들의 경우 많은 시간을 할애하여 사업 내용, 인력 배치, 소요 예산 등을 사전에 추정하는 사업 기획 업무를 상담과 거리가 먼 일로 여기곤 한다.

규모가 제법 큰 상담기관에서는 상담 사업의 기획을 기획전략부, 기획혁신부 등 경영본부에 속해있는 부서에서 진행한다. 그리고 이러한 부서들에는 상담자보다는 경영학이나 행정학 전공자 위주로 배치되는 경향이 있다. 이는 경영기획이라는 업무의 특성 때문이기도 하지만, 상담자들이 기획 업무를 어려워하는 데서 비롯된 부분도 있다. 그러나 상담 사업을 기획하는 일은 결국 상담을 통해 사람을 변화시키는 일이기 때문에 상담자가 참여하는 것이 필요하다. 상담 사업을 기획하는 일은 다음과 같은 차원에서 매우 중요하다.

첫째, 상담 사업 기획은 상담기관의 방향성을 검토하고 재정비하며 기관의 목적에 맞는 상담 사업들을 준비하는 과정이라는 점에서 중요하다. 즉, 짧게는 한 분기 또는 1년, 길게는 5년 이상을 중장기적으로 내다보면서 상담기관이 목적에 맞는 사업을 일관되게 수행하도록 미리 청사진을 그리는 것이 기획이다. 또한 상담자는 새로운 상담 사업을 기획할 뿐 아니라 기관의 주요 상담 사업을 직접 검토하고 점검하면서 발전시켜야 하는데 이와 관련된 역량을 기획 업무를 통해 향상시킬 수 있다.

둘째, 상담 사업 기획은 효율성과 효과성을 예측해준다는 점에서 중요하다. 기획이 없으면 일을 주먹구구식으로 하게 되고 예기치 못한 상황이 발생했을 때 임기응변으로 대처하게 된다. 개인이든 조직이든 기획 없이 전문적인 활동을 통해 제대로 된 성과를 창출하기는 어렵다.

상담자는 사업 기획 단계에서 예산 투입 대비 성과를 극대화하는 방안을 마련하고, 내담자의 문제 해결에 가장 효과적인 상담 사업 전략들을 준비해야 한다.

셋째, 상담 사업 기획은 기관이 사회적 책무성을 다하도록 돕고, 구성원들이 업무 수행에 책임감을 갖게 한다는 점에서 중요하다. 공공 상담기관들은 공공의 책무성을 부여받는다. 따라서 기관의 관리자와 사업 기획 담당자는 상담 사업 기획서에 사회적 책무성을 실현하기 위한 구체적인 계획들을 포함시키고, 이를 구성원들과 공유함으로써 기관 전체가 실행력을 가질 수 있도록 해야 한다. 또한 기획서를 작성하면서 사업별 담당자를 사전에 지정하고 경영목표 달성을 위한 개별 목표들을 부여하는 것은, 직원들이 책임감을 갖고 사업을 계획하고 추진할 수 있게 한다.

2) 상담 사업 기획의 동기

상담 사업의 기획은 보통 두 가지 동기에 의해 시작되는데, 하나는 정책적 필요이고 다른 하나는 상담자의 문제 인식이다. 이 중 정책적 필요는 다소 수동적인 동기라 할 수 있으며, 상담자의 문제 인식은 매우 적극적인 동기라 할 수 있다.

(1) 정책적 필요

공공상담기관은 정책적 필요에 의해 상담 사업이 기획되는 경우가 많다. 정책적 필요란 어느 시기에 돌발적으로 발생한 사건이나 문제를 해결하기 위한 것으로, 이 경우 상담자들은 정부의 정책 방향에 맞추어 사업을 기획하게 된다. 학교폭력 예방 또래상담 정책 사업을 예로 살펴보자. 몇 년 전 학생들의 자살 사건이 전국적으로 연이어 발생한 적이 있었다. 이에 따라 다양한 대책들이 세워졌지만 뚜렷한 성과를 내지 못했다는 평가가 뒤이었다. 이후 전문가들이 학교 현장을 방문하여 학교폭력을 예방하는 데 또래 상담이 효과적임을 확인하였고, 이후 또래상담 사업을 학교폭력 예방사업으로 지정하였다. 또래상담이 정책적 필요에 의해 학교상담 사업으로 기획된 것이다. 그 결과 이전까지는 한국청소년상담복지개발원에서 희망 학교와 교사들을 대상으로 진행하던 또래상담이 현재는 전국 9,000여 개 학교로 확대되어 운영되고 있다. 이처럼 정책은 현안 문제를 해결하는 것과 관련이 깊고, 이러한 정부 정책의 필요에 따라 다양한 상담 사업들이 기획되어 실행된다.

(2) 상담자의 문제 인식

상담자들이 시장의 수요를 예측하고 새로운 사업의 필요성을 인식함으로써 다양한 상담 사업들이 기획되기도 한다. 사실 이 경우도 현안 문제 해결과 관련이 있는데, 현안에서 출발하면 사업의 필요성과 목적이 명확하여 예산 투입 결정을 설득하는 데 용이하기 때문이다. 2014년에 있었던 세월호 사고는 상담자들로 하여금 재난 대응 상담과 트라우마 대응 사업을 기획하게 만들었다. 또한 2020년 이후 코로나19의 확산으로 재택근무, 온라인 등교 등이 실시되자 상담자들은 비대면상담 사업에 뛰어들었다. 과거에 상담자들은 대면상담 이외의 방법들을 부수적으로 취급하는 경향이 있었으나, 직접 대면하기 어려운 상황에서 심리적 어려움을 겪는 사람들을 치료하기 위해 비대면상담 사업을 수용하게 된 것이다. 비대면상담이 대면상담과 효과 면에서 큰 차이가 없다는 연구 결과까지 보고되면서 상담자들은 비대면상담 영역을 발전시키고 있으며, 이러한 노력은 국가정책에도 영향을 미치고 있다. 이렇듯 상담자의 문제의식에 기반한 사업 기획은 상담자들이 사회적 요구에 민감해야 가능하다.

3) 수요 예측

새로운 상담 사업의 필요성이 제기되면 사업의 수요를 예측하기 위해 예상 고객을 대상으로 요구조사를 실시한다. 갑자기 중요한 사회 문제가 발생하여 시급하게 사업계획서를 수립해야 할 때에도 요구조사를 생략해서는 안 된다. 요구조사는 상담자가 상담 사업을 기획하는 데 도움이 되는 매우 세부적인 부분까지 인지하도록 돕는다. 요구조사를 통해 문제 해결에 필요한 사업의 내용(콘텐츠), 사업을 수행하는 적절한 방법(수행 방식), 필요한 도구와 예산(제반 사항) 등을 파악할 수 있기 때문이다.

요구조사는 일종의 나침반과 같다. 만약 요구조사 없이 상담 사업을 기획한다면 상담자 자신만 좋아하는 사업을 무리하게 진행하여, 사업을 개시하더라도 목표한 바를 달성하지 못하게 될 수 있다.

4) 콘텐츠 구성과 수행 방식 결정

추진하고자 하는 상담 사업의 콘텐츠를 구성하고 수행방식을 결정하는 것은 사업 기획의 핵심이다. 우선, 콘텐츠는 해당 상담 사업의 목적에 부합해야 한다. 예를 들어 학교폭력 예방을 위한 또래상담 사업이라면 학교폭력 예방 활동에 초점을 두어야 한다.

또한 콘텐츠의 창의성도 중요하게 고려되어야 한다. 기존의 프로그램과 차별화되는 창의적인 콘텐츠는 사업을 어필하는 데 가장 중요한 포인트이기 때문이다. 이때 상담자가 경험했거나 알고 있던 참신한 내용을 활용하면 창의적이면서도 효과적인 콘텐츠를 구성하는 데 도움이 된다. 가령 청소년을 대상으로 활동한 경험이 있거나 자신이 청소년 시절에 필요성을 느꼈던 프로그램이 있다면, 이를 사업 내용으로 재구성해볼 수 있다. 혹은 대학상담이나 동료상담 경험이 있다면 이를 바탕으로 내용을 구상해볼 수도 있다. 이처럼 상담 사업의 콘텐츠를 구성할 때는 상담이론을 충실하게 적용하는 것과 더불어, 자신의 경험을 잘 살려 현장에서 만나는 서비스 대상에게 적합한 개입 전략들을 기획하는 것도 중요하다.

콘텐츠뿐만 아니라 사업의 수행 방식에 대해서도 고민해야 한다. 상담 사업을 수행하는 방식은 내담자와의 대면 여부, 수행 주체, 활용 도구 등 다양한 측면을 고려하여 결정해야 한다. 먼저 상담 서비스를 오프라인으로 제공할지, 온라인으로 제공할지, 또는 두 가지를 병행하여 제공할지 결정해야 한다. 그리고 사업 기획자가 서비스를 직접 실시할지, 아니면 기획자는 전문가 양성과 관리에만 집중하고 내담자를 만나는 일은 관련 전문가들을 현장에 투입하여 진행할지 결정해야 한다. 또한 사업 콘텐츠가 언어로만 수행되는지, 각종 매체와 도구들이 활용되는지도 사전에 검토해야 한다. 이러한 수행 방식은 투입 인력과 예산을 결정하는 데 큰 영향을 미친다.

5) 예산 확보 및 인력 배치 계획

콘텐츠와 사업 수행 방식이 결정되면 사업에 필요한 예산과 인력을 계획해야 한다.

(1) 예산 확보 계획

예산 확보에는 두 가지 방법이 있다. 하나는 기관의 본예산에서 확보하는 것이고, 다른 하나는 외부 재원을 확보하는 것이다. 먼저 기관의 본예산을 확보하기 위해서는 사업의 필요성, 목적, 콘텐츠에 대한 상세한 설명, 기존 사업과의 차별적인 측면, 예산 내역, 기대 효과 등을 정리하여 상급자와 상담 사업 기획 담당부서에 설명해야 한다. 이 과정에서 요청했던 예산이 증액되거나 삭감될 수 있다. 이렇게 기관의 본예산을 지원받는 것은 기획한 프로젝트를 기관의 고유 사업으로 확정해서 안정적으로 수년 동안 진행할 수 있다는 장점이 있다. 하지만 이미 사업별로 배정이 끝난 예산을 조정해서 새로운 사업에 투입해야 하기 때문에 예산을 확보하기 쉽지 않다는 단점도 있다.

외부 재원을 확보하기 위해서는 소속된 기관 밖에서 추진되는 사업에 대한 이해가 있어야 한다. 정부 부처, 기업, 사회사업기금 운영 단체 등에서는 매년 상담 관련 사업을 공모하여 선정된 사업에 자금을 지원한다. 상담사는 이러한 공모 내용을 확인하여 신청할 수 있다. 이때도 역시 사업의 필요성부터 기대 효과까지 매우 설득력 있게 제시해야 하며, 예산이 확보된 후에는 실행예산을 편성해서 실제 상담 사업이 수행될 수 있는 수준까지 준비해야 한다. 이렇게 외부로부터 재원을 확보하면 프로젝트를 진행할 예산이 충분히 보장된다는 장점이 있다. 그러나 해당 예산을 수년간 지속적으로 지원받기는 어렵기 때문에 당해의 프로젝트로 마무리될 가능성이 높다는 단점이 있다.

(2) 인력 배치 계획

상담 사업을 수행하는 데 필요한 인력도 사전에 계획되어야 한다. 만약 기관의 본예산에서 인력을 확보해야 한다면 의사결정 권한을 가진 사람들을 설득해야 한다. 이와 달리 정부 부처나 단체에서 예산을 확보해야 한다면 사업계획서 안에 인력 운영계획을 포함해야 하는데, 이때에는 예산을 지원하는 쪽에서 예산 계획에 인건비의 범위를 설정하는 경우가 많다. 예를 들어 인건비 비중이 전체 사업 예산의 30% 미만 또는 15% 미만이 되어야 한다는 조건이 붙는 것이다. 다만 인력 배치 계획은 재원 제공기관의 조건과 지침을 충실히 따르면서도 사업의 성과를 낼 수 있도록 적절한 수준으로 세워져야 한다.

그림 7-2에는 인력 배치와 인건비 산정 예시를 제시하였다. 이 예시에서는 인건비가 전체 사업 예산 10억 원의 30%인 3억 원 이내여야 한다는 조건이 있는 상태에서 15명의 인력이 필요한 상황을 가정하였다. 이 경우 예산 기준을 충족하는 동시에 전문성, 역할, 사업 내용, 적정 시기 등을 고려하여 최적의 생산성을 발휘하기 위해, 별도의 인건비를 책정하지 않아도 되는 기관 직원 4명, 1년 기간제 인력 6명(3천만 원×6명=1억 8천만 원), 7개월 단기 사용 인력 5명(2천만 원×5명=1억 원)으로 투입 인력을 계획할 수 있다. 이 계획서에 따르면 총 인건비는 2억 8천만 원으로 계약 조건인 3억 원보다 2천만 원이 낮아 경쟁력을 확보할 수 있고, 기관에서도 직원 4명을 투입함으로써 상담 사업 수행에 필요한 인건비 2억여 원(5천만 원×4명)을 절감할 수 있다.

- 인건비는 총 사업비 10억 원의 30% 이내에서 책정할 것
- 인력: 15명
  - 본 기관 투입 인력(4명): 부장급 1명, 팀장급 3명
  - 프로젝트 인력(11명): 1년 기간제 인력 6명, 7개월 단기 인력 5명
  - 프로젝트 조직도

```
                    부장
                 (기관 직원)

   A팀장            B팀장            C팀장
 (기관 직원)       (기관 직원)       (기관 직원)

  팀원 2명          팀원 2명          팀원 2명
 (1년 기간제)      (1년 기간제)      (1년 기간제)

  보조 1명          보조 1명          보조 3명
 (7개월 단기)      (7개월 단기)      (7개월 단기)
```

- 인건비: 2억 8천만 원
  - 1년 기간제 인력: 3천만 원×6명 = 1억 8천만 원
  - 7개월 단기 인력 : 2천만 원×5명 = 1억 원
  ※ 본 기관 투입 인력 4명은 전담 인력이며, 별도의 인건비 책정 없음.

그림 7-2 인력 배치 및 인건비 산정 예시

6) 사업계획서 작성

사업 기획에 필요한 모든 내용들이 정리되면 사업계획서를 작성해야 한다. 사업계획서는 기관마다 양식이 다르지만 대체로 사업목적과 필요성, 기존의 유사 사업에 대한 분석, 사업 실행의 세부 내용, 추진 일정, 장소 및 참석 대상, 기대 효과, 소요 예산 등이 포함된다. 그림 7-3은 부서 연간 사업계획서 양식의 예시이다.

공공상담기관에서는 대부분 1년 단위로 부서별 사업계획서를 작

2021년 ○○○○부 사업계획(안)

1. 2020년 사업성과 및 문제점 분석
   - □ 사업 개요
     - ○ 사업목적 및 필요성:
     - ○ 사업 예산:
     - ○ 추진 경과:
   - □ 2020년 사업성과
     - ○ (계량 성과) 목표 대비 사업성과:
     - ○ (비계량 성과):
   - □ 2020년 사업 추진상 문제점 및 대처방안
     - ○ A 사업:
     - ○ B 사업:
     - ○ C 사업:

2. 2021년 실행 사업 방향
   - □ ○○○○부 사업 비전
   - □ A 사업
     - ○ A-1 사업:
     - ○ A-2 사업:
     - ○ A-3 사업:
   - □ B 사업
     - ○ B-1 사업:
     - ○ B-2 사업:
   - □ C 사업
     - ○ C-1 사업:
     - ○ C-2 사업:
   - □ 2021년 사업 추진 일정표

		1월	2월	3월	4월	5월	6월	7월	8월	9월	10월	11월	12월
A 사업	A-1												
	A-2												
	A-3												

3. 사업 기대 효과
   - □ 정부나 지방자치단체 정책에 미치는 효과
     - ○
     - ○
   - □ 기관 경영에 미치는 효과
     - ○
     - ○

그림 7-3 부서 연간 사업계획서 양식 예시

성한다. 1년 동안 진행할 부서의 사업 방향을 설계도처럼 작성하고, 이를 전체 구성원이 공유하는 것이다. 부서별로 사업계획서를 작성할 때에는 타 부서와 협의하여 주요 사업 일정이 중복되지 않도록 조정하는 것이 중요하다. 특히 상담자대회나 연말 시상식, 사업추진단 회의, 연구세미나 등의 큰 행사성 사업에는 부서에 상관없이 많은 직원들이 참여하게 된다. 따라서 사전에 수행 주체와 행사 일정을 부서 간에 서로 공유한 뒤 부서별로 계획을 수립해야 중복을 피하고 효율적으로 인력을 확보하여 문제없이 해당 업무를 추진할 수 있다.

1년 단위의 부서별 사업계획서가 작성되면 각 사업의 단위별로 계획서를 작성한다. 작성된 사업계획서를 기관에 제출하면, 기획부서의 검토와 간부 회의를 거쳐 승인 여부를 결정하게 된다. 그림 7-3과 같은 연간 사업계획서의 경우에는 기관 검토 과정에서 수정을 거칠 수는 있지만 승인되지 않는 경우는 거의 없다. 만약 사업이 승인되지 않았다면 다른 유사 사업으로 대체하거나 사업을 다시 기획하는 과정을 거쳐야 한다.

3. 상담 사업의 진행과 종결

상담 사업의 진행 과정은 사업 유형에 따라 다르다. 연구 중심의 상담 사업이라면 연구 주제 선정, 연구방법 결정, 연구진 구성, 연구 수행, 연구보고서 작성 등의 순서로 진행될 것이다. 각 지역이나 학교 등에 특성화 사업을 보급하는 프로젝트라면 사업의 시범운영과 매뉴얼 개발, 사업 수행, 인력 양성, 모니터링과 컨설팅, 성과 평가, 사업 결과보고서 작성 등의 순서로 사업이 진행될 것이다. 또는 정부의 특정 정책에 대한 평가 사업이라면 평가지표 선정, 평가 매뉴얼 결정, 평가단 구성, 평가 실시, 평가 결과 정리, 최종보고서 작성 등의 일들을 추진할 것이다. 어떤 진행 과정을 거치든 상담 사업은 완료 일정에 따라 종결하게 된다. 종결 시에는 사업의 성과와 예산 정산 등을 포함한 종결보고서를 작성한다.

기관에서는 사업 진행부터 종결까지 상담자가 숙지해야 할 사항들에 대해 오리엔테이션을 제공한다. 그 모든 내용을 이 책에서 다루기에는 한계가 있으므로 여기에서는 공통적이면서도 일반적인 내용들을 제시하고자 한다.

1] 상담 사업의 홍보

홍보는 상담 사업을 널리 알리는 것을 말한다. 공공영역에서는 홍보를 의미하는 용어로 'PR(Public Relations)'을 가장 많이 사용한다. PR이라는 용어는 대중(public)과의 관계(relations)에 좀 더 초점을 두고 있어 공공성을 가진 기관에 적합하기 때문이다. 공공상담기관 역시 공공성을 전제로 하기 때문에 홍보를 뜻하는 용어로 PR이 매우 적합하다. 반면 수익을 창출해야 하는 민간상담기관에서는 홍보보다는 마케팅이나 광고라는 용어가 더 적절하다고 볼 수 있다.

상담 사업에서 홍보가 차지하는 비중은 매우 크다. 홍보를 통해 사업 대상자에게 사업 내용을 알려 흥미를 유발하고, 기꺼이 수요자가 되도록 유도해낼 수 있기 때문이다. 공공상담기관은 별도로 수익을 창출하지 않기 때문에 자칫 홍보를 소홀히 여길 수 있는데 이는 적절치 않다. 오히려 공공재원이 투입된 만큼 사업의 성과를 위해 적극적으로 홍보할 필요가 있다. 따라서 사업의 내용을 흥미로우면서도 간결하게 요약하고 보기 좋게 시각화하여 사업의 대상이 되는 사람들에게 널리 알려야 한다.

상담 사업의 홍보에는 두 가지 기능이 있다. 하나는 사업 대상자들이 프로그램에 유입되도록 하는 광고의 기능이다. 예를 들어 '학교 밖 청소년 지원 사업'이라면 학교를 그만둔 청소년들이나 그들의 보호자가 홍보 내용을 보고 참여할 마음이 들도록 유도하는 데 초점을 두어야 할 것이다. 이것이 일종의 광고 기능이라고 할 수 있다. 다른 하나는 특정한 사업을 그 사업에 적합한 대상에게 알리는 오리엔테이션 기능이다. 예컨대 지방자치단체가 수행하는 '다문화 가정 상담정책 평가 사업'이라면 담당 공무원들에게 관련 내용을 잘 전달하여 평가 준비를 할 수 있도록 홍보해야 한다. 이 경우에는 홍보 자체가 오리엔테이션 기능을 한다.

2) 상담 사업의 진행

앞서 언급했듯 상담자는 사업 진행을 전제로 사업을 기획하고 계획서를 작성한다. 이 사업계획서가 부서에서 1년 동안 진행할 전체 사업들을 보여주는 큰 틀의 설계도라면, 실제 상담 사업을 진행할 때에는 좀 더 상세한 실행계획서가 필요하다. 실행계획서에는 세부사업별로 관리해야 할 구체적인 사항, 즉 인력, 예산, 일정, 장소, 소요 시간 등이 포함되어야 한다.

사업 실행계획서를 작성한 후에 세부사업들을 진행하면, 상담자가 전체 진행상황을 모니터링하면서 일할 수 있기 때문에 사업 전반을 통제할 수 있다. 각 사업에 대해 어느 시기에 어떤 유형의 인력을 얼마나 배치해야 하는지, 사업을 언제 어디에서 추진해야 하는지, 그에 따라 월별로 얼마의 예산이 어떻게 배정되어야 하는지를 가늠할 수 있는 것이다. 사업 실행계획서에는 이러한 내용을 도표화한 사업진행표가 포함되기도 한다. 표 7-5는 코로나19 대응 긴급 비대면상담 사업의 계획을 보여주는 진행표 예시이다. 왼쪽에는 비대면상담 사업의 세부사업들이 나열되어 있고, 각 세부사업별로 진행 일정과 예산 집행 계획이 표시되어 있다.

표 7-5 연간 사업진행표 예시

세부사업	사업 진행 계획								특이사항
	5월	6월	7월	8월	9월	10월	11월	12월	
비대면상담 사업계획서 수립									
기기 설치 및 상담요원 충원									
상담요원 교육									
긴급 비대면상담 진행									
평가									
예산 집행 계획	10%	30%	10%	10%	10%	5%	5%	20%	

3] 상담 사업의 종결보고

상담 사업을 진행한 후에는 종결보고를 한다. 종결보고서에는 사업의 전반적인 내용에 관한 요약과 더불어 사업을 통해 창출한 성과와 예산 집행 내역을 포함한다. 사업성과는 매 사업마다 설정했던 목표 대비 달성 정도를 기본으로 표시하고, 관련된 계량 성과와 비계량 성과들을 제시한다. 이는 사업을 통해 얻고자 했던 바를 표현하는 데 매우 효과적인 방법이다.

(1) 사업성과

종결보고서를 작성할 때에는 사업의 성과에 민감해질 필요가 있다. 상담자들은 흔히 상담을 통해 좋은 일을 했으며 좋은 영향이 기대된다는 식의 애매한 표현을 사용하곤 하는데, 엄밀히 말해 이러한 표현은 성과를 드러내는 것이 아니다. 사업성과는 해당 상담 사업을 통해 몇 명의 이용자에게 서비스를 제공했는지(output), 그 이용자들은 서비스 전후에 어떤 측면에서 향상이 있었는지(outcome)를 통계분석 결과와 함께 제시하는 것이 바람직하다.

다만, 종결보고의 대상에 따라 성과를 제시하는 방식이 달라질 수 있다. 학계에 보고할 수준으로 성과를 정리한다면 변량분석, 상관분석, 질적분석 등의 전문적인 분석 결과를 학술 용어를 사용하여 제시할 수 있을 것이다. 그러나 보고 대상이 청소년이나 그 보호자 또는 시민 등 일반 대중이라면 어려운 통계 용어나 개념을 활용하기보다는 히스토그램이나 막대그래프 등 결과를 쉽게 파악할 수 있는 방법으로 제시하는 것이 더 효과적이다. 그림 7-4는 학교폭력 예방 관련 사업에서 종결

- 사 업 명: 학교폭력 예방 우리 손으로!
- 사업 개요
  - 목   적: 또래상담 프로그램으로 학교폭력 감소
  - 사업 기간: ○○년 9월 ～ 12월
  - 참여 인원: 상반기 또래상담 훈련 수료자 24명
- 주요 활동: 개인상담, 또래상담, 홈페이지 게시판상담
- 주요 성과
  - 또래상담실적: 학교폭력 개인상담 49건, 일반상담 571건, 게시판상담 1,069건
  - 상담효과성
    ▶ 학교폭력 개인상담 사전 대비 사후점수 38.2점 증가(p 〈 .001)
    ▶ 전체 학급응집력 사전 대비 사후점수 27.1점 증가(p 〈 .001)
  - 학교폭력 발생 건수 현저히 감소
    ▶ 상반기 대비 67% 감소, 전년 동기 대비 78% 감소

그림 7-4 종결보고 항목 예시

보고에 포함되는 일부 항목들의 예시로, 사업명과 사업 개요, 주요 활동, 주요 성과에 대해 구체적으로 보여주고 있다.

(2) 예산 집행 내역

종결보고서의 끝에는 사업을 추진하기 위해 계획했던 예산 대비 집행 내역과 남은 예산인 불용액의 처리 방식에 대해 제시해야 한다. 불용액은 실제 필요한 지출보다 많은 예산을 책정했다는 것을 뜻하기 때문에 가급적 불용액이 남지 않도록 계획하여 예산을 집행하는 것이 좋다. 그러나 불용액이 생겼다면 억지로 사용하기보다는 사업을 정산하면서 반납하는 것이 원칙이다.

프로젝트에 따라 정산 시에 회계감사 결과를 요구하는 경우가 있다. 회계감사에 대한 사항은 계약서에 이미 명시되어 있을 것이므로, 그 요구에 맞게 회계감사를 받고 결과를 첨부한다.

4. 상담 사업의 서비스 질

서비스의 질(quality)은 상담 사업의 기획부터 진행, 평가에 이르는 전 과정에서 고려해야 하는 중요한 요인이다. 상담 사업 기획 단계에서는 평가 결과를 염두에 두고 전반적인 계획을 세우기 때문에 서비스 질도 함께 고려하게 된다. 진행 단계에서는 사업의 목표를 달성할 뿐 아니라 참가자들로부터 좋은 평가를 받기 위해 양질의 서비스를 제공하고자 노력해야 한다. 또한 상담 사업의 서비스 질은 실제 서비스가 제공된 후 수행되는 평가를 통해 확인할 수 있다. 평가 단계에서는 상담 서비스 이용자들의 삶의 질이 향상되었는지, 이용자들이 프로그램에 얼마나 만족하였는지, 투입된 예산 대비 이용자 수는 적절했는지 등 다양한 측면의 기준을 종합하여 사업에 대한 평가를 한다.

이렇듯 서비스 질에 대한 관리는 모든 사업 단계에서 중요하게 고려된다. 이 절에서는 서비스 질이 무엇인지, 서비스 질의 관리 요소에는 무엇이 있는지 알아보고자 한다.

1) 서비스 질의 의미

서비스 질이 가지는 의미는 서비스를 바라보는 주체에 따라 다르다. 공공상담기관에서 서비스와 관련이 있는 대상은 서비스를 수행하는 상담기관, 상담 사업이 수행 가능하도록 지원하는 정부 또는 지방자치단체, 그리고 가장 핵심인 서비스 이용자 등이다. 이들은 서비스 질에 대해 각자의 입장에서 인식한다.

(1) 상담기관

서비스를 구성하여 제공하는 상담기관은 기관 전체 경영의 맥락에서 서비스 질을 바라본다. 서비스가 기관의 설립 목적에 부합하는지, 경영목표 달성에 도움이 되는지, 기관의 전체 업무량에 비교해볼 때 적절한지 등이 서비스 질을 판단하는 기준이 된다. 그리고 정부나 지방자치단체가 설립했다 하더라도 서비스를 통해 일정한 수익을 창출해야 한다면, 적정 수익의 발생 여부 역시 서비스 질의 중요한 판단 기준이 된다.

(2) 정부/지방자치단체

정부나 지방자치단체에서 상담기관을 설립하거나 상담기관에 특정 사업을 위탁할 때에는 목적이 있다. 그 목적은 법령이나 조례 또는 국정방침이나 도·시·군·구정방침과 관련이 있다. 쉽게 말해 정부나 지자체는 특정 목적을 달성하기 위해 상담기관에 재정을 투입하기 때문에 해당 사업이 그만한 가치가 있는지를 확인하고자 하는 것이다. 이것이 상담 서비스 질의 판단 기준이 된다. 투자가치를 확인하는 가장 일반적인 방법은 투입된 재정 대비 서비스 이용자 수가 어느 정도인지, 그리고 서비스 이용자에게 좋은 효과를 가져올 수 있는지 등의 성과를 확인하는 것이다. 상담자들은 간혹 재정을 투입한 국가나 지자체에서 실적이나 성과를 요구하는 것에 대해 과도하게 부담감을 가지거나, '질'을 이해하지 못해서 '양'을 늘리는 것에 치중하라고 한다며 거부감을 느끼고 반발하기도 한다. 하지만 이는 관점의 차이라 볼 수 있다. 정부나 지자체, 즉 재정을 지원한 쪽에서는 성과 달성에 대한 기대를 가질 수밖에 없다.

(3) 서비스 이용자

서비스 질을 가장 정확하게 평가하는 이들은 서비스 이용자이다. 그래서 이용자를 최종적인 고객이라고 부른다. 서비스 이용자는 접근의 편의성, 서비스 제공자의 태도, 서비스의 내용, 자신에게 미친 영향 등으로 서비스 질을 판단한다. 만약 일정한 비용을 지불했다면 가성비도 고려할 것이다. 서비스 이용자들은 기관에서 시행하는 서비스 만족도 조사를 통해 자신의 의견을 피력하며, 조사 결과는 종결보고서에 첨부되어 재정을 지원한 정부와 지자체에 제출된다. 또한 이용자들에게 만족도 결과가 공개되지는 않지만 이들의 평가는 말이나 SNS를 통해 퍼져나감으로써 기관의 이미지에 영향을 미치고, 지역사회에서 조용하고 끈질기게 여론으로 작용하게 된다.

이렇듯 상담 서비스의 질은 상담기관, 정부나 지자체, 서비스 이용자의 관점에 따라 그 의미와 판단 기준이 다르다. 상담 사업에서의 서비스 질이란 이러한 여러 주체가 서비스의 질이라고 여기는 다양한 요소, 즉 서비스의 내용, 서비스를 전달하는 전문가의 수준, 서비스를 제공받는 고객이 경험하는 만족도, 서비스의 효과 등을 포괄한다고 할 수 있다.

2] 서비스 질의 관리

상담자는 상담 사업 서비스의 질을 관리하는 데 가장 핵심적인 역할을 한다. 상담 사업의 내용을 결정하고 이용자에게 서비스를 제공하는 사람이 바로 상담자이기 때문이다. 그러므로 상담자가 담당 사업을 제대로 이해하고 양질의 서비스를 수행할 수 있도록 교육하는 일이 매우 중요하다.

특히 프로그램이 해당 기관에 국한되지 않고 지역사회 내 다수의 기관에 보급되어야 한다면, 나아가 국가 차원에서 전국적으로 진행되어야 한다면 프로그램 운영을 위한 표준 매뉴얼을 마련해야 한다. 그래야 어떤 상담자가 프로그램을 수행하든 서비스 질을 일정하게 유지할 수 있다. 결국 프로그램이나 서비스에 관해 일목요연하게 정리된 매뉴얼을 갖추고 상담자들이 이를 활용할 수 있을 때 서비스 질이 확보된다고 할 수 있다.

서비스 질의 관리에서 중요한 또 다른 요소는 해당 서비스의 목적에 맞는 대상을 선정하는 것이다. 이는 당연하게 들릴 수 있지만 실제 현장에서는 종종 어려움이 발생하는 부분이다. 공공상담기관의 종사자들은 사업목적에 가장 적합한 대상자를 선정해야 한다는 것을 알지만, 공공성 때문에 유사한 대상자들까지 포함해야 하는 현실에 직면한다.

예를 들어 상담자는 비행청소년을 지원하는 상담 사업을 추진하고자 하는데, 지역사회에서는 비행청소년이 아닌 ADHD나 경계선지적장애를 가진 청소년, 돌봄이 필요한 청소년 등을 포함하라고 요구할 수 있다. 그런데 이러한 요구를 수용하게 되면 프로그램 내용이 아무리 좋아도 결과적으로 서비스 질을 담보하기 어렵다. 만약 지역사회에서 요구하는 유형의 청소년들을 상담 사업의 대상으로 포함하고자 한다면, 기획 단계에서 대상의 범위를 보다 넓혀서 구안했어야 한다. 따라서 상담자는 상담 사업을 기획하는 과정에서 재정을 지원하는 담당자들과 긴밀하게 소통하고 필요한 서비스에 대해 협의함으로써 서비스 질을 관리할 필요가 있다.

마지막으로, 상담 사업에 참여하는 이용자들이 사업의 목적을 이해하고 본인이 해야 할 역할을 충분히 인지하도록 하는 것도 서비스 질 향상에 중요한 요소이다. 그러므로 상담자들은 이용자들이 사업의 내용을 잘 인지하고 적극적으로 참여할 수 있도록 모집과 선정 과정에 심혈을 기울여야 한다.

 토론 주제

1 공공상담기관이 가지는 공공성에 대해 논의해보자.

2 상담기관, 그중에서도 공공상담기관에 소속된 상담자가 조직 운영에 필요한 행정 업무에 대해 어떤 입장을 가져야 하는지 생각해보자. 이 장을 읽기 전과 읽은 후의 생각에 변화가 있다면 그것이 무엇인지 이야기해보자.

3 현재 사회적 요구가 무엇이며, 이에 근거하여 구상할 수 있는 사업 기획에는 어떤 것이 있는지 이야기해보자.

4 사업을 진행하는 과정에서 상담자와 국가 및 지방자치단체 또는 상담기관의 의견이 대립할 경우 어떻게 해야 할지 논의해보자.

5 상담 사업 평가의 목적과 가치에 대해 논의해보자.

6 상담 사업의 서비스 질 관리와 상담 효과 간에 어떤 관련성이 있을지 이야기해보자.

공공상담기관 행정의
실제 II

이 장에서는 상담 사업 기획에 이어 인사·복무·재정·자료관리 등 공공상담기관 운영에 필요한 행정의 실제적인 내용들을 다루고자 한다. 상담자가 되기 위한 훈련 과정에 이러한 행정 업무 관련 내용은 포함되지 않는 경향이 있으나, 공공상담기관에 소속된 상담자가 직원을 선발하여 배치하고 재정을 관리하며 상담 관련 제반 자료들을 법과 지침에 맞게 관리하는 것은 내담자를 상담하는 것만큼 중요한 업무이다. 이 장에서는 공공상담기관 소속 상담자가 이해해야 할 실제적 행정 업무에 대해 살펴본다.

1. 인사관리

인사관리(人事管理)는 흔히 '인적 자원 관리'라고도 한다. 인사관리는
기관에서 목표로 하는 성과를 효율적으로 달성하기 위해 필요한 인력
을 선발하고 교육하고 배치하며 근로와 관련된 제반 사항들을 관리하
는 것을 총칭하는 용어이다. 즉, 인사관리의 주요 영역에는 선발, 배치,
교육훈련 등이 포함된다(표 8-1 참조). 이 절에서는 세 가지 주요 영역
과 함께 직원을 채용할 때 고려해야 하는 보수 및 복리후생에 대한 내
용을 함께 다루고자 한다. 이러한 인사 관련 제반 내용은 공공기관뿐
아니라 민간기관에도 비슷하게 적용된다.

표 8-1 인사관리의 주요 영역

영역	주요 내용
선발	• 채용공고(정기채용, 비정기채용, 특별채용) • 채용심사(서류전형, 필기시험, 면접전형)
배치	• 부서 배치 • 업무 배정
교육훈련	• 오리엔테이션 • 공공기관 직원 의무교육 • 직무교육 • 리더십교육

공공상담기관은 「공공기관의 운영에 관한 법률」, 「근로기준법」,
「국가공무원법」, 「지방공무원법」 등에 근거하여 규정들을 정하고 관리
한다. 예를 들어 직원 선발·배치·평가·승진·상벌·휴직 등은 인사규
정에, 근무시간·휴가·출장·교육훈련 등은 복무규정에, 급여는 보수규

정에 그 내용을 정해두고 있다. 상담기관의 인사정책은 이러한 규정을 통해 드러나며 여기에는 기관의 지향이 표현된다고 볼 수 있다. 따라서 상담기관의 직원으로 채용되면 관련 규정들을 숙지할 필요가 있다. 인사와 관련된 규정들은 대체로 기관 홈페이지 자료실이나 정보공개 사이트에 공시되어 있다.

1) 직원 선발

직원 선발은 상담기관에서 필요로 하는 사람을 신규로 채용하는 것이다. 직원을 선발할 때는 공개경쟁시험을 통해 채용하는 것을 기본 원칙으로 삼는다. 다만 예외적으로 법과 규정이 정한 바에 따라 특별채용을 하는 경우도 있다. 채용은 일반적으로 '수요 파악 → 계획서 작성 및 결재 → 채용공고 → 채용심사 → 최종 확정 → 계약'의 순서로 진행된다. 여기에서는 우선 공공상담기관의 채용 원칙을 살펴본 후 채용공고와 채용심사에 대해 구체적으로 알아보고자 한다.

(1) 채용 원칙

공공상담기관에는 신규 인력을 채용할 때 반드시 지켜야 하는 원칙이 존재한다. 예를 들어 공정한 절차에 의해 직원을 선발하기 위해 원칙적으로 블라인드 채용을 하는 것, 심사 대상과 관련 있는 사람을 인사위원에서 배제하는 제척 사유를 규정하는 것, 내부 감사 또는 외부 감시에 의한 모니터링을 수행하는 것 등이다.

① 블라인드 채용

공공상담기관에서는 블라인드 채용이 원칙이다. 이는 응시자의 이름, 성별, 나이, 출신 학교, 출신 지역 등을 배제한 상태에서 선발 직무와 전공의 적합도, 업무 관련 경험, 업무 수행 능력, 인성과 조직적응 등을 기준으로 인재를 공정하게 선발하기 위함이다. 그렇기에 블라인드 채용 원칙을 위반하면 채용비리로 징계를 받을 수 있다. 서류전형과 면접전형에서 인사위원의 절반 이상은 외부 전문가여야 하며, 전형 진행 전에 인사위원들에게 블라인드 채용에 관한 사항을 반드시 안내해야 한다.

② 인사위원 구성 시 제척 사유

심사 대상과 인사위원 간 사적 관계 또는 이해관계가 있는 경우, 해당 위원을 전형에서 제외하는 것을 제척(除斥)이라 한다. 제척은 심사의 공정성을 보장하기 위한 원칙이다. 이러한 제척 사유에는 친인척 관계, 같은 기관에 종사했던 사람, 학교 사제 간, 동업자, 업무 관련자 등이 포함된다.

제척과 관련하여 채용 과정에서 약간의 혼란이 발생하기도 하는데, 예를 들어 규정에 맞게 선정된 인사위원이 심사 당일에 제척 사유에 해당한다는 것을 알게 되는 경우가 대표적이다. 그래서 대부분의 공공상담기관에서는 제척 사유가 발생할 상황에 대비하여 외부 위원을 전체 인사위원의 절반보다 많이 선정해둔다. 이를테면 내부 위원 2명, 외부 위원 3명을 배정하여 제척 사유가 발생해도 전형이 진행될 수 있도록 하는 것이다.

③ 감사 및 시민감시 제도

공공상담기관에서는 채용전형을 진행할 때 감사실 직원이 입회해야 한다. 이는 직원 선발 과정에서 블라인드 채용을 준수하는지, 특정인에 대한 부당한 평가는 없는지 확인하여 채용비리를 예방하기 위한 것이다. 대체로 기관 내 감사실 직원이 입회하고, 감사실이 없는 기관에서는 공공상담기관의 운영 주체인 지방자치단체, 교육청 또는 교육지원청에서 감독 권한을 가진 사람이 참여한다.

최근에는 시민감시단, 시민옴부즈만, 시민모니터링단 등의 시민감시 제도를 운영하는 상담기관들도 있다. 지역사회에서 소양이 있는 사람을 선발하여 일정 기간 동안 채용을 모니터링하고 감시하는 역할을 부여함으로써 채용비리를 예방하는 것이다. 시민감시 제도에 참여하는 사람은 일종의 비상임 위원 자격을 가지며, 감사활동을 수행하고 소정의 수당을 지급받는다.

(2) 채용공고

채용공고는 각 기관의 사정에 따라 규정이나 지침에 정해진 대로 실시한다. 일반적으로 기관에서 채용공고를 낼 때는 공고문의 내용과 채용공고의 진행이라는 두 가지 측면을 고려해야 한다.

채용공고문에는 모집 영역, 채용 형태, 근무지, 모집 인원, 수행할 업무, 자격 조건, 서류 제출 방법, 서류 제출 시 주의점, 서류합격 통보 일자, 기타 인사담당자 연락처 등 필요한 사항이 적시된다. 이때 담당자는 공고문의 모든 내용을 정확하게 작성해야 한다. 공고 후에 내용이 추가·삭제·변동될 경우 채용비리라는 오해가 발생할 수 있기 때문이다.

채용공고의 진행 측면에서는 공고문의 게시 기간, 게시 방법 등을 고려해야 한다. 게시 기간은 기관에 따라 다소 차이가 있으나 통상적으로는 15일 정도이다. 하지만 채용 대상의 직급 및 근로 형태(예: 기관장, 정규직, 인턴 직원)와 채용 방식(예: 정기채용, 수시채용, 특별채용, 긴급채용)에 따라 그 기간이 달라질 수 있으므로, 공고 게시 전 기관에 이를 반드시 확인해야 한다. 공고문이 확정되면 기관과 구인 사이트뿐 아니라, 관련 학회 및 단체와 대학 등의 홈페이지에도 게시한다. 만약 대학 등의 홈페이지에 관리자만 게시물 등록이 가능하다면 협조를 구하는 공문을 보내고 절차를 안내받아 공고문이 게시되도록 한다.

(3) 채용심사

채용심사는 크게 서류전형 또는 필기시험과 면접전형이라는 두 단계로 진행된다. 모든 채용전형을 통과한 합격자에 대해서는 범죄경력을 조회하여 문제의 소지가 없을 경우 채용을 확정한다.

① 서류전형

서류전형은 기초심사와 서류심사로 나누어 진행한다. 기초심사는 선발기준에 적합하지 않은 응시자를 가려내는 것으로, 자격 기준에 미달하거나 서류 내용이 미비한 사람을 1차로 걸러내는 작업이다. 부적합자는 목록으로 작성하여 결재를 득한 후 배제하고, 적합자만을 대상으로 서류심사를 준비한다.

서류심사에서는 통상 면접 대상의 5배수 이내를 선정한다. 서류심사에서 중요하게 다루는 것은 관련 업무경력, 자격증 소지 여부, 자기소개서 등이다. 이에 더해 상담직의 경우 상담 연구 경력을, 행정직의 경우 실무능력을 확인한다. 기관에 따라 필요로 하는 자격을 사전에 규정이나 지침으로 정하여 가산점을 부여하기도 하는데, 대체로 장애인, 국가유공자, 외국어 능통자, 한국사능력시험 등급 보유자, 지역인재 등이 포함된다. 이때 가산점은 가산 요소가 아무리 많아도 전체 점수의 일정 비중을 넘지 못하게 규정하고 있다(예: 10% 이내, 5점 이내). 해당 기관의 서류심사 기준에 따라 인사위원들이 각자 지원자들의 서류를 평가하고, 이를 합산하여 등수를 부여한다. 그리고 면접 대상의 5배수 이내를 선정하여 인사권자의 결재를 득한 뒤, 합격자에게 개별통보하거나 기관 홈페이지 등을 통해 수험번호로 서류합격자를 공지한다.

② 필기시험

최근에는 실력 있는 인재를 채용하기 위한 방법으로 필기시험을 도입하는 공공상담기관이 늘어나고 있다. 필기시험은 기관에서 수행할 업무에 대해 묻는 문항을 중심으로 출제된다. 문항 형식은 채점의 객관성을 확보하기 위해 논술형 문항보다는 주로 5지선다형과 단답형으로 구성된다. 합격 기준은 시험 점수의 커트라인을 정하여 일정 점수 이상을 획득하면 합격자로 분류한다. 채용심사에 필기시험이 포함된 경우에는 따로 서류심사를 하지 않기 때문에 필기시험 합격자는 바로 면접전형으로 이동하게 된다.

이전까지는 상담기관에서 신규채용을 하더라도 채용 규모가 크지 않아서 필기시험을 실시하지 않았다. 그러나 채용비리가 사회적 이슈로 대두되면서 가장 공정한 채용심사 방식으로 필기시험 도입이 적극 검토되는 추세이다. 다만 필기시험은 문제를 출제하고 시험을 실시하는 데 비용이 들고, 문제가 유출되지 않도록 보안에 주의를 기울여 관리해야 한다는 어려움이 있다.

③ 면접전형

면접에는 가장 흔한 유형인 개별면접 외에도 집단면접, 상황면접 등이 있으며, 기관에 가장 적합한 면접 유형을 선택하여 실시한다. 면접에서는 응시자가 제출한 서류를 바탕으로 평가 항목을 직무 수행 능력, 조직적응 능력, 전문성, 윤리와 인성 등으로 구분하여 구두로 평가한다. 면접전형 결과는 서류전형에서와 마찬가지로 인사위원들의 개별 평가 점수를 합산하여 최종 합격자를 정한다.

④ 범죄경력조회

기관은 모든 채용전형을 통과한 사람들을 대상으로 범죄경력을 조회한다. 먼저 채용 후보자에게 문서로 동의를 구한 후 청소년 대상 성범죄, 아동학대 전력을 중심으로 경찰에 범죄경력조회를 요청한다. 해당 자료는 임용 적합 여부를 판단하는 것 외에 다른 용도로 사용되어서는 안 된다. 조회 자료에서 문제의 소지가 없다고 판단되면 이들을 직원으로 채용한다.

⑤ 근로계약서 작성

채용은 근로계약을 체결하는 것으로 확정된다. 근로계약은 기관장과 신입직원이 근로계약서 내용을 확인한 후 서명하는 절차이다. 이 근로계약서에는 「근로기준법」에 명시된 내용들이 포함되어 있다. 정규직을 채용할 때에는 인사규정 또는 지침에서 정한 바에 따라 3개월 또는 6개월 정도의 수습 기간을 운영하기도 한다. 이 경우 수습 기간 종료 1개월 전에 심사를 진행하여 수습직원의 정규직 임용을 결정한다.

2) 부서 배치 및 업무 배정

기관에서 신입직원을 채용하면 필요로 하는 부서에 배치해야 한다. 정기채용의 경우에는 희망하는 업무를 선택할 기회를 주기도 하지만, 대개는 공석을 충원하고자 인력을 선발하기 때문에 배치할 부서가 이미 정해져 있다. 부서 배치가 완료되면 업무 배정이 이루어진다. 신규직원의 업무는 채용된 해의 잔여 기간 동안 수행할 일들이다.

업무 배정은 대체로 부서 차원에서 결정된다. 기관이 부서별로 업무를 할당하면, 부서장과 부원들이 협의하여 할당된 업무를 분장한다. 업무 분장 과정에서는 크고 작은 갈등이 생기기도 한다. 개인마다 선호하거나 기피하는 업무가 있기 마련이고, 업무숙련도에 따라 업무 분장의 공평성이 달리 해석될 수밖에 없기 때문이다. 부장, 선임, 부원, 보조인력 등의 업무는 표로 정리되어 공유되며, 개략적인 내용은 기관 홈페이지에도 고지된다. 이는 기관에 업무 협조가 필요한 사람들이 홈페이지를 보고 담당자를 쉽게 확인할 수 있도록 하기 위함이다.

3) 보수 및 복리후생

임금은 직원이 근로의 대가로 지급받는 급여를 말한다. 급여는 입사 시에 기관장과 계약을 통해 확정되고, 변동이 발생하면 조정되기도 한다. 복리후생은 직장에서 제공하는 각종 복지혜택을 말한다. 복리후생의 종류와 내용은 기관마다 차이가 있는데, 보통 신입직원 오리엔테이션을 진행할 때 복지혜택의 내용들을 설명해준다.

(1) 임금

많은 기관들이 연봉제를 채택하여 임금을 지급한다. 직원들은 연봉을 12로 나눈 금액을 매월 지급받는데, 이를 연봉 월액이라고 한다. 연봉은 대체로 기본연봉, 성과연봉, 수당 등으로 구성된다. 기본연봉은 호봉제에서 사용하던 기본급과 비슷한 개념이고, 성과연봉은 평가 결과에 따라 차등 지급되는 급여를 말한다. 수당에는 급식비, 교통비, 정근수당과 같이 기관에서 정한 수당과 시간외 근무 수당, 야간근무 또는 휴일근무 수당 등의 법정수당이 포함된다. 연봉의 구성이나 항목별 비중은 기관마다 차이가 있다. 예를 들어 소속된 기관에 성과급 제도가 없다면 그만큼의 재원은 기본급이나 수당 등 급여의 다른 부분에 흡수되어 지급된다.

임금은 월 급여 형태로 매월 정해진 날에 반드시 지급해야 한다. 입사한 첫 달의 경우 일할 계산하여 지급하고, 퇴사하는 직원의 경우에도 1개월 만기 근무가 아니라면 일할 계산하여 지급한다. 징계 또는 휴직의 경우에는 법률이나 규정에 따라 일정 비율을 감하고 지급하는데, 전액 감봉 징계나 무급(無給) 휴직의 경우 해당 기간 동안 지급하지 않는다.

(2) 퇴직금

퇴직은 일을 그만두고 직장을 떠나는 것을 말한다. 퇴직에는 정년을 채우고 만기에 퇴직하는 정년퇴직, 정해진 임기를 채우고 퇴임하는 임기만료, 본인의 의사로 사직하는 의원면직, 기관의 사정 또는 규정에 의해 정년을 남겨두고 퇴사를 선택하는 희망퇴직과 명예퇴직, 해임이나 파면 등의 징계로 인해 직원의 신분을 상실하는 경우 등이 있다.

퇴직금은 통상 1년 이상 근속한 경우에 지급된다. 퇴직금을 계산하기 위해서는 1일 평균임금을 알아야 한다. 1일 평균임금이란 실제 지급된 임금의 1일 평균치로, 퇴직일 직전 3개월간 지급된 임금 총액을 그 기간의 총일수로 나눈 것을 말한다. 퇴직금은 이 1일 평균임금에 30을 곱하고 재직일수를 곱한 후 365로 나누어 산출한다.

- 1일 평균임금 = 퇴직일 직전 3개월간의 총임금 / 퇴직일 직전 3개월간의 총일수
- 퇴직금 = 1일 평균임금 × 30(일) × 재직일수 / 365

기관에서는 경영상의 어려움이나 정책적인 판단에 의해 근로자들을 대상으로 희망퇴직을 받거나, 기관 규정에 따라 정년을 몇 년 앞둔 근로자들이 새로운 사람들에게 기회를 주기 위해 명예퇴직을 신청하기도 한다. 희망퇴직이나 명예퇴직을 신청하는 경우에는 예산의 범위 내에서 기관 규정에 따라 희망퇴직금 또는 명예퇴직금을 가산해준다. 기관에 따라 차이가 있지만 통상 희망퇴직금은 연봉 월액의 3~12개월분을 추가 지급하고, 명예퇴직금은 기관의 퇴직금 지급 규정에서 정하고 있는 산식에 따라 추가 지급한다.

(3) 복리후생

복리후생은 기관에서 직원이나 직원의 가족에게 제공하는 복지혜택을 말한다. 복리후생의 유형은 금전적 복지혜택과 비금전적 복지혜택으로 구분된다. 금전적 복지혜택으로는 보너스, 특별 상여금, 자녀 학자금 지원, 활동복 제공, 건강검진 또는 상해보험 등이 있다. 비금전적 복지혜택에는 직원들이 즐겁고 건강하게 직장 생활을 할 수 있도록

체육시설, 카페와 같은 휴게 공간을 제공하거나 체육대회, 등산, 동호회 활동을 지원하는 것 등이 포함된다.

공공상담기관은 공적인 책임감을 가지고 지역주민들에게 상담을 제공하는 기관이며, 기관에 소속된 직원들은 공공성에 입각하여 서비스를 제공한다. 이러한 이유로 공공상담기관의 상담자들은 악성민원 등에 시달리기 쉽다. 최근 감정노동자를 보호해야 한다는 사회적 분위기가 형성되고는 있으나 전화상담, 사이버상담, 대면상담 등에서 상담자들이 여전히 정서적으로나 신체적으로 소진되기 쉬운 여건을 가진 것도 사실이다. 상담기관에서는 직원들의 소진을 예방하기 위해 정기적으로 슈퍼비전을 제공하기도 하고 병원진료 비용을 지원해주기도 하는데, 이 또한 복리후생의 일환이다.

4) 교육훈련

교육훈련은 신입직원이나 기존직원들의 적응력을 높이고, 새롭게 대두된 이슈에 유능하게 대응하는 역량을 키우기 위해 기관에서 제공하는 교육이다. 상담기관의 관리자들은 특히 입사한 지 3년 이내의 신입직원들이 조직에 잘 적응하도록 돕는 일에 심혈을 기울인다. 이는 신입직원들이 조직에 적응하지 못해 이직할 가능성이 높기 때문이다.

신입 상담자들은 대학원에서 상담자 양성교육을 받지만 그것만으로 현장의 일들을 능숙하게 해내기는 어렵다. 국내 대학원 과정의 이수학점을 봐도 상담자들이 현장에서 필요한 교육을 받는 데 한계가 있다는 것이 확인된다. 미국의 경우 석사과정 이수학점이 통상 73~90학점이지만, 국내의 경우 대체로 석사과정은 24학점, 박사과정은 36학점이

기준이고 해당 학점에는 논문지도 학점(4~6점)도 포함되어 있다. 이 학점으로는 상담이론, 개인상담실습, 집단상담이론, 심리진단 및 평가 등의 상담 관련 기본 과목들을 모두 수강하기에도 부족하다. 상담행정, 상담기록, 자원개발 및 활용, 상담연구소 개업과 마케팅, 상담 사업 프로포절 방법 등을 배우기를 기대하기 어려운 것이다. 그러나 상담기관에 취업하면 상담 업무뿐 아니라 생소한 행정 관련 업무들도 수행해야 하고, 이로 인해 상담자들은 정체성 혼란과 부적응 및 소진을 경험하기 쉽다. 그래서 상담기관에서는 신입 상담자들의 초기 적응교육을 지원하는 일에 상당한 노력을 기울인다.

　기관에서는 전 직원을 대상으로 역량을 강화하기 위한 교육도 지속적으로 제공해야 한다. 아래에서는 신입직원을 대상으로 하는 오리엔테이션, 멘토-멘티 프로그램과 전 직원에게 실시되는 직장 의무교육, 직무교육, 리더십교육, 그리고 슈퍼비전에 대해서 상세히 설명한다.

(1) 신입직원 대상 교육

　신입직원이 입사하면 기관에서는 1~2주 이내에 오리엔테이션을 실시하여 기관 정보 및 담당 업무 등에 대한 기본적인 내용을 교육한다. 하지만 짧게 진행되는 오리엔테이션 교육만으로 신입직원이 기관에 적응하기는 어렵기 때문에 멘토-멘티와 같은 적응 프로그램을 운영하여 업무 추진 과정에서 형식적·비형식적인 교육을 제공한다.

① 오리엔테이션

　오리엔테이션은 상담기관을 소개하고 앞으로 수행할 업무에 대해 안내하는 교육으로, 주로 입사 초기에 진행된다. 그 내용은 크게 네 부분으로 나누어진다. 첫 번째는 기관 경영과 관련된 내용이다. 즉, 상담 기관의 설립이념, 목적, 지향과 이를 구체화한 상담 사업을 소개한다. 또한 기관 시설과 인적 구조, 경영 평가 등에 대해서도 설명한다. 두 번째는 직무와 관련된 내용이다. 기관에서 수행하는 업무들, 유관기관과 네트워크, 기관의 주요 사업과 사업 수행 절차, 문서 작성 및 보관, 공문 수발신과 서류관리, 개인정보보호 등 필수로 지켜야 하는 법과 기관 규정, 각종 상담 수행과 관련된 내용 등이 이에 해당한다. 세 번째는 직원으로서의 소양과 관련된 내용이다. 일에 임하는 태도와 직장 예절, 자기관리와 성장, 상담행정, 직원으로서의 윤리 등이다. 네 번째는 개인에게 필요한 정보와 관련된 내용으로, 본급과 제수당, 복무규정, 휴가, 의료보험, 연금, 퇴직금, 성과 평가와 승진, 포상과 징계, 복리후생 등이 포함된다.

오리엔테이션은 신입직원이 기관에서 생활하는 데 필요한 기본적인 정보를 제공하고, 그들이 향후 이 기관에서 어떻게 성장해나갈지를 그려볼 수 있는 시간으로 활용한다. 오리엔테이션은 한두 시간씩 수일 동안 진행되기도 하고, 1박 2일 또는 2박 3일 동안 집중해서 진행되기도 한다.

② 멘토-멘티

기관에서는 신입직원이 직장에 적응하고 자신의 업무를 어려움 없이 능숙하게 수행하는 데 도움을 주기 위하여 멘토-멘티 프로그램을 운영하기도 한다. 멘토-멘티는 같은 부서 내에서 신입직원을 선임직원과 1 : 1로 매칭하여 멘토(선임)와 멘티(신입)가 즉시적인 도움을 주고받도록 하는 프로그램이다. 이 프로그램을 통해 신입직원은 기관에서 수행하는 일들에 대해 세세하게 도움받을 수 있다. 멘토-멘티 프로그램은 보통 1~3개월 정도 진행하며 멘토에게는 매주 소정의 활동비를 지원한다. 멘토는 활동비를 정산하면서 멘티를 지원한 내용을 작성하여 보고해야 한다.

(2) 전 직원 대상 교육

전체 직원들은 정기적인 교육에 참여해야 한다. 기관에서는 매년 전체 직원을 대상으로 의무교육을 실시하고, 새로 도입된 제도나 사업에 대해서 직무교육을 실시한다. 또한 직원을 성장시키기 위하여 직급별로 리더십 교육을 실시하기도 한다.

① 직장 의무교육

국가나 지방자치단체에서 운영하는 상담기관의 종사자들은 법이 정한 바에 따라 연중 반드시 수강해야 하는 의무교육이 있다. 정보보안교육, 개인정보보호교육, 성범죄 예방교육, 아동학대 예방교육, 양성평등교육, 갑질 및 직장 괴롭힘 예방교육, 안전보건교육, 청렴교육 등은 공공기관 직원이 받아야 하는 대표적인 의무교육이다. 법을 준수하는 것은 전문가로서 기초적인 자기관리에 해당하기 때문에 상담자는 이러한 의무교육들을 필히 수강해야 한다. 의무교육은 대체로 집체교육으로 진행되지만 일부 교육은 온라인 교육을 듣는 것으로 대체할 수도 있다. 온라인 교육은 제작에 비용이 많이 들기 때문에 기관에서 자체적으로 만들기보다는 정부와 지자체에서 제작한 온라인 교육과정을 활용하는 경우가 많다.

② 직무교육

상담기관 직원들은 담당 업무의 특성에 따라 다양한 직무교육을 받는다. 예를 들어 상담직원은 최신 상담이론과 기법, 새로 등장한 이슈에 대한 개입전략, 서비스 대상의 특징과 사회문화적인 동향 등에 대한 교육을 받는다. 행정직원은 새로운 회계처리 방침, 인사혁신정책, 개정된 법에 따른 노무 관계 등에 대한 교육을 받는다. 즉, 상담기관에서는 직원들이 상담, 행정, 감사, 전산, 문서 관리 등 각 직무 영역에 적합하게 역량을 발휘할 수 있도록 관련 교육을 제공한다.

이러한 직무교육은 기관 내에서 실시하는 경우와 외부에 위탁하는 경우로 구분된다. 내부 시스템의 변화에 따른 직무교육은 기관 자체적으로 교육을 실시하지만, 제도 변화나 새로운 정책 사업 수행, 노무 관계와 같은 교육은 외부의 전문기관이나 학술단체 등에 교육을 의뢰한다. 만약 소속 기관의 상급기관이 있다면, 상급기관에서 정기적으로 실시하는 직무교육에 직원들을 참여시킨다. 예를 들어 청소년상담복지센터는 한국청소년상담복지개발원에서 실시하는 직무연수에 직원들을 참여시키는 것으로 센터 내 직무교육을 대신한다. 직무교육에 참여하는 경우 기관에서는 출장비, 참가비 등을 지급한다.

③ 리더십교육

리더십은 관리자에게만 요구되는 것이 아니다. 따라서 리더십교육은 신입직원부터 상급자까지 전 직원에게 실시되며, 직급에 따라 그 내용이 달라진다. 모든 직원을 대상으로 하는 리더십교육의 가장 흔한 주제는 소통, 대인관계 기술, 팔로워십 등이다. 직급이 올라가면서 갈등관리, 협상기술, 비전제시 전략, 부서관리 등의 교육을 받게 된다.

(3) 슈퍼비전

상담기관에서 전 직원을 대상으로 제공하는 슈퍼비전은 직원교육의 매우 큰 부분을 차지하기 때문에 별도로 구분해서 제시한다. 상담기관에서의 슈퍼비전은 임상 슈퍼비전과 사업 슈퍼비전으로 구분할 수 있다. 임상 슈퍼비전은 상담사례에 대한 슈퍼비전을 의미하고, 사업 슈퍼비전은 상담 사업의 추진을 조력하기 위한 슈퍼비전을 말한다.

① 임상 슈퍼비전

임상 슈퍼비전은 상담사례에 대한 슈퍼비전으로, 상담자는 자신의 상담사례에 대해 내·외부의 상급전문가들로부터 지도를 받음으로써 상담 진행에 도움을 받을 수 있다. 상담자는 현장에서 자신이 배운 상담이론에 딱 들어맞지 않는 다양한 양상의 사례를 접할 수밖에 없다. 특히 공공상담기관은 특정한 문제나 대상을 선정하여 상담하기보다는 도움을 원하는 모든 사람에게 서비스를 제공하기 때문에 상담자의 주전공 분야와 관계없이 사례가 배정되는 경우가 빈번하다. 이러한 경우에도 상담자가 당황하지 않고 적절한 상담 서비스를 진행할 수 있도록 슈퍼비전을 제공하는 것은 곧 상담자를 보호하는 일이기도 하다. 내·외부 전문가를 활용하는 임상 슈퍼비전은 예산을 투입하기 때문에 월 1~2회 정도 진행하고, 그 외에는 동료 슈퍼비전 등을 매주 정례화하여 운영할 수 있다.

② 사업 슈퍼비전

사업 슈퍼비전은 흔히 컨설팅 또는 자문이라고도 한다. 사업 슈퍼비전은 기관에서 조직적으로 수행되는 거대한 교육이라 할 수 있는

데, 기관의 조직 자체가 하나의 사업 슈퍼비전 체계를 이루기 때문이다. 대체로 기관 조직은 팀원-팀장-부장-본부장 등으로 위계화된다(그림 8-1 참조). 조직의 아래 직급은 업무를 수행하면서 문제가 생기면 바로 위 상급자에게 도움을 청한다. 이때 문제가 해결되기 어렵다면 그다음 상급자가 개입하여 도움을 줄 수 있다. 이러한 슈퍼비전 체계가 잘 운영되도록 관리하는 일이 팀장 또는 부장의 주요 역할 중 하나이다. 예를 들어 팀장이 업무 수행 중 소진의 징후가 있으면 상급자인 부장이 지원하고, 부장이 어려운 상황에 봉착하면 본부장이 개입할 수 있다. 조직의 성패는 사업 슈퍼비전 체계가 얼마나 자연스럽고 기능적으로 작동하느냐에 달려있다고 해도 과언이 아니다. 기관 내 조직을 통한 사업 슈퍼비전 제공은 조직 생활을 통해 정서적·정신적 근육을 단련하는, 매우 효율적이면서도 효과가 오래 지속되는 교육훈련이라 할 수 있다.

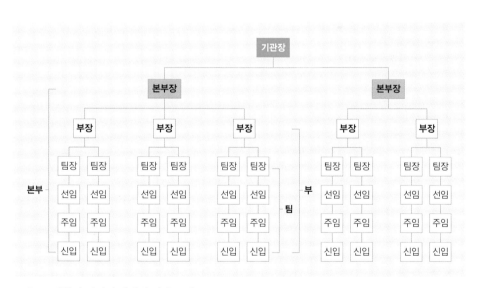

그림 8-1 사업 슈퍼비전 체계인 기관 조직

2. 복무관리와 평가

복무관리는 직원의 근무와 관련된 일체의 일들을 관리하는 것이고, 평가는 조직과 개인의 성과 및 역량을 평가하는 것이다. 상담자가 공공상담기관에 취업하면 복무관리와 평가에 대해 확실히 알고 있어야 한다. 복무관리와 평가는 직장에서의 자기관리와 직결되므로 이를 명확하게 이해하지 못하면 조직에 적응하는 것이 어려울 수 있기 때문이다.

1] 근무시간

상담기관의 근무시간은 기본적으로 주 5일, 9시~18시 근무를 원칙으로 한다. 1일 8시간, 주 40시간을 근무하는 것인데, 12시~13시는 점심시간으로 근무시간에서 제한다. 근무시간에 직원은 지정된 근무지에서 업무를 수행해야 하며, 사전 허가와 정당한 사유 없이 근무지를 이탈해서는 안 된다. 무단으로 근무지를 이탈할 경우 규정에 따라 징계를 받는다.

상담기관에서는 업무 특성에 따라 근무시간을 유연하게 운영하기도 한다. 예를 들면 주된 상담 대상이 청소년인 경우 하교 후 상담을 받고자 하는 요구를 반영하여 상담직원의 근무시간을 14시~21시로 조정하기도 한다. 근무요일도 월요일~금요일이 원칙이나, 주말상담을 활성화하기 위해 근무요일을 화요일~토요일로 하고 휴무일을 일요일과 월요일로 정할 수도 있다. 가령 365일 24시간 운영되는 전화상담콜센터나 사이버상담센터에서는 심야근무와 주말근무가 필요하기 때문에 근무시간 및 요일을 특별하게 지정하는 경우가 많다.

이와 같은 근무시간을 포함한 근로조건 및 복무규율을 명시한 규정을 취업규칙이라 한다. 취업규칙은 해당 사업장의 근로자들에게 공통적으로 적용된다. 취업규칙을 작성하거나 그 내용을 변경할 때는 사전에 근로자들과 논의해야 하며, 특히 불리하게 변경할 경우에는 반드시 근로자의 동의를 얻어야 한다. 기관은 취업규칙과 기관 규정에 근로조건을 명시하고 이에 맞게 운영해야 한다.

합의된 근무시간 외에 추가로 근무하는 것을 시간외 근무라고 하며, 여기에는 조기출근, 잔업(야근), 휴일근무 등이 포함된다. 시간외 근무는 추가적인 업무 처리가 필요하다고 인정될 때 사전에 결재를 받아 수행한다. 기관은 시간외 근무에 대해 예산의 범위 내에서 수당을 지급하거나 대체휴무를 제공한다.

2) 휴가

휴가에는 연차휴가, 병가(병으로 인한 휴가), 공가(공적인 휴가), 특별휴가 등이 있다. 연차휴가는 직장인들이 보통 '휴가를 쓴다'고 할 때 사용하는 일반적인 휴가이다. 그 외 휴가들은 직원들의 상황을 고려하여 연차휴가로 해결하기에는 부족하다고 판단될 때 사용할 수 있도록 한 휴가이다.

연차휴가는 1년 동안 근무일수의 80% 이상 출근한 사람에게 제공하는 휴가이다. 기관마다 약간의 차이가 있으나, 통상 1년에 15일의 연차휴가를 부여한다. 다만 근무일수가 1년 미만인 직원들에게는 1개월 개근 시 1일의 월차휴가를 부여한다. 월차휴가의 경우 이듬해 발생하는 연차휴가에서 공제하기도 한다. 연차휴가는 이후 매 2년마다 1일씩 늘어난다. 20년 근속인 직원이라면 연차휴가가 총 24일이 되는 셈이다. 연차 일수는 한없이 늘어나지는 않고 기관마다 한도를 정하는데, 한도는 대체로 25일 정도이다. 이러한 연차휴가는 상담자의 소진을 예방하는 데 도움을 준다. 상담자는 연차휴가를 사용하여 명절이나 공휴일이 아닌 날에 휴식을 취하거나 취미 활동, 여행 등 개인적인 시간을 보냄으로써 일에 지친 심신에 활력을 불어넣을 수 있다. 부여된 연차휴가를 다 사용하지 못한 경우에는 기관 규정에 따라 연차수당이 지급된다.

병가는 질병 또는 부상으로 인해 의료기관의 검진이나 수술이 필요한 경우, 코로나19와 같은 전염병에 감염되어 근무가 불가능한 경우에 사용이 허가되는 휴가이다. 병가 기간은 기관마다 다를 수 있지만 통상 60일 범위로 정하며, 병가를 사용하기 위해서는 의사의 진단서 또는 진료확인서 등이 필요하다.

공가는 공적인 일과 관련하여 발생하는 유급휴가를 말한다. 예비군 훈련이나 민방위교육, 투표 참여, 천재지변 등의 사유로 출근할 수 없을 때 제공되는 휴가가 여기에 해당한다. 공가는 법으로 지정되어 있으며, 기관마다 이를 준용하여 복무규정에 명시하고 있다.

마지막으로 결혼·출산·사망 등의 경조사에 참석해야 하는 직원에게 제공하는 휴가를 특별휴가라고 한다. 모든 직원에게 해당하는 일반적인 특별휴가의 예는 표 8-2와 같다. 이 외에 출산휴가나 영유아 또는 초·중등학교에 재학 중인 자녀를 돌보는 데 필요한 자녀돌봄휴가, 긴급하게 돌봄을 요하는 가족을 지원하기 위한 가족돌봄휴가 등에 대해서는 기관에서 법에 근거하여 정한 바에 따라 특별휴가를 부여한다.

표 8-2 특별휴가의 예시

유형	대상	일수
결혼	본인	5
	자녀	1
출산	본인	90
	배우자	10
사망	배우자, 본인 및 배우자의 부모	5
	본인 및 배우자의 조부모·외조부모	3
	자녀와 그 자녀의 배우자	3
	본인 및 배우자의 형제자매	1

출처: 「국가공무원 복무규정」 제20조 제1항 별표 2를 재구성.

3) 직원 평가

직원 평가는 성과 평가와 역량 평가 등으로 진행된다. 조직(팀)의 성과지표로 흔히 사용되는 BSC와 개인 성과지표에 쓰이는 MBO에 대해서는 7장에서 언급한 바 있다. 여기에서는 성과 평가와 역량 평가의 절차를 중심으로 설명한다.

(1) 성과 평가

성과 평가는 조직성과 평가와 개인성과 평가로 구분된다. 조직과 개인은 연초에 한 해 동안 수행할 업무를 기초로 목표치를 설정한다. 조직성과는 대체로 부서 단위로 중점 과제를 선정하여 목표치를 설정하며, 목표 달성여부와 달성과정의 다양한 노력들을 합하여 최종 평점을 매긴다. 조직성과 평가의 결과로 산출된 점수는 모든 부서원들이 균등하게 받는다. 개인성과는 부서 내에서 개별로 할당받은 사업 가운데 대표적인 사업의 목표치를 설정하고, 그 달성여부를 평가한다. 이 평가 결과는 개인에 대한 것이기 때문에 해당 직원에게만 적용된다.

조직성과 평가와 개인성과 평가의 결과는 S등급-A등급-B등급-C등급-D등급 등으로 등급화된다. 이 최종 등급은 매년 인사기록카드에 기록되며, 등급에 따라 성과급이 차등 지급되고 승진심사 등에 반영된다. 그러나 모든 공공상담기관이 평가를 실시하는 것은 아니다. 구성원의 수가 적은 기관에서는 조직성과와 개인성과를 평가하는 데 한계가 있기 때문에 일정 규모 이상의 기관에서 평가가 진행된다.

(2) 역량 평가

역량 평가는 개개인의 조직 내 역량을 평가하는 것으로, 보통 다면평가로 진행된다. 다면평가는 상급자가 하급자를 평가하는 동시에 하급자도 상급자를 평가하고 동료 간에도 평가를 진행하는, 다시 말해 구성원 전체가 서로를 평가하는 방식이다.

역량 평가는 성과 평가와는 별개로 개인의 조직 내 소통과 협업능력, 업무처리 유능성, 전문적인 역량, 조직 기여 등 기관에서 필요로 하는 요소들로 구성되며, 각 평가요소마다 배점을 다르게 정할 수 있다. 이러한 역량 평가를 다면평가로 실시하는 것은 상급자에 의한 일방적인 평가를 보완하기 위함이다.

기관에서는 역량 평가 결과를 통해 직원들의 부족한 역량을 분석하여 보수교육 내용을 설정하는 데 참고한다. 또한 해당 결과를 승진심사의 참고자료로 활용한다. 단, 역량 평가 결과는 주관적 평가를 통해 산출된 결과이기 때문에 성과급이나 승진점수에 직접적으로 반영하지는 않는다. 만약 기관에서 역량 평가 결과를 승진점수에 반영하고자 한다면 전체 직원의 동의하에 낮은 배점(예: 승진점수 100점 만점 중 3점)을 부여해야 한다.

4) 승진

승진에는 매년 정기적으로 실시하는 정기승진, 기관이 필요하다고 판단할 때 시행하는 비정기승진, 그리고 특별승진 등이 있다. 승진은 근무경력, 성과 평가 및 기관에서 규정으로 정한 조건을 충족한 사람을 대상으로 실시한다. 그런데 대체로 이러한 승진 조건을 충족하는 사람이 승진 예정 인원보다 많다. 따라서 승진 과정의 공공성과 투명성을 유지하는 것이 매우 중요한 이슈가 된다. 특히 장기근속자가 비교적 많은 공공상담기관에서는 특정 직급에서 승진 적체가 심한 편이기 때문에 더욱 그러하다.

특별승진은 특정 사업을 수행하는 데 탁월한 공적이 있거나 기관 발전에 혁혁하게 기여한 직원을 재직기간과 관계없이 승진시키는 것을 말한다. 이는 연공서열에 의한 승진으로 발생하는 문제점을 보완하고 능력 있는 직원에게 기회를 주기 위한 제도이다. 하지만 특별승진을 잘못 시행하거나 남용하면 공정성과 투명성을 해칠 수도 있기 때문에 매우 신중하게 진행해야 한다.

승진을 시키고자 할 때는 승진 시점을 정하고 적정한 날에 이를 공지한다. 승진심사 절차는 다음과 같다. 우선 최소 승진 조건을 충족하는 모든 직원들의 명부를 작성한 뒤, 수년 동안의 동일 직급 근무연수, 일정 기간 동안의 성과 평가 결과, 기관에서 정한 계량지표에 따라 점수를 산정하여 고득점 순으로 승진후보자를 선정한다. 승진후보자는 기관의 규정에 따라 다르지만 대략 승진 예정 인원의 3~5배수를 뽑는다. 기관에서는 승진후보자를 사전 공지하고, 승진후보자가 된 직원은 주어진 양식에 맞춰 자신의 직무 수행 능력에 대한 논술형 과제를 제출한다. 이후 기관에서는 외부 전문가를 포함한 인사위원회를 구성하여 승진후보자들의 기존 평가 결과와 각자 제출한 과제를 토대로 승진대상자를 심사한다. 이때 기관장 평가도 함께 실시하며 기관에 따라서는 승진대상자와 면담을 진행하기도 한다. 이러한 승진심사 평가에는 그림 8-2와 같은 평가서를 활용할 수 있다. 승진자는 이 모든 결과를 종합하여 고득점자 순으로 정해진 인원만큼 선정된다. 최종 승진자는 기관 홈페이지 등을 통해 공지한다.

승진자는 해당 급수에 맞는 소양교육과 직무교육 등의 승진자교육을 받는다. 승진과 동시에 보직이 부여되는 경우에는 보직자교육이 함께 이루어지기도 하며, 다른 전문기관에서 실시하는 리더십교육을 받기도 한다. 또한 승진에 따라 재산정된 급여, 복리후생 등에 대해 담당자로부터 오리엔테이션을 받는다.

한편, 각 기관에는 승진 조건을 충족하더라도 승진을 제한할 수 있는 규정들이 있다. 일반적으로 징계 또는 휴직 중인 직원은 승진에서 제외된다. 또한 징계마다 승진 제한 기간이 있는데 강등과 정직은 징계 결정 후 18개월, 감봉은 12개월, 견책은 6개월이다. 공공상담기관에서는 금품이나 향응 수수, 성폭력 및 성희롱, 성매매, 채용비리, 갑질 등을 엄격하게 다루며, 이러한 사유로 징계를 받은 경우에는 일반적인 승진 제한 기간에 추가로 6개월을 더한다.

승진심사평가서

대상자	·	현 직급		총점	

구분	배점	내용	평가				
			최우수	우수	보통	미흡	매우 미흡
과거 평가 점수	25점	직전 3년 성과 평가 평균 (20점) 직전 3년 역량 평가 평균 (5점)	25	20	15	10	5
발전 가능성	15점	승진 후 직무 수행 완성도 향상 등 발전 가능성	15	12	9	6	3
리더십	20점	구성원들과 협업을 통해 어려움을 해결하고, 구성원들을 이끌어 조직의 목표를 달성할 수 있는 역량	20	15	10	5	1
책임성	10점	성과를 달성하기 위한 주도적 업무 추진 태도	10	8	6	4	2
조직 기여도	20점	업무개선, 예산절감, 정책 사업의 성공적 완수, 연구실적 등 조직 발전 기여 정도	20	15	10	5	1
면담 시 평가	10점	의사표현, 예절, 태도와 자세 등 전반에 대한 평가	10	8	6	4	2

인사위원회 위원장 　　　　　(인)

그림 8-2 승진심사평가서 예시

5) 포상과 징계

기관에서는 기관 발전에 현저한 공이 있거나 근무성적이 뛰어난 직원에게는 포상을 하고, 기관의 규정 또는 현행법을 위반하거나 사회적으로 물의를 일으킨 직원에게는 징계를 내린다.

(1) 포상

포상은 표창장이나 상장을 수여하고 패 또는 부상을 지급하는 것이다. 표창장은 기관 발전이나 특정 사업 추진에 기여한 직원에게, 상장은 기관 내 경진대회 또는 평가에서 결과가 우수한 직원에게 수여한다. 포상은 직원의 사기를 진작시키는 중요한 기능을 가지고 있으나 남발될 경우 포상의 가치가 하락하기 때문에 적절하게 운영할 필요가 있다. 기관에 따라 포상을 승진점수에 가산하기도 한다.

포상은 상담기관이 자체적으로 실시하는 포상과 상담기관 외부(예: 정부, 지자체, 학회)에서 수여하는 포상으로 구분할 수 있다. 전자의 경우에는 소속 부서장이 추천하고 기관장 명의로 수여되며, 후자의 경우에는 기관장이 추천하고 외부 기관이나 단체 또는 그 장의 명의로 수여된다.

(2) 징계

상담기관에서 직원을 징계하기란 현실적으로 쉬운 일이 아니다. 상담자 문화에서 포상은 매우 익숙하나 징계는 동료 직원에게 불이익을 주는 것이라 여겨 큰 부담으로 느끼기 때문이다. 하지만 기관의 규칙이나 법을 위반한 직원에 대한 징계는 상담행정에서 매우 중요한 일이다. 현행법을 위반한 경우에는 수사기관에서 수사를 하거나 감사원에서 감사를 진행할 가능성이 높기 때문에 그 결과를 기다렸다가 처분한다. 하지만 그보다 가벼운 사안일 경우에는 기관에서 징계요구 과정을 두어 객관적인 증거를 토대로 징계 절차를 밟는다.

기관에서 직원에 대한 징계가 타당하다고 판단되면 징계를 처분한다. 징계는 사안의 경중에 따라 크게 여섯 가지로 구분되며(표 8-3 참조), 징계를 받으면 일반적으로 일정 비율의 임금이 삭감되거나 직급이 강등된다. 기관 규정에 따라서는 승진·포상·해외연수 등에서 제외하는 불이익을 받기도 하고 성과급이 차등 지급되기도 한다. 기관에서는 징계에 대한 사항들을 공개된 규정에 명시하고 있으므로 상담자는 이를 정확하게 확인하여 법과 규정을 준수하고 징계를 받지 않도록 주의해야 한다.

표 8-3 징계의 종류

종류	내용
파면	직원 신분을 박탈하고 5년 동안 재임용을 제한하며 퇴직금을 감하여 지급함
해임	직원 신분을 박탈하고 3년 동안 재임용을 제한함
강등	직급을 1계급 아래로 낮추고 일정 기간 직무를 정지하며 급여의 일정 비율을 감하여 지급함
정직	직급은 유지하나 일정 기간 직무는 정지하고 급여의 일정 비율을 감하여 지급함
감봉	일정 기간 급여의 일정 비율을 감하여 지급함
견책	시말서를 작성하게 함

3. 재정관리

재정관리는 외부에서 재원을 확보하여 규정에 맞게 집행하고 결산하는 일련의 일들을 말한다. 재정관리는 매우 중요하고 기본적인 업무이나 상담자들은 이와 관련된 사전교육을 받지 못해 어려움을 겪는 경우가 많다. 그러면서 재정을 확보하고 집행하는 일을 왜 해야 하는가에 대한 소모적인 고민을 하기도 한다. 하지만 상담자는 상담기관에 소속되어 일하든 프리랜서로 일하든 상담소를 개업하든 재정관리에 관여할 수밖에 없다. 재정관리는 크게 재원 확보, 예산 계획, 예산 집행, 결산 보고로 이루어진다.

1] 재원 확보

공공상담기관이 다양한 상담 사업을 수행하고 이용자들에게 필요한 상담 서비스를 제공하기 위해서는 반드시 재원을 확보해야 한다. 상담기관에서 조달할 수 있는 재원에는 다양한 유형이 있으며, 이러한 재원 유형에 따라 예산을 확보하는 방법이 다르다.

(1) 재원 확보의 필요성

청소년상담복지센터, 학교 밖 청소년 지원센터(꿈드림), 위(Wee) 센터 등의 국내 공공상담기관은 대체로 지역사회를 기반으로 형성되고 발전해왔다(노성덕, 2018). 이 밖에 상담자들이 취업하여 일하는 민간상담기관 역시 지역사회를 근간으로 한다고 볼 수 있다. 따라서 상담자들은 자신이 일하고 있는 지역사회의 문제와 요구에 민감하다. 상담자들은 지역사회 내 서비스 대상인 고객들이 겪는 어려움을 해결해주고, 새롭게 대두되는 이슈들을 다루며, 예견되는 위기상황에 대처하기 위해 사업을 기획하는 것이다. 여기에 반드시 수반되는 것이 예산이다.

만약 개인상담, 집단상담, 가족상담과 같은 개별 상담 업무만 고려한다면 적절한 규모의 상담 직원과 시설을 유지하기 위한 예산만 있으면 된다고 생각하기 쉽다. 그러나 지역사회에서 요구되는 다양한 상담 사업을 효과적으로 수행하려면 일정 수준 이상의 예산을 갖출 필요가 있다. 즉, 상담자들은 사업의 필요성과 내용 그리고 효과성에 대해 충분히 설명하여 다양한 재원을 확보함으로써 사업 진행에 필요한 예산을 확충하기 위해 노력해야 한다.

(2) 재원의 유형

공공상담기관의 재원에는 정부 또는 지방자치단체로부터 받는 보조금, 사업을 통해 창출되는 수익금, 기업이나 개인으로부터 받는 기부금 등이 있다. 현재 공공상담기관의 재원은 대부분 보조금이다.

① 보조금

보조금은 정부나 지방자치단체에서 기관의 설립 목적에 부합하는 공공사업을 추진하도록 지원하는 재정이다. 보조금은 관련 법과 규정에 맞게 사용해야 하며, 회계연도를 기준으로 매년 정산 및 결산 보고를 해야 한다. 보조금은 회계연도 이전 해에 사업계획서를 제출하고 심사를 거쳐 확정되면 받을 수 있다. 정부로부터 받는 보조금은 5~8월까지 주무부처 및 기획재정부에 사업계획서를 제출한다. 심사를 통해 사업이 승인되고 10~11월 사이에 국회 심의 후에 최종 확정되면 보조금을 받는다. 지방자치단체로부터 받는 보조금은 광역자치단체인지 기초자치단체인지에 따라 시기가 조금 다르지만 대체로 9~11월에 주무부서에 사업계획서와 예산계획서를 제출한다. 연말에 지방의회 심의 후에 최종 확정되면 보조금을 받는다. 확정된 보조금은 대개 분기별로 신청하여 교부받으며, 기관명의의 별도 통장과 카드가 있어야 한다.

② 수익금

수익금은 심리검사나 놀이치료 등을 제공하고 내담자에게 받는 비용, 상담교육 참가자에게 받는 교육료, 학술지 투고자에게 받는 심사비와 게재비 등에서 발생하는 재정이다. 수익금을 확보하기 위해서는 정부나 지방자치단체와 사전에 논의하여 일정 금액을 정한 뒤 규정이나 지침 등에 이를 명시해두어야 한다. 놀이치료의 비용을 예로 들면, 주변 민간상담기관에서 받는 금액의 50% 정도로 정하고 소득 수준이 차상위계층 이하인 경우 무료로 제공한다는 등의 지침이 필요하다. 수익금은 다른 사업비로 전용할 수 없고 해당 사업에 재투입하는 형태로 집행해야 한다. 가령 심리검사에 대한 비용을 받았다면 그 총액을 그대로 심리검사 구입비로 사용해야 하는 것이다. 기관의 전체 예산 규모에서 수익금이 차지하는 비율은 매우 미미하지만 다른 재원만큼 중요하게 관리해야 한다.

③ 기부금품

기부금품은 특정한 사업이나 대상을 지원할 목적으로 기업, 단체 또는 개인으로부터 받는 현금 및 물품을 말한다. 기부금품은 정부나 지자체와 협의하에 모집할 수 있다. 기부금품의 용도는 특정한 대상을 지원하는 사업에 국한되기 때문에 기관에 잔여 현금 및 물품을 남겨두지 않아야 한다. 또한 상담기관 운영이나 직원 처우개선 등과 관련해서는 기부금품을 받아서도 사용해서도 안 된다는 것을 기억해야 한다.

2] 예산 계획

예산 계획은 예산이 지출될 사업 계획을 기초로 수립한다. 그래서 예산 계획을 세울 때에는 당해연도 사업계획서와 수입·지출 예산내역서를 준비해야 한다. 수입·지출 예산내역서의 예시는 표 8-4와 같다.

표 8-4 수입·지출에 대한 예산액 예시 (단위: 천 원)

수입		지출	
항목	예산액	항목	예산액
1. 보조금 2. 수익금	10,000,000 10,000	1. 인건비 2. 사업비 3. 경상비	3,500,000 5,000,000 1,510,000
총계	10,010,000	총계	10,010,000

예시를 보면, 수입 항목은 앞에서 다룬 여러 유형의 재원으로 구성되어 있다. 지출 항목은 인건비, 사업비, 경상비 등이 있다. 인건비는 직원 급여로, 기본급뿐 아니라 성과급과 퇴직금 등도 포함한다. 사업비는 기관의 사업을 추진하는 데 소요되는 예산이다. 경상비는 기관을 운영하기 위한 비용으로, 운영비라고도 한다. 자산 구매 및 운용 비용, 시설 관리비, 각종 공과금 등이 경상비에 속한다. 지출예산의 비율은 통상 사업비가 가장 크고 그다음으로 인건비, 경상비 순인데, 상담기관의

경우 상담 관련 사업이 기획되지 않으면 인건비의 비율이 가장 높은 기형적인 형태가 될 수 있으므로 주의해야 한다.

표 8-5는 예산액 총괄표의 예시이다. 표의 왼쪽은 수입항목별로, 오른쪽은 지출항목별로 정리되어 있다. 총괄표에는 각 항목별 수입과 지출의 세부내역을 적고, 전년 대비 증감액을 기록한다.

예산 계획은 추후 변동 없이 그대로 집행될 수 있도록 편성하는 것이 가장 이상적이다. 하지만 사업을 진행하면서 다양한 이슈에 대응하다 보면 특정 사업에 재원을 더 투입하기 위해 다른 항목의 예산을 줄이는 등 계획된 예산을 변경할 필요가 생기기도 한다. 이러한 예산 조정에 대해서는 다음의 예산 집행 부분에서 좀 더 설명하고자 한다.

3) 예산 집행

사업계획서에 계획된 대로 예산을 지출하는 행위를 예산 집행이라고 한다. 예산 집행은 법률, 국가나 지방자치단체의 지침, 기관의 규정과 규칙 등에 부합해야 한다. 만약 적법한 절차나 법, 지침, 규정 등을 어기면 징계가 따르기 때문에 예산은 매우 신중하게 집행해야 한다. 간혹 사업의 목적을 내세우면서 임의로 예산을 집행하려는 경우가 있는데, 이는 위험한 행동이다. 요컨대 예산은 계획대로 집행하는 것이 가장 바람직하다. 그런데 사업을 진행하다 보면 계획대로 하기 어려울 때가 있다. 만약 계획과 다르게 예산이 집행되어야 한다면 법과 지침에 정해진 절차에 따라 먼저 예산을 조정해야 한다. 예산 집행에는 이러한 예산 조정을 비롯하여, 실제 정해진 항목에 지출을 하고 구매 계약을 진행하는 일들이 포함된다.

표 8-5 수입·지출에 대한 예산액 총괄표 예시

(단위: 천 원)

수입

항목	예산액		
	2020(A)	2021(B)	증(△)감(B-A)
총계	9,010,000	10,010,000	1,000,000
1. 보조금	9,000,000	10,000,000	1,000,000
2. 수익금	10,000	10,000	0

지출

항목	예산액		
	2020(A)	2021(B)	증(△)감(B-A)
총계	9,010,000	10,010,000	1,000,000
1. 인건비	3,000,000	3,300,000	300,000
가. 기본급	2,000,000	2,245,000	245,000
나. 수당	500,000	520,000	20,000
다. 성과금	300,000	310,000	10,000
라. 퇴직급여	180,000	200,000	20,000
마. 법정부담금	20,000	25,000	5,000
2. 사업비	4,500,000	5,000,000	500,000
가. 사업1	1,000,000	1,030,000	30,000
나. 사업2	1,000,000	1,040,000	40,000
다. 사업3	1,000,000	1,020,000	20,000
라. 사업4	1,000,000	1,010,000	10,000
마. 사업5	500,000	900,000	400,000
3. 경상비	1,310,000	1,510,000	200,000
가. 공과금	500,000	550,000	50,000
나. 자산관리유지	500,000	610,000	110,000
다. 일반운영비	310,000	350,000	40,000

(1) 예산 조정

지출 항목인 인건비, 사업비, 경상비는 각각 하나의 목(目)에 해당하며, 이들의 관계는 상호 독립적이라고 가정하면 된다. 즉, 인건비와 사업비, 경상비를 넘나들면서 예산을 조정하는 '목간 조정'은 원칙적으로 금지된다. 예를 들어 인건비가 남았다고 해서 이를 사업비로 사용하거나, 사업비를 남겨서 경상비로 사용하면 안 된다. 정부나 지자체와 협의하여 승인을 받은 후에는 조정이 가능하긴 하지만, 각 목에서 남은 잔액은 반납하는 것이 원칙이며 가급적 목간 조정은 하지 않는 것이 좋다.

인건비, 사업비, 경상비 각 목 내에서 예산을 조정하는 것은 '목내 조정'이라 한다. 이 경우에는 정부나 지자체의 승인하에 마련된 기관의 예산 또는 회계 지침에 따라 조정하면 된다. 많은 경우 목내 조정은 기관장의 판단으로 자체 조정할 수 있다. 물론 기관의 지침 또는 예산총칙에 그러한 원칙이 적시되어 있어야 한다.

(2) 예산 지출

인건비는 직원의 고용과 유지에 지출되는 비용을 뜻하며 기관과 직원 간 계약에 따라 다양한 방식으로 지급된다. 가장 보편적인 방식은 월급으로, 매월 1회 정해진 날에 현금으로 지급하는 방식이다. 월급은 기관에서 직원에게 직접 지급할 수도 있으나 일반적으로는 금융기관을 통해 직원 명의의 통장에 입금하며 소득세, 지방세, 연금, 건강보험, 고용보험 등을 제하고 지급한다. 경상비는 공과금, 관리비, 자산 취득, 장비 수선 등에 지출되는 비용이고, 사업비는 구매비, 출장비, 장소 임차비, 강사비, 인쇄비, 진행비, 각종 지원비 등 사업을 진행하며 지출되는 비용이다.

지출 행위를 할 때는 사업이 진행되었음을 증빙할 수 있는 자료를 첨부하여 지출결의서를 작성한 후(그림 8-3 참조), 결재를 득해 실행해야 한다. 지출 과정은 사업부서와 관리부서가 함께 진행한다. 사업부서에서 사업 진행이 완료된 후에 지출 항목에 대한 지출결의서를 작성하고 증빙 자료를 첨부하여 지출을 요청하면, 이를 근거로 관리부서에서 지출결의를 검토한다. 검토 결과 증빙 자료가 없거나 미비한 경우 지출결의를 사업부서로 반려한다. 지출에 대한 증빙 없이는 예산이 집행될수 없기 때문이다. 이러한 절차는 중요한 예산 지출 업무에 대한 일종의 모니터링 과정이라 할 수 있다. 예산 집행 시 출납원은 관리부서의 회계담당자가 되고, 지출원은 회계부서장, 재무원은 회계부서장의 직계상급자가 된다.

감사부서에서는 예산 집행의 모든 과정과 절차, 서류, 집행금액 등에 대하여 정확성, 적법성, 적정성, 시의성 등을 토대로 일상적으로 감사를 진행하는데, 이를 일상감사라 한다. 또한 일정 금액 이상의 지출에 대해서는 개별적으로 감사를 진행하고, 매년 특정 기간에는 모든 지출 서류를 감사하여 모니터링한다.

(3) 구매 계약

시설 공사, 자산 취득, 인쇄 등 지출 규모가 큰 구매 계약을 할 때는 법률과 규정에 맞게 진행해야 한다. 상당한 금액이 오고가는 계약에서는 각종 이권이 개입할 여지가 있기 때문이다. 예를 들어 입찰계약의 경우 입찰에 참가하는 업체들이 선정 과정에 영향을 미치기 위해 금품을 제공하거나 식사를 대접하는 등의 불법적인 행위를 할 수 있다. 사

지출결의서

증 제 호

20 년도

담당	팀장	부장

재무원	지출원	출납원

항 목	
작성일자	작성부서
적 요	
금 액	
집행일자	

상호(성명)	계좌번호	공급가액	부가세	소득세	주민세	합계 금액
		합 계				

그림 8-3 지출결의서 예시

업 규모가 일정 금액 미만이거나 천재지변 등 급박한 상황일 때는 입찰 없이 업체를 선정하는 수의계약을 하기도 하는데, 이 경우에도 불법행위가 발생할 수 있다. 따라서 계약과 관련해서는 법과 규정에서 정한 절차 외에 다른 행위가 발생하지 않도록 주의해야 한다.

공공상담기관에서는 대체로 「국가를 당사자로 하는 계약에 관한 법률」을 준용하여 계약을 진행하지만, 기관마다 세부적인 내용이 다를 수 있기 때문에 반드시 기관의 규정이나 지침을 확인해야 한다.

4) 결산 보고

공공상담기관에서는 매 회계연도가 종료되는 시점에 결산 보고를 한다. 결산은 주어진 예산이 법과 지침에 적합하게 집행되었는지를 최종 검토하는 과정이다. 절차에 따라 결산보고서를 정리하여 보조금을 지급해준 정부 부처 또는 지방자치단체에 제출해야 결산을 확정할 수 있다.

결산 보고는 재무상태표 및 포괄손익계산서, 현금흐름표 및 자본변동표, 결산의 내용을 확인할 수 있는 참고서류, 결산서 내용 요약 및 결산결과 분석, 사업실적 분석보고서 등을 포함해야 한다. 특히 공공상담기관에서는 감사부서나 공인회계사의 감사의견서도 첨부해야 한다.

결산 보고는 전문성이 필요한 영역이기 때문에 결산의 절차와 구체적인 내용에 대해 상담자가 깊이 있게 학습할 필요는 없다. 다만 기관의 직원으로서 결산과 관련된 행위가 반드시 요구된다는 것은 인지해야 한다.

4. 정보 및 자료관리

정보 및 자료관리는 기관에서 사업을 수행하기 위해 구축한 전산시스템의 이용과 관리, 상담 사업을 수행하면서 생성되는 각종 정보와 자료들의 수집·보존·이용·보안 등과 관련된 활동을 말한다. 정보 및 자료를 적절하게 관리하기 위해서는 정보보안과 개인정보보호에 관한 법률에 익숙해야 한다. 특히 상담자들은 상담을 통해 내담자의 문제를 해결하는 과정에서 개인정보를 습득하고 활용하기 때문에 각종 정보관리에 특히 주의해야 한다.

1] 정보와 자료

상담기관에서는 상담과 교육의 접수·진행, 자료의 구입·기증·교환 등 기관을 운영하는 과정에서 다양한 정보와 자료를 수집·생성·취득·관리하게 된다. 정보에는 내담자가 작성하거나 상담자가 내담자에 관해 기록한 내용 등이 있고, 자료에는 서적, 정기간행물, 문서, 음성, 영상, 디지털데이터 등이 있다.

상담자들은 내담자나 상담교육 참여자들에 관한 정보를 인터넷이 연결되어 있는 컴퓨터 장치에 입력하여 보관하며, 필요한 내용은 출력하여 문서로 관리한다. 상담기관에서는 내담자의 권익을 최대한 보호하기 위하여 법률에 기초한 규정을 만들어서 이러한 정보를 관리하고 있으며, 정기적인 감사를 통해 관리 상황을 점검한다.

또한 자료의 경우 정해진 방법에 따라 각각 일련번호를 부여한 후 목록을 작성하여 보관·관리한다. 물론 기관이 수집한 모든 자료를 보관·관리하는 것은 아니다. 사업을 수행하는 데 필요하다고 판단되는 자료만 유형화하여 관리하고, 불필요하거나 보존 가치가 없는 자료는 등록하지 않고 이용 후 폐기하거나 더 필요한 곳으로 보내기도 한다.

보관 중인 정보와 자료는 규정에 정해진 기간이 지나면 알아볼 수 없는 형태 또는 복구할 수 없는 수준으로 폐기해야 한다. 대부분의 기관에서는 보관 연한을 초과한 정보와 자료에 대해 심사를 통해 폐기 여부를 결정한 후, 소량의 문서는 파쇄기를 사용하여 폐기한다. 폐기할 자료의 양이 많거나 자체적으로 폐기하기 까다로운 종류라면 전문 폐기업체를 이용해야 하는데, 이때는 담당직원이 폐기 과정을 참관하고 자료가 완전히 폐기되었는지 확인해야 한다.

기관의 규모가 크면 정보와 자료의 관리를 담당하는 인력이 독립적으로 배치되기도 하지만, 소규모 기관에서는 대개 간부들이 관리 인력을 겸직한다. 전산시스템 내의 정보를 관리하기 위해서는 정보보안 담당자, 개인정보보호 담당자, 공공데이터 관리자, 일반보안 담당자, 문서 관리원 등을 배치 및 지정한다. 각각의 담당자들은 시스템 설치·유지·보수, 문서생성 및 폐기, 정보보호, 데이터 개방 등의 업무를 규정에서 정한대로 수행한다.

2) 상담기록

상담기록은 앞에서 설명한 정보 및 자료에 포함된다. 하지만 상담기록은 상담기관에서 가장 핵심적인 자료이기 때문에 별도로 서술한다.

모든 상담자는 상담 과정을 기록하고, 녹음 또는 녹화하며, 문서화한다. 상담기록에는 내담자 개인의 비밀스러운 정보가 포함되며, 내담자의 보호자와 가족 및 원(原)가족에 관한 사항들까지 들어있는 경우도 많다. 나아가 내담자의 친인척이나 이웃, 학교나 직장에서 만나는 사람들에 대한 내용이 포함되기도 한다. 따라서 상담기록은 매우 민감한 정보에 해당한다.

상담자는 상담기관이 지정한 정보시스템에서만 상담 내용을 기록·보존·관리해야 하며, 사적인 공간에서 개인 전자 장비를 사용하여 상담기록을 관리하는 것은 위험하다. 또한 상담 회기 중에 필기도구로 메모한 기록이나 정보시스템에서 출력하여 생성된 문서는 기관에서 허락한 장소에서만 열람해야 하고, 열람 후에는 반드시 잠금장치가 있는 지정된 장소에 보관해야 한다. 이를 어길 경우 「개인정보 보호법」 위반 등으로 처벌될 수 있다. 예를 들어 상담기록을 가방에 넣어 가서 도서관이나 카페 등에서 열람하는 것은 개인정보 유출이라 할 수 있으며, 그 모습이 누군가에게 목격되거나 기록을 분실할 경우 법에 의해 강력하게 처벌된다.

상담기록의 관리는 상담자 개인이 수행하지만 개인의 판단이 아닌 기관의 규정과 법률에서 정한 바에 따라야 한다. 또한 상담기록은 상담자에게 귀속되는 것이 아니므로 상담자가 기관을 그만둔다고 해서 함부로 반출하거나 폐기해서는 안 된다. 퇴사 시에는 반드시 전체 기록물을 기관에 보고하고 반납해야 하며, 퇴사 후에 해당 자료가 필요하다면 기관에 방문하여 정해진 절차에 따라 열람해야 한다.

3) 보안

보안은 각종 보안사항, 지적재산권 등의 영업비밀, 자산 등을 보호하기 위한 것이다. 보안은 직원뿐 아니라 기관이 상대하는 모든 업체가 대상이 되며, 특히 정보보안은 인터넷상 접근 가능한 모든 잠재적 대상자들까지 포함한다. 보안에는 정보시스템 보안, 인적 보안, 물리적 보안 등이 있다.

정보시스템 보안은 전산시스템 내에서 관리되는 정보에 대한 보안이다. 정보보안 담당자는 기관 내 컴퓨터, 서버, 네트워크에 있는 모든 정보자산을 비밀성, 무결성, 가용성이라는 기준에 맞게 관리해야 한다. 정보보안 담당자는 모든 정보시스템에 접근통제 지침을 적용하여 접근권한의 부여·삭제, 패스워드 관리, 정보시스템을 설치한 장소에 대한 출입관리 등을 실시해야 한다. 또한 직원들이 불법 소프트웨어를 사용하거나 스팸 메일을 열어 기관 정보시스템에 악성코드를 유입시키지 않도록 경계하고, 이를 상시적으로 교육해야 한다. 만약 보안 지침을 위반한 직원이 발생했다면 인사위원회에 보고하여 규정에서 정한 징계가 이루어지도록 한다.

인적 보안은 민감한 정보에 접근하는 모든 개개인에 대해 통제를 가하는 것이다. 모든 직원은 입·퇴사 시 보안각서에 서명한다. 기관과 계약 관계에 있는 업체 직원들도 계약을 체결할 때마다 보안각서에 서명한다. 그리고 기관은 평소에 모든 직원에게 보안교육을 실시해야 한다. 특히 직원이 퇴사할 때에는 퇴사 이후 기관 정보를 유용할 경우 법적 처벌을 받게 된다는 점을 주지시키고, 기관 아이디와 패스워드를 삭제하고 소지하고 있는 모든 정보자산(노트북, 컴퓨터, 보조저장장치, 문서)을 반납하게 한다.

물리적 보안은 절도, 파괴, 화재 등의 위험으로부터 정보 혹은 시설과 같은 자산을 보호하기 위해 물리적 취약성을 통제하는 것이다. 상담기관의 시설에는 기본적으로 일반인의 접근을 방지하기 위한 장치를 설치하는 것이 좋다. 특히 상담 관련 문서가 보관된 자료실이나 서버 등이 있는 공간에는 통제구역 표지를 부착하고 상시 출입통제 장치를 설치해둔다. 출입통제 구역은 CCTV를 통해 24시간 감시하고, 담당자가 자리를 비울 때에는 반드시 CCTV 작동 여부를 확인해야 한다.

4) 개인정보보호

국가나 지방자치단체가 설립하여 운영하는 상담기관의 모든 관련자들은 「개인정보 보호법」을 반드시 준수해야 한다. 상담기관에서는 이 법률을 바탕으로 규정과 지침에 개인정보의 취득·보존·활용·폐기 등에 대한 상세한 내용을 제시하고 있다.

개인정보를 수집 및 활용하기 위해서는 정보를 제공하는 정보 주체의 동의를 반드시 받아야 한다. 이때 그림 8-4와 같은 동의서가 사용된다. 동의서에는 수집 항목, 이용 목적, 제3자 제공에 대한 내용, 보유 기간 및 폐기에 관한 내용이 포함되어야 한다. 그리고 기관은 이 동의서에 기록되어 있는 내용을 준수해야 하며, 기록되어 있는 대로만 정보를 수집·활용·보관해야 한다. 동의 없이 개인정보를 수집하거나 동의와 다른 방식으로 활용하는 경우, 「개인정보 보호법」 제71조에 따라 5년 이하의 징역 또는 5천만 원 이하의 벌금형에 처해진다. 정보 주체는 동의서의 내용을 충분히 검토한 후에 자필로 서명함으로써 동의 의사를 표한

개인정보 수집·활용 동의서

○○○청소년상담복지센터는 ○○시에서 설치(위탁)·운영하는 기관으로서, 내담자의 심층상담과 프로그램의 원활한 연계를 위해 아래와 같이 정보 제공 동의를 받고자 합니다.

1. 개인정보의 수집 항목 및 이용 목적
   가. 수집항목
   - 「개인정보 보호법」 제15조에 의거 이름, 나이(생년월일), 성별, 소속기관, 연락처, 보호자 연락처, 주소 등 청소년 관련 정보
     □ 동의   □ 동의하지 않습니다
   - 「개인정보 보호법」 제23조 및 시행령 제18조에 의거 '건강', 「형의 실효 등에 관한 법률」,에 의거 '범죄경력자료' 등 민감정보
     □ 동의   □ 동의하지 않습니다
   나. 이용 목적
   - 위기상황에 대한 개입 및 내담자의 심층상담
   - 청소년상담복지센터 운영 프로그램 연계
   - 재상담 요청에 따른 참고자료

2. 만 14세 미만 청소년의 정보 제공에 관한 사항

법정대리인 성명		(인 / 서명)
법정대리인 연락처		
법정대리인과의 관계		

3. 개인정보의 제3자 제공에 관한 사항
   - 필요 시 귀하로부터 제공받은 정보를 「청소년복지 지원법 시행령」 제4조 제4항의 필수연계기관(공공보건의료기관, 보건소, 지방고용관서, 경찰서 등)에 제공할 수 있음.
     □ 동의   □ 동의하지 않습니다

4. 개인정보 보유 및 이용 기간
   - 취득한 정보는 상담완료일로부터 5년간 보관 및 보존. 보존 기간 경과 시 즉시 폐기.

5. 개인정보 동의를 거부할 권리가 있으며, 동의 거부에 따른 서비스 제공 관련 불이익은 없습니다.
   상기 내용에 대해 설명을 충분히 숙지하였으며, 위 내용에 동의합니다.

년   월   일

내담자: (서명)

○○○청소년상담복지센터 귀하

그림 8-4 개인정보 수집·활용 동의서 예시
출처: 노성덕(2018, p. 160)에서 재인용.

다. 정보 주체가 만 14세 미만 아동이면 보호자의 동의가 필요하므로 내담자뿐만 아니라 법정대리인의 동의도 구해야 한다.

기관 및 상담자는 동의서에서 고지했던 목적으로만 개인정보를 활용해야 한다. 그림 8-4 예시의 경우 동의서에 위기상황에 대한 개입 및 내담자 심층상담, 청소년상담복지센터 운영 프로그램 연계, 재상담 요청에 따른 참고자료라는 세 가지 이용 목적을 제시하고 있다. 여기에서는 이 세 가지 목적으로만 정보 주체의 동의를 받았기 때문에 다른 목적으로 정보를 활용하면 위법 행위가 된다.

만약 상담자가 자신이 진행한 상담사례로 슈퍼비전을 받고자 한다면 별도로 동의 절차를 거쳐야 한다. 마찬가지로 학회나 국가에서 발급하는 자격증을 취득하기 위해 상담기록 자료를 활용하고자 하는 경우에도 별도로 동의를 받아야 한다. 물론 내담자의 개인정보나 상담기록 자료가 포함되지 않고, 수치화해서 변환된 경우에는 예외일 수 있다. 예컨대 내담자를 인식할 수 있는 정보 수준이 번호로 표시된 성별(예: 남자는 '1', 여자는 '2'), 문제 유형, 연령, 주요 상담기법 정도라면 개인을 특정할 수 있는 정보가 모두 가공되었기 때문에 동의 없이 활용 가능하다. 하지만 상담기록을 토대로 작성된 문건이 내담자를 특정하거나 짐작하게 할 여지가 있다면 동의를 구해야 한다. 개인정보의 활용은 기관의 특성에 따라 민감한 부분이 조금씩 다르고 위반 시 법적 다툼의 소지가 있으므로 가급적 기관과 계약 관계에 있는 법률전문가의 자문을 구하는 것이 좋다.

개인정보를 폐기할 때에는 앞서 설명한 정보 및 자료의 폐기 절차에 따르면 된다. 그림 8-4의 동의서에는 상담기록을 5년간 보존하고 보존 기간이 지나면 즉시 폐기하겠다고 적혀 있다. 따라서 이 경우 내담자의 개인정보는 5년이 지나면 전문 폐기업체에 의뢰하여 식별하거나 복구할 수 없는 수준으로 완전히 폐기해야 한다. 이때 개인정보는 문서에 국한되는 것이 아니라 모든 전산상 기록, 사진, 음성녹음 파일, 동영상 파일 등을 포함한다.

단, 개인정보 폐기가 통계치를 없애는 것이 아님을 알아야 한다. 다시 말해 개인정보를 폐기하더라도 상담실적에 해당하는 통계치는 보존되도록 조치를 취해야 한다는 것이다. 예를 들면 '9년 전 내담자인 김○○에 대한 정보'는 모두 폐기하지만, 9년 전에 중학교 1학년 여학생이 대인관계 문제로 개인상담 24회기, 심리평가 3건, 집단상담 12회기에 참여했다는 기록은 남겨야 한다. 이처럼 수치는 남기되, 개인을 식별할 수 있는 회기기록이나 상담진행 내용은 완전히 폐기해야 한다.

 토론 주제

1   상담기관의 인사관리 정책의 필요성과 직원을 선발하고 배치하는 과정에서 주의해야 할 사항들에 대해 토론해보자.

2   상담자의 복무관리에 관한 규정을 두는 이유에 대해 논의해보자.

3   상담기관의 종사자로서 기관의 재정상태를 이해하고, 재정관리에 참여한다는 것이 어떤 의미인지 생각해보자.

4   정보 및 문서관리에서 중요하게 다루어야 할 법적 의무 사항들을 「개인정보 보호법」에 근거해 설명해보자.

5   상담기관에 소속된 상담자는 일정 기간이 지나면 관리자 업무를 수행하게 된다. 상담기관의 관리자가 인사, 복무, 재정, 보안 등에 대해 왜 알아야 하는지 토론해보자.

청소년상담복지센터의
상담행정 실무

청소년상담은 정부와 지방자치단체에서 예산과 인력을 지원하는 공적 서비스 분야이다. 우리나라의 대표적인 청소년상담기관으로는 청소년상담복지센터를 꼽을 수 있다. 청소년상담복지센터는 1990년 체육청소년부 산하 청소년종합상담실 설치를 시작으로 지난 30년 동안 230여 개로 늘어났으며, 현재는 거의 대부분의 전국 시·도 및 시·군·구 지역에 설치되어 운영되고 있다. 청소년상담복지센터에서 근무하고 있는 인력은 2천여 명에 이르며 사업이 매년 확대되어 추가 인력이 필요한 상황이다. 이 장에서는 청소년상담복지센터에 대해 개관하고 센터의 운영 상황과 사업 추진체계 및 연계기관에 대해 알아본다. 나아가 센터의 대표 사업들과 이에 수반되는 주요 행정 업무들을 소개하고자 한다.

1. 청소년상담복지센터의 개관

우리나라의 여러 공적 상담 서비스 가운데 청소년상담복지센터는 역사와 규모 면에서 큰 역할을 담당해왔다. 1990년대 이후 정부의 청소년 정책을 관장해온 주무부처는 체육부, 문화관광부, 국가청소년위원회, 보건복지부, 여성가족부 등 다양하지만, 청소년상담 정책의 주요 사업은 청소년상담복지센터가 수행해왔다.

현재 청소년상담복지센터는 전국 지자체에 설치·운영되고 있으며, 2천여 명의 인력이 청소년상담·복지 사업을 수행하고 있다. 이 절에서는 청소년상담복지센터의 역사, 설치 근거 및 기능, 역할 등에 대해서 살펴보고자 한다.

1) 역사

우리나라 청소년상담의 역사는 1950년대까지 거슬러 올라간다. 한국전쟁 당시 교육시설이 파괴되고 인력이 부족해지자 유네스코(UNESCO)와 미국은 우리나라의 교육환경 실태를 파악하여 필요한 교육원조를 제공하였다. 1952년 유네스코 교육계획사절단이 우리나라에 방문하여 학교시설을 복구하고 학생들에 대한 생활지도와 상담, 심리검사 등을 실시하였는데(김택호 등, 2005), 이러한 심리상담 활동이 우리나라 최초의 근대화된 학교상담 또는 청소년상담의 시작이라고 할 수 있다.

그 후 1980년대에 이르러 세계적으로 청소년 인구가 급증하였고,

이에 따라 제34회 유엔총회에서는 1985년을 국제 청소년의 해로 지정하였다. 우리나라도 국제 청소년의 해를 맞이하여 청소년 이용시설을 늘리고 청소년 단체 및 지도자를 육성하는 등 청소년 관련 정책과 행사를 마련하였다. 또한 1987년에는 청소년들의 건강한 성장을 도모하고자 「청소년육성법」을 제정하였는데, 이는 지역사회 내 청소년상담의 법적 근간이 되었다. 이 법에 근거하여 1990년 체육청소년부는 청소년들의 다양한 고민을 해결해줄 수 있는 전문상담기관으로 청소년종합상담실을 설치하고 광주광역시와 대구광역시에 청소년종합지원센터를 시범적으로 운영함으로써 공적 청소년상담 서비스가 시작되었다.

나아가 정부에서는 1991년 「청소년 기본법」을 제정하여 청소년상담에 대한 법 규정을 마련하였고, 1993년에 이 법이 시행되면서 정부 주도의 청소년상담 사업이 운영되었다. 이후 청소년상담 사업은 크게 확대되어 16개 시·도 모두에 청소년종합지원센터가 설치되었고, 명칭도 시·도 청소년종합상담실로 개정되었다. 시·군·구 지역에서도 청소년상담실이라는 명칭으로 상담센터가 설치되기 시작하였다.

청소년종합상담실과 청소년상담실을 운영하는 지자체가 점차 늘어나자 중앙정부 차원의 관리 기관이 필요해졌다. 그래서 정부는 1999년 기존의 청소년대화의광장(청소년종합상담실)을 한국청소년상담원으로 개정하고, 이 기관에서 전국 청소년종합상담실 및 청소년상담실을 지원하도록 하였다.

그 후 2006년 정부는 국무총리 소속 국가청소년위원회를 구성하고 청소년 전담 부서의 역할을 맡게 하였다. 2000년대는 청소년 문제가 가출, 성매매, 학교폭력 등으로 다양해지고 그 심각성 또한 커지는 시기였다. 따라서 국가청소년위원회에서는 이러한 문제를 가지고 있는 청소년들을 '위기 청소년'이라고 폭넓게 정의하고, 위기 청소년을 지원하기 위한 새로운 정책들을 수립하였다. 이때 청소년상담 현장에서도 많은 변화가 생겨났는데, 우선 시·도 청소년종합상담실과 시·군·구 청소년상담실의 명칭이 각각 청소년상담지원센터와 청소년지원센터로 변경되었다. 명칭뿐 아니라 사업 기능에도 큰 변화가 있었다. 가출, 성매매 등 위기 청소년의 긴급구조 및 지원을 위한 청소년안전망(또는 지역사회청소년통합지원체계, CYS-Net)의 운영, 경제적 취약계층 청소년을 위한 자립지원 사업 등 매우 큰 단위의 복지적 사업이 추가되었다.

2008년에 들어선 새 정부는 국가청소년위원회와 보건복지부를 통합하여 보건복지가족부로 개정하고, 이곳에서 기존의 청소년 업무를 담당하게 하였다. 그 후 2010년 정부조직 개편으로 보건복지가족부의 청소년 업무가 여성부로 이관되었고, 여성부의 명칭이 여성가족부로 개정되었다. 여성가족부는 기존의 청소년안전망 사업을 확대·개편했을 뿐 아니라, 새로운 청소년상담 사업을 추진하였다. 특히 학교 밖 청소년 지원 사업, 인터넷 과몰입 치료 사업 등을 개발하고 이를 지역 상담기관에 위탁 운영하게 하였다. 청소년상담복지센터는 이러한 새로운 사업 위탁에 적극적으로 참여하면서 사업 기능이 큰 폭으로 확대되었다. 여성가족부에서는 2012년 청소년상담 사업의 중추 기능을 맡아왔던 한국청소년상담원의 명칭을 한국청소년상담복지개발원으로 개정하고, 지역 청소년상담지원센터의 명칭 또한 청소년상담복지센터로 개정하였다. 이로써 청소년상담 업무는 크게 다변화하여 전통적인 심리상담 외에 다양한 복지적 기능을 수행할 수 있게 되었다.

청소년상담복지센터는 2021년 3월 기준 전국 238개소가 운영되고 있으며, 매년 약 20만 명이 청소년상담복지센터의 서비스를 이용하고 있다.

2) 설치 근거 및 기능

청소년상담복지센터의 법적 근거는 「청소년복지 지원법」 제29조이다. 「청소년복지 지원법」은 미래사회의 주역이 될 청소년의 성장과 발달을 도모하기 위해 가정과 사회, 국가의 책임과 의무를 정하고 이를 실천할 수 있는 사항을 제정한 법이다. 이 법의 제29조 제1항에서는 청소년상담복지센터의 설치 목적에 대해 다음과 같이 규정하고 있다.

> 제29조(청소년상담복지센터)
> ① 특별시장·광역시장·특별자치시장·도지사 및 특별자치도지사(이하 "시·도지사"라 한다) 및 시장·군수·구청장은 청소년에 대한 상담·긴급구조·자활·의료지원 등의 업무를 수행하기 위하여 청소년상담복지센터를 설치·운영할 수 있다.
>
> (「청소년복지 지원법」)

또한 동법의 시행령에서는 청소년상담복지센터의 기능, 설치·운영 기준 및 종사자의 자격 기준 등을 명시하고 있다. 다음은 「청소년복지 지원법 시행령」 제14조 제1항에 제시된 청소년상담복지센터의 기능이다.

> 제14조(청소년상담복지센터의 설치 등)
> ① 법 제29조 제1항에 따라 설치된 청소년상담복지센터(이하 "청소년

상담복지센터"라 한다)는 다음 각 호의 기능을 수행한다.

1. 청소년과 부모에 대한 상담·복지지원

2. 상담·복지 프로그램의 개발 및 운영

3. 상담 자원봉사자와 「청소년 기본법」 제3조 제7호에 따른 청소년 지도자에 대한 교육 및 연수

4. 청소년상담 또는 긴급구조를 위한 전화 운영

5. 청소년 폭력·학대 등으로 피해를 입은 청소년의 긴급구조, 법률 및 의료 지원, 일시 보호 지원

6. 청소년의 자립능력 향상을 위한 자활(自活) 및 재활(再活) 지원

7. 그 밖에 청소년상담 및 복지지원 등을 위하여 필요하다고 특별시장·광역시장·특별자치시장·도지사 또는 특별자치도지사가 인정하는 사업

(「청소년복지 지원법 시행령」)

한편, 청소년 정책의 주무부처인 여성가족부(2021c)에서는 청소년상담복지센터 사업의 목적이 청소년상담, 긴급구조, 자립, 의료지원 등 통합지원 서비스를 제공하여 청소년의 건강한 성장 및 복지증진을 도모하는 것이라고 밝히고 있다.

3) 지역 내 역할

청소년들의 문제는 청소년 시기에 일반적으로 겪는 정서적 어려움을 비롯하여 가정의 경제적 빈곤, 열악한 교육환경, 병원 진료가 필요한 의료 문제 등 다양한 문제가 서로 복잡하게 얽혀 있다. 따라서 청소년 문제에 도움을 주기 위해서는 기존의 전통적인 심리 정서적 상담

접근뿐만 아니라, 청소년이 처한 여러 내적·외적 여건을 분석하여 복합적인 문제를 효율적으로 해결해줄 수 있는 통합적인 개입방법이 필요하다. 예를 들어 심리상담과 더불어 경제적인 후원자를 찾아 금전적 어려움을 해결해주어야 할 때도 있고, 병원을 연계시켜 의료적 접근을 제공해야 할 때도 있다. 즉, 청소년상담은 전통적인 심리상담 외에 새로운 접근 방법이 필요하며 그 대표적인 방법이 지역사회 중심 상담(community based counseling) 방법이다.

Lewis 등(1998)은 지역사회 중심 상담에 대해 '지역주민의 안녕과 개인적 발달을 증진시키는 개입전략 및 서비스들로 구성된 포괄적인 조력의 틀'이라고 정의하였다. 구체적으로 설명하면 청소년상담에 있어 지역사회 중심 상담이란 지역사회 내 청소년들이 좀 더 건강하게 살아갈 수 있도록 도와주고, 여러 청소년 문제들을 예방하기 위해 내담자뿐만 아니라 지역사회 구성원들을 대상으로 다양한 서비스를 제공하는 것이다. 그러므로 청소년상담의 대상은 청소년은 물론이고, 그들의 가정, 나아가 지역사회 전체가 될 수 있다. 이러한 점에서 청소년상담복지센터 역할은 청소년, 부모, 지역 내 다양한 환경에 개입하는 통합적인 상담 서비스를 제공하는 것이라고 할 수 있다.

Lewis 등(1998)에 따르면 지역사회 중심 상담에서 제공하는 서비스의 유형과 대상은 각각 두 가지로 구분될 수 있다. 서비스 유형은 대상자들이 직접적으로 경험할 수 있는 직접 서비스와 간접적으로 경험하는 간접 서비스(예: 정책)로 나뉜다. 그리고 서비스 대상은 지역사회와 내담자 개인으로 나뉜다. 이러한 서비스 유형과 대상에 따라 필요한 상담 서비스는 표 9-1과 같이 정의할 수 있다.

표 9-1 지역사회 중심 상담의 서비스 유형과 대상

서비스 유형 \ 서비스 대상	지역사회	내담자 개인
직접 서비스	예방교육	상담 개입
간접 서비스	지역사회 정책 수립	청소년 권익 옹호 및 자문

표 9-1을 살펴보면 서비스 유형(직접 서비스-간접 서비스) 축과 서비스 대상(지역사회-내담자 개인) 축에 따른 4개의 영역과 각 영역에 필요한 서비스 내용이 제시되어 있다. 지역사회에 직접 서비스를 제공하는 것은 예방교육 서비스이며, 내담자 개인에게 직접 서비스를 제공하는 것은 상담 개입 서비스이다. 지역사회에 간접 서비스를 제공하는 것은 지역사회 정책 수립이며, 내담자 개인에게 간접 서비스를 제공하는 것은 청소년 권익 옹호 및 자문이다. 아래에서 각각의 내용을 보다 자세히 알아보자.

(1) 예방교육

지역사회 중심 상담 관점에서 청소년상담복지센터는 지역 내 청소년들이 성장하는 데 필요한 것들을 미리 교육하고 훈련시키는 예방적 활동을 수행해야 한다. 다시 말해 청소년 스스로 자기를 살펴볼 수 있는 기회를 주고, 혼란한 청소년기를 슬기롭게 극복할 수 있도록 도움을 주며, 청소년기에 경험할 수 있는 여러 문제들을 효과적으로 다루는 기술을 알려주는 예방교육을 제공해야 한다. 이러한 예방교육은 자기주장 훈련, 진로결정 및 의사결정 훈련, 또래 및 대인관계 갈등관리 훈련, 의사소통 훈련 등과 같이 청소년 시기에 필요한 성장 중심의 교육 내용으로 구성된다.

청소년상담복지센터에서 운영하는 예방교육 프로그램들은 지역 사회의 특성과 요구에 따라 매우 다양한데, 그중 대표적인 프로그램으로 솔리언 또래상담을 꼽을 수 있다. 솔리언 또래상담은 중·고등학교 학생들이 학내에 또래상담 동아리를 구성하여 또래상담 지도자로부터 다양한 심리적 어려움을 해결할 수 있는 상담기법 등을 교육받은 뒤, 또래상담자가 되어 어려움을 가진 주변 또래들에게 도움을 제공하는 멘토링 프로그램이다. 솔리언 또래상담은 한국청소년상담원(현 한국청소년상담복지개발원)에서 개발하고 각 지역 청소년상담복지센터에 보급하여 지난 30년 가까이 운영되고 있다. 최근에는 대학생 또래상담 프로그램도 개발하여 운영되고 있다.

🔍 **사례** 친구의 학교 적응에 도움을 준 솔리언 또래상담자

고등학생인 H 군은 학교에서 솔리언 또래상담자 동아리에 참여하고 있다. H 군은 동아리 활동을 하면서 또래상담 지도자 선생님으로부터 친구의 고민을 들어주고 조력해줄 수 있는 다양한 상담기법을 훈련받았다. 이 훈련에는 친구의 이야기를 잘 듣고 적절하게 반응해주는 경청과 공감 방법, 또래들이 가질 수 있는 다양한 문제들을 이해하고 해결에 도움을 주는 방법 등이 있었다. 어느 날 H 군은 같은 반 친구가 우울해하고 힘들어하는 것을 발견하였다. 그리고는 그 친구에게 먼저 다가가서 고민을 들어주고 그동안 배웠던 상담기법으로 친구를 위로해주었다. H 군은 한 번의 위로로 그치지 않고 조력자로서 친구에게 지속적으로 도움을 주고자 하였다. 그 결과 힘들어하던 친구는 점차 학교생활에 안정감을 찾을 수 있었고, 그 친구 또한 솔리언 또래상담자 활동에 관심을 갖게 되었다.

(2) 상담 개입

청소년상담복지센터의 상담 개입은 다양한 위기 문제를 경험하는 청소년들에게 직접적인 도움을 제공하는 상담 활동을 뜻한다. 이는 전통적인 상담 개입방법과 유사해 보이지만, 청소년 내담자를 기다리기보다는 지역사회에서 찾아내고 상담센터에 오기 힘든 내담자에게는 직접 찾아가서 도움을 제공한다는 면에서 차이가 있다. 내담자가 상담센터에 방문해야 상담이 시작되는 전통적인 상담 개입방법에 비해 청소년상담복지센터의 상담 개입은 매우 적극적이고 능동적인 것이다.

청소년상담복지센터는 지역 청소년들이 전화로 일반상담과 위기긴급상담을 요청할 수 있는 청소년전화1388, 취약계층 및 위기 청소년들이 모이는 장소에 직접 찾아가 상담을 제공하는 아웃리치 상담, 지역 내 민간단체나 개인 등이 자발적으로 참여하여 위기 청소년들을 발견하고 보호하는 활동을 수행하는 1388청소년지원단 등 다양한 사업을 추진하고 있다. 또한 청소년상담복지센터에서는 청소년의 가정이나 학교 등 생활 공간에 직접 방문하여 상담 서비스를 제공하고 있는데, 2005년부터 시행된 청소년동반자(Youth Companion: YC)가 대표적이다. 청소년동반자는 상담을 받으러 기관에 방문할 수 없는 위기 청소년들을 직접 찾아가서 상담하고 지원하는 지역 내 상담자이다. 전국적으로 1,300여 명의 청소년동반자가 청소년상담복지센터에서 시간제 또는 전일제로 근무하고 있다.

(3) 지역사회 정책 수립

청소년 문제는 개인적인 어려움 때문에 발생하기도 하지만, 가정과 지역사회의 부적절한 환경에 의해 나타나기도 한다. 따라서 청소년 개인을 도와주는 것과 더불어 청소년에게 유해한 지역사회 내 환경을 변화시키는 것도 중요한 활동이다. 유해한 환경에는 지역 내 빈곤, 밀집한 유해업소, 빈약한 청소년복지 등 청소년에게 부정적인 영향을 줄 수 있는 경제적·정치적·물리적 환경 등이 포함된다.

청소년상담복지센터는 지역 내 청소년에 대한 실태조사 및 정책연구를 수행하여 지방자치단체에 청소년 정책의 수립과 개정에 관해

> **🔍 사례** **A시의 청소년 유해환경 개선 캠페인 활동**
>
> A시는 상가 중심의 도시로서 주점, 모텔, 유흥업소, 도박시설 등 성인용 출입 업소가 많은 도시이다. 또한 이러한 업소들은 대개 번화가에 위치하고 있어서 청소년들이 유해한 환경에 빈번히 노출되는 문제가 있었다.
>
> 지역 청소년상담복지센터와 청소년 관련 시설의 장들은 이러한 문제를 인식하고 A시 유해환경을 개선하기 위한 노력을 펼쳐나갔다. 우선, 청소년 시설의 장들이 모여 대책을 논의하고 정리된 사항을 시의 청소년 정책과에 제안하였다. 그리고 이러한 문제를 공론화하기 위해 유해환경 실태와 개선방안 마련을 주제로 한 지역 공청회를 개최하였다. 이 공청회를 통해 각계각층의 사람들이 A시의 청소년 유해환경 문제를 인식하게 되었다.
>
> 나아가 A시 청소년 관련 시설들은 서로 협력하여 특정한 날을 잡아 지역 내 유해환경 개선을 위한 캠페인 활동을 실시하였다. 청소년 관련 시설 직원들은 사람들이 자주 다니는 거리에 부스를 설치해 전단지를 나눠주면서 시민들에게 유해환경 개선의 필요성을 알렸다. 그 결과 유해환경 개선에 대한 여론이 형성되었으며, 이를 통해 청소년들이 자주 이동하는 지역에서 유해업소의 운영을 제한하는 정책이 수립되었다.

제언하고 캠페인 등 인식 개선 활동을 추진함으로써 유해한 환경을 개선하는 데 노력하고 있다.

(4) 청소년 권익 옹호 및 자문

사회경제적 약자인 청소년들이 인간적 존엄과 권리를 침해받을 때, 청소년상담복지센터는 내담자에 대한 권익 옹호와 자문 서비스를 제공해야 한다. 예를 들어 학교를 중도에 그만둔 청소년이 아르바이트를 하는데 사업주가 임금 지급을 미룬다면, 청소년상담복지센터의 상담자는 단순히 심리상담만 제공하는 것이 아니라 지역 노동청 등의 협조를 얻어 임금을 제대로 받을 수 있도록 도와주어야 한다. 또한 청소년상담복지센터의 상담자는 청소년에 대한 학대, 성희롱 내지 성폭행의 증거가 있을 때 「아동학대범죄의 처벌 등에 관한 특례법」 제10조 제2항 제18호, 「아동·청소년의 성보호에 관한 법률」 제34조 제2항 제13호에 의거하여 청소년들의 권익 보호를 위해 그 즉시 수사기관에 신고할 의무를 가진다. 그리고 경제적으로 빈곤한 청소년 내담자에게는 생활여건을 개선할 수 있도록 후원자를 연결해주고, 청소년 특별지원 사업 등 여러 정책적인 자원을 제공해야 한다.

4] 상담자의 역할

개인의 심리내적 문제 또는 단일 문제 해결을 목표로 하는 전통적인 상담모델에서 상담자는 치료자(therapist)로서의 역할이 가장 중시된다. 그러나 청소년상담의 새로운 목표와 방법, 대상을 고려할 때, 청소년상담자는 치료자와는 매우 다른 역할과 자세를 가져야 한다. 이와 관런하여 Kendall(2000)은 청소년상담자가 코치(coach)의 역할을 해야 한다고 했으며, 이러한 코치가 담당해야 할 주요한 세부 활동으로 자문(consultation), 평가(evaluation), 교육(education)을 제시하였다.

청소년상담자의 자문은 지역 내 청소년에게 도움을 줄 수 있는 타 기관과의 연계망을 만드는 활동이다. 일례로 청소년안전망은 사례 연계에 반드시 필요한 공공기관들이 서로 연결되어 있으며, 이를 필수연계기관이라고 한다. 필수연계기관에는 지방자치단체, 학교, 교육청, 노동관서, 국공립 의료기관, 보건소, 청소년쉼터, 학교 밖 청소년 지원센터, 경찰청 및 경찰서, 청소년비행예방센터, 청소년지원시설 등이 포함된다. 즉, 청소년상담자의 자문 활동이란 청소년 내담자의 문제를 파악하고 필요한 도움을 줄 수 있는 기관과 연결해주는 일종의 끈을 마련하는 일이라고 할 수 있다.

청소년상담자의 평가는 심리·정서적 문제의 진단뿐만 아니라 청소년을 둘러싼 체계에 대한 평가도 포함된다. 여기에서 체계란 가정, 학교, 또래, 지역사회 등 청소년을 둘러싼 여러 층위의 환경을 뜻한다. 이처럼 청소년상담의 평가 활동은 그 영역이 광범위하기 때문에 다양한 전문가의 자문이 요구된다.

청소년상담자의 교육은 청소년들이 건전한 가치관을 습득하고 잠재력을 개발할 수 있도록 돕는 활동이다. 또한 지역 내 청소년 문제가 발생하기 전에 이를 예방하는 활동도 포함된다. 이때 청소년 문제를 실질적으로 예방하기 위해서는 청소년뿐만 아니라 부모와 교사 등 지역사회 구성원들을 대상으로 하는 예방교육도 제공해야 한다.

2. 청소년상담복지센터의 사업 추진체계

청소년상담복지센터의 사업 추진체계 혹은 서비스 전달체계는 그림
9-1과 같다. 여성가족부는 청소년 전반의 정책과 사업 지침을 수립하
고, 예산을 배정하며, 광역 및 기초 지자체를 통해 각 지역의 청소년상

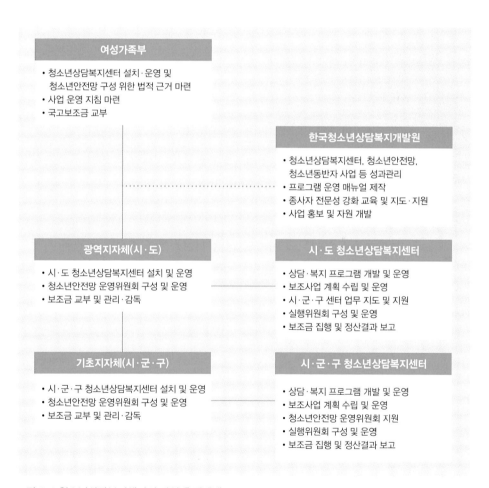

여성가족부
- 청소년상담복지센터 설치·운영 및 청소년안전망 구성 위한 법적 근거 마련
- 사업 운영 지침 마련
- 국고보조금 교부

한국청소년상담복지개발원
- 청소년상담복지센터, 청소년안전망, 청소년동반자 사업 등 성과관리
- 프로그램 운영 매뉴얼 제작
- 종사자 전문성 강화 교육 및 지도·지원
- 사업 홍보 및 자원 개발

광역지자체(시·도)
- 시·도 청소년상담복지센터 설치 및 운영
- 청소년안전망 운영위원회 구성 및 운영
- 보조금 교부 및 관리·감독

시·도 청소년상담복지센터
- 상담·복지 프로그램 개발 및 운영
- 보조사업 계획 수립 및 운영
- 시·군·구 센터 업무 지도 및 지원
- 실행위원회 구성 및 운영
- 보조금 집행 및 정산결과 보고

기초지자체(시·군·구)
- 시·군·구 청소년상담복지센터 설치 및 운영
- 청소년안전망 운영위원회 구성 및 운영
- 보조금 교부 및 관리·감독

시·군·구 청소년상담복지센터
- 상담·복지 프로그램 개발 및 운영
- 보조사업 계획 수립 및 운영
- 청소년안전망 운영위원회 지원
- 실행위원회 구성 및 운영
- 보조금 집행 및 정산결과 보고

그림 9-1 청소년상담복지센터의 사업 추진체계
출처: 여성가족부(2021c).

담복지센터에 이를 전달한다. 또한 사업 추진의 효율성을 위해 한국청소년상담복지개발원을 설치·운영하고 있는데, 여기에서는 각 청소년상담복지센터에 대한 사업 컨설팅, 종사자 교육, 프로그램 개발 및 보급 등의 업무를 수행한다. 그리고 청소년상담복지센터는 위기 청소년을 신속하고 효과적으로 지원하기 위해 각 지역 내 청소년 관련 기관을 연계하여 서비스를 제공한다. 이제 청소년상담복지센터의 사업 추진체계에 속하는 이들 기관에 대해 구체적으로 살펴보고자 한다.

1) 여성가족부

우리나라의 청소년 관련 주무부처는 여성가족부이다. 여성가족부는 1998년 대통령 직속 여성특별위원회를 시작으로 2001년 여성부로 명칭이 개정되었으며, 2005년 보건복지부의 보육 업무를 이관받아 여성가족부로 개편되었다. 그 후 2010년에 청소년·가족 관련 업무가 여성가족부로 이관되어 청소년 정책 서비스를 수행하던 기관과 시설들이 여성가족부의 지도·감독을 받게 되었으며, 청소년상담복지센터도 이에 포함되었다.

여성가족부는 위기 청소년 상담 및 복지 지원(예: 청소년안전망) 운영, 정서·행동 장애 청소년 지원, 청소년 인터넷·스마트폰 과의존 치유 지원, 위기 청소년 특별 지원, 학교 밖 청소년 건강검진, 청소년 근로 권익 보호, 가출 청소년 쉼터 운영, 청소년 수련시설 설치·운영, 청소년 수련활동 안전 지원 등 매우 다양한 청소년 정책을 수행하고 있다. 이 중 위기 청소년과 관련된 많은 정책을 청소년상담복지센터에서 수행하고 있다. 여성가족부는 지방자치단체와 공동으로 청소년상담복지센터에 예산을 지원하고 있으며, 각종 사업지침 안내와 평가 업무 등의 지도·감독 업무를 수행하고 있다.

2) 한국청소년상담복지개발원

한국청소년상담복지개발원은 「청소년복지 지원법」 제22조에 근거하여 설립된 여성가족부 산하 준정부기관이다. 한국청소년상담복지개발원은 1993년 체육청소년부 산하 청소년대화의광장이라는 명칭으로 시작해서 1999년 한국청소년상담원으로 명칭이 변경되었고, 2012년 현재의 이름으로 개정되었다.

한국청소년상담복지개발원은 우리나라 청소년상담 서비스의 중추 기구로서 청소년상담복지센터 및 관련 기관에 대한 교육, 연구, 프로그램 개발 및 보급, 평가 및 자문 등의 업무를 수행하고 있다. 또한 청소년상담사 자격연수 등 여성가족부의 청소년 업무를 위탁받아 운영하고 있다. 특히 청소년상담복지센터의 사업 중에는 한국청소년상담복지개발원과 협력하여 진행되는 것들이 많다. 한국청소년상담복지개발원은 지역 청소년상담복지센터의 청소년안전망 운영 사업, 인터넷·스마트폰 과의존 예방 및 해소 사업, 청소년 폭력 예방 지원 사업, 학교 밖 청소년 지원 사업 등에 대한 컨설팅 및 실적 관리와 같은 지원 업무를 수행하고 있다.

3) 청소년상담복지센터

청소년상담복지센터는 「청소년복지 지원법」 제29조에 근거하여 지방자치단체에서 설치·운영하고 있다. 운영 형태에는 지자체에서 직접 운영하는 직영 형태, 지역 내 공개모집을 통해 선정된 단체에 운영을 맡기는 위탁 형태, 지방자치단체장이 별도 법인으로 설립하여 운영하는 법인 설립·운영 형태가 있다. 이러한 청소년상담복지센터의 운영은 지자체의 조례와 규칙 혹은 운영 규정 등을 통해 관리된다.

청소년상담복지센터는 위기 청소년에 대한 상담 개입 및 연계 서비스 제공 등의 위기지원 업무를 수행하고, 지역 내 청소년과 그 가족, 청소년지도자 등을 대상으로 한 상담교육 및 프로그램을 개발·운영하고 있다. 지역 특성을 반영한 특성화 프로그램을 개발하는 등 세부적인 부분에서는 차이가 있지만, 사업 내용이 지역마다 크게 다르지는 않다. 청소년상담복지센터에서 일반적으로 수행하는 주요 사업으로는 청소년과 부모에 대한 개인상담 및 집단상담, 청소년전화1388, 청소년동반자, 긴급구조, 인터넷 중독 예방 및 개입, 법률 및 의료지원, 보호시설 연계 등을 들 수 있다. 또한 청소년, 가정, 지역주민, 청소년지도자 대상의 교육·훈련이나 청소년 문제 실태조사와 같이 정책연구 및 프로그램 개발에 관한 업무도 수행한다.

청소년상담복지센터는 설치된 지역에 따라 두 유형으로 구분된다. 하나는 시·도 및 광역시에 설치된 광역지자체 관할 시·도 청소년상담복지센터이고, 다른 하나는 시·군·구에 설치된 기초지자체 관할 시·군·구 청소년상담복지센터이다. 2021년 기준 시·도 청소년상담복지센터는 17개 시·도 및 광역시에 모두 설치되어 있으며, 시·군·구 청소년상담복지센터는 221개로 대부분의 기초지자체에 설치되어 있다.

시·도와 시·군·구 청소년상담복지센터의 역할에는 차이가 있다. 시·도 청소년상담복지센터는 자체적으로 사업을 수행할 뿐 아니라,

시·군·구 청소년상담복지센터에 대한 성과관리 및 점검, 컨설팅, 교육, 연구 등의 관리·지원 업무도 수행한다. 즉, 시·도 청소년상담복지센터는 청소년을 대상으로 한 직접 사업과 더불어 시·군·구 센터 지원이라는 간접 사업을 모두 추진한다. 시·군·구 청소년상담복지센터는 위기 청소년에 대한 직접 사업을 수행하며 위기 청소년 발견, 지역자원 연계, 각 지역 특성에 부합되는 청소년안전망 사업을 추진한다.

4) 청소년안전망 필수연계기관

청소년상담복지센터는 청소년안전망 사업을 추진하고 있다. 청소년안전망이란 복합적인 문제에 처해있는 위기 청소년들에게 최적의 서비스를 지원하기 위해 필요한 연계망을 구축하여 사례를 관리하는 체계이다. 지방자치단체는 청소년상담복지센터가 반드시 연계해야 할 공공기관을 필수연계기관으로 지정하고 이들과 협약을 맺어 필요한 행정조치를 취하며 사례를 관리한다(표 9-2 참조).

필수연계기관 중 지방자치단체는 청소년안전망 구축의 주체로서 지역 내 청소년안전망이 원활하게 운영되는 데 필요한 법률적·행정적 지원을 하는 중심 기관이다. 청소년상담복지센터는 청소년안전망 운영기관으로, 위기 청소년 문제에 개입하고 이를 예방하기 위한 다양한 서비스를 제공한다.

청소년복지시설 및 지원시설은 가출 청소년 등 가정복귀가 어려운 청소년들을 보호하는 역할을 수행한다. 시·도 교육청 및 교육지원청은 위(Wee) 센터가 설치되어 있지 않아 외부 상담이 필요한 경우 청소년상담복지센터 등에 사례를 연계하는 역할을 하며, 마찬가지로 각급 학교 또한 학생들에게 어려움이 발생할 경우 사례를 연계한다.

지방경찰청 및 경찰서는 지역 내 가출 청소년이나 학교폭력 등 다양한 문제가 발생할 때 학생들이 적절한 도움을 받을 수 있도록 연계기관에 사례를 이관하는 역할을 담당한다. 지방고용노동청은 학업 중단 등으로 취업이 어려운 청소년들에게 직업훈련을 지원하거나 일자리를 연계해주는 역할을 맡고 있고, 공공보건의료기관 및 보건소는 의료적 도움이 필요한 청소년들에게 의료적 지원을 수행한다.

청소년비행예방센터는 범죄 수준의 심각한 비행 문제를 가진 청소년들에 대한 상담 및 비행예방교육을 제공하고 있다. 학교 밖 청소년 지원센터는 학업을 중단한 청소년들이 다시 학교로 복귀할 수 있도록 도움을 주거나 검정고시 등 학업 지원 서비스를 제공한다. 보호관찰소는 범죄를 저지르고 일정 기간 보호관찰 대상이 된 청소년들을 지도·보호하는 역할을 맡고 있다.

표 9-2 청소년안전망 필수연계기관

기관명	주요 역할
지방자치단체	• 청소년안전망 구축의 주체로서 청소년안전망의 원활한 운영을 위해 필요한 자원을 제공 • 필수연계기관 간 연계 활성화를 위해 행정 협력 등을 이끌어 내는 역할
청소년상담복지센터	• 청소년안전망 운영기관으로서 위기상황에 처한 청소년에 대한 상담 및 서비스를 제공하고 예방하기 위한 역할 수행 • 특히, 교육청·각급 학교, 경찰관서로부터 의뢰가 있는 경우 해당 청소년에 대하여 우선적으로 서비스 제공해야 함
청소년복지시설 및 지원시설 등	• 청소년상담복지센터에 유입된 청소년 중 가정복귀가 어려운 청소년을 인계받아 일시적, 단기적 또는 중장기적 시설보호 서비스 제공

시·도 교육청 및 교육지원청	• 위(Wee) 센터가 설치되지 않은 경우 관내 학생에 대한 상담이 필요할 때 상담복지센터로 상담·지원 의뢰 • 학업중단 숙려제 대상 청소년의 외부 상담을 지원하기 위해 청소년상담복지센터와 협의 및 협조
각급 학교	• 해당 학교의 학생이 학교폭력 등 위기상황, 학교 부적응 등의 사유로 결석하거나 자퇴를 희망하는 경우 또는 그 밖에 전문적인 상담 서비스의 제공이 필요하다고 판단되는 경우 상담 지원 의뢰 • 학업중단 숙려제 대상 청소년의 외부 상담을 지원하기 위해 청소년상담복지센터와 협의 및 협조
지방경찰청 및 경찰서	• 관내 순찰 시 심야시간 등에 가출 청소년으로 의심되는 청소년을 발견할 경우 가급적 현장에서 가정복귀할 수 있도록 유도 • 가정복귀를 거부하고 거주가 불분명한 청소년은 인근 지역 청소년상담복지센터의 일시보호소 또는 청소년쉼터로 인계 • 청소년상담복지센터에서 긴급구조를 실시하다가 긴급구조요원이 폭력 등 위기상황 노출이 우려되어 관내 경찰관서로 지원요청을 하는 경우 출동에 협조
지방고용노동청 및 지청 (고용복지플러스센터 포함)	• 청소년상담복지센터에서 직업훈련이나 취업이 필요한 청소년을 의뢰하는 경우 저소득층 취업성공패키지, 직업능력개발 계좌제, 취업사관학교, 직장체험 등 청소년의 여건과 욕구에 맞는 프로그램에 우선 참여할 수 있도록 지원
공공보건의료기관 및 보건소 (보건의료원 포함)	• 청소년상담복지센터에 유입된 청소년 중 건강진단이나 신체적 질병 등으로 진료 및 치료 등이 필요한 경우 지원 • 비용은 청소년상담복지센터의 청소년안전망 사업비나 청소년특별지원 사업비 등으로 부담하되, 사회공헌 차원에서 지자체와 국공립 병원 간 업무협약을 통하여 건강진단, 진료·치료비의 일부 또는 전부를 감면 가능 • 보건소의 경우 지자체 여건에 따라 자치단체 조례에 비용의 감면 등에 관한 사항을 규정할 수 있음
청소년비행예방센터 (꿈키움센터)	• 위기 청소년에 대한 비행 예방교육 및 상담 활동 협조
학교 밖 청소년 지원센터	• 청소년상담복지센터에서 위기 청소년을 의뢰하는 경우 직업체험 및 취업, 자립, 교육 등 프로그램에 참여할 수 있도록 지원
보호관찰소 및 보호관찰지소	• 보호관찰 대상 청소년에 대하여 전문적인 상담·복지서비스의 제공이 필요하다고 판단되는 경우 상담·복지 지원 등을 의뢰

출처: 여성가족부(2021c).

3. 청소년상담복지센터의 운영

1) 설치 기준

청소년상담복지센터를 관리하는 여성가족부에서는 청소년상담 복지센터를 설치할 수 있는 입지 기준에 대해 청소년들의 접근이 쉬운 곳으로 일조·채광·환기 등이 원활하고 이용자와 종사자가 일상생활을 하는 데 적합한 위치여야 한다고 규정하고 있다(여성가족부, 2021c). 그래서 많은 청소년상담복지센터가 교통이 비교적 편리하여 청소년들이 쉽게 오고 갈 수 있는 곳에 위치해있다.

청소년상담복지센터가 갖추어야 할 시설의 구조 및 설비에 관한 지침은 「청소년복지 지원법 시행령」 제14조 제4항 별표 1에 명시되어 있다(표 9-3 참조). 해당 지침은 최소한의 기준이며, 각 센터에서는 이 지침 이상의 공간을 확보하기 위해 노력하고 있다. 청소년상담복지 센터는 개인상담실, 집단상담 및 심리검사실, 상담대기실, 교육실, 사업실 등을 갖추어야 하며, 개인상담실의 경우 시·도 센터는 5개 이상, 시·군·구 센터는 3개 이상이어야 한다.

청소년상담복지센터는 규모와 시설 등에서 시·도와 시·군·구 센터 간 차이가 있다. 우선 센터 규모의 경우 시·도 센터는 연면적 400m^2 이상, 시·군·구 센터는 200m^2 이상이 되어야 한다. 또 하나의 차이점은 시·도 센터의 경우 일시보호소를 갖추고 있다는 것이다. 일시보호소는 가출 청소년이 청소년전화1388로 전화하거나 1388청소년지원단에 의해 발견되었을 때 이들을 보호하기 위해 마련된 공간이다. 일시보호소에서는 가출 청소년을 하루 정도 안전하게 보호하고 생활지도사 등의 종사자가 이들을 상담하며 식음료도 제공한다. 그리고 다음 날 청소년이 안전하게 귀가할 수 있게 도와주거나, 집으로 돌아가기 어려운 경우 센터와 연계된 청소년쉼터에 의뢰하는 절차를 가진다.

표 9-3 청소년상담복지센터 시설 구조 및 설비 지침

구분		세부 내용
센터 규모	시·도	• 연면적 400m² 이상의 독립된 공간
	시·군·구	• 연면적 200m² 이상의 독립된 공간
개인상담실	시·도	• 5개 이상 • 원활한 상담과 개인 비밀 보호를 위해 분리된 공간 또는 방음 장치
	시·군·구	• 3개 이상 • 원활한 상담과 개인 비밀 보호를 위해 분리된 공간 또는 방음 장치
집단상담 및 심리검사실	공통	• 1개 이상(집단상담실, 심리검사실 공동 사용 가능)
전화 등 상담실	공통	• 1개 이상(전화상담실과 그 밖의 정보통신망을 통한 상담실의 공동 사용 가능)
상담대기실	공통	• 1개 이상(도서 등을 열람할 수 있는 시설 설치)
교육실	공통	• 1개 이상(청소년 및 보호자 등을 교육하는 공간)
사업실	공통	• 수행하는 사업의 수와 같은 수의 분리된 공간
사무실	공통	• 1개 이상
위생시설	공통	• 종사자 수 및 이용자 수에 적합한 화장실, 세면장
일시보호소	시·도	• 남성용·여성용 각각 별도로 1개 이상 • 숙소, 세면장, 취사 시설, 사무실 및 상담실 등 각 1개 이상 • 전화, 소방장비 등 비치

출처: 「청소년복지 지원법 시행령」 제14조 제4항 별표 1.

2) 조직

청소년상담복지센터는 공적 서비스 기관으로서 정부 및 지자체 지침에 의거하여 조직을 구성한다. 청소년상담복지센터의 조직은 지역 여건에 따라 다르게 편성하기 때문에 지역별로 차이가 있으나, 일반적인 청소년상담복지센터의 조직은 그림 9-2와 같다.

시·도와 시·군·구 센터의 조직을 비교해보면, 시·도 센터가 규모 면에서 크기 때문에 조직도 시·군·구에 비해서 많은 편이다. 시·도 센터의 경우 사업계획 및 예산 수립, 대외 기관과의 업무를 수행하는 기획팀(대외협력팀), 청소년안전망 관련 사업을 추진하는 위기지원팀, 청소년 및 부모에 대한 상담을 지원하는 상담팀, 지역 청소년 및 학부모, 관계자들에게 교육·연수를 제공하는 교육연수팀 등으로 편성된다. 그 밖에 해당 센터에서 진행하는 사업과 관련된 팀이 편성되는데, 예를 들

그림 9-2 시·도 및 시·군·구 청소년상담복지센터의 일반적인 조직도

어 학교 밖 청소년 지원 업무를 수행하는 센터에서는 학교 밖 청소년
지원팀, 청소년자립지원 업무를 수행하는 센터에서는 자립지원팀 등
의 조직을 편성한다.

시·군·구 센터는 보통 3개 이하의 조직으로 편성되는데 대개 상
담지원팀, 위기(통합)지원팀, 청소년동반자 내지 학교 밖 청소년 지원
등의 사업과 관련된 사업팀으로 조직된다.

3) 인력

청소년상담복지센터는 정부와 지자체가 마련한 인사규정에 의해
인력을 채용한다. 우선, 시·도 센터는 센터장 1명을 포함하여 14명 이
상의 직원으로 운영하며, 센터별로 3명 이상의 청소년상담사 자격증
소지자를 두어야 한다. 업무 구성은 관리 업무, 실무 업무, 일반 행정
업무로 구분할 수 있는데, 이 중 관리 업무는 센터장과 팀장이, 청소년
대상 상담 실무 업무는 팀원 혹은 상담자가, 회계 등 일반적인 행정 업
무는 행정원이 수행한다.

시·군·구 센터는 센터장 1명을 포함하여 5명 이상의 직원으로 운
영하며, 센터별로 1명 이상의 청소년상담사 자격증 소지자를 두어야 한
다. 업무 구성은 시·도 센터와 동일하며, 직급은 센터별로 차이가 있지
만 보통 센터장, 팀장, 팀원으로 구분한다.

청소년상담복지센터 종사자 자격 기준은 「청소년복지 지원법 시
행령」 제14조 제4항 별표 2에 명시되어 있다(표 9-4 참조). 이 기준에서
는 시·도 센터와 시·군·구 센터 각각의 종사자에게 요구되는 자격 요
건을 직급 및 직무별로 상세히 안내하고 있다. 청소년상담복지센터에

표 9-4 청소년상담복지센터 종사자 자격 기준

구분		자격 기준
시·도 청소년상담복지센터	센터의 장 (센터장)	1) 상담복지 분야 박사학위를 취득하거나 박사과정을 이수한 사람으로서 청소년상담복지 관련 실무경력이 3년 이상인 사람 2) 상담복지 분야 석사학위를 취득한 사람으로서 청소년상담복지 관련 실무경력이 5년 이상인 사람 3) 상담복지 분야의 4년제 대학을 졸업하거나 이와 같은 수준 이상의 학력이 있다고 다른 법령에서 인정받은 사람으로서 청소년상담복지 관련 실무경력이 7년 이상인 사람 4) 청소년상담복지 관련 실무에 5년 이상의 경력이 있는 사람으로서 청소년상담복지에 대한 능력과 자질이 있다고 전문기관 및 단체에서 추천하는 사람 중 시·도지사가 인정하는 사람
	관리업무 수행직원 (팀장)	1) 상담복지 분야 박사학위를 취득하거나 박사과정을 이수한 사람으로서 청소년상담복지 관련 실무경력이 1년 이상인 사람 2) 상담복지 분야 석사학위를 취득한 사람으로서 청소년상담복지 관련 실무경력이 3년 이상인 사람 3) 청소년상담사 1급 4) 청소년상담복지센터에서 청소년 대상 실무업무를 3년 이상 수행한 사람
	청소년 대상 실무업무 수행직원 (팀원)	1) 상담복지 분야 석사 이상의 학위를 취득한 사람으로서 청소년상담복지 관련 업무를 수행할 수 있다고 시·도지사가 인정하는 사람 2) 상담복지 분야의 4년제 대학을 졸업하거나 이와 같은 수준 이상의 학력이 있다고 다른 법령에서 인정받은 사람으로서 청소년상담복지 관련 실무경력이 1년 이상인 사람 3) 4년제 대학을 졸업하거나 이와 같은 수준 이상의 학력이 있다고 다른 법령에서 인정받은 사람으로서 청소년상담복지 관련 실무경력이 3년 이상인 사람 4) 청소년상담사 2급 이상 5) 청소년상담사 3급, 청소년지도사 2급 또는 사회복지사 2급 이상인 사람으로서 청소년상담복지 관련 실무경력 2년 이상인 사람
	행정업무 수행직원 (행정원)	전문대학을 졸업하거나 이와 같은 수준 이상의 학력이 있다고 다른 법령에서 인정받은 사람으로서 해당 업무를 수행할 수 있다고 시·도지사가 인정하는 사람
	생활지도 직원 (일시보호 시설근무)	1) 상담복지 분야 학사학위 이상을 취득한 사람으로서 청소년상담복지 관련 업무를 수행할 수 있다고 시·도지사가 인정하는 사람 2) 전문대학을 졸업하거나 이와 같은 수준 이상의 학력이 있다고 다른 법령에서 인정받은 사람으로서 청소년상담복지 관련 실무경력이 1년 이상인 사람 3) 청소년상담사, 청소년지도사 또는 사회복지사로서 청소년상담복지 관련 실무경력이 1년 이상인 사람

시·군·구 청소년상담복지센터	센터의 장 (센터장)	1) 상담복지 분야 박사학위를 취득하거나 박사과정을 이수한 사람으로서 청소년상담복지 관련 실무경력이 1년 이상인 사람 2) 상담복지 분야 석사학위를 취득한 사람으로서 청소년상담복지 관련 실무경력이 3년 이상인 사람 3) 상담복지 분야의 4년제 대학을 졸업하거나 이와 같은 수준 이상의 학력이 있다고 다른 법령에서 인정받은 사람으로서 청소년상담복지 관련 실무경력이 5년 이상인 사람 4) 청소년상담사 1급 5) 청소년상담복지 관련 실무에 3년 이상의 경력이 있는 사람으로서 청소년상담복지에 대한 능력과 자질이 있다고 전문기관 및 단체에서 추천하는 사람 중 시장·군수·구청장이 인정하는 사람
	관리업무 수행직원 (팀장)	1) 상담복지 분야 박사학위를 취득하거나 과정을 이수한 사람 2) 상담복지 분야 석사학위 이상의 학위를 취득한 사람으로서 청소년상담복지 관련 실무경력이 2년 이상인 사람 3) 청소년상담사 2급 이상 4) 청소년상담복지센터 청소년 대상 실무업무를 3년 이상 수행한 사람
	청소년 대상 실무업무 수행직원 (팀원)	1) 대학원의 상담복지 분야 석사학위 이상의 학위를 취득한 사람으로서 청소년상담복지 관련 업무를 수행할 수 있다고 시장·군수·구청장이 인정하는 사람 2) 상담복지 분야의 4년제 대학을 졸업하거나 이와 같은 수준 이상의 학력이 있다고 다른 법령에서 인정받은 사람으로서 청소년상담복지 관련 실무경력이 6개월 이상인 사람 3) 상담복지 분야의 전문대학을 졸업하거나 이와 같은 수준 이상의 학력이 있다고 다른 법령에서 인정받은 사람으로서 청소년상담복지 관련 실무경력이 3년 이상인 사람 4) 4년제 대학을 졸업하거나 이와 같은 수준 이상의 학력이 있다고 다른 법령에서 인정받은 사람으로서 청소년상담복지 관련 실무경력이 2년 이상인 사람 5) 청소년상담사 2급 이상 6) 청소년상담사 3급, 청소년지도사 2급 또는 사회복지사 2급으로서 청소년상담복지 관련 실무경력이 1년 이상인 사람

* 상담복지 분야란 상담학, 교육학, 심리학, 사회복지(사업)학, 청소년(지도)학 및 상담복지와 관련하여 시장·군수·구청장이 인정하는 분야를 말한다.

** 청소년상담복지 관련 실무란 다음 각 목의 어느 하나에 해당하는 경우를 말한다.

　가. 청소년 관련 기관·단체에서 청소년을 대상으로 상담복지에 관한 업무를 상근으로 수행한 경우

　나. 중앙행정기관 또는 지방자치단체의 청소년 관련 부서에서 청소년 정책 관련 업무를 상근으로 수행한 경우

출처: 「청소년복지 지원법 시행령」 제14조 제4항 별표 2

서 인력으로 일하기 위해서는 이 요건을 반드시 갖추어야 한다.

　종사자를 채용할 때는 공개채용을 원칙으로 하며, 센터 인사위원회를 구성하여 채용자의 제반 사항에 대해 심의하여 결정한다. 이때 채용이 결정된 취업 예정자라 하더라도 성범죄경력이 있는 경우 「아동·청소년의 성보호에 관한 법률」 제56조에 의거하여 채용이 취소될 수 있다. 또한 근무하고 있는 종사자도 매년 경찰청 홈페이지 범죄경력회보서 발급시스템(https://crims.police.go.kr)에서 성범죄경력을 조회하여 여성가족부 장관에게 제출해야 한다. 성범죄뿐만 아니라 「아동복지법」 제29조의3에 의거하여 아동학대 전력을 조회하여 연 1회 여성가족부 장관에게 제출해야 한다.

4) 근무조건과 업무상 주의사항

　청소년상담복지센터의 근무시간은 평일 오전 9시부터 오후 6시까지이다. 토요일, 일요일, 공휴일은 근무 제외가 원칙이나, 지역별 여건에 따라 근무시간과 요일을 탄력적으로 운용할 수 있다. 특히 청소년상담복지센터의 업무 특성상 야간 위기지원 및 상담 등 시간외 근무가 필요한데, 이때는 평일 대체휴무 또는 시간외 근무수당을 지급해야 한다. 하지만 주당 근로시간이 52시간을 초과하지 않도록 유의해야 한다.

　청소년상담복지센터의 업무에서는 내담자에 대한 비밀을 누설하지 않도록 특히 주의해야 한다. 「청소년복지 지원법」 제37조에는 청소년복지 업무에 종사하거나 종사하였던 사람은 그 직무상 알게 된 비밀을 누설해서는 안 된다고 명시되어 있다.

　이처럼 비밀누설 금지는 상담자의 중요한 윤리이다. 다만 내담자가 미성년자이기 때문에 상담자가 직무상 내담자의 학대 및 성범죄 사실을 알게 된 경우 관련 기관에 이를 신고해야 한다는 의무 조항이 있다(표 9-5 참조). 청소년상담복지센터의 종사자는 신고 의무 조항의 내용 외에는 내담자의 정보가 외부에 누출되지 않도록 철저히 노력해야 한다.

표 9-5 신고 의무 조항

법령	신고 의무
「아동학대범죄의 처벌 등에 관한 특례법」 제10조	직무상 아동학대범죄를 알게 된 경우나 그 의심이 있는 경우 아동보호전문기관 또는 수사기관에 즉시 신고하여야 함
「아동·청소년의 성보호에 관한 법률」 제34조	직무상 아동·청소년 대상 성범죄의 발생 사실을 알게 된 때에는 즉시 수사기관에 신고하여야 함
「장애인복지법」 제59조의4	직무상 장애인 학대 및 장애인 대상 성범죄를 알게 된 경우에는 지체 없이 장애인권익옹호기관 또는 수사기관에 신고하여야 함
「청소년 기본법」 제52조의2	직무상 청소년의 근로와 관련하여 「근로기준법」, 「최저임금법」 등 노동 관계 법령의 위반 사실을 알게 된 경우에는 그 사실을 고용노동부장관이나 「근로기준법」 제101조에 따른 근로감독관에게 신고하여야 함

출처: 여성가족부(2021c).

4. 청소년상담복지센터의 주요 사업과 행정

청소년상담복지센터는 청소년의 문제 해결과 성장을 위해 진로, 대인 관계, 학업중단, 가출, 성, 인터넷 중독 등 청소년이 처할 수 있는 여러 위기 문제에 대한 개입과 부모교육, 솔리언 또래상담자 교육 등 예방 사업을 수행하고 있다. 여기에서는 청소년상담복지센터의 사업들 중 대표적인 사업인 청소년안전망, 청소년동반자 프로그램, 학교 밖 청소년 지원 사업에 대해 소개하고 사업 추진에 수반되는 행정 내용을 설명하고자 한다.

1) 청소년안전망

청소년안전망은 다양한 위기 문제를 가지고 있는 청소년들을 신속하게 발견하여 도움을 주고자 마련된 정부의 정책 사업이다. 청소년안전망의 주무부처는 여성가족부이며 지자체와 청소년상담복지센터가 지역 내 사업 수행을 맡고 있다.

(1) 사업 개요

청소년안전망은 청소년을 도와줄 수 있는 지역사회 내 자원을 연계하여 가출, 학업중단, 인터넷 중독 등 위기 청소년에 대한 상담·보호·교육·자립지원 등 맞춤형 서비스를 제공하는 사업을 말한다. 청소년안전망은 2005년 국가청소년위원회가 출범하면서 시작되었으며 당시에는 지역사회청소년통합지원체계라는 이름으로 운영되었다. 현재 청소년안전망은 「청소년복지 지원법」 제9조 및 동법 시행령 제4조에 근거하여 지방자치단체 책임하에 운영되고 있다. 그동안 청소년상담복지센터는 청소년안전망 사업의 많은 부분을 수행하면서 위기 청소년을 발견하고 이들을 지역사회 내 여러 청소년시설과 인력들에 연계하는 허브 역할을 맡아왔다. 2019년 이후에는 이러한 허브 역할을 지자체로 이관하여 보다 공적인 수행을 강화하게 되었지만, 청소년상담복지센터는 여전히 위기 청소년에 개입하고 위기상황을 예방한다는 청소년안전망의 주요 역할을 수행하고 있다.

청소년안전망은 2005년 시범운영된 이후 해마다 운영 범위와 규모가 커져 2021년 현재 거의 모든 지방자치단체에 구축되어 운영되고 있다. 청소년안전망의 주요 사업 내용은 위기 청소년을 조기에 발견하고 보호하기 위한 활동 지원, 상담 전화 등의 설치 및 운영, 청소년상담·긴급구조·보호·의료지원·학업지원·자립지원 등의 서비스 제공, 상담복지 사례관리, 운영위원회 및 실행위원회와 같은 관련 회의체 운영 등이다.

청소년안전망은 2020년 이후에 새로운 정책이 시행되면서 지방자치단체의 역할이 더욱 커지고 서비스의 절차 및 내용 또한 크게 변화할 것으로 예상된다. 현재 청소년안전망의 서비스 절차를 살펴보면 그림 9-3과 같다. 우선 청소년전화1388, 청소년사이버상담, 1388청소년지원단 등으로 지역 내 위기 청소년이 발견되어 청소년상담복지센터에 의뢰되면, 면접이나 심리검사를 통해 위기 청소년에 대해 진단과 평

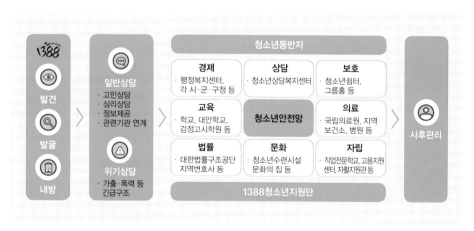

그림 9-3 청소년안전망 추진 절차
출처: 한국청소년상담복지개발원 홈페이지. https://www.kyci.or.kr

가를 한다. 이후 문제의 심각성에 따라 일반상담(심각성이 비교적 낮은 내담자) 혹은 위기상담(가출, 성, 학교폭력, 학대 등 심각성이 비교적 높은 내담자)을 진행하고, 필수연계기관과 협력하여 내담자에게 필요한 것을 제공해주는 연계 서비스를 지원한다. 내담자의 필요에 따라 심리상담, 의료지원, 교육지원, 자립지원 등을 통합적으로 제공하고, 청소년 동반자를 통해 1 : 1 상담을 지속적으로 실시하면서 사례관리가 철저히 이루어지도록 하고 있다. 또한 지역사회 내 다양한 인적 자원으로 구성된 1388청소년지원단은 위기 청소년을 조기에 발견하는 역할뿐 아니라 사례 의뢰 이후 멘토링 활동 등의 사후관리를 통해 내담자를 지원하는 일도 수행한다.

(2) 주요 행정

① 청소년안전망 회의체 구성

청소년안전망을 체계적으로 운영하기 위해서는 운영위원회와 실행위원회가 구성되어야 한다. 운영위원회는 청소년안전망의 원활한 운영에 필요한 사항을 논하는 위원회이며, 「청소년복지 지원법」 제10조 제3항에 따라 지방자치단체에서 구성한다. 운영위원회는 반기별 1회 이상 개최되어야 하며 위기상황 발생 시 긴급운영위원회를 열 수 있다. 운영위원회 구성은 지방자치단체의 자체 규칙으로 정할 수 있으며, 위원장, 부위원장 각 1명과 사무처리를 위한 공무원을 간사로 둘 수 있다. 운영위원회 위원은 청소년상담복지센터의 장, 교육청 생활지도 업무 담당 장학관, 경찰청 또는 경찰서의 청소년업무 담당부서장, 노동관서 또는 고용센터 청년취업 지원업무 담당부서장, 국공립병원 진료업무 담당부서장, 학부모 대표 등으로 구성할 수 있다. 운영위원회는 특별지원 또는 선도 대상 청소년을 선정하고, 청소년안전망의 운영 실태를 점검하고 활성화 방안을 논의하며, 위기 청소년의 발견 및 보호와 관련된 정책, 조례, 규칙의 제·개정을 제안하는 등의 역할을 한다.

실행위원회는 필수연계기관 등 연계기관의 실무자로 구성된 위원회로 반기별 2회 이상 운영한다. 실행위원회는 보통 20명 내외의 위원으로 구성되며, 위원장, 부위원장 각 1명과 사무처리를 위한 간사를 포함한다. 위원은 필수연계기관의 청소년업무 담당자, 실무자, 청소년 전문가, 그 밖에 협력이 필요한 공공기관 및 아동·청소년 관련 기관 또는 단체에서 추천하는 자로 구성된다. 실행위원회는 위기 청소년 연계방안을 모색하고, 청소년안전망의 활성화 방안을 협의하며, 위기 청소년 사례를 발굴·평가·판정하는 역할을 한다. 그리고 사례 평가 및 판정의 전문성을 위해서 실행위원회 내 사례회의 분과위원회를 구성하여 운영할 수 있다.

② 위기 청소년 발견·보호 및 지원

위기 청소년은 청소년안전망의 채널(청소년전화1388, 청소년사이버상담), 1388청소년지원단 등을 통해 발견될 수 있다. 청소년전화1388과 청소년사이버상담은 365일 24시간 운영된다. 청소년전화1388의 법적 근거는 「청소년복지 지원법」 제12조 및 동법 시행령 제6조와 제14조이며, 국번 없이 1388(휴대전화의 경우 지역번호+1388 또는 110)로 전화하면 가장 가까운 청소년상담복지센터에 연결된다. 청소년사이버상담은 홈페이지(http://www.cyber1388.kr)를 통해 채팅상담과 문자상담, 게시판 상담 등 다양한 형태의 온라인상담을 제공하며, 컴퓨터뿐만 아니라 모바일로도 상담이 가능하여 청소년들이 쉽고 빠르게 이용할 수 있다.

1388청소년지원단은 지역의 다양한 민간단체 및 개인들로 구성된 조직으로, 위기 청소년을 조기에 발견하고 지원하는 역할을 한다. 예를 들어 1388청소년지원단에 속한 택시업체는 위기 청소년이 발견되면 택시를 통해 안전한 장소로 이동해주는 역할을 수행한다.

가출 등 긴급한 보호가 필요한 청소년이 발견되어 의뢰되면 해당 지역의 시·도 청소년상담복지센터 내에 있는 일시보호소의 서비스를 받게 된다. 일시보호소에서는 24시간 보호를 원칙으로 최대 1주일까지 입소가 가능하며 의식주와 의료 등의 긴급지원이 제공된다. 일시보호소에서는 청소년의 동의를 얻어 보호자에게 연락하는 것이 원칙이나, 위기상황 확인 결과 집으로 돌아가기 어렵다고 판단되면 청소년쉼터 등에 연계할 수 있다.

🔍 사례 위기 청소년을 보호하고 지원하는 일시보호소

S 양은 3일 전 가출하여 배회하다가 청소년전화1388에 전화를 하였다. 전화상담자는 S 양의 위치를 파악한 후 긴급출동 차량을 보내 S 양을 안전하게 일시보호소로 데려오게 하였다. 일시보호소에서 근무하는 상담자는 S 양에게 음식과 안전한 잠자리를 제공하면서 상담을 실시하였다. S 양은 부모가 자녀를 제대로 돌보지도 않으면서 매일 술을 먹고 S 양과 동생에게 심한 매질을 했기 때문에 집을 나왔다고 했다. 그러면서 집에서 며칠씩 굶기도 했으며 학교에서 먹는 급식이 유일한 하루 끼니라고 말했다. 상담자는 이를 학대 사례라고 판단하고 일시보호소 지도감독자에게 보고하였다. 그리고 일시보호소에서는 아동보호전문기관에 사례를 의뢰하여 내담자를 보호하면서 부모에 대한 수사를 진행하게 하였다.

위기 청소년들이 발견되어 청소년상담복지센터에 의뢰되면 센터에서는 사례판정회의를 열어 내담자의 문제와 요구를 파악하고 어떤 도움을 제공할지 결정한다. 제공되는 도움에는 일반적인 심리상담 외에도 위기 혹은 긴급지원, 연계지원 등이 있다. 이 중 긴급지원은 가출, 성폭력, 자해, 폭력 피해 등 신속한 지원이 필요한 경우에 제공되는데, 보호시설 연계뿐만 아니라 의료비, 교통비, 식비 등이 지원될 수 있다. 이러한 서비스를 제공하기 위해서는 「개인정보 보호법」 제24조 제1항에 따라 반드시 내담자로부터 개인정보 제공 동의서를 받아야 한다.

③ 연계기관 의뢰

사례판정을 통해 필요하다고 판단될 경우에는 위기 청소년을 연계기관에 의뢰할 수 있다. 이때 내담자 본인이나 보호자의 연계 희망 여부를 확인한 후 연계 동의서(부록 1-1 참조) 2부를 작성해야 하며, 이 서류는 의뢰하는 곳과 의뢰받는 곳에서 1부씩 따로 보관해야 한다. 연계기관은 필수연계기관 외에 지역 내 다양한 청소년 관련 기관 및 시설이 될 수도 있다.

④ 사례 및 실적관리

청소년안전망을 담당하는 실무자는 사례 및 실적관리를 종합정보망에 입력해야 한다. 청소년안전망 종합정보망은 한국청소년상담복지개발원 및 청소년상담복지센터가 통합적으로 자료를 관리하는 전산시스템이다. 종합정보망에서 관리되는 각종 실적은 지자체에 분기별로 보고되며, 한국청소년상담복지개발원은 매월 실적을 산출하여 여성가족부에 보고한다. 사례 및 실적관리는 내담자에 대한 개인정보가 포함될 수 있기 때문에 「공공기관의 개인정보보호에 관한 법률」을 준수해야 한다. 또한 국가 통계관리 차원에서 실적을 관리하는 것이므로 실적을 허위로 입력해서는 안 된다.

2) 청소년동반자 프로그램

성·도벽·약물 등의 비행, 왕따·집단폭력·가출·무단결석 등의 학교 부적응, 자살 또는 자해, 인터넷·스마트폰 과의존 등 다양한 영역에 걸친 복합적인 문제를 지니고 있는 위기 청소년들은 직접 센터에 방문하기 어려울 수 있다. 청소년동반자 프로그램은 이러한 위기 청소년이 있는 현장으로 전문가가 직접 찾아가서 심층상담을 하고 지원하는 프로그램이다.

(1) 사업 개요

청소년동반자 프로그램은 청소년상담복지센터에 방문하기 어려운 위기 청소년에게 청소년동반자가 직접 찾아가 1 : 1 관계를 맺고 정서적 지지, 심리상담, 지역자원 및 기관 연계를 제공하는 전문적인 서비스이다. 청소년동반자는 위기 청소년에게 필요한 자원을 발굴하고 연계하여 청소년의 건강한 사회복귀를 지원하는 역할을 하며, 청소년상담사 등의 자격증을 소지한 청소년상담 전문가를 중심으로 선발된다.

청소년동반자 프로그램은 2005년부터 시작되었으며 당시에는 200여 명의 청소년동반자가 서울, 경기, 광주, 경남에서 활동하였다. 현재 이 프로그램은 2019년 기준 전국에서 운영되고 있으며 약 1,300여 명이 청소년동반자로 활동하고 있다.

(2) 주요 행정

① 인사 및 복무관리

청소년동반자는 공개채용이 원칙이다. 자격 기준은 청소년상담사, 청소년지도사, 사회복지사, 상담심리사, 전문상담사, 임상심리사, 직업상담사, 전문상담교사 등의 자격증 중 1개 이상을 소지하거나, 청소년 상담 현장에서 1년 이상의 실무경력이 있거나, 상담 및 청소년지도 관련 대학원 재학 이상의 조건을 갖추어야 한다(표 9-6 참조).

표 9-6 청소년동반자 자격 기준

자격 기준	내용
관련 자격증 소지	• 아래 자격증 중 1개 이상 소지 – 청소년상담사 3급 이상, 청소년지도사 2급 이상, 사회복지사 1급 이상, 상담심리사 2급 이상(한국상담심리학회), 전문상담사 2급 이상(한국상담학회), 임상심리사 2급 이상, 직업상담사 2급 이상, 전문상담교사 2급 이상
1년 이상의 관련 실무경력	• 청소년상담 및 지도 관련 실무경력 – 청소년상담사, 청소년지도사를 채용하는 기관·단체에서 청소년을 대상으로 상담과 지도에 관한 업무(단, 시간제 근무경력 등은 해당 근무시간에 비례하여 인정) – 중앙 또는 지방자치단체의 청소년 관련 부서에서 정책 및 업무 수행
상담 및 지도 관련 대학원 재학 이상	• 상담 및 지도 관련 분야 – 청소년(지도)학, 상담학, 교육학, 심리학, 사회복지(사업)학, 정신의학, 아동(복지)학, 보건학 및 상담·지도와 관련하여 지방자치단체장이 인정하는 학문 분야

출처: 여성가족부(2021c)

청소년동반자의 근무 형태는 전일제와 시간제로 구분된다. 전일제는 월요일부터 금요일까지 상시 근무하는 형태(주당 40시간)이며, 시간제는 일정 시간에 근무하는 부분 근무 형태(주당 12시간)이다. 전일제 동반자는 세 가지 자격 기준 중 관련 자격증과 1년 이상의 실무경력이 모두 요구되며, 시간제 동반자는 세 가지 자격 기준 중 하나 이상을 충족하면 된다.

청소년동반자는 내담자에게 최소 주 1회 방문해야 한다. 전일제 동반자는 1인당 분기별 평균 12건의 사례를 배정받고, 시간제 동반자는 6건 이상의 사례를 배정받는다. 사례는 1개 사례 당 3개월 이내 종결을 원칙으로 하지만 내담자의 특성에 따라 기간을 탄력적으로 조정할 수 있다.

② 사례 접수와 판정

청소년동반자의 내담자 의뢰 경로는 청소년안전망의 사례 발굴 경로를 따른다. 어려움을 가진 청소년이 직접 청소년상담복지센터를 찾아오거나 청소년전화1388, 청소년사이버상담, 1388청소년지원단, 연계기관 의뢰 등을 통해서 사례를 접수한다.

청소년안전망을 통해 의뢰된 청소년은 위기 스크리닝을 통해 위기 수준을 진단받으며, 진단 결과에 따라 어떤 서비스를 제공할지 판단한다. 이러한 판단은 청소년동반자 사례판정회의를 통해 이루어지는데, 사례판정회의 구성원은 센터 담당 팀장, 청소년동반자 등이며 수석동반자 내지 경력이 오래된 동반자가 회의를 주도한다. 사례판정회의 결과 위기 수준이 중위험군 이상이면 청소년동반자에게 배정된다.

③ 청소년동반자 의무교육

청소년동반자는 매년 의무교육을 수료해야 한다. 전일제 동반자는 연간 15시간 이상, 시간제 동반자는 연간 6시간 이상의 교육을 받아야 한다. 특히 신규 동반자는 채용된 지 3개월 이내에 8시간 이상을 수

료해야 한다. 의무교육으로 인정되는 교육은 지방자치단체, 한국청소년상담복지개발원, 시·도 청소년상담복지센터 등에서 주관하는 교육 및 이러닝 연수이다.

④ 실적관리

청소년동반자는 청소년안전망 종합정보망에 실적을 매일 등재해야 한다. 청소년동반자 프로그램 담당 직원은 동반자가 입력한 실적 사항을 매주 점검한다. 또한 한국청소년상담복지개발원은 추진실적과 동반자 현황을 매월 여성가족부에 보고한다.

3] 학교 밖 청소년 지원 사업

매년 6~7만 명의 청소년이 다양한 이유로 학교를 그만둔다. 학교 밖 청소년 지원 사업은 이러한 학교 밖 청소년들이 성공적으로 학교에 복귀할 수 있게 도와주거나, 학교로 돌아갈 수 없는 상황인 경우 검정고시 지원, 취업훈련 등을 통해 자립할 수 있도록 도와주는 사업이다.

(1) 사업 개요

학교 밖 청소년 지원 사업은 학업을 중단한 청소년들의 학업복귀나 사회진입을 지원하는 사업이다. 2007년부터 청소년상담복지센터에서 두드림 사업이라는 이름으로 학업중단 청소년 지원프로그램을 운영하다가, 2014년 「학교 밖 청소년 지원에 관한 법률」이 제정되어 학교 밖 청소년 지원센터를 각 지방자치단체에 설치하게 되었다. 2020년 기준으로 학교 밖 청소년 지원센터는 '꿈드림'이라는 명칭으로 219개소가 설치·지정되어 있으며, 청소년상담복지센터와 독립된 별도 센터로 운영되고 있다. 하지만 많은 학교 밖 청소년 지원센터가 청소년상담복지센터에서 지정받아 운영되며, 위기 청소년 지원이라는 사업 특성상 서로 유기적으로 연계되어 있다. 그러므로 학교 밖 청소년 지원 사업에 대해 자세히 살펴볼 필요가 있다.

학교 밖 청소년 지원센터의 역할은 교육청, 경찰청, 법무부 산하기관 등 지역 유관기관 간 연계망을 구축하여 학업을 중단한 청소년을 지원하는 것이다. 「초·중등교육법 시행령」 제27조의2 제3항에 근거하여 교육청의 미취학·장기결석 관리 전담기구에 학교 밖 청소년 지원센터 상담자가 참여하게 되어 있으며, 학업중단 숙려제 운영기관에도 학교 밖 청소년 지원센터가 포함되어 있다. 학교 밖 청소년 지원센터의 상담자는 학교 밖 청소년들이 중단된 학업을 성공적으로 수행할 수 있도록 도와주고, 진로결정과 자립을 할 수 있는 역량을 지원한다.

학교 밖 청소년 지원센터의 사업 내용을 살펴보면 상담지원, 교육지원, 직업체험 및 직업교육 훈련지원, 자립지원 등으로 구분할 수 있다. 상담지원은 학교 밖 청소년과 가족 혹은 보호자에 대한 개인상담이나 전화·사이버상담 등의 매체상담을 제공한다. 여기에는 청소년동반자의 방문상담도 포함된다. 교육지원은 검정고시 지원, 기존 학교나 대안학교, 상급 학교로의 성공적인 복귀 지원, 대학 입시 지원 등을 제공한다. 직업체험 및 직업교육 훈련지원은 직업훈련기관 또는 작업장을 발굴하여 훈련 기회를 제공하거나 직업적성 발견을 위한 프로그램 등을 제공한다. 자립지원은 청소년 권익 보호를 위한 권리교육과 상담, 청소년 특별 지원 등의 경제적 지원, 문화·예술 체험 등의 자기계발 프로그램을 제공한다.

(2) 주요 행정

① 인사관리

학교 밖 청소년 지원센터의 인력은 시·도 센터의 경우는 5명 이상이어야 한다. 시·군·구 센터의 경우에는 지역 규모에 따라 배치 인력이 달라지는데, 가형은 4명 이상, 나형은 3명 이상, 다형은 2명 이상이 요구된다. 직급은 센터장, 팀장, 팀원으로 구성되며 센터장의 경우 청소년상담복지센터의 장이 겸직할 수 있다. 각 직급 채용에 대한 자격 기준은 청소년상담복지센터의 자격 기준(표 9-4 참조)과 유사하다. 또한 학교 밖 청소년 지원센터 직원 채용 역시 공개채용이 원칙이며 신규 채용자나 기존 종사자에 대한 성범죄, 아동학대범죄 경력을 조회해야 한다.

② 예산관리

학교 밖 청소년 지원센터의 예산은 청소년안전망 사업과 유사하게 여성가족부와 지방자치단체가 지원한다. 예산의 편성은 인건비, 사업비, 운영비로 구성되어 있다. 사업비는 센터에서 추진하는 프로그램 운영비와 직접지원비로 구성되는데, 이 중 직접지원비는 상담지원, 교육지원, 취업지원, 자립지원 등 내담자 개인에게 지원되는 예산이다.

학교 밖 청소년 지원센터 종사자는 매년 예산 계획을 수립해야 한다. 보통 10~11월 정도에 차기 년도 예산 계획을 수립하며, 이 예산 계획은 지자체에 보고되고 관리된다. 예산 관리는 사업 계획 및 예산 지침에 따라 집행되어야 하며 지자체에서 집행 내역을 정기 감사 등을 통하여 관리한다. 따라서 사업 관리자는 사업 계획 및 예산 지침을 잘 파악하고 집행의 오류가 없도록 철저히 감독해야 한다.

③ 학교 밖 청소년 발굴·연계

지역 교육청, 학교, 경찰서, 지방자치단체 등은 학교 밖 청소년이 발견되면 학교 밖 청소년 지원센터에 연계하는데, 그 절차는 그림 9-4와 같다. 우선, 지역 교육청이나 경찰서 등에서 학교 밖 청소년을 발견하면 학교 밖 청소년 지원센터에 의뢰할 수 있도록 서비스 정보를 관련 기관에 지속적으로 안내해두어야 한다. 이후 연계 요청 기관에서 학교 밖 청소년을 발견하여 의뢰할 때는 학교 밖 청소년 개인정보 제공 동의서(부록 1-2, 1-3 참조)와 학교 밖 청소년 연계 의뢰서(부록 1-4 참조)를 작성하여 학교 밖 청소년 지원센터에 전달해야 한다. 학교 밖 청

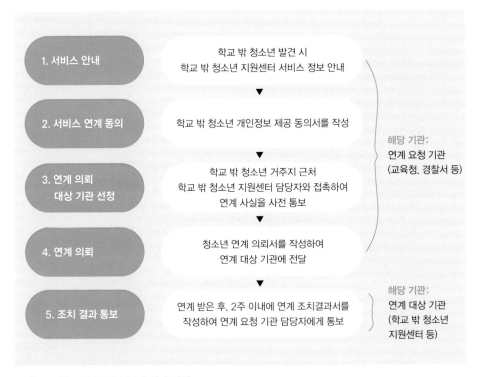

그림 9-4 학교 밖 청소년 연계 의뢰 절차
출처: 여성가족부(2021c).

소년 지원센터에서는 연계를 받은 후 2주 이내에 내담자를 의뢰받아 서비스를 제공하고 있다는 내용을 포함한 연계 조치결과서(부록 1-5 참조)를 작성하여 연계 요청 기관에 제출한다.

이러한 연계 절차가 원활하게 수행되기 위해서는 가장 첫 번째 절차인 '서비스 안내'가 매우 중요하다. 학교 밖 청소년 지원센터의 주요 내담자는 학교를 그만두었거나 그만둘 의사를 가진 청소년이기 때문에 이들을 파악할 수 있는 기관을 대상으로 학교 밖 청소년 지원센터 및 사업에 대해 지속적으로 안내하고 홍보하는 노력이 필요하다. 그리고 학업을 중단했지만 실태가 확인되지 않은 청소년들은 경찰서나 비행예방센터 등의 청소년 관련 기관 또는 주민센터 등과 연계망을 구축하여 사례가 발견되면 학교 밖 청소년 지원센터로 의뢰될 수 있도록 한다. 또한 여러 연계망으로 학교 밖 청소년에 대한 정보를 받았으나 지원을 거부하는 청소년의 경우에는 청소년동반자를 통해 도움을 제공할 수 있는 유관기관에 연계 지원될 수 있도록 한다. 여성가족부(2021c)에 의하면 청소년동반자는 학교 밖 청소년 지원센터에서 의뢰한 내담자를 1인당 연 사례수의 5% 이상 관리하도록 권장하고 있다. 이러한 연계체계가 활성화될 수 있도록 학교 밖 청소년 지원센터는 청소년안전망 운영위원회나 실행위원회에 참가하여 연계 및 지원 방안을 논의할 필요가 있다.

④ 내담자의 개인정보보호

청소년상담 서비스를 제공하는 과정에서 내담자의 개인정보는 최소한의 필요한 정보만을 수집하고 보유해야 하며, 수집되는 내용을 내담자에게 미리 알리고 사전에 동의를 구해야 한다. 학교 밖 청소년들의 정보는 연계된 기관에 전달되기 때문에 개인정보보호에 특히 주의해야 한다. 또한 해당 자료는 꿈드림 정보망에만 입력 및 관리되어야 한다. 이러한 개인정보 보유 기간은 서비스 종결 후 5년이 원칙이기 때문에 상담자는 보관 기간이 종료되면 관련 정보 및 서류들을 폐기해야 한다.

⑤ 실적관리

상담자는 상담실적을 꿈드림 정보망을 통해 관리한다. 입력된 실적은 분기별로 지자체에 보고된다. 국가 통계관리를 위해 정확한 실적을 입력해야 하며, 허위 혹은 불확실한 정보를 입력할 경우 여성가족부나 지자체의 엄중한 조치가 취해질 수 있다.

 토론 주제

1 청소년안전망을 구축할 때 어떤 기관들이 가장 필요하다고 생각하는지 이야기해보고, 기관 간 사례 연계 과정에서 중요한 것은 무엇인지 토론해보자.

2 청소년상담복지센터 외에도 청소년수련관, 위(Wee) 센터, 청소년쉼터, 비행예방센터 등 여러 청소년상담기관 및 시설들이 설치·운영되고 있다. 이러한 기관들이 경영의 효율화를 위해 통합하여 운영되는 것이 적절한지, 아니면 각 기관의 목적에 따라 전문성을 갖고 독립적으로 운영되는 것이 적절한지 논의해보자.

3 현재 운영되고 있는 다양한 청소년상담기관들 외에 위기 청소년을 효과적으로 지원할 수 있는 새로운 기관에 대해 고민해보고, 기존 기관들 간 새로운 연계방안에 대해서도 토론해보자.

위(Wee) 프로젝트의
상담행정 실무 I

학생들은 학교에서 대부분의 시간을 보내며 많은 경험을 한다. 국내의 학생 수는 2020년 기준 초등학생 269만 3,716명, 중학생 131만 5,846명, 고등학생 133만 7,312명으로 약 534만 6,874명이다(교육부, 한국교육개발원, 2020). 이렇게 많은 학생들이 학교를 다니고 있는 만큼, 학교에서 발생할 수 있는 다양한 위기상황들로부터 학생을 보호할 수 있는 기관과 제도가 필요하다. 위(Wee) 프로젝트는 학생의 심리·정서 문제를 전문적으로 다루기 위한 목적으로 정부 주도하에 2008년부터 시작되었다. 위(Wee) 프로젝트는 모든 학생을 대상으로 하고 있지만, 주 대상은 학교적응에 어려움을 느끼고 있어서 적절한 개입이 있다면 보다 건강하게 학교생활을 할 수 있는 학생이다. 또한 학교-교육청-지역사회의 긴밀한 협력으로 촘촘한 안전망을 구축함으로써 학생이 위기상황에 놓이는 것을 예방하고자 하는 목적도 있다. 이 장에서는 우선 위(Wee) 프로젝트가 실시된 목적과 배경을 개관하고 위(Wee) 프로젝트의 체계와 상담 인력에 대해 알아본다.

1. 위(Wee) 프로젝트의 개관

1) 실시 목적과 법적 근거

위(Wee) 프로젝트는 학교, 교육청, 지역사회가 연계하여 학생들의 즐겁고 건강한 학교생활을 지원하는 다중 통합지원 서비스망이다. 위(Wee) 프로젝트라는 명칭의 'Wee'는 'We(우리들)'와 'Education(교육)', 'Emotion(감성)'의 이니셜을 딴 합성어로, 어른들은 나와 너 속에서 '우리'를 발견할 수 있도록 사랑으로 지도하고, 학생들은 감성과 사랑이 녹아있는 공간에서 자신의 잠재력을 찾아내자는 의미이다(그림 10-1 참조). 위(Wee) 프로젝트는 학교폭력이나 가정 내 학대 등 심각한 수준의 문제부터 청소년기에 겪는 단순한 고민에 이르기까지 어려움을 겪고 있는 모든 학생을 대상으로 한다. 위(Wee) 프로젝트의 목적은 다양한 상담치유 서비스를 제공하는 동시에, 위기 학생이 발생하지 않도록 예방 차원의 상담서비스를 제공하는 것이다.

그림 10-1 위(Wee) 프로젝트의 로고와 의미
출처: 위(Wee) 프로젝트 홈페이지. https://www.wee.go.kr

위(Wee) 프로젝트 사업은 「위(Wee) 프로젝트 사업 관리·운영에 관한 규정」(교육부훈령 제329호)에 근거한다.

> 제1조(목적) 이 규정은 「초·중등교육법 시행령」 제54조 제3항 제2호 및 제4항에 따른 지원 사업에 관하여 필요한 세부사항을 정함을 목적으로 한다.
>
> 제2조(용어 정의) 이 규정에서 사용하는 용어의 정의는 다음과 같다.
>
> 1. "위(Wee) 프로젝트 사업(이하 "사업"이라 한다)"이란 「초·중등교육법 시행령」 제54조 제1항에 따른 학생에 대하여 종합적인 진단·상담·치유 프로그램 등을 제공하는 사업을 말한다.
>
> (「위(Wee) 프로젝트 사업 관리·운영에 관한 규정」)

또한 위(Wee) 프로젝트 사업을 수행하는 전문상담교사는 「초·중등교육법」에, 전문상담사는 지방교육청별로 마련되어 있는 「교육공무직원 채용 등에 관한 조례 시행규칙」에 근거하고 있다.

2) 실시 배경

1958년 서울시교육위원회는 '도의 교육의 신구상'으로서 교도교사제도를 실시하였다. 초창기 교도교사의 업무는 학교 전체의 생활지도 활동을 조직하고 운영하는 것이었다. 교도교사제도는 서울시교육위원회가 주최한 '교도양성강습회'와 문교부 및 중앙교육연구소에서 주최한 '전국 중·고교 생활지도담당자 연수회'에서 시작되었다. 당시 교도교사의 배치는 권고사항이었기 때문에 실효성이 없었으며, 실제로 생활지도보다는 일반 교육에 더 초점이 맞춰져 있었다(김인규, 2011).

1963년 중·고등학교에 교도교사 자격을 명문화하였고, 1967년에는 교도교사를 정식으로 통계에 포함하였다. 이후 1972년 교도주임 신설 방안이 국회를 통과하고 1973년 「교육법시행령」이 개정되면서 18학급 이상의 중등학교에는 교도주임 교사를 의무적으로 두게 되었다. 1985년에는 교도주임 교사배치에 대한 규정이 강화되어 중학교의 경우 12학급 이상, 고등학교의 경우 9학급 이상 교도주임 교사를 두도록 하였다.

교도교사는 그 명칭이 1990년에 '진로진학상담교사'로 1999년에 '진로상담교사'로 변경되었다가, 2005년부터 '전문상담교사'가 되었다. 과거 교도주임 제도가 존재했음에도 제도적 뒷받침이 부족해 활성화되지 못했다는 비판을 받았기 때문에 전문상담교사 제도가 안착되기 위해서는 정부가 정책적으로 지원해야 한다는 공감대가 있었다. 이에 따라 2008년 '학교안전관리 통합시스템'이라는 이름으로 돌봄학생 통합지원센터 30개소를 시범운영하며 위(Wee) 프로젝트가 시작되었다. 이어 학교 부적응 및 학업중단 청소년을 예방하고 지원하기 위해 충청남도 천안교육지원청 등 전국 31개 지역교육지원청에서 위(Wee) 센터를 시범운영하고 530개의 위(Wee) 클래스를 개소하였다.

2009년에는 위(Wee) 센터 49개, 위(Wee) 클래스 약 1,000개를 추가 개소하였고, 2010년에는 위(Wee) 스쿨과 한국교육개발원 위(Wee) 프로젝트연구특임센터(이후 위(Wee) 프로젝트연구·지원센터로 개칭)가 개소되었다. 위(Wee) 프로젝트 사업은 과학창의재단과 청소년폭력예방재단을 거쳐, 현재는 한국교육개발원에서 주관하여 운영하고 있다.

2. 위(Wee) 프로젝트의 체계

1) 추진체계

위(Wee) 프로젝트는 17개 시·도 교육청, 교육부, 한국교육개발원 위(Wee) 프로젝트연구·지원센터가 협조해서 업무를 수행하고 있다 (그림 10-2 참조).

시·도 교육청은 위(Wee) 프로젝트 사업 전반의 운영을 담당한다. 구체적으로는 위(Wee) 프로젝트 기관과 인력을 관리하며, 행정적·재정적 지원을 제공한다. 「위(Wee) 프로젝트 사업 관리·운영에 관한 규정」 제8조에는 시·도교육감이 사업의 세부 계획을 수립하며 위(Wee) 프로젝트 기관의 설치 및 운영, 종사자 연수 등 전문성 신장에 관한 사항, 지역사회 연계와 사업 운영 및 평가에 관항 사항, 예산 확보 및 경비 지원 등 기타 사업에 필요한 사항을 지원하도록 지침이 마련되어 있다.

교육부는 위(Wee) 프로젝트 사업의 기본 계획을 수립하고, 지원전담기관을 지정하여 업무를 위탁한다. 매년 예산을 확보하고 편성하며 필요한 행정지원을 하는 것도 교육부의 역할이다.

한국교육개발원 위(Wee) 프로젝트연구·지원센터는 17개 시·도 교육청 및 교육부 업무담당자와 위(Wee) 프로젝트 사업을 협의하여 계획을 수립하고 필요 업무를 진행한다. 또한 학교상담자의 역량개발 지원, 위(Wee) 프로젝트 내실화를 위한 정책연구 수행, 학교폭력 등 고위기 학생을 위한 현장 지원, 학교상담자를 위한 학교상담 기반 구축,

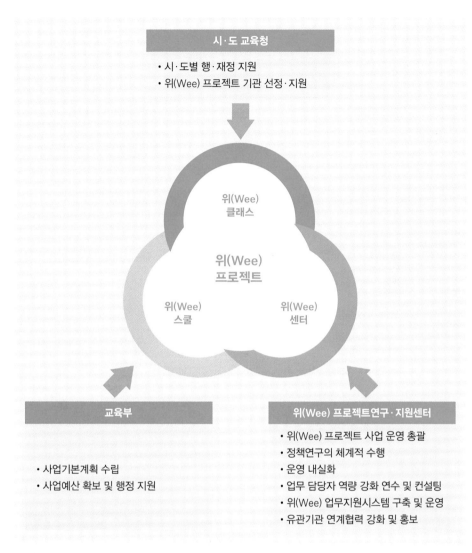

시·도 교육청

• 시·도별 행·재정 지원
• 위(Wee) 프로젝트 기관 선정·지원

위(Wee)
클래스

위(Wee)
프로젝트

위(Wee)
스쿨

위(Wee)
센터

교육부

• 사업기본계획 수립
• 사업예산 확보 및 행정 지원

위(Wee) 프로젝트연구·지원센터

• 위(Wee) 프로젝트 사업 운영 총괄
• 정책연구의 체계적 수행
• 운영 내실화
• 업무 담당자 역량 강화 연수 및 컨설팅
• 위(Wee) 업무지원시스템 구축 및 운영
• 유관기관 연계협력 강화 및 홍보

그림 10-2 위(Wee) 프로젝트 기관 추진체계
출처: 교육부(2019).

학교상담자의 업무 내용 홍보 및 인식 개선 등의 역할을 한다. 이를 통해 위(Wee) 프로젝트 상담 지원 체계를 구축하는 것이 위(Wee) 프로젝트연구·지원센터의 운영 방향이다. 한국교육개발원 위(Wee) 프로젝

트연구·지원센터 역시 「위(Wee) 프로젝트 사업 관리·운영에 관한 규정」에 근거하는데, 제11조에서는 '위(Wee) 프로젝트 지원 전담기관'이 "사업 관련 자료와 통계의 수집·관리·분석, 관리시스템 운영, 정책연구 및 정책자문, 사업 관련 프로그램 개발 및 연수, 기타 장관 또는 교육감이 위탁하는 사업 등을 수행한다."고 규정하고 있다.

2) 기관별 기능 및 현황

위(Wee) 프로젝트 사업은 그림 10-3과 같이 다중의 안전망(safe-net)으로 구축되어 있다. 1차 안전망은 단위학교의 위(Wee) 클래스, 2차 안전망은 교육지원청의 위(Wee) 센터, 3차 안전망은 시·도 교육청의 위(Wee) 스쿨이다. 위(Wee) 프로젝트는 이 세 기관 외에도 학교폭력 피·가해 학생 전담지원기관, 117학교폭력 신고센터와 같이 여성가족부, 법무부, 보건부, 경찰청 등이 관할하는 다양한 지역사회 연계기관과 협력하여 운영되고 있다(표 10-1 참조).

위(Wee) 클래스는 1차로는 학교 부적응 학생을, 2차로는 발달과

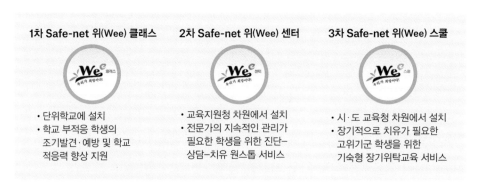

그림 10-3 위(Wee) 프로젝트의 기관

표 10-1 위(Wee) 프로젝트 기관별 기능

기관		주요 기능	설치
위(Wee) 클래스		• 대상: 학교 부적응(학교폭력, 학업중단 위기, 따돌림, 대인관계, 미디어중독, 비행 등) 학생 및 일반 학생 • 기능: 잠재적 위기 학생에 대한 학교생활 적응 조력	단위학교
위(Wee) 센터		• 대상: 단위학교에서 선도 및 치유가 어려워 학교에서 의뢰한 위기 학생 및 상담 희망 학생 등 • 기능: 위기 학생에 대한 전문적인 진단-상담-치유 원스톱 서비스 지원 　＊가정형 위(Wee) 센터: 가정적 위기상황에 놓인 학생의 지원 강화를 위한 단기 통학·기숙형 위탁기관 　＊병원형 위(Wee) 센터: 위기 학생의 심리 지원을 위한 심층적 심리검사-상담-치유 지원	시·도 교육청 및 교육지원청
위(Wee) 스쿨		• 대상: 위기상황으로 중장기적인 치유·교육이 필요한 학생 • 기능: 고위기 학생의 중·장기 위탁교육 실시	시·도 교육청
기타 관련	학교폭력 피해 학생 전담지원기관	• 학교폭력 피해 학생에 대한 실질적 보호 강화 및 피해 학생의 수요 및 필요에 따른 다양한 치유 지원 프로그램 운영	시·도 교육청 및 교육지원청
	학교폭력 가해 학생 특별교육기관	• 학교폭력 가해 학생 선도를 위한 특별교육 지원	
	117 학교폭력 신고센터	• 교육부 위(Wee) 센터(1588-7179), 여성가족부 청소년안전망(1388), 경찰청 117로 나뉘어 있던 학교폭력 신고전화를 '117'로 통합하여 운영 • 24시간 신고전화를 받고 있으며, 상담에서 사후관리까지 학교폭력 원스톱 서비스를 구현하여 학교폭력과 관련된 상담·수사·지원 등의 통합 서비스 제공	

정에서 이 시기에 누구든 겪을 수 있는 고민을 가진 모든 학생을 대상으로 한다. 위(Wee) 클래스는 학생의 위기가 심각한 수준으로 발전되지 않도록 사전에 예방함으로써 학교생활을 원만하게 할 수 있도록 조력하는 기능을 한다.

위(Wee) 센터는 교육지원청 소속으로 위(Wee) 클래스를 지원하는 역할을 수행한다. 즉, 단위학교 차원에서 선도 및 치유가 어려운 위기 학생 및 상담 희망 학생 등을 대상으로 전문적인 진단-상담-치유 원스톱 서비스를 제공한다. 위(Wee) 센터에는 일반형 위(Wee) 센터 외에 가정형 위(Wee) 센터와 병원형 위(Wee) 센터도 있다. 가정형 위(Wee) 센터는 단기 통학·기숙형 위탁기관으로 가정적 위기상황에 놓인 학생을 지원하며, 병원형 위(Wee) 센터는 고위기 학생에 대해 심층적인 심리검사-상담-치유를 지원한다.

위(Wee) 스쿨은 위기상황으로 중장기 치유·교육이 필요한 학생을 대상으로 한다. 고위기 학생에게 중·장기 위탁교육을 실시하여 학적을 유지하는 기능을 담당한다.

그 외 위(Wee) 프로젝트와 관련된 기관으로는 시·도 교육청별로 학교폭력 피해 학생에 대한 실질적인 보호를 강화하고 피해 학생의 수요 및 필요에 따른 다양한 치유 지원 프로그램을 제공하는 학교폭력 피해 학생 전담지원기관, 학교폭력 가해 학생을 선도하기 위해 특별교육을 지원하는 학교폭력 가해 학생 특별교육기관이 있다. 또한 학교폭력 등 위기사안이 발생했을 때 신고할 수 있는 117 학교폭력 신고센터가 24시간 운영 중이다. 117 학교폭력 신고센터는 상담에서 사후관리까지 학교폭력 원스톱 서비스를 구현하여 학교폭력과 관련된 상담·수사·지원 등의 통합 서비스를 제공하고 있다.

2020년 기준 학교 단위에 구축된 위(Wee) 클래스는 7,631개, 지역교육청 차원에서 구축된 위(Wee) 센터는 233개(가정형 위(Wee) 센터 및 병원형 위(Wee) 센터 포함), 시·도 교육청 차원에서 구축된 위(Wee) 스쿨은 15개가 설치되어 있다(표 10-2 참조).

표 10-2 연도별 위(Wee) 프로젝트 기관 현황

표 10-2 연도별 위(Wee) 프로젝트 기관 현황

구분	2008	2010	2012	2014	2016	2018	2020
위(Wee) 클래스	530	2,530	4,658	5,633	6,382	6,965	7,631
위(Wee) 센터	31	110	140	188	204	215	233
위(Wee) 스쿨	–	3	4	9	11	13	15

* 외국인학교, 대안학교 등 각종학교 제외
출처: 위(Wee) 프로젝트 홈페이지. https://wee.go.kr

3. 위(Wee) 프로젝트의 상담 인력

위(Wee) 프로젝트 기관별로 상담 인력에 차이가 있다. 위(Wee) 클래스는 전문상담교사 또는 전문상담사가 업무를 담당한다. 위(Wee) 센터는 시·도 교육청에 따라 다르지만 일반적으로 전문상담교사, 전문상담사, 임상심리사, 사회복지사가 근무한다.

1) 전문상담(순회)교사

전문상담교사란 전문상담교사 자격증을 가지고 학교상담 업무를 담당하는 학교상담전문가를 뜻한다. 전문상담순회교사란 전문상담교사로서 2개 이상의 학교를 순회하며 근무하는 사람을 말한다. 전문상담교사는 학교 소속이고 전문상담순회교사는 교육행정기관 소속이나, 일반적으로 이 둘을 통칭하여 '전문상담교사'라 부른다.

(1) 역할 및 법적 근거

2005년 9월 「초·중등교육법 시행령」이 개정되면서 전문상담순회교사 조항이 신설되었고, 이에 따라 전문상담순회교사를 선발하여 교육지원청 위(Wee) 센터에 배치하였다. 전문상담순회교사는 위(Wee) 센터의 실장(팀장) 역할을 담당하며, 위(Wee) 센터 업무 및 관내 위(Wee) 클래스 미설치교에 순회상담 업무를 한다. 전문상담순회교사는 위(Wee) 센터에서 3년간 근무한 후 위(Wee) 클래스에 배치된다. 전문상담순회교사의 법적 근거는 「초·중등교육법 시행령」 제40조의2에 명시되어 있다.

전문상담교사는 상담을 전담하는 비교과교사로, 학교폭력 등 위기를 겪고 있는 학생에 대한 상담 지원을 강화하기 위해 2007년 3월부터 학생 수 101명 이상의 초·중·고교에 배치되기 시작하였다. 전문상담교사는 「초·중등교육법」 제19조의2와 제21조, 동법 시행령 제40조의2와 제54조, 「학교폭력예방 및 대책에 관한 법률」 제14조에 근거하고 있다(표 10-3 참조).

(2) 양성 과정

교육부는 1999년부터 교육인적자원부 장관이 지정하는 전문상담교사 양성 과정을 전국 교육대학원 또는 대학원에서 운영하도록 하였으며(교육부령 제736호), 초·중등학교 및 특수학교에 상담교사를 배치하도록 하였다. 전문상담교사 양성 과정의 대상자는 초·중등 정교사 2급 이상의 자격을 가진 자로서 3년 이상의 경력을 가진 현직교사들이었다. 처음에는 초등, 중등, 특수로 구분하여 양성 과정을 운영하다가 2004년부터 1급과 2급으로 구분하였다. 당시 전문상담교사 1급은 교

표 10-3 전문상담(순회)교사의 법적 근거

법령	근거 조항
「초·중등교육법」	제19조의2(전문상담교사의 배치 등) ① 학교에 전문상담교사를 두거나 시·도 교육행정기관에 「교육공무원법」 제22조의2에 따라 전문상담순회교사를 둔다. ② 제1항의 전문상담순회교사의 정원·배치 기준 등에 필요한 사항은 대통령령으로 정한다.
	제21조(교원의 자격) ② 교사는 정교사(1급·2급), 준교사, 전문상담교사(1급·2급), 사서교사(1급·2급), 실기교사, 보건교사(1급·2급) 및 영양교사(1급·2급)로 나누되, 별표 2의 자격 기준에 해당하는 사람으로서 대통령령으로 정하는 바에 따라 교육부장관이 검정·수여하는 자격증을 받은 사람이어야 한다.
「초·중등교육법 시행령」	제40조의2(전문상담순회교사의 배치기준) 법 제19조의2에 따라 시·도 교육청 또는 교육지원청에 전문상담순회교사를 둔다. 이 경우 전문상담순회교사의 세부 배치기준은 교육감이 정한다.
	제54조(학습부진아 등에 대한 교육 및 시책) ③ 교육부장관 및 교육감은 다음 각 호의 지원사업을 실시하여야 한다. 1. 학습부진아등이 밀집한 학교에 대하여 교육·복지·문화 프로그램 등을 제공하는 사업 2. 학습부진아등에 대하여 진단·상담·치유·학습 지원 프로그램 등을 제공하는 사업 ④ 제3항에 따른 지원사업 대상학교의 선정기준, 대상학생의 선정절차 등 지원사업에 관하여 필요한 세부사항은 교육감의 의견을 들어 교육부장관이 정하여 고시한다.
「학교폭력예방 및 대책에 관한 법률」	제14조(전문상담교사 배치 및 전담기구 구성) ① 학교의 장은 학교에 대통령령으로 정하는 바에 따라 상담실을 설치하고, 「초·중등교육법」 제19조의2에 따라 전문상담교사를 둔다. ② 전문상담교사는 학교의 장 및 심의위원회의 요구가 있는 때에는 학교폭력에 관련된 피해학생 및 가해학생과의 상담결과를 보고하여야 한다. ③ 학교의 장은 교감, 전문상담교사, 보건교사 및 책임교사(학교폭력문제를 담당하는 교사를 말한다), 학부모 등으로 학교폭력문제를 담당하는 전담기구(이하 "전담기구"라 한다)를 구성한다. 이 경우 학부모는 전담기구 구성원의 3분의 1 이상이어야 한다.

출처: 교육부(2019).

육대학원 상담 관련 석사과정 또는 교육대학원 1급 전문상담교사 양성 과정을 이수한 사람, 2급은 전문상담교사 양성 과정을 인가받은 학부의 상담학과 및 상담 관련 학과 졸업자에게 부여하였다.

현재 전문상담교사 1급 자격증은 학부에서 2급 이상의 교사자격증(「유아교육법」에 따른 2급 이상의 교사자격증 포함)을 취득한 교사가 3년 이상의 교육경력(기간제 교사 경력 인정)을 가지고 교육대학원 또는 교육부장관이 지정하는 대학원의 상담·심리 관련 학과에 입학하여 전문상담 교육과정을 이수하면 취득할 수 있다. 또는 전문상담교사 2급 자격증과 3년 이상의 전문상담교사 경력을 가진 사람이 자격연수를 받아도 취득 가능하다.

전문상담교사 2급 자격증을 취득하는 데에는 세 가지 방법이 있다. 첫째, 대학·산업대학의 상담·심리 관련 학과 졸업자로서 소정의

표 10-4 전문상담교사의 자격 기준

구분	자격 기준
1급 전문상담교사	1. 2급 이상의 교사 자격증(「유아교육법」에 따른 2급 이상의 교사 자격증을 포함한다)을 가진 자로서 3년 이상의 교육경력이 있는 자가 교육부 장관이 지정하는 교육대학원 또는 대학원에서 소정의 전문상담교사 양성 과정을 이수한 자 2. 전문상담교사(2급)자격증을 가진 자로서 3년 이상의 전문상담교사 경력을 가지고 자격연수를 받은 자
2급 전문상담교사	1. 대학·산업대학의 상담·심리 관련 학과 졸업자로서 재학 중 소정의 교직학점을 취득한 자 2. 교육대학원 또는 교육부장관이 지정하는 대학원의 상담·심리교육과에서 전문상담 교육과정을 이수하고 석사학위를 받은 자 3. 2급 이상의 교사 자격증(「유아교육법」에 따른 2급 이상의 교사 자격증을 포함한다)을 가진 자로서 교육부장관이 지정하는 교육대학원 또는 대학원에서 소정의 전문상담교사 양성 과정을 이수한 자

출처: 「초·중등교육법」 제21조 제2항 별표2.

교직학점을 취득했을 경우 전문상담교사 2급 자격증이 발급된다. 둘째, 교육대학원 또는 교육부장관이 지정하는 대학원의 상담·심리 관련 학과에서 전문상담 교육과정 이수하여 석사학위를 취득하면 된다. 셋째, 2급 이상의 교사자격증(「유아교육법」에 따른 2급 이상의 교사자격증 포함)을 취득한 교사가 교육대학원 또는 교육부장관이 지정하는 대학원에서 전문상담 교육과정을 이수하면 된다.

전문상담교사 자격증을 취득하면 각급 학교 및 교육지원청 상담실에서 전문상담교사로 근무할 수 있다. 단, 국공립학교에서 교사로 근무하기 위해서는 전문상담교사 자격증을 취득한 후 각 시·도 교육청별로 시행되는 교원임용고시에 합격해야 한다.

2) 전문상담사

(1) 역할 및 법적 근거

2010년 12월 당시, 단위학교에 계약직으로 채용되어 위(Wee) 클래스에 배치된 전문상담인턴교사는 1,552명이었다. 그러다 위(Wee)

표 10-5 전문상담사의 자격 기준

구분	자격 기준
전문상담사	• 「청소년 기본법」 제22조에 따른 청소년상담사 • 「사회복지사업법」 제11조에 따른 사회복지사 • 「정신건강증진 및 정신질환자 복지서비스 지원에 관한 법률」 제17조에 따른 정신건강임상심리사 • 「국가기술자격법」에 따른 임상심리사 • 한국임상심리학회에서 발급한 임상심리전문가 • 한국상담학회 및 한국상담심리학회에서 발급한 전문상담사 또는 상담심리사

출처: 「초·중등교육법」 제21조 제2항 별표2.

클래스에 학교상담자들을 단기간에 배치하기 위해 전문상담인턴교사와 전문상담사, 학교폭력상담사 등을 통합하여 전문상담사로 통일하게 되었다. 전문상담사 배치는 「위(Wee) 프로젝트 사업 관리·운영에 관한 규정」에 의한다. 이 규정 제2조 제6호에서는 전문상담사에 대해 "사업을 수행하기 위하여 사업기관의 장이 일정한 자격을 갖춘 사람 중에서 근무계약을 맺은 사람"으로 정의하고 있다. 이와 함께 제4조, 제5조, 제6조에서는 위(Wee) 프로젝트의 각 기관이 운영과 상담 업무를 효과적으로 추진하기 위하여 전문상담사를 채용하여 활용할 수 있다고 규정하고 있다.

(2) 양성 과정

전문상담사는 일반적으로 대학·산업대학의 교육·상담·심리 관련 학과에 입학하여 학사학위를 받은 자로서 여성가족부 청소년상담사 자격이나 한국심리상담학회, 한국상담학회 등 민간학회의 자격증을 소지한 사람들이 채용된다. 그러나 학부에서의 전공과 관계없이 대학원에서 상담 관련 학위를 받은 뒤 민간학회 자격증을 취득해도 전문상담사가 될 수 있다.

토론 주제

1 교도교사와 전문상담교사가 만들어진 이유에 대해 생각해보자.

2 위(Wee) 프로젝트의 의의에 대해 논의해보자.

3 전문상담교사와 전문상담사의 자격은 어떻게 다른지 얘기해보자.

위(Wee) 프로젝트의
상담행정 실무 Ⅱ

위(Wee) 프로젝트 기관에는 위(Wee) 클래스, 위(Wee) 센터, 위(Wee) 스쿨 등이 있다. 앞의 10장에서 설명했듯 위(Wee) 클래스는 단위학교에 설치되어 학교 부적응 학생을 조기에 발견하고 예방하며 적응력 향상을 지원하는 기관이다. 위(Wee) 센터는 교육지원청에 설치되어 전문가의 지속적인 관리가 필요한 학생에게 진단-상담-치유의 원스톱 서비스를 제공하는 기관이다. 위(Wee) 스쿨은 시·도 교육청에 설치되어 장기적으로 치유가 필요한 고위기군 학생을 위한 기숙형 중·장기위탁교육 기관이다.

이 중 위(Wee) 스쿨은 위탁 학교로서 위(Wee) 클래스가 설치되어 있으므로 위(Wee) 클래스 상담행정과 유사하게 운영된다. 따라서 이 장에서는 위(Wee) 클래스와 위(Wee) 센터의 상담행정 실무에 대해 상담 업무와 행정 업무로 나누어 알아본다.

1. 위(Wee) 클래스의 상담행정 실무

위(Wee) 클래스의 업무 영역은 크게 상담, 교육, 연계, 행정으로 구분된다(표 11-1 참조). 상담 업무에는 개인상담, 집단상담, 심리검사, 자문 등이 있으며, 교육업무에는 교육 및 연수, 상담행사 등이 있다. 연계업무는 학생, 학부모, 교직원, 외부인력, 지역사회 자원 등 교내외 연계협력을 수행하는 것이며, 행정 업무는 상담환경조성, 연간계획수립, 홍보, 사례관리 및 평가 업무를 수행하는 것이다.

이처럼 위(Wee) 클래스의 업무는 다양하며, 학교 여건에 따라 약간의 차이가 있을 수 있다. 이 절에서는 위(Wee) 클래스의 일반적인 상담행정 실무를 크게 상담 업무와 행정 업무로 나누어 살펴보고자 한다.

1) 상담 업무

위(Wee) 클래스의 전문상담교사·전문상담사는 학생의 학교 적응과 심리·정서적 지지를 위해 상담을 진행한다. 전문상담교사·전문상담사의 업무는 실제 상담을 진행하는 것에 그치지 않고, 이를 기록하고 관리하며 매년 수행한 업무를 평가하는 것까지 포함한다.

(1) 상담 진행

위(Wee) 클래스에서 근무하는 전문상담교사·전문상담사는 잠재적 위기상황에 놓인 학생들이 건강한 학교생활을 할 수 있도록 상담

표 11-1 위(Wee) 클래스 업무 영역

영역	직무	세부업무
상담	개인상담	• 학교 적응력 향상을 위한 상담 • 심리 · 정서적 안정을 위한 상담 • 정서 · 행동특성검사 후속 상담 지원, 학업중단 숙려제 상담 지원
	집단상담	• 자존감 향상 및 사회성 증진 • 인성 함양 • 학교 실정에 따른 집단상담 주제
	심리검사	• 개별검사(진단검사, 비진단검사) • 집단검사(표준화 검사) • 간편 검사지 활용 등
	자문	• 교사, 학부모
교육	교육 및 연수	• 학생 및 학부모 교육 • 교사 연수
	상담행사	• 학생상담주간, 학부모상담주간 등
연계	연계협력	• 학생상담지원단 구성 • 교직원, 학생, 학부모 협력 • 외부인력 관리(멘토, 자원봉사자 등) • 지역사회 자원(개인 및 기관) 발굴 및 활용
행정	상담환경 조성	• 위(Wee) 클래스 구축 및 비품 구입 • 심리검사 도구 및 자료 구입
	연간 계획수립	• 학생, 학부모, 교직원 상담관련 요구조사 • 학생 및 학급 실태조사 • 위(Wee) 클래스 운영 연간계획 수립
	홍보	• 연간 위(Wee) 클래스 운영 홍보 • 각종 프로그램 소개
	사례관리 및 평가	• 상담기록 및 관리(수기, 상담시스템 및 나이스 입력) • 상담 활동 결과보고 및 평가 • 위(Wee) 클래스 운영 및 관리에 필요한 행정

출처: 교육부(2019).

서비스를 수행한다. 예를 들어 학생에게 필요하다고 판단되는 경우 개인상담이나 심리검사 등을 실시하고, 보호자들을 대상으로 학생의 학교생활과 관련하여 상담을 진행하며, 학생을 의뢰한 교사를 대상으로 자문을 제공하기도 한다. 또한 학교폭력 사안이 발생했을 때 학교폭력 대책심위위원회 조치결과에 따라 학생을 직접 상담하거나 외부기관에 연계하는 업무도 수행한다.

🔍 사례 위(Wee) 클래스 상담을 통해 학교에 적응하게 된 학생

K 양은 초등학교 때부터 엄마가 안 계시다는 이유로 반 친구들로부터 놀림을 받았다. 거기에 아빠와의 관계마저 악화되면서 편의점에서 물건을 훔치곤 했다. 어느 날 K 양은 물건을 훔치는 장면을 편의점 주인에게 들켜 경찰조사를 받게 되었다. 이후 K 양은 위(Wee) 클래스 선생님과 상담을 하게 되었고 선생님은 K 양의 일탈행동이 아빠와의 관계에서 시작되었다는 것을 알게 되었다. 선생님은 K 양의 아버지와도 상담을 하였는데, K 양의 아버지는 농사를 지으면서 딸을 키우는 게 너무 힘들다고 토로하였다.

선생님은 K 양이 주말에 아버지의 농사일을 도와주고 그 대신 아버지가 딸에게 일정한 용돈을 줄 것을 제안하였다. K 양과 아버지는 이를 실행하였고 시간이 지나면서 서로를 더 많이 이해하게 되었다. K 양은 점차 엄마의 부재를 탓하기보다 좀 더 나은 미래를 위해 학교출석에 신경 쓰는 모습을 보였다. 지금 K 양은 건강한 생활을 하고 있으며 수능시험을 치르고 대학생이 될 준비를 하고 있다.

위(Wee) 클래스의 상담자는 상담을 수행한 후에 반드시 그 내용을 기록해야 한다. 상담기록은 종합적이고 지속적으로 사례관리를 함으로써 다양한 욕구를 가진 학생에게 맞춤형 상담 서비스를 제공하기 위해 반드시 필요한 업무이다. 다시 말해 상담 과정과 개입을 기록하면 상담 활동을 객관적으로 관리할 수 있고, 정보를 축적하여 내담자인 학생을 더 잘 지원할 수 있으며, 다른 사례에 대해서도 상담기록을 바탕으로 적절한 상담을 수행할 수 있다.

위(Wee) 클래스에서 수행되는 업무에 대한 기록은 나이스(NEIS)를 통해 관리할 수도 있지만, 나이스는 학생을 구분할 수 없고 상담 내용을 자세히 기록하기 어렵다는 한계가 있다. 따라서 위(Wee) 클래스에서 학생 개인별 상담기록은 별도의 일지를 작성하여 관리한다. 이렇게 수기로 작성된 상담기록물은 잠금장치가 설치된 보관시설에 별도로 보관해야 한다. 또한 위(Wee) 상담시스템에서 전자적 형태로 작성된 기록의 경우 정기적으로 백업하여 비상시에 복원할 수 있도록 해야한다. 아울러 「위(Wee) 프로젝트 사업 관리·운영에 관한 규정」에는 상담 처리의 내용과 과정, 통계수치 등을 상담기록관리시스템에 기록·관리해야 한다고 명시하고 있다.

학교상담은 공적 영역이므로 상담 활동의 기록과 보호, 관리는 기본적으로 「공공기록물 관리에 관한 법률」을 따른다. 다만 시·도 교육청마다 상담기록 관리에 대한 지침을 별도로 두고 있는 경우가 많다.

(3) 평가

위(Wee) 클래스 평가는 매년 이루어지며, 위(Wee) 클래스가 효율적이고 전문적인 서비스를 제공했는지 그리고 운영계획에 따라 학생을 위한 상담을 수행했는지 확인하기 위한 절차이다. 이 절차를 통해 위(Wee) 클래스 운영에 대한 학생, 보호자, 교사의 이용 만족도를 확인할 수 있다. 위(Wee) 클래스 평가 자료는 위(Wee) 센터에서 수행하는 컨설팅 및 차기 연도 계획 수립을 위한 피드백 자료, 위(Wee) 클래스 상담자의 신규채용 또는 인사이동 시 참고자료, 위(Wee) 클래스를 학교 특성에 적합하고 안정적으로 운영하기 위한 자료로 활용될 수 있다.

위(Wee) 클래스에 배치된 전문상담교사 또는 전문상담사는 혼자서 상담 계획 등을 수립하고 수행해야 하므로 어려움이 많다. 또한 학생들이 자발적으로 위(Wee) 클래스를 방문하기도 하지만, 교사들이 학생을 의뢰하는 경우도 많기 때문에 동료교사와 어떻게 원만한 관계를 유지하느냐에 따라 상담의 성패가 갈릴 수 있다. 위(Wee) 클래스 선생님은 관리자 및 교사들에게 위(Wee) 클래스가 어떤 일을 하는 곳인지, 학생들에게 어떤 도움을 주는 곳인지를 설명할 필요가 있다.

(4) 상담행사

위(Wee) 클래스에서는 전교생 또는 상담희망학생을 대상으로 다양한 상담행사를 실시한다. 위(Wee) 클래스 상담자는 이러한 행사들을 학교마다 특성에 맞게 준비하고 실시하는 등 전반적인 운영 관리를 담당해야 한다. 상담행사는 대개 1, 2학기 중간시험이 끝난 5월과 10월 중에 상담주간을 정한 뒤 그 기간에 운영한다. 행사에서는 친구끼리 칭찬을 주고받는 '칭찬릴레이'나 손쉽게 심리검사를 받아보는 '심리검사 한마당' 등을 준비해서 학생들의 위(Wee) 클래스를 이용할 수 있는 계기를 마련한다. 표 11-2는 위(Wee) 클래스 상담행사의 계획 예시이다.

표 11-2 위(Wee) 클래스 상담행사 계획 예시

활동내용		목표	실시 시기(월)												인원
			3	4	5	6	7	8	9	10	11	12	1	2	
상담 주간	칭찬릴레이	연중			○					○					해당자
	웃음짱반 선발	2회			○					○					전교생
	넌 괜찮은 사람이야	2회			○					○					전교생
	심리검사 한마당	2회			○					○					희망자
친구사랑의 날		4회		○			○		○		○				전교생
학부모상담 주간		2회			○					○					희망자
걸리버여행(인터넷 과몰입)		1회					○								20~30

출처: 교육부(2019).

2) 행정 업무

위(Wee) 클래스에서 근무하는 상담자는 상담 업무뿐 아니라 시설 운영, 연간 사업 기획 및 관리, 예산 관리, 홍보 등의 다양한 행정 업무도 수행해야 한다. 특히 학교상담 환경에서는 이러한 행정 업무가 상담 업무만큼 중요하다.

(1) 시설 운영

위(Wee) 클래스의 시설은 교실 한 칸 정도의 크기이며, 이 공간에서 상담을 효율적으로 수행할 수 있도록 안정성, 심미성, 융통성, 연계성, 이용성, 관리성, 경제성 등을 고려하여 시설을 구축해야 한다. 특히 상담 자료가 외부로 유출되지 않도록 보안을 철저히 유지할 수 있는 장치를 마련할 필요가 있다.

위(Wee) 클래스는 시설 내에서 상담이 이루어지므로 안락한 분위기를 조성하여 학생들이 편안하게 찾아올 수 있도록 하는 것이 좋다. 학생이 상담에 몰입할 수 있도록 주변을 정돈하고 냉·난방 시설을 갖추어 쾌적함을 유지해야 한다. 이러한 이유로 대부분의 위(Wee) 클래스는 밝은 톤의 인테리어가 되어 있다.

위(Wee) 클래스에는 관리대장을 비치하여 시설 및 비품의 입출과 상태를 기록한다. 시설이나 비품의 유지보수가 필요한 경우에는 행정실에 요청하여 진행한다. 위(Wee) 클래스 선생님이 전근 또는 휴직을 할 때에는 인수인계서를 작성하여 시설의 수량과 상태를 후임자에게 인계한다.

(2) 연간 사업 기획 및 관리

위(Wee) 클래스에서는 매년 연간 운영계획을 수립한다. 연간 운영계획을 수립하는 목적은 매년 위(Wee) 클래스 업무를 체계적으로 운영하기 위한 것도 있지만, 운영의 안정성을 확보하여 학생 및 보호자의 신뢰를 얻기 위한 것도 있다. 운영계획은 다음과 같은 절차에 따라 수립할 수 있다.

- 1단계(기획): 연간 운영계획 수립을 위한 기획
- 2단계(자료조사 및 분석): 요구조사 및 전년도 운영결과 또는 인근 학교의 자료를 수집하여 분석
- 3단계(연간 운영계획 초안 작성): 자료 분석 결과를 반영하여 연간 운영계획서 작성
- 4단계(연간 운영계획 초안 검토): 학교 교육과정 운영계획을 참고하여 운영계획서 검토

• 5단계(연간 운영계획안 확정): 관련 부서와 협조하여 최종 운영계획안 기안

1단계에서는 위(Wee) 클래스 운영의 목표와 그해의 사업들을 구상하고 기획한다. 2단계에서는 위(Wee) 클래스를 학생, 보호자, 교사의 요구에 맞게 운영할 수 있도록 전년도의 운영 실태나 다른 위(Wee) 클래스의 자료를 파악한다. 이후 3~5단계는 운영계획서의 초안을 작성하고 검토한 뒤 최종 운영계획안을 확정하는 단계이다.

위(Wee) 클래스 연간 운영계획은 업무(직무)분석 및 연말 평가 자료로 활용될 수 있다. 또한 매년 위(Wee) 클래스 사업의 우선순위를 정하여 사전에 예산을 적절하게 배분할 수 있을 뿐 아니라, 교내외 인적 자원을 미리 계획하여 활용할 수 있어서 상담의 효율성을 높이는 데 도움이 된다.

(3) 예산 관리

위(Wee) 클래스가 지속적이고 안정적으로 운영되기 위해서는 예산이 반드시 필요하다. 예산을 미리 편성하는 이유는 전년도의 예산 운영을 개선하고 예산이 소요되는 항목을 미리 정하기 위한 것이다. 위(Wee) 클래스가 진로진학부, 생활지도부 등에 속해있다면 해당 부서의 장과 협의해서 예산을 편성할 수 있으며, 필요한 온라인 또는 지필검사를 부서에서 한꺼번에 구매하는 경우도 있다. 위(Wee) 클래스에서 사용하는 예산은 주로 학생들에게 실시할 심리검사나 프로그램을 구입하고 상담에 필요한 문구나 자료 등을 구매하는 비용으로 사용된다(표 11-3 참조). 예산을 편성하는 절차는 다음과 같다.

표 11-3 위(Wee) 클래스 운영 예산 신청서 예시

우선 순위	사업명	집행 시기	예산 요구액	예산내역 및 산출기초	비고
2	또래상담반 운영	연중	300,000원	문구류 100,000원 프로그램 운영 200,000원	
3	개인용 심리검사 도구 구입	3월 9월	300,000원	검사지 평균단가 2,500원 × 120부	
4	상담도구 및 자료 구입	5월 9월	500,000원	500,000원	독서 및 영화 심리치료, 상담관련 자료 구입
5	심리치유 프로그램	4월 5월	500,000원	10,000원 × 50명	학생 정서 함양 프로그램
6	위(Wee) 클래스 비품 구입	연중	400,000원	월 40,000원 × 10개월	문구류 및 소모성 물품 구입
	합계		2,000,000원		

출처: 교육부(2019).

- 1단계(전년도 운영 평가): 전년도 프로그램의 운영과 개선점에 대한 평가 실시
- 2단계(운영계획안 작성): 해당연도의 운영계획안을 영역별·시기별로 작성
- 3단계(소요 예산 항목 선정): 전년도 운영 예산 개선 및 예산 추가 항목 선정
- 4단계(예산 조정 및 협의): 담당부서 및 관리자와 협의하여 예산(안) 조정
- 5단계(예산 확정): 예산 확정(※ 위(Wee) 클래스 예산은 연간 200만 원 이상 확보하는 것을 권장)

위(Wee) 클래스의 예산을 수립할 때는 교육청에서 시달된 예산 편성 기본지침에 근거해야 예산의 효율성, 투명성, 신뢰성을 제고할 수 있다. 예산 집행은 연초에 세운 운영계획 및 예산수립에 의거하여 집행한다. 위(Wee) 클래스에서 사업이나 프로그램을 실시하기 위해 예산을 사용할 때는 기안문(지출 품의서)을 작성한 다음 학교장의 결재를 받아서 진행한다. 해당 학년도에 배정된 위(Wee) 클래스 예산은 다음 해 1~2월에 정산하며, 위(Wee) 클래스 예산 및 결산은 K-에듀파인 시스템을 이용하여 처리할 수 있다. 학교에 따라서는 학교 내 행정 업무 처리 절차 등에 따라 행정실에서 처리할 수도 있다. 위(Wee) 클래스 예산은 학교 규모 및 프로그램 운영에 따라 추가 편성이 가능하다.

(4) 홍보

위(Wee) 클래스에서는 학생과 학부모, 교사에게 위(Wee) 클래스의 역할, 서비스 내용, 이용 방법 등을 안내하는 홍보를 실시하여 위

🔍 사례 위(Wee) 클래스 프로그램 홍보의 중요성

D 양은 중학교에 입학한 후에 위(Wee) 클래스를 처음 이용하게 되었다. 위(Wee) 클래스 선생님은 연간 홍보 계획을 보여주면서 원하는 프로그램이 있으면 언제든지 들르라고 하셨다. D 양은 요즘 엄마와의 관계에 어려움을 겪고 있어서 부모를 대상으로 하는 프로그램이 있으면 좋겠다고 선생님께 말씀드렸다. 그랬더니 선생님은 4월 셋째 주 토요일에 자녀와 학부모의 관계를 위한 부모연수가 있다고 알려주셨다. D 양은 엄마에게 위(Wee) 클래스 행사 브로슈어를 주면서 참석해보시라고 할 예정이다.

(Wee) 클래스에 대한 긍정적인 이미지를 형성하고 친근하게 다가갈 수 있도록 노력해야 한다. 위(Wee) 클래스를 홍보할 때에는 브로슈어나 소식지와 같은 인쇄물, 설명회 등의 대면 홍보, 학교 홈페이지나 SNS 등의 온라인 매체, 행사 등 다양한 방법을 활용한다. 다만 예산이 많이 소요될 수 있으므로 홍보는 신중하게 계획해야 한다.

2. 위(Wee) 센터의 상담행정 실무

이 장에서는 위(Wee) 센터에서 수행하는 상담행정에 대해 다룬다. 위(Wee) 센터는 교육지원청 위(Wee) 센터, 가정형 위(Wee) 센터, 병원형 위(Wee) 센터로 구분된다. 그러나 가정형 위(Wee) 센터와 병원형 위(Wee) 센터는 교육청에서 위탁·운영하는 민간위탁기관이므로 기관별로 행정체계가 다르다. 따라서 여기에서는 교육지원청 위(Wee) 센터만을 대상으로 하였다.

1) 상담 업무

위(Wee) 센터의 상담 업무는 상담을 진행하고 실적을 보고하며 상담 내용을 기록하고 관리하는 업무를 포함한다.

(1) 상담 진행

위(Wee) 센터에서 상담이 진행되는 절차는 그림 11-1과 같다. 상

그림 11-1 위(Wee) 센터 상담 진행 절차

담을 시작하기 위해서는 우선 상담 의뢰가 접수되어야 한다. 학교에서 위(Wee) 센터로 상담을 의뢰할 때는 의뢰자(학생, 보호자, 상담 업무 담당자, 교사, 관리자)의 상담 의뢰서 및 동의서를 첨부하므로, 위(Wee) 센터 상담자는 이를 확인한다. 접수 면접은 학교가 아닌 학생이나 학부모 등 의뢰자가 직접 위(Wee) 센터로 상담을 접수하는 것을 뜻한다. 접수 면접은 전화로 신청하거나 직접 방문하여 상담신청서 및 동의서를 작성하면 된다.

상담이 접수되면 사례회의를 한다. 사례회의에서는 위(Wee) 센터 실장이 상담자들과 협의하여 적절하게 사례를 배정한다. 사례 배정이 되었으면 사례를 담당한 상담자가 내담자 또는 의뢰자에게 연락하여 상담 일정을 정하고, 정해진 날짜와 시간에 상담을 진행한다. 상담 회기는 상담을 진행하는 과정에서 학생의 상태에 따라 조절해서 운영할 수 있다. 상담자는 학생에게 필요하다고 판단되는 개인상담, 집단상담, 각종 교육프로그램 또는 외부기관 연계지원을 선택할 수 있으며(중복 가능), 필요하다면 성격·정서·지능·행동평가 등의 심층 심리평가도 실시할 수 있다.

학생의 요청이 있거나 상담 내용의 변화가 생겼을 경우에는 2차 사례회의를 통해 상담 진행 상황을 체크할 수 있다. 학생이나 보호자의 요청 또는 상담자의 판단에 따라 학생을 병원 또는 전문치료기관에 연계하기도 한다.

상담을 종결하고 나면 종결보고서 및 소견서 등을 작성하여 학교로 발송하고, 필요한 경우 일정 기간 동안 내담자 또는 의뢰자와 연락하며 추수관리도 진행한다.

> ### 🔍 사례 학교에 위(Wee) 클래스가 없어 위(Wee) 센터에 방문한 학생
>
> J 군은 올해 고등학생이 되었다. 신입생 환영식을 한 후에 학교를 돌아보니 위(Wee) 클래스가 없다는 것을 알았다. 다니던 중학교에는 위(Wee) 클래스가 있었는데 고등학교에는 없어서 상담을 어디에서 받을 수 있을지 막막했다. 담임 선생님은 J 군의 이야기를 듣고 교육지원청 위(Wee) 센터를 소개해주었다. 위(Wee) 센터를 방문한 J 군은 위(Wee) 센터가 위(Wee) 클래스보다 크고 선생님들도 많이 계셔서 전문적인 곳이라는 생각이 들었다.

(2) 상담실적 보고

한국교육개발원 위(Wee) 프로젝트연구·지원센터는 학교상담자들이 학생의 상담 내용을 안전하게 보관하고 편리하게 기록할 수 있도록 2010년부터 위(Wee) 상담시스템을 개발하여 운영해왔다. 앞서 언급했듯 교육행정정보시스템인 나이스(NEIS) 기록은 학생별로 상담을 기록할 수 없고 단순히 실적만을 관리할 수 있어서, 학생별 상담사례 관리 시스템이 필요했기 때문이다.

위(Wee) 센터의 신규 업무담당자는 실장의 승인을 얻어 위(Wee) 상담시스템을 사용할 수 있다. 이 시스템을 활용하면 학생의 상담 자료

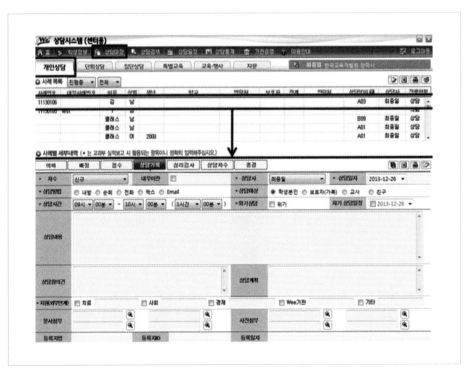

그림 11-2 위(Wee) 센터용 상담시스템 등록 화면
출처: 한국교육개발원(2014).

를 안전하게 관리할 수 있고 위(Wee) 센터 내부에서 실적을 공유할 수 있을 뿐만 아니라, 교육부나 시·도 교육청, 국회 등에서 요구하는 각종 실적 자료를 제출하는 데에도 편리하다.

(3) 상담기록 및 관리

상담기록은 상담을 수행했다는 근거이며, 상담을 기록하고 관리하는 일은 상담자의 기본 업무라 할 수 있다. 위(Wee) 센터 상담기록은 위(Wee) 상담시스템을 활용한다.

상담기록에는 내담자인 학생의 이름, 생년월일, 성별, 접수 면접, 내방 경위, 의뢰 경로, 연락처 등 인적사항과 주 호소문제(예: "학급 내 친구관계를 어려워하며 친구들 사이에서 소외될까 봐 걱정하고 있음"), 학생에 대한 상담 목표(예: "불안함에 대해 상담에서 다룰 예정"), 상담 회기 수, 진행되는 회기에 대한 기록 등이 포함된다. 회기를 기록할 때는 가급적 상담이 끝난 직후에 기록해야 가장 정확하다. 회기기록은 처음에 세웠던 상담 목표와 관련된 부분에 대해 작성하며, 상담 진행 중에 새로운 상담 목표가 생길 경우에는 그 회기에 정확하게 작성해두어야 한다.

또한 상담을 진행하지 못한 회기에 대해서도 기록하며(예: "상담 예정이었으나 학생이 건강상 이유로 상담을 진행하지 못한다고 알려옴"), 상담 회기 외에 이메일, 문자 메시지, 전화 통화 등의 연락을 했다면 그 내용도 기록한다(예: "상담 약속 시간을 알리기 위해 문자를 남김"). 상담이 종결되면 상담 전체의 요약을 작성하는 것이 좋다. 상담 진행 과정과 처음 상담 목표의 진행 정도, 현재 주 호소문제의 해결 정도를 기록한다.

이처럼 상담 내용을 기록할 때는 중요 정보와 주 호소문제에 대한 상담 목표를 중심으로 작성하는 것이 좋다. 모든 내용을 기록할 경우 상담자들이 상당한 시간을 소모하게 되어 오히려 상담에 할애하는 시간이 줄어들 수 있기 때문이다.

상담기록 관리란 상담 관련 기록물의 정리·이관·폐기·보존·공개·활용에 관한 업무를 뜻한다. 위(Wee) 센터에서는 내담자의 복지를 물론, 상담자의 복지를 위해서도 상담기록을 정해진 방법과 절차에 따라 철저하게 관리할 필요가 있다.

상담기록은 상담 초기에 내담자가 동의한 범위 내에서 수집하고 이용할 수 있다. 해당 목적 외에 다른 목적으로 상담기록을 제3자에게 제공할 때에는 내담자의 동의가 필요하며, 그 내용과 이유를 상세히 설명해야 한다. 상담기록의 보관과 폐기에 대한 지침은 시·도 교육청의 기록관리 지침 보존연한에 근거한다.

2) 행정 업무

위(Wee) 센터는 단순히 상담만이 아니라 관내 학교, 위(Wee) 클래스 및 위(Wee) 클래스 미구축 학교를 지원하는 업무도 수행하므로 센터별로 행정 업무의 범위와 내용이 다를 수 있다. 또한 해당 위(Wee) 센터가 소속된 시·도 교육청의 여건에 따라서도 업무에 차이가 있다.

하나의 위(Wee) 센터 내에는 대개 전문상담순회교사(실장/팀장), 임상심리사, 전문상담사, 사회복지사가 배치되어 있다. 이들은 각기 다른 업무를 맡고 있지만 협력하여 업무를 수행한다. 여기에서는 위(Wee) 센터에서 상담자가 주로 수행하는 행정 업무에 대해 시설 운영, 연간 사업 기획 및 관리, 사업·행사 운영 관리로 나누어 살펴보고자 한다.

위(Wee) 센터는 접수대 또는 대기실, 사무실, 개인상담실, 심리검
사실, 치료실, 집단상담실 또는 교육실로 구성되어 있다. 각 공간별로
관리되어야 하는 내용은 다음과 같다.

- 접수대 또는 대기실: 방문하는 학생과 학부모가 상담을 접수하고
  대기하는 공간이다. 홍보 브로슈어 등을 비치하여 위(Wee) 센터에
  서 진행되고 있는 프로그램들을 소개한다.
- 사무실: 위(Wee) 센터 직원들이 근무하면서 전화상담, 상담 접수,
  자문 등의 상담 업무 및 행정 업무를 수행하는 공간이다. 내담자의
  요구에 즉시 응대할 수 있도록 상시 근무자를 두어야 한다. 특히
  내담자의 개인정보가 유출되지 않도록 접수대 또는 대기실과는 분
  리되어 있어야 한다.
- 개인상담실: 개인상담이 수행되는 공간이다. 담당자를 정해 상담
  실을 정리하고 예약 현황을 파악하여 상담실을 쾌적하고 원활하게
  사용할 수 있도록 관리해야 한다.
- 심리검사실: 심리검사를 실시하는 공간이다. 안정된 환경을 조성

그림 11-3 위(Wee) 센터의 시설(왼쪽부터 접수대, 대기실, 개인상담실)
출처: 교육부 외(2021).

하여 내담자가 편안한 분위기에서 심리검사에 집중할 수 있게 한다. 담당자를 정해 각종 심리검사지 및 도구를 정리하고, 수량을 확인하여 부족분을 미리 구비할 수 있도록 한다. 컴퓨터나 태블릿 PC를 설치하여 온라인검사를 실시할 수 있는 환경을 구축한다.

- 치료실: 미술치료, 놀이치료 등 다양한 매체를 활용하여 상담하는 공간이다. 내담자들이 활동에 집중할 수 있도록 편안하고 안정된 분위기를 조성하고, 치료에 필요한 준비물들을 미리 구비해둔다.
- 집단상담실 또는 교육실: 특별 프로그램이나 집단상담 및 교육 등 비교적 규모가 큰 활동을 하는 공간이다. 교육에 필요한 장비와 도구(컴퓨터, 빔프로젝터, 스크린, 칠판, 책걸상 등)가 비치되어 있어야 한다.

상담자들은 상담 및 다양한 프로그램들을 효율적으로 실시하고 행정 업무를 원활하게 처리하며 내담자의 비밀을 보장할 수 있도록 센터의 환경을 적절하게 조성하고 운영 및 관리해야 한다.

(2) 연간 사업 기획 및 관리

위(Wee) 센터는 관내 모든 학교를 지원하는 일을 담당하므로 다양하고 많은 사업을 수행한다. 이러한 사업들을 기획하고 관리하는 것도 위(Wee) 센터의 업무이다. 위(Wee) 센터에서는 사업들을 안정적이고 지속적으로 추진할 수 있도록 매년 연간 사업 방향을 결정하고 계획을 수립한다. 대개 연간 사업 계획은 1월에 기획하고 2월에 확정한다.

연간 사업 계획에는 우선 구체적인 사업목표가 제시되어야 한다. 사업목표는 1년 동안의 사업 실행과 관련되어 있기 때문에 현장의 요구를 수렴하여 신중히 마련해야 한다. 따라서 사업 계획 수립의 1단계는 자료조사이다. 자료조사에서는 첫째, 지역 현황을 조사한다. 지역 구조와 학교 현황, 학생 문제의 영역과 발생 빈도 등을 조사하여 시급히 개입해야 할 학생 및 학교의 특성을 파악한다. 또한 관내 학교의 학교폭력 발생 빈도, 학업중단 학생 수, 보호자들의 생활 수준, 학생들의 학업성취 수준 등을 고려하여 학생들에게 우선적으로 필요한 사안을 파악한다. 둘째, 소속 교육(지원)청의 교육방향을 조사한다. 위(Wee) 센터의 사업 방향은 센터가 소속된 교육(지원)청의 교육방향과 정책에 맞추어야 한다. 예를 들어 서울의 강남서초교육지원청과 울산의 강남교육지원청의 교육방향이 동일할 수 없다. 따라서 매년 교육지원청의 교육방향을 알 필요가 있다. 셋째, 전년도 사업 평가 내용을 조사한다. 이를 통해 보완 및 추가해야 할 사업을 발견하고, 전년도와 대비하여 보다 발전된 방향으로 사업을 계획한다. SWOT 매트릭스 분석을 통해 강점, 약점, 기회, 위협요인들을 분석하는 것도 좋은 방법이다(그림 11-4 참조).

SWOT		강점(S)	약점(W)
		• 공신력 • 상담 전문성 • 관내학교로부터의 신뢰성	• 과도한 행정 업무 • 상담 인력의 처우문제
기회(O)	• 심리건강에 대한 정부지원확대 • 관내 경제수준 향상	SO(전략) • 심리건강지원사업에 참여	WO(전략) • 위(Wee) 센터 업무담당자 직무 표준화
위협(T)	• 학교상담법 부재 • 경제적 불평등으로 인한 상담 서비스의 양극화	ST(전략) • 학교상담법 공청회에 참가하여 의견 제시	WT(전략) • 학교상담법 내용으로 위(Wee) 센터 직무 및 처우 문제 포함

그림 11-4 위(Wee) 센터 SWOT 매트릭스 분석 예시

사업 계획 수립의 2단계는 사업계획서를 작성하는 것이다. 이때 위(Wee) 센터의 실장은 전문상담사와 같은 업무 담당자들이 사업의 방향과 사업 계획을 작성하는 데 참여하도록 독려할 필요가 있다. 그래야 사업이 확정되었을 때 담당자들이 해당 사업을 적극적으로 추진하고 운영할 수 있기 때문이다. 사업 계획을 수립할 때는 먼저 전반적인 사업의 방향과 목표를 고려하여 영역별(상담, 교육, 치료, 연계 등) 사업 내용을 조직하고 계획을 작성한다. 이후 영역별로 작성된 사업계획안을 업무 담당자들과 협의하여 종합한다.

사업 계획 수립의 3단계는 작성한 사업계획안을 조정하는 것이다. 이 단계에서는 위(Wee) 센터 내부에서 사업계획안의 내용을 검토하여 보완하거나 추가할 사항을 협의한 뒤, 지역 내 유관기관 등과 협의하여 계획안을 조정한다. 예를 들어 위(Wee) 센터에서 매년 수행하는 '위(Wee) 닥터 사업'의 경우, 농산어촌 지역에는 수도권 지역에 비해 학생들이 갈만한 병원이 상대적으로 적기 때문에 사전 계획 단계에서 지역 내 병원과 협의하여 이 사업에 지원할 병원이 있는지, 어렵다면 의사를 자문위원으로 위촉할 수 있는지 등을 검토할 수 있다. 위(Wee) 센터에서 연계 가능한 관내 외부기관 풀(pool)과 관련해서는 사회복지사와 적극적으로 협의하는 것이 좋다. 이렇게 위(Wee) 센터 내·외부와 협의했다면 조정회의를 통해 조정할 내용을 결정한다.

사업 계획 수립의 마지막 단계인 4단계는 연간 사업 계획을 확정하는 것이다. 3단계에서 결정된 내용을 참고하여 사업계획안을 수정·보완한 후 사업 계획을 확정한다.

이렇게 수립한 사업 계획은 관할 지역 학교 또는 지역 유관기관에 공문을 발송하여 홍보하고 안내한다(그림 11-5 참조).

○○교육지원청

제목: 20○○년 ○○ 위(Wee) 센터 운영계획 알림

1. 관련: ○○교육지원청 주요 업무 계획

2. ○○교육지원청 위(Wee) 센터는 위기 학생의 체계적인 관리, 지도를 위하여 '진단−상담−치유'가

   가능한 One-Stop 상담 및 치유 서비스를 제공하는 기관으로 가정복귀 및 학교 적응을 지원합니다.

   또한 ○○ 위(Wee) 센터는 다양한 프로그램 운영을 통하여 학교 복귀를 할 수 있도록 도모하는 역할을

   하고 있습니다.

3. 이에 학교에서 교직원 연수 및 문서 공람을 통하여 홍보하여 주시고 해당 학생이 즉시 서비스를 받을 수

   있도록 안내 및 협조 바랍니다.

                        − 아   래 −

       가. 대 상: 1) 상담 및 치료가 필요한 학생

                   2) 복학생 − 복학 1주일 전 의뢰

                   3) 징계 학생 중 등교정지 대상 학생

                   4) 기타

       나. 방 법: 붙임 2. 의뢰서 작성 후, 공문 발송(연중)

그림 11-5 위(Wee) 센터 사업 계획 안내 공문 예시

(3) 예산 계획 및 집행

위(Wee) 센터에서 추진하는 사업은 연간 사업 계획 및 세부사업 계획에 맞추어 적정한 예산을 계획하여 집행해야 한다. 예산을 계획할 때는 시·도 교육청별 '교육비특별회계 예산편성기준'을 참고하는 것이 중요하다. 이 기준은 매년 하반기 또는 연말에 발표되며 교육(지원) 청의 운영 목표나 중점 사업 내용들이 바뀌면서 예산 내용도 달라질 수 있기 때문에 예산 계획을 수립하기 전에 반드시 확인한다. 예산 집

행 계획은 표 11-4와 같이 표로 작성하여 주 지출 품목을 정하고 예상 소요 예산을 정해두면 전체 사업 예산을 계획하는 데 도움이 된다. 이러한 예산 계획은 내부 결재 시 첨부할 수 있다.

전체 예산 계획과는 별도로 세부사업별 예산 또한 수립해야 한다. 위(Wee) 센터에서는 연간 사업 계획을 바탕으로 세부사업을 계획하는데, 구체적인 내용이나 프로그램은 교육(지원)청의 방침 또는 지역 여건에 따라 바뀔 수 있다. 세부사업은 각 사업별로 실행계획서를 작성해야 체계적으로 추진하고 효율적으로 관리할 수 있다. 이러한 실행계획서에는 일정 및 운영 방향, 세부 과업, 기대 효과 등이 포함되며, 예산 집행의 근거를 마련해두어야 한다.

연간 사업 계획 및 세부사업 실행계획에 따라 사업이나 프로그램을 실시할 시기가 되었다면, 담당자가 사전에 사업 규모에 맞게 예산의 상세 항목과 금액을 정한다. 이렇게 정한 예산은 공문이나 품의서의 형식으로 기안하여 결재를 받은 뒤 집행한다. 이때 연초에 세웠던 계획대로 예산 전액을 집행하는 것을 목표로 삼아야 한다. 다만 사업을 운영

표 11-4 위(Wee) 센터 예산 집행 계획 예시

순번	소요 항목	지출 품목	소요 예산(원)
1	학교폭력예방교육	물품비, 자원봉사자 활동비 등	300,000
2	부모교육	강사비, 원고료, 장소대여, 간식비 등	500,000
3	집단상담 프로그램	프로그램 제작, 운영 물품 등	200,000
4	사제동행 프로그램	강사비, 원고료, 장소 대여, 간식비 등	800,000
5	위(Wee) 센터 관용차량 관리비	세금, 보험료, 유류비	600,000
6	위기 학생 지원	고위험군 학생 긴급상담 지원	300,000
7	위(Wee) 닥터 지원	병원비(심리검사비), 유류비 등	300,000

하다 보면 여러 이유로 사업 내용이 변경되기도 하는데, 이 경우 실장 또는 센터장과 협의한 후에 예산 집행을 조정할 수 있다.

연말에는 센터의 예산 집행에 대한 결산을 보고한다. 결산이 끝나면 사업의 계획, 실행, 산출 및 성과에 이르는 전 과정이 적절히 진행되었는지를 검토하고 평가한다. 이러한 평가를 통해 센터의 운영 목적을 달성하는 데 필요한 인적·물적·체제적 자원이 적절하게 지원되었는지 살펴봄으로써 위(Wee) 센터와 위(Wee) 프로젝트의 발전 및 성장을 도모할 수 있다.

평가는 세부사업별로도 진행하며 실행계획의 목표가 실제로 얼마나 달성되었는지 평가한다. 여기에는 사업 참가자의 의견이 반영되는 것이 좋다. 참가자에게 사업 내용, 시설, 시간 운용, 강사의 전문성 등에 대한 만족도와 의견을 설문이나 인터뷰의 방법으로 수렴하고, 이를 종합하여 세부사업을 평가할 수 있다. 평가 결과는 차후 사업에 참고한다.

(4) 행사 운영 관리

위(Wee) 센터에서는 연중 진행되는 사업 외에도 일회적인 행사도 다양하게 진행한다. 일반적인 행사 진행 절차는 그림 11-6과 같다.

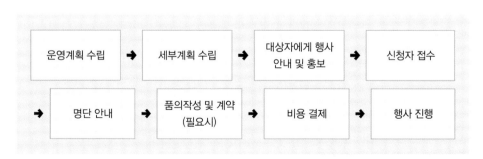

그림 11-6 위(Wee) 센터 행사 진행 절차

우선 행사의 전반적인 운영계획을 세운 뒤 세부계획을 수립한다. 세부계획을 수립할 때에는 사전에 행사 예정지를 답사해 안전, 동선, 이동시간 등을 점검하여 구체적인 일정표(안)를 작성해야 한다. 특히 외부행사의 경우 우천 시에 대체하여 진행할 수 있는 실내 장소를 마련하고 답사할 필요가 있다. 이렇게 수립한 운영계획과 세부계획은 내부 결재를 받는다.

내부 결재가 완료되면 각 학교나 대상자와 관련된 기관에 공문을 발송하여 행사를 알리고 홍보한다. 공문에는 행사의 내용, 장소, 일정, 인원 등을 명시해야 하며, 참가 동의서와 가정통신문 등을 별도로 첨부할 수 있다. 행사 신청 방법에 대해서도 학교에서 위(Wee) 센터로 공문을 보내야 하는지, 업무포털을 이용한 내부메일을 활용하여 신청해야 하는지 등을 구체적으로 안내한다.

신청 기간 중 학교에서 오는 공문과 메일을 확인하여 신청자를 접수한다. 접수를 마감한 후에는 최종 명단을 작성한다. 이후 행사 시행 공문을 작성하고 결재를 받은 뒤, 신청자들의 소속 학교에 참석 안내 공문을 발송한다.

필요한 경우 사전에 품의를 작성하고 및 계약을 진행한다. 위(Wee) 센터 행사 담당자는 행사 장소 계약 및 차량 임차 관련 품의서를 작성하고 결재를 받아둔다. 외부행사라면 신청자들이 여행자보험에 가입할 수 있도록 미리 동의서를 받아놓는 것이 좋다. 외래강사를 초빙하는 행사라면 강의 시간에 따른 교육(지원)청의 비용 기준에 맞추어 강의료에 대한 결재를 받아둔다.

행사 진행에 필요한 물품 및 간식 구입 비용, 보험료, 자료 제작 비용 등 관련 비용을 결제한다. 이렇게 모든 것이 준비되면 일정에 맞춰

행사를 진행한다. 진행은 위(Wee) 센터의 업무 담당자가 할 수도 있고, 행사의 규모와 성격에 따라 센터장 등이 할 수도 있다.

토론 주제

1 위(Wee) 프로젝트 기관에서 상담을 기록하는 방법에 대해 알아보고,
   그 중요성에 대해 토론해보자.

2 위(Wee) 클래스에서 수행하는 업무에 대해 상담 업무와 행정 업무로 나누어
   설명해보자.

3 위(Wee) 센터 연간 사업 계획 수립은 왜 중요하며, 어떤 절차로 운영되는지
   설명해보자.

4 대부분의 위(Wee) 센터에서는 상담경력이 많은 전문상담사들이 업무를
   담당하고 있다. 초임 발령을 받은 전문상담순회교사가 위(Wee) 센터의
   실장으로서 리더십을 발휘하려면 어떻게 해야 할지 토론해보자.

대학상담센터의
상담행정 실무

최근 상담에 대한 일반인의 인식이 변화하고 상담 서비스에 대한 요구가 증가하면서, 대학 내 상담기관의 역할과 기능 또한 다양해지고 있다(김동일, 2016). 상담 분야에서 나타나는 변화 및 성장은 대학상담센터의 변화 및 성장과도 뗄 수 없는 관계에 놓여있다. 이는 대학상담센터가 상담 인력들을 교육하고 훈련하는 대표적인 기관이며, 나아가 많은 상담 인력들이 대학상담센터에서 근무하고 있기 때문이다. 또한 상담 서비스를 받고자 하는 대학생들의 수도 점점 증가하고 있다. 그렇기에 대학상담센터의 기능과 구체적인 행정 실무를 다양한 방향에서 살펴보는 것은 매우 중요하다.

이에 이 장에서는 대학상담센터가 설립되고 현재에 이르기까지의 과정과 그 역할에 대해 전반적으로 살펴보고, 대학상담센터의 운영모델에 대한 선행연구 및 국내외 대학상담센터 운영 사례에 대해 알아본다. 나아가 최근 대두되는 변화 및 과제를 충족시키기 위한 새로운 대학상담센터 운영모델을 제안하고, 대학상담센터에서 수행하는 업무들을 행정 실무 중심으로 제시하고자 한다.

1. 대학상담센터의 개관

이 절에서는 대학상담센터의 설립 근거와 과정을 짚어보고, 전국 대학 상담센터의 현황을 제시한다. 또한 대학상담센터가 수행해야 할 역할을 확인하고 현재 상황과 비교하여 앞으로 대학상담센터가 나아가야 할 방향을 제안한다.

1) 설립과 현황

대학상담기관은 1962년 국내에 처음 설립된 이후, '학생생활(지도)연구소'라는 명칭으로 여러 대학에 설립되었다. 대학상담기관은 상담, 학교 적응을 위한 프로그램의 개발 및 실시, 심리검사, 학생 이해를 위한 재학생 및 신입생 실태조사 등 다양한 문제와 관련하여 학생상담을 제공하고 학생문제의 실태를 전반적으로 파악하는 활동을 해왔다(김동일, 2018; 최윤미, 2012). 그러나 그동안 '학생생활(지도)연구소'라는 명칭으로 인해 본래 중심이 되는 상담 기능이 잘 드러나지 않았던 것도 사실이다. 이에 따라 최근 많은 대학에서는 대학상담기관의 명칭을 학생생활(지도)연구소에서 대학상담센터 또는 학생상담센터 등으로 바꾸고 있다. 이러한 명칭은 미국의 'University Counseling Center'나 'Student Counseling Center' 등에 해당하는 것으로, 대학 구성원들에게 학생생활연구소의 본질적인 성격을 좀 더 분명하게 전달하려는 의도가 있다고 할 수 있다(이재창, 2005). 여전히 대학상담기관의 명칭은 대학에 따라 다르지만, 이 책에서는 '대학상담센터'라는 명칭을 사용하고자 한다.

대학상담센터는 전문적 상담기관으로서의 정체성을 확립하고 있음에도 불구하고, 대학 구조조정 과정에서 위상과 기능이 축소되는 일이 일어나기도 했다. 특히 2002년 1월에 개정된 「대학설립·운영 규정」에서는 대학의 공통 부속기관에서 학생생활연구소를 제외하였고, 이에 따라 일부 대학에서는 학생생활연구소를 폐쇄하기도 했다. 또는 그 기능을 바꾸어 존속시키는 경우도 있었는데, 예를 들어 일부 대학에서는 학생생활연구소가 상담뿐만 아니라 취업진로 지원, 성폭력 관련 프로그램 등 다양한 업무를 중복으로 담당하고 있는 것으로 조사된 바 있다(최윤미, 2012). 아울러 보직 구조조정 차원에서 학생생활연구소의 소장을 전공 교수로 임명하지 않거나 다른 보직교수가 겸직하도록 하는 사례도 다수의 대학에서 발견되었다(이재창, 2005).

현재 교내에 상담 및 심리치료를 받을 수 있는 전문상담기관이 설치되어 있는 국내 대학은 총 102개교(일반대학교 68개교, 전문대학교 34개교)이다(전국대학교학생상담센터협의회[전상협], 2020). 대학상담기관은 대체로 학생상담센터라는 명칭으로 설립되어 있으며(70.7%), 이 외에도 학생생활연구소, 대학생활문화원, 학생생활상담센터 등 다양한 이름으로 존재하고 있다.

2016년 전국대학교학생상담센터협의회는 전국의 대학상담센터를 대상으로 현황조사를 실시했는데, 그 결과는 다음과 같다. 먼저, 기구편제는 총장 직속기관이 전체의 23.1%에 불과했으며, 대부분은 대학본부처나 센터의 산하기관인 경우가 많았다. 다음으로 인건비는 전문대학의 50%, 4년제 대학의 35.9%가 연간 3,000만 원 미만이었고, 사업비 역시 전문대학의 50%, 4년제 대학의 13.8%가 연간 1,000만 원

미만으로 열악한 수준이었다. 마지막으로 인력 부분에서는 상담 소장
이 비전공자인 경우가 많았고, 전문 상담 인력의 수가 1명 이하인 학교
의 비중이 높았다.

2) 역할

최근 대학상담센터의 수가 증가하고 상담에 대한 전반적인 관점
도 변화하고 있다. 그러면서 대학상담센터의 운영도 이러한 변화에 맞
춰 바뀌어야 한다는 점이 강조되고 있다. 예를 들어 기존의 상담에서
는 문제행동을 중심으로 한 치료적 접근이 우세했다면, 최근에는 치료
적 접근을 포함해 사전 예방과 대처 전략까지 아우르는 통합적 상담의
개념으로 변화하고 있다. 따라서 대학상담센터의 기능과 역할 또한 그
범위를 확장해야 하며, 내담자들의 호소문제 해결 및 대학 적응을 돕기
위한 개입뿐만 아니라 예방과 대처에도 초점을 맞춘 전담기관으로서
의 역할을 해야 한다(Kim, 2011; Morril et al., 1974). 이와 관련하여 이
재창(2005)은 대학상담센터의 대표적인 역할을 다음과 같이 세 가지로
제시하였다.

- 적응, 진로 및 학업 고민, 우울 및 불안과 같은 정서적 어려움 등
  을 포함하는 심리적인 문제에 대한 상담이나 심리치료를 제공해야
  한다.
- 학생들이 목표를 실현할 수 있도록 조력하는 예방적 역할을 수행
  해야 한다.
- 대학 내 구성원의 자문 역할을 통해 학생들의 심리적 건강과 성장

및 발달을 가져올 수 있는 촉진자로서 기능해야 한다.

그렇다면 대학상담센터는 어떻게 이러한 기능을 수행할 수 있을까? 선행연구들(최윤미, 2012; 손은령 등, 2013)에서는 국내와 미국의 대학상담센터를 비교함으로써 국내 대학상담센터의 유급 상담 인력이 부족함을 지적하였다. 이와 같은 인력 부족은 대학상담센터가 제공하는 상담 서비스의 양과 질에 부정적인 영향을 미칠 수 있다(손은령 등, 2013). 전체 인력의 수가 적으면 세부 영역별 전문 인력을 확보하기 어려울 뿐 아니라, 제공하는 서비스 영역의 내용 또한 제한될 수 있기 때문이다. 예를 들어 최근에는 다문화, 성 소수자, 장애 학생 등 다양한 학내 구성원의 요구에 부합하는 서비스의 필요성이 대두되고 있는데(서영석, 2006), 관련 전문 인력이 없다면 내담자들에게 적절한 개입을 하지 못하거나 잘못된 개입으로 인해 부정적인 영향을 줄 수도 있다. 즉, 대학상담센터가 다양한 학생들의 심리적인 건강과 요구에 적합한 기능을 하기 위해서는 충분한 상담 인력을 확보하고 전문 상담 서비스 영역을 확장할 필요가 있다.

2. 대학상담센터의 운영 형식

여기에서는 우선 기존에 제시되었던 상담센터의 운영모델을 개관하고, 국내와 해외의 대학상담센터의 운영 사례를 살펴보고자 한다.

1) 대학상담센터의 운영모델 개관

지금까지 대학상담센터의 운영모델과 관련된 연구는 주로 기관 운영과 관련된 보고서나 유관 학회에서 발표한 논문 등 제한적으로만 이루어졌다. 2000년대 초반에 미국 대학진로상담센터의 모델을 분석하여 한국 대학에 적용 가능한 시사점을 제시했던 연구(이제경, 2002)가 수행된 적 있으나, 진로 영역을 포함하여 보다 큰 범위의 한국형 대학상담센터 운영모델을 구체적으로 제시하는 연구는 2000년대 후반에 이르러서야 나타났다.

(1) 통합적 상담센터 모델

해외 연구들 중에서는 Brunner 등(2017)의 통합적 상담센터(Comprehensive Counseling Center: CCC) 모델을 참고할만하다. 이들은 대학상담센터가 학생들의 대학 생활 적응(학업적 성공과 졸업, 자퇴 예방 등)에 유의미한 영향을 미친다는 것을 강조하였다. 그러면서 대학상담센터가 더욱 포괄적이고 다양한 역할을 해야 한다는 관점에서 CCC 모델을 제안하였다.

이 CCC 모델은 서비스 수혜자의 요구뿐만 아니라 철학적인 원리까지 고려한 것으로, 대학생담센터가 수행해야 할 역할에 대해 치료 서비스(clinical services), 컨설팅 및 기관연계 서비스(consultation and collaborative services), 아웃리치 및 예방 프로그램(outreach and prevention programming), 상담자 훈련 및 교육(training and education)을 제시한다(그림 12-1 참조). 각각의 역할을 살펴보면 첫째, 치료 서비스에는 개인상담과 집단상담, 진로상담, 심리검사 등이 포함된다. 둘째,

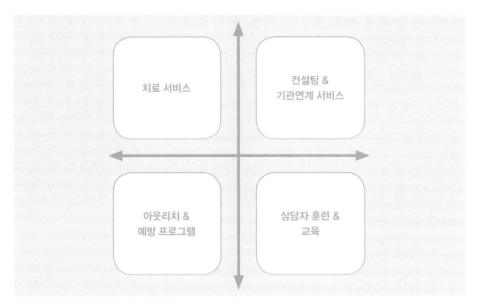

그림 12-1 통합적 상담센터(CCC) 모델

컨설팅 및 기관연계 서비스는 학생-부모-직원-교원 간의 연계 및 소통을 위한 서비스 제공을 의미한다. 이를 통해 대학상담센터는 내담자에게 필요한 서비스를 대학 내 타 기관과 연계하여 제공할 수 있다. 셋째, 아웃리치 및 예방 프로그램은 문제를 예방하기 위한 다양한 프로그램들을 포함한다. 해당 프로그램에는 또래코칭, 심리 정서적 웰빙을 위한 스크리닝, 캠퍼스 커뮤니티 만들기 등이 포함될 수 있다. 넷째, 상담자 훈련 및 교육은 석박사과정생들을 위한 수련기관으로서의 역할과 인턴십 제공을 포함한다. 대학상담센터가 이와 같은 CCC 모델의 네 가지 역할을 효과적으로 수행하려면 다음의 사항들을 만족해야 한다.

• 양질의 서비스를 제공하기 위해 심리적 건강과 관련한 전문 인력이 구성되어 있어야 한다.

- 대학상담센터의 존재 및 역할과 진행 프로그램들이 캠퍼스 내에서 널리 알려져야 한다.
- 다양한 수준의 예방적 개입을 제공할 수 있어야 한다.
- 대학 내 다른 여러 기관과 긴밀한 협조체계를 이룰 수 있어야 한다.

CCC 모델에 의하면 대학상담센터에서 진행하는 다양한 서비스는 학생들의 정서적·심리적 건강에 주요한 영향을 미치며, 그 역할은 단순히 치료적 개입에 국한되는 것이 아니라 예방적 개입 또한 포함한다는 것을 알 수 있다. 나아가 대학상담센터가 독립적으로 운용되기보다는 관련 기관과의 협조체계를 구축해야 한다는 점도 시사한다. Brunner 등(2014)은 대학상담센터가 통합적인 관점에서 운영되고 있는지 평가하기 위한 틀을 제시하였는데, 이 틀에는 내담자의 요구, 상담의 결과, 개입의 한계, 적절성, 효과 및 시사점이라는 다섯 가지 요소들이 포함되어 있다(표 12-1 참조). 대학상담센터는 현행 프로그램을 평가하고 새로운 전략을 수립할 때 이 틀을 활용할 수 있다.

표 12-1 대학상담센터를 위한 틀

요소	내용
내담자의 요구	정의된 내담자의 요구
상담의 결과	상담 결과로서 내담자가 학습하거나 변화한 부분
개입의 한계	타겟, 목표, 방법, 기간, 비용, 재정적 지원
적절성	대학상담센터의 미션과 개입 간의 적절성
시사점	개입의 효과 및 영향

출처: Brunner et al.(2014).

(2) 한국형 대학상담센터 3차원 모델

대학상담센터의 운영에 관한 국내 연구들 중에서는 서영석(2006)이 한국형 대학상담센터 모델로 제안한 3차원 모델을 살펴보고자 한다. 이 모델은 대학상담센터의 내담자 수가 증가하고 센터를 둘러싼 내외적 환경이 변화함에 따라 이에 적절하게 대처하기 위한 시도로서 고안되었다. 이 모델의 명칭이 3차원 모델인 이유는 대학상담센터의 운영을 서비스의 대상, 서비스의 방법, 서비스의 목적이라는 세 가지 차원으로 구분하고 있기 때문이다. 서영석(2006)은 3차원 모델을 통해 상담을 제공하는 서비스의 대상을 확대하고, 상담 서비스의 방법을 심화·확대하며, 서비스 제공의 목적을 다양화할 것을 제안하였다. 구체적으로 보면, 서비스의 대상은 외국인 학생 및 교수, 성 소수자 등 다양한 내담자까지 확대되어야 한다. 상담 서비스의 방법 또한 내담자의 호소문제를 성폭력, 학습기술, 진로발달 등으로 보다 자세히 나눔으로써 세분화된 서비스를 제공하는 방향으로 심화·확대되어야 한다. 서비스의 목적이라는 측면에서도 기존의 교정적인 서비스뿐 아니라 치유, 예방, 연구 및 교육 등 다양한 목적에 적합한 맞춤형 서비스를 제공할 수 있어야 한다(그림 12-2 참조).

서영석(2006)은 이러한 3차원 모델을 실제 대학상담센터에 효과적으로 적용하기 위해 다섯 가지 제언을 하였다. 첫째, 대학상담센터를 체계적으로 운영하려면 상담 전공 교수가 상담센터 운영에 직접 참여하여 상담 활동의 전문성을 보장하고 상담 인력 훈련을 위한 기관의 역할을 다해야 한다. 둘째, 각 분야의 전문성을 가진 상담 인력을 확충하여, 대학생의 다양한 요구를 만족시키고 전문적이고 효율적인 서비스를 제공해야 한다. 대학상담센터를 방문하는 내담자의 수가 증가하

서비스의 대상
- 참여 학생 상담
- 외국인 학생 및 교수 지원프로그램
- 성 소수자 상담 프로그램

서비스의 방법
- 성폭력 예방 및 대처 프로그램
- 학습기술 상담 프로그램 개발
- 진로발달 프로그램

서비스의 목적
- 교정 및 치유
- 예방
- 연구 및 교육

그림 12-2 한국형 대학상담센터 3차원 모델

고 호소문제도 다양해짐에 따라 전문 인력의 확보는 더욱 중요한 문제가 되었다. 전문 인력을 확보할 때는 학회에서 인정하는 자격증 취득 유무, 학교 규모 및 내담자 수에 따른 적정 인원 수 확인, 상담 외 행정 인력 채용 등의 부분을 고려해야 한다. 셋째, 비밀보장과 상담 수요를 감안하여 상담센터 고유의 공간, 예를 들어 독립적인 개인상담실, 집단 상담실, 검사실, 행정실 등을 충분히 확보해야 한다. 넷째, 대학상담센터의 존재와 역할을 적극적으로 홍보하기 위한 전략이 필요하다. 대학 내에는 상담센터가 어디에 있으며 어떻게 이용할 수 있는지 모르는 학생들이 존재한다. 따라서 대학상담센터에서는 웹사이트 구축, 대학 홈페이지 및 홍보물을 통한 안내, 소책자 배포 등의 방법을 통해 홍보 및 교육에 힘써야 한다. 다섯째, 한국 실정에 맞는 대학상담센터 운영모델에 관한 논의를 발전시켜 나가기 위해서는 대학상담센터가 공식적으로 인정받는 협의체를 구성해야 한다.

CCC 모델과 3차원 모델을 기반으로 대학상담센터의 운영모델을 새롭게 제안하거나 발전 방안에 대한 시사점을 도출할 수 있다. 먼저, 대학상담센터는 서비스의 영역 및 기능을 확대하여 당면한 변화에 적극적으로 대처해야 한다. 즉 대학상담센터는 치료만을 위해 독립적으로 운영되는 것이 아니라, 대학생들이 겪고 있는 여러 어려움들을 예방하고 해결할 수 있는 다양한 프로그램을 제공해야 하며 이를 위해 대학 내 다른 기관들과 협력하여 운영되어야 한다. 또한 이처럼 통합적인 서비스를 제공함에 있어 내담자의 특성, 서비스의 목적과 효과 등을 포괄적으로 고려하여 대학상담센터에서 제공되는 서비스의 질을 유지·향상할 수 있도록 노력해야 한다. 마지막으로, 국내 대학교 실정에 맞는 한국형 대학상담센터 운영모델을 만들기 위한 노력이 필요하다. 이러한 노력에는 심리건강 관련 전공자의 적극적인 참여, 관련 인력 및 공간 확보, 한국형 대학상담센터 운영모델 논의를 위한 공식적인 협의체 구축 등이 요구된다. 이러한 시사점들을 바탕으로 아래에서는 대학상담센터의 협의체인 전국대학교학생상담센터협의회와 국내외 상담센터의 사례를 살펴보고자 한다.

2) 전국대학교학생상담센터협의회

전국대학교학생상담센터협의회(이하 전상협)는 대학상담센터에서 근무하는 센터(소)장 및 상담자들의 모임으로, 현재 약 250개의 대학교가 가입되어 있다. 전상협은 1977년 결성되었으며 회원 대학의 상담센터에서 학생들의 대학 생활 적응과 정신건강 증진 및 진로탐색을 도울 수 있는 프로그램을 개발·보급하고 기관 및 개인회원 간의 정보교류를 촉진할 목적으로 운영되고 있다. 전상협은 대학상담센터의 역할과 중요성을 여러 사회기관들에 인식시키는 데에도 기여하고 있다.

전상협은 정기적인 대내적 사업으로 하계 연차대회, 동계 학술대회를 개최하며 대학상담과 관련된 학술지를 발간한다. 하계 연차대회에서는 강연, 연구 및 조사 발표, 각 대학상담센터 프로그램 발표를 통해 대학 내 상담센터의 발전적 방향을 모색하는 활동을 진행한다. 또한 대학상담센터에서 근무하는 상담자들의 전문성을 향상시키기 위해 강연과 세미나, 심층적인 상담전문기술 워크숍을 제공한다. 동계 학술대회에서는 최근 대학상담센터에서 이슈가 되는 주제와 관련된 다양한 특강과 대학생들의 심리적 성숙을 증진할 수 있는 실질적인 프로그램을 제공한다.

그림 12-3 전상협 홈페이지(http://www.ccus.kr)의 초기 화면

이 밖에도 전상협은 대학상담센터의 기능과 역할, 상담의 윤리적 문제 등과 관련하여 상시적으로 자문을 해준다. 또한 대학상담센터를 새로 설립하거나 확충하는 과정에서 상담센터의 기능이 효과적으로 발휘될 수 있도록 도움을 주기도 한다(전상협, 2020).

3) 대학상담센터 운영 사례

현재 한국의 대학상담센터에는 모든 센터에 적용할 수 있는 표준 운영모델이 존재하지 않는다. 따라서 미국과 우리나라의 대표적인 대학상담센터를 비교함으로써 우리나라의 대학상담센터 운영 실정을 효과적으로 보여주고자 한다.

(1) 국내 대학상담센터 현황

국내 102개 대학(일반대학교 68개교, 전문대학교 34개교)을 대상으로 조사한 전상협(2020)에 따르면 대학상담센터의 기구편제/소속은 대학 본부처 산하가 53.9%(전문대학 61.8%, 거점국립대학교 57.1%, 사립대학교 52.8%)로 가장 많았다. 거점국립대학교 및 사립대학교의 상담센터는 대부분 1989년 이후에 설립되어 30년 이상 지난 반면, 전문대학교의 상담센터는 대체로 2000년 이후에 설립되었다.

다음으로 전상협(2020)에서 조사한 대학상담센터 대표 직원의 인력 구성을 살펴보자. 먼저 센터(소)장의 전공 여부를 보면, 전문대학교는 전공자가 아닌 경우가 79.4%이고 일반대학교는 관련 전공인 경우가 73.6%로 나타났다. 이를 통해 대학 유형에 따라 센터(소)장 전공에 차이가 있음을 확인할 수 있다. 전임 상담자의 수를 보면, 0명이 37.3%

로 가장 높은 비율을 차지했으며 1명이 22.5%를 차지했다. 전임 상담자 외의 인력 구성으로는 상담자, 행정직원, 전임 조교, 유급 파트타임 직원, 무급 파트타임 직원 등이 있었다.

이러한 결과를 미국 대학상담센터의 인력 구성과 비교해보면 차이가 나타난다. 미국의 663개 대학(4년제 공립대학 180개교, 4년제 사립대학 483개교)을 대상으로 조사한 최윤미(2012)에 따르면 미국의 경우 상담센터장의 80%는 박사학위가 있다고 보고했다. 전공을 살펴보면 우리나라의 박사학위 소지 상담심리사 1급에 해당하는 'Counseling Psychologist'가 44%, 우리나라의 박사학위 소지 임상심리사 1급에 해당하는 'Clinical Psychologist'가 29%, 석사학위 이상의 상담 자격증을 가진 전문상담자에 해당하는 'Professional Counselor'가 11%였다. 이는 센터(소)장의 19.3%가 상담이나 학생 복지와 관련이 없는 비전공자인 한국의 상황과 비교가 된다.

이처럼 비전공 교수들이 보직으로 센터(소)장을 하고 있을 경우 심리상담 서비스 외의 업무가 많이 요구되고 정체성 문제가 생길 수 있다. 따라서 대학상담센터의 전문적인 영역을 보장하기 위해 상담 전공의 센터(소)장 임명, 상담 인력 확충, 상담자 교육 등이 이루어질 필요가 있다.

(2) 국내 대학상담센터 사례

이 책에서 국내의 모든 대학상담센터의 운영 사례를 다룰 수는 없기 때문에, 몇몇 대학의 대학상담센터를 대상으로 인적 자원, 물리적 환경, 주요 업무 등을 구체적으로 살펴보고자 한다.

① 서울대학교 대학생활문화원

서울대학교 상담센터의 기관명은 대학생활문화원이다. 대학생활 문화원은 2020년 7월 기준 심리상담부, 위기상담부, 역량개발부, 조사 연구부, 행정실의 다섯 개 부서로 조직되어 있다(그림 12-4 참조). 인력 은 원장 1명(심리상담부장 겸무), 위기상담부장 1명, 역량개발부장 1명, 조사연구부장 1명, 행정직 직원 3명(선임 주무관 1명, 자체 직원 2명), 상 담전문위원 1명을 포함한 조교 6명, 자체 직원 14명(심리상담부 4명, 위 기상담부 5명, 역량개발부 5명), 특별 상담사 5명, 특별 연구원 3명 등 총 35명으로 구성되어 있다. 인력의 직급은 교수(겸임) 4명, 법인직원 1명 이며, 상담자 지도·감독이 가능한 자격을 가진 직원이 7명, 학회 2급 자격을 가진 직원이 7명으로 상담 전문자격을 가진 인력은 총 14명이 다. 대학생활문화원은 제한된 인적 자원으로 효율적인 운영을 하고 있

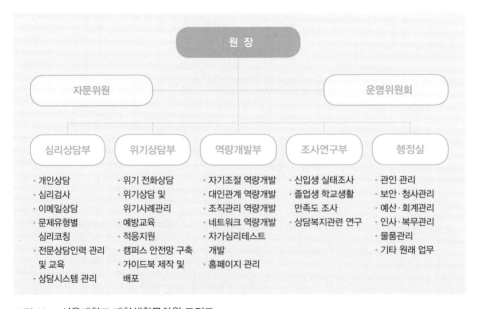

그림 12-4 서울대학교 대학생활문화원 조직도

으나, 사업의 다양화 및 상담 수요 증가에 따라 전문 인력이 지속적으로 보강·유지되어야 한다. 특히 인재양성 사업으로 인해 한시적으로 증가한 계약직 인원의 경우 외국인 상담, 북한이탈주민 상담 등의 사업이 지속적으로 운영될 수 있도록 고용 안정을 지원할 필요가 있다.

원장을 위원장으로 하는 운영위원회는 당연직인 교무부처장과 학생부처장을 포함하여 총 11~12명으로 구성되어 있다. 운영위원회는 2012년부터 연 1회 개최하고 있으며, 여기에서는 연간 사업 계획 및 예산을 심의하고 기타 현안에 대한 논의와 의결을 진행한다. 원활한 사업 수행을 위한 운영 규정 및 사업부서별 업무 매뉴얼이 갖추어져 있으며, 상담 업무와 관련된 구체적인 업무 지침 및 가이드 또한 체계적으로 활용되고 있다.

대학생활문화원은 학생회관(63동) 5층에 위치하고 있으며, 총

그림 12-5 서울대학교 대학생활문화원 홈페이지(https://snucounsel.snu.ac.kr)의 초기 화면

$703m^2$의 공간을 확보하고 29개의 호실로 이루어져 있다. 공간을 효과적으로 활용하고 상담실의 환경을 개선하기 위해 상담실 소파 세탁, 카펫 청소, 블라인드 커튼 설치, 외부계단 및 벽면 부착용 간판 제작 등의 노력을 하였다. 특히 2014년 정기 국정감사에서 홈페이지 및 상담관리 시스템상의 개인정보보호가 취약하다는 점이 지적되어 보안성 강화 사업을 진행하였다.

대학생활문화원의 인력 구성을 보면, 풀타임 근무자는 법인 직원 1명 외에 실무자 중 상담자 지도·감독이 가능한 전문상담사(한국상담학회), 심리상담사(한국상담심리학회), 정신보건임상심리사, 사회복지사 등의 1급 자격을 가진 직원, 관련 협회 및 기관의 2급 자격을 가진 직원도 상주하고 있다. 2020년 7월 기준으로 상담 관련 전문자격을 가진 인력은 11명에 이른다. 현재 대학생활문화원에서는 직원의 전문성을 제고하기 위해 사례 협의회, 워크숍, 개인상담 등 다양한 프로그램을 마련하여 시행하고 있으며, 스누콜 전화상담사 역량 강화교육을 실시하고 외부 상담전문가를 초청하여 상담기법 및 사례운영과 관련된 공개사례 발표회(그랜드 콘퍼런스) 등을 개최하고 있다.

② 서강대학교 학생생활상담연구소

서강대학교 상담센터의 기관명은 학생생활상담연구소이다. 인력은 상담 소장 1명, 상담 교수 4명, 전임 상담사 1명, 시간제 상담사 7명, 행정직원 1명, 위기상담 연구원 2명, 인턴직원 7명, 레지던트 2명 등 총 24명의 직원으로 구성되어 있다(그림 12-6 참조).

학생생활상담연구소는 개인상담, 심리검사, 집단상담, 각종 프로그램 및 특강 등의 프로그램을 운영하고 있다. 개인상담은 접수 면접과

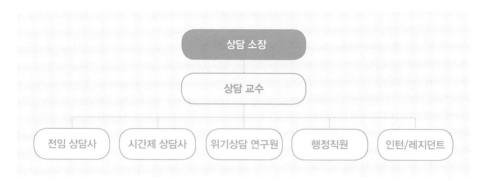

그림 12-6 서강대학교 학생생활상담연구소 조직도

심리검사를 거쳐 진행되며, 심리검사와 해석상담 역시 같은 과정으로 운영되고 있다. 개인상담에서 주로 다루는 주제는 성격, 대인관계, 정서, 스트레스, 충동 조절, 학업 등이다. 위기상담은 내담자가 자살 충동이나 공격 충동과 같은 위기상황에 놓인 경우 신청서 작성과 같은 별도의 절차 없이 당일에 받을 수 있도록 운영되고 있다. 홈페이지에는 생명의 전화, 자살예방센터 등의 연락처와 홈페이지를 함께 소개해놓음으로써 추가적인 도움을 받을 수 있게 하였다. 심리검사의 종류로는 진로·적성과 관련하여 U&I 진로탐색검사, 홀랜드 적성탐색검사 등이, 성격·대인관계·심리적 어려움과 관련하여 다면적 인성검사(MMPI-2) 및 문장완성검사(SCT), 성격유형검사(MBTI), 기질 및 성격검사(TCI) 등이 마련되어 있으며, 그 외에도 상담자와 1:1로 할 수 있는 지능검사(K-WAIS-IV), 로르샤흐검사 등도 제공한다. 집단상담은 학기마다 다르게 개설되며 진로탐색, 발표불안 감소, 대인관계, 정서조절, 사이코드라마 등의 프로그램이 운영되고 있다.

기관의 인력 구성을 보면 상담 전공 교수가 소장을 맡고 있고, 상담심리사 1급 자격증을 소지하고 있으면서 박사 이상의 학력을 가진 인력을 별도의 상담 교수로 채용하고 있다. 학회 수련 감독자 수준의 인력인 상담 전문 인력은 전임 상담사와 시간제 상담사로 구성되어 있다.

한편, 서강대학교 학생생활상담연구소의 특징은 기관에 수련 과정을 마련해두었다는 것이다. 인턴 및 레지던트 과정을 기수제로 채용하여 수련 과정을 제공하고 있는데, 2020년 기준으로 인턴은 26기, 레지던트는 25기이므로 교육 및 수련 기관으로서 비교적 긴 역사를 이어오고 있다고 할 수 있다. 인턴 수련 과정은 1년 기준이며 수련 내용은 홈페이지에서 확인할 수 있다. 레지던트는 1년 차와 2년 차로 구별하며 인턴 수련생보다 심화된 내용의 수련을 받는다. 이 외에도 대학원 실습생을 별도로 두고 있다.

그림 12-7 서강대학교 학생생활상담연구소 홈페이지(https://sgcounsel.sogang.ac.kr)의 초기 화면

③ 이화여자대학교 학생상담센터

이화여자대학교 상담센터의 기관명은 학생상담센터이다. 인력은 전임 소장 1명, 상담 교수 6명, 연구원 4명, 행정직원 1명, 전임 상담사 9명, 학회 수련 감독자 수준의 자격증을 소지한 초빙 상담사 7명, 다우리 슈퍼바이저 2명(전임 상담사 겸임 1명), 다우리 조교 1명, 안내실 조교 3명 등 총 34명으로 구성되어 있다. 조직 구성은 위기상담부, 교육수련부, 적응지원부, 기숙사위기지원을 포함하여 4개 부서로 운영되고 있다(그림 12-8 참조).

학생상담센터는 개인상담을 주 업무로 하고 있으나, 집단상담이나 심리검사 등 여러 프로그램을 병행하고 있다. 특히 신·편입생 워크숍, 심리교육 등의 단기 교육 프로그램에도 무게를 두고 운영하는 점이 특징적이다. 개인상담은 온라인으로만 신청할 수 있으며, 12회기를 기준으로 운영된다. 개인상담의 주제는 대체로 자기이해, 대인관계, 미래설계, 적응 등으로 이루어져 있다. 집단상담은 미루기 습관 교정, 대인관계 향상, 발표불안 감소, 자존감 향상, 폭식습관 개선, 진로결정능력 향상 등 다양한 주제로 개설되어 있다. 섭식장애를 가진 학생들을 위한

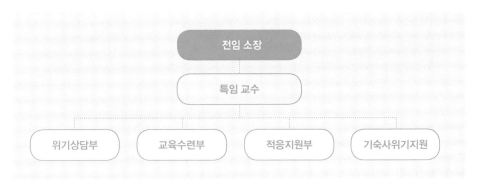

그림 12-8 이화여자대학교 학생상담센터 조직도

폭식습관 집단상담이 주기적으로 개설된다는 점이 다른 학교와 차별화되는 부분이다. 심리검사는 진로·적성과 관련하여 홀랜드 적성탐색검사와 노동부 성인용 직업적성검사 등을, 성격과 관련하여 다면적 인성검사(MMPI)와 성격유형검사(MBTI) 등을 구비하고 있으며, 대인관계검사도 실시하고 있다. 신·편입생 워크숍은 매년 3월에 개설되는 대학생활적응을 위한 프로그램이다. 이화 심리교육(Ewha Psycho-education: E.P)은 심리학 지식을 전달하여 대학생의 적응과 성장을 도모하는 목적으로 개설되며, 주제별로 1~2시간 정도 교육이 진행된다.

또한 특정 학생을 대상으로 한 프로그램도 마련되어 있다. 법학전문대학원생 심리건강 프로그램은 법학전문대학원생의 정신건강을 도모하기 위해 집단 심리검사 및 해석상담, 개인 심리상담, 정신건강 특

그림 12-9 이화여자대학교 학생상담센터 홈페이지(http://my.ewha.ac.kr/escc)의 초기 화면

강 등을 진행하는 프로그램이다. 학사경고생 학업 지원은 이전 학기 학사경고를 받은 학생을 관리하고 돕기 위한 프로그램으로 방학 중에 개설되며 학습력 향상 워크숍, 학사 경고생 특별관리 및 개인상담 프로그램, 전화 및 이메일 상담으로 진행된다. 이 외에도 멘토링 프로그램(이화 다우리), 위기 학생 관리 프로그램(이화 마인드키퍼), 자가진단 프로그램(E-care) 등 다양한 프로그램이 운영되고 있다.

기관의 인력 구성은 상담전문가가 소장을 맡고 있고, 학회 수련 감독자 수준의 자격을 소지한 전임 상담사와 초빙 상담사가 근무하고 있다. 또한 영어권 상담사와 중어권 상담사가 존재한다는 점과 상담사 및 연구원도 학회 2급 자격증을 소지하고 있다는 점이 특징이다. 이화여자대학교의 학생상담센터에서도 상담수련 과정을 제공하지만, 수련생이 아닌 상담 관련 자격증 소지자를 대상으로 한다. 수련 과정은 인턴을 위한 중급 교육과정, 레지던트를 위한 고급 교육과정, 박사과정생 인턴 과정을 나누어 매년 대상을 선발한다. 각 과정은 1년 동안 진행되며 2020년 기준으로 9명의 수련생이 있다.

(3) 해외 대학상담센터 사례

미국의 대학상담센터도 한국과 마찬가지로 개인상담의 경우 전화, 홈페이지, 센터 직접 방문 등의 방법으로 신청할 수 있다. 신청과 동시에 센터는 접수 면접 일시를 확정하고, 상담자 배정에 필요한 정보를 얻기 위해 간단한 면담을 실시한다. 이 내용을 바탕으로 사례회의를 진행한 후 적절한 상담자를 배정하여 개인상담을 실시한다. 기관마다 약간의 차이는 있지만, 신청에서 접수 면접까지의 초기 과정에서 전화 면담이나 질문지를 통해 자살 등 위기 여부를 판단하여 사례관리 및 상담 진행에 참고한다. 미국 대학상담센터에서는 전화상담 및 면담을 통하여 학생들의 정신건강 상태를 스크린한 후 상담기관으로 의뢰할 것인지, 외부 상담기관에 연계할 것인지를 정하는 스크린 절차가 추가적으로 운영된다. 집단상담의 경우 마음챙김 명상, 흑인 여성, 약물중독, 양극성 성격장애 등 폭넓은 주제를 다루고 있으며, 특정 대상을 위한 차별화된 프로그램을 실시하고 있다.

① 미시간주립대학교 상담센터

미시간주립대학교 상담센터의 기관명은 'Counseling and Psychiatric Services(CAPS)'이다. 2020년 기준 총 46명의 직원이 근무하고 있는데, 이 중 Director가 2명, Counseling Staff가 25명, Intensive

그림 12-10 미시간주립대학교 CAPS 홈페이지(https://caps.msu.edu)의 초기 화면

Clinical Services Unit Staff가 5명, Psychiatric Staff가 8명으로, 상담 분야, 임상 분야, 정신의학 분야의 전문가로 구성되어 있음을 알 수 있다. 또한 한국의 대학상담센터에 비해 행정직원 및 인턴직원의 수가 많고 교육전담직원을 별도로 채용하고 있다.

CAPS에서는 상담 서비스, 정신건강과 웰니스(wellness)를 위한 캠퍼스 내 봉사 활동, 위기 스크리닝, 위기상담 치료 등을 제공한다. 상담 서비스는 크게 개인상담, 집단상담, 커플상담으로 나뉜다. 캠퍼스 내 봉사활동에는 정신과 치료에 대한 낙인을 줄이기 위한 캠페인인 LETS(Let's Erase The Stigma), 또래상담 프로그램인 RSOs(Registered Student Organizations) 등이 있다. 위기 스크리닝 서비스는 상담 배정 및 약물 처방을 위해 이용할 수 있다. 위기상담 치료에서는 심각하고 지속적인 정신건강 문제가 있거나, 만성적 자살·타살·자해 위험요인을 지니거나, 학업 및 관계 기능을 중대하게 손상시키는 복합적 진단명을 받은 학생 등을 대상으로 8~16주간 단기 집중 중재를 제공한다.

② 오하이오주립대학교 상담센터

오하이오주립대학교 상담센터의 기관명은 'Counseling and Consultation Service(CCS)'이다. 인력 구성은 2020년 기준 Senior Staff가 40명, Administrative Staff가 11명, Part-Time Staff가 1명과 개 1마리 등으로, 심리학, 정신의학, 임상치료 등 영역별 전문가로 이루어져 있다.

CCS에서는 개인상담과 집단상담을 포함한 다양한 상담 서비스를 제공한다. 먼저 개인상담의 경우 1년당 10회기까지 무료상담 서비스를 제공하며 평균 5~7회기 내에 문제를 해결하는 것을 목표로 한다. 만약 추가 회기가 진행되면 학교의 학생보험에서 비용을 공동지원하고 학생은 약 15달러의 추가 비용을 지불한다. 이처럼 국내 대학상담센터와 달리, 미국 대학에서는 상담에 대한 보험처리가 가능하다. 또한 매우 다양한 주제의 집단상담 프로그램이 운영된다. 예를 들어 성공전략, 스트레스 관리, 시험불안, 대인관계, 문화적 다양성, 우울, 유색인종 여성, 섭식장애, 대학원생, 내면 강화훈련, 유학생, 신체적·성적 학대, 약물 남용, 동성애, ADHD, 기억장애, 스트레스와 불안에 대한 마음 챙김, 박사과정생을 위한 치료, 제대군인, 25세 이상 여성 등이 있다. 또한 진로 계획 설계 워크숍, 시험 및 발표에서의 성과향상 워크숍, 불안 워크숍, 기분관리 워크숍 등도 운영한다. 이 외에도 위기지원, 정신의학 진단 및 치료, 심리검사 등을 제공하고 있다.

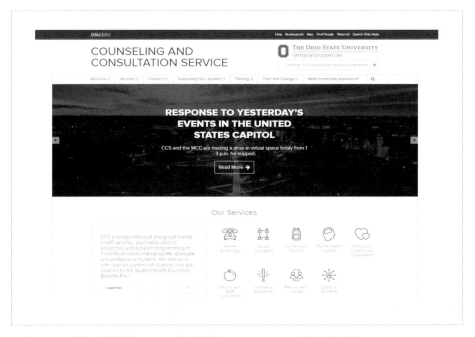

그림 12-11 오하이오주립대학교 CCS 홈페이지(https://ccs.osu.edu)의 초기 화면

3. 대학상담센터의 운영모델 탐색

대학상담센터의 운영모델을 탐색하기 위한 전상협의 공식 연구 작업을 수행한 김동일(2018)은 대학상담센터 운영모델의 기본 요소를 도출하고, 이를 기반으로 설문지를 구성하여 전국 35개 대학상담센터(일반대학교 29개교, 전문대학 6개교)에서 근무하고 있는 현장 전문가를 대상으로 대학상담센터 현황을 확인하였다. 그 후 결과와 문헌 분석을 토대로 다시 설문지를 구성하였고 연구자와 전문가들이 감수하였다.

이렇게 완성된 최종 설문지의 문항은 크게 대학상담센터 현황과 운영모델의 제안이라는 두 부분으로 나뉘어 있으며, 각각에 대해 대학상담센터의 역할과 기능, 지원 환경, 인적 자원의 세 가지 영역으로 답변하도록 하였다. 설문은 위에서 언급한 35개 대학상담센터의 현장 전문가들에게 답변을 받았고, 이 중 팀장급 이상 관리자 및 박사 수료 이상의 대학상담 전문가 3명을 심층면접하였다. 여기에서는 이러한 답변

그림 12-12 대학상담센터 운영모델의 영역

을 토대로 대학상담센터 운영의 실제 현황을 살펴보고, 대학상담센터 운영모델 개발의 시사점을 도출해보고자 한다.

1) 역할과 기능

대학상담센터의 기구편제는 대학본부의 '처' 산하가 19개교(54.3%)로 대부분을 차지했으며 대학본부의 '센터' 산하가 9개교(25.7%)로 뒤를 이었다. 반면에 총장 직속기관은 5개교(14.3%)에 그쳐, 아직 많은 대학상담센터가 기관의 독립성을 인정받지 못하고 있음을 알 수 있다.

이와 같은 설문조사 결과와 함께 전문가 심층면접 의견을 종합하면, 대학상담센터의 역할 및 기능과 관련하여 다음과 같은 시사점을 도출할 수 있다. 첫째, 사업비의 일률적인 증대보다 사업을 수행할 수 있는 인력 확보가 우선적으로 요구된다. 둘째, 현재는 대학상담센터가 독립성을 지니지 못하지만 추후 총장 직속 혹은 센터(처) 부속기관 등으로 조직 구조가 개편되어 독립성이 보장되어야 한다. 셋째, 대학마다 구성원의 특성과 요구가 다르므로 대학 특수성을 고려한 개별화된 역할과 기능이 준비 및 실시되어야 한다. 넷째, 기존 대학상담센터가 담당하고 있는 상담 영역 외에 학생과 교직원을 대상으로 하는 교육 및 문화 사업 등으로 역할과 기능을 확장할 필요가 있다.

2) 지원 환경

지원 환경과 관련하여 우선 독립적인 공간 확보 여부에 대해 31개교(88.6%)가 '예'라고 답변했으며 4개교(11.4%)만이 '아니요'라고 답변했다. 이를 통해 대다수의 대학상담센터가 독립적인 공간에서 운영되고 있음을 확인할 수 있었다. 사업비의 경우 교비는 5,000만 원~1억 원 미만이 11개교(31.4%)로 가장 많았으며, 1,000만 원~2,000만 원 미만이 8개교(22.9%), 3,000만 원~5,000만 원 미만이 6개교(17.1%) 순으로 나타났다. 국비는 1,000만 원 미만인 학교가 16개교(45.7%)로 대부분을 차지했으며, 3,000만 원~5,000만 원 미만이 5개교(14.3%), 5,000만 원~1억 원 미만이 4개교(11.4%)로 나타났다. 이는 대학 자체 교비는 비교적 충분히 확보하고 있으나 정부 지원은 아직 미흡함을 보여준다.

이러한 설문조사 결과와 심층면접 결과를 고려할 때 다음의 시사점이 제시된다. 첫째, 대학상담센터는 비밀보장과 원활한 상담 진행을 위해 독립적인 공간이 반드시 확보되어야 한다. 둘째, 공간의 구성은 최소 4개~최대 7개로 구성할 수 있다. 셋째, 매체상담실이나 상담자 교육실과 같이 대학상담센터의 기능 및 영역을 확대할 수 있는 추가적인 공간을 확보할 필요가 있다. 그러므로 이러한 필요조건을 충족하고 대학상담센터의 행정 실무 역량을 강화하기 위한 충분한 정부 지원이 요구된다.

3] 인적 자원

인적 자원과 관련하여 센터(소)장의 전공과 직위는 전공 보직교수가 16개교(45.7%)로 가장 많았고, 비전공 보직교수도 12개교(34.3%)를 차지했다. 센터 직원 수는 1명~7명 이상으로 다양하게 나타났다. 직원 중 정규직은 0명이 18개교(51.4%), 1명이 12개교(34.3%), 2명이 4개교

(11.4%)였고, 계약직은 1명이 12개교(34.3%), 2명이 9개교(25.7%), 3명이 4개교(11.4%)로 나타나 대체로 계약직 직원인 경우가 많았다. 상담자의 평균 연봉은 정규직의 경우 5,000만 원~6,000만 원 미만이 8개교(22.9%)로 가장 높은 비율을 보였다. 그러나 계약직의 경우 2,000만 원~3,000만 원 미만이 18개교(51.4%)로 대부분을 차지하여, 정규직과 계약직의 연봉에 차이가 있음을 보여주었다. 자격증 소지자 수는 2명이 10개교(28.6%), 3명이 8개교(22.9%), 4명이 5개교(14.3%)였지만, 그에 비해 1급 이상의 수련 감독자급 자격증 소지자는 1명인 경우가 14개교(40.0%)였으며 전혀 없는 경우도 13개교(37.1%)였다. 월간 교육 횟수는 전혀 실시하지 않는다는 응답이 14개교(40.0%)로 가장 높은 비율을 보였으며, 월 1회가 13개교(37.1%), 월 2~3회가 4개교(11.4%)의 순으로 나타났다.

이러한 설문조사 결과에서 다음과 같은 시사점을 찾을 수 있다. 첫째, 센터(소)장의 전공과 직위가 비전공 보직교수인 경우가 많고 현재는 전공 교수가 맡고 있다 하더라도 보직 이동으로 변동될 수 있으므로 이를 보완할 수 있는 안정적인 관리자급 직위가 필요하다. 둘째, 상담 직원이 계약직인 경우가 많기 때문에 고용을 안정화하고 처우를 개선하며 정규직과 계약직의 임금 격차를 완화할 필요가 있다. 셋째, 1급 이상 수련 감독자급 자격증 소지자와 같이 상담자를 교육하고 지도할 수 있는 인력을 충원하고 상담자의 전문성을 향상시킬 수 있는 방안을 마련하는 것이 시급하다.

심층면접에서도 설문조사 결과와 마찬가지로 관리자급 인력이 필요하다는 의견이 있었다. 대학상담 전문가들은 대학상담센터를 안정적으로 총괄하고, 위기상담에서 전문적인 대응을 하며, 상담사 교육을 담당하고, 대학 내 타 기관과 동등한 지위를 갖기 위해 관리자급 인력이 필수적이라고 보았다. 또한 상담사 고용 안정화, 즉 정규직 전환과 관련하여 2017년 모 대학교의 사례를 들며 전체 직원을 정규직화하여 대학 내 다른 부서와 형평성을 맞추는 것이 필요하다거나 상담사의 전문성을 반영하여 적절한 수준의 처우 및 보수를 제공해야 한다는 의견도 있었다.

4. 대학상담센터의 운영모델 제안

앞서 대학상담센터 운영모델을 탐색한 내용에 따라 운영모델의 기본 방향과 세부 내용을 제안하고자 한다(김동일, 2018). 대학상담센터 운영모델의 기본 방향은 첫째, 대학의 특성이나 규모, 상황에 맞는 운영모델을 통해 학생의 정신건강과 학교 적응을 돕고 심리적 강인성을 증진시킬 수 있는 기관으로서의 역할을 담당한다. 둘째, 대학 내 학생 인성 및 지원 인력 면에서 가장 많은 전문가(관련 학위, 자격증)를 보유한 전문기관으로서 적합한 역할을 담당한다. 셋째, 가장 오래되고 안정적인 학내 기관으로 자리매김한다. 넷째, 역할과 기능, 지원 환경, 인적 자원의 세 가지 영역에서 대학상담센터가 추구해야 할 방향성을 제시한다. 다섯째, 다음과 같은 비전을 실현하기 위해 노력한다.

- 상담을 포함하여 학생 적응을 위한 다양한 서비스를 제공하고, 학생의 복지 및 권리를 보장하고 개선하여 학교 구성원의 복리를 증

진한다.

- 다양성/다문화상담, 위기상담, 대학문화 및 시스템 개선을 선도한다.
- 윤리 및 복지의 허브로서의 기능을 담당한다.
- 상담 인력을 교육하고 훈련하는 기능을 강화한다.
- 대학 내 지원기관(경력개발센터, 인권센터, 공헌센터 등)과의 네트워크를 활성화한다.

이러한 기본 방향을 바탕으로 이제 대학상담센터 운영모델의 세부 내용을 소개할 것이다.

1) 대학상담센터 운영모델의 개관

대학상담센터 운영모델 탐색을 위한 설문조사에 참여했던 35개 대학교 중 일부는 학생 수 1,000명 이하의 소규모 대학이었다. 따라서 대학상담센터 운영모델은 소규모 대학과 중규모 이상의 대학 모두를 고려해야 한다.

여기에서는 대학상담센터 운영모델을 소규모 대학에서도 갖추어야 할 최소한의 기능을 하는 기본형 운영모델과 이보다 확대된 기능까지 수행할 수 있는 표준형 운영모델로 구분하여 제시한다(그림 12-13 참조). 그리고 이 두 가지 유형을 앞서 언급한 대학상담센터 운영모델의 세 영역인 역할과 기능, 지원 환경, 인적 자원으로 구분하여 구체적으로 설명한다(그림 12-14 참조).

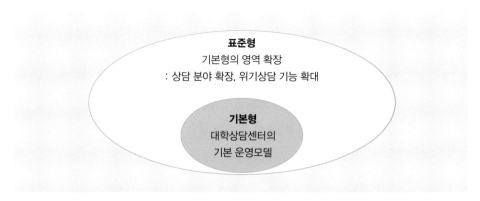

그림 12-13 대학상담센터 운영모델의 구성

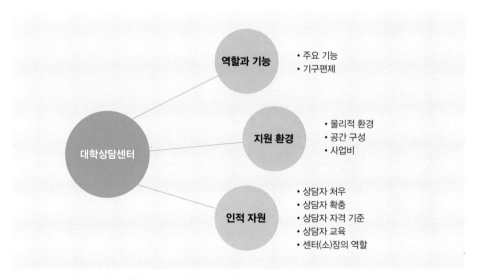

그림 12-14 대학상담센터 운영모델 영역별 세부 내용

2) 기본형

기본형은 학생 수 1,000명 이하의 소규모 대학에 적합하며, 대학
상담센터의 영역별 최소 조건을 제시하는 운영모델이다.

(1) 역할과 기능

기본형의 주요 기능에는 개인상담, 심리검사, 집단상담이 포함되며 모두 내담자들을 대상으로 하는 심리정서 건강지원 서비스라는 특징이 있다. 개인상담은 대학생 및 대학원생을 대상으로 주 호소문제에 대해 상담사와 1:1로 상담을 진행하는 것으로, 주 1회 50분을 원칙으로 한다. 개인상담의 절차는 일단 내담자가 상담실에 방문하여 데스크에서 상담을 신청하고 심리검사를 한다. 이어서 내담자와 접수 면접을 진행하며 그 결과보고서를 바탕으로 사례 배정 회의에서 담당 상담자를 배정한다. 상담자 배정이 완료되면 정해진 일시에 개인상담을 진행한다(그림 12-15 참조).

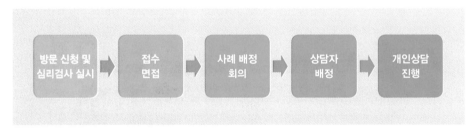

그림 12-15 대학상담센터의 개인상담 진행 절차

심리검사는 대학생 및 대학원생을 대상으로 개인에게 필요한 심리검사를 실시하는 것으로, 검사별로 소요 시간이 상이하다. 내담자 요구에 따라 유료검사를 실시하거나 해석상담을 추가로 진행할 수 있다. 심리검사의 절차는 내담자가 상담실을 방문하여 원하는 검사를 예약하면 상담센터 내 심리검사실에서 검사를 실시한 후 검사 결과를 제공한다. 이때 내담자가 결과에 대한 해석상담을 요청할 경우 상담자를 배정하고 약속된 시간에 해석상담을 진행한다(그림 12-16 참조).

그림 12-16 대학상담센터의 심리검사 진행 절차

　　집단상담은 상담자와 여러 명의 내담자가 함께 상담을 진행하는 것
으로, 학기 중에는 일반적으로 주 1회 2시간, 총 4~10회기 정도가 적절
하며 방학 중에는 별도로 시간을 제시할 수 있다. 집단상담의 경우 교
내 학생들에게 이메일이나 포스터 등으로 프로그램을 홍보하는 것부터
시작한다. 홍보가 어느 정도 이루어졌다면 공유문서나 이메일로 학생들
의 신청을 받고, 이 신청서를 바탕으로 집단을 배정한다. 각 집단의 상
담을 이끌 상담자를 배정한 뒤 집단상담을 실시한다(그림 12-17 참조).

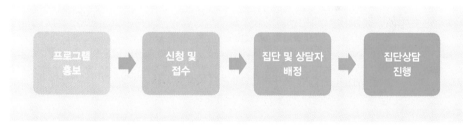

그림 12-17 대학상담센터의 집단상담 진행 절차

　　또한 기구편제의 측면을 보면 표준형은 물론이고 기본형에서도
대학상담센터는 총장 직속 혹은 부속기관으로 운영되는 것이 바람직
하다. 그래야 예산 편성 및 운영의 용이성과 독립성을 보장할 수 있기
때문이다.

(2) 지원 환경

대학상담센터는 상담 서비스를 원활하게 제공할 수 있도록 물리적 환경 및 공간을 구성해야 한다. 센터는 내담자의 비밀을 보장하기 위해 타 부서, 타 기관과 분리된 독립적인 장소에 위치해야 하며, 총면적 200m² 이상의 공간을 확보해야 한다. 센터 내 필수 공간으로는 사무실, 상담 대기실, 개인상담실, 집단상담 및 심리검사실, 위생시설 등이 있다(표 12-2 참조).

표 12-2 대학상담센터의 지원 환경

공간	고려 요인
사무실	• 설치 개수: 1개 이상 • 상담자가 행정 업무 등을 처리하는 공간
상담대기실	• 설치 개수: 1개 이상 • 내담자가 상담센터에 도착한 후 상담 시간 전까지 대기하는 공간으로, 기다리며 읽을 수 있는 도서 등을 배치
개인상담실	• 설치 개수: 2개 이상(상담자 수보다 적어서는 안 됨) • 내담자의 비밀보장을 위해 사무실, 상담 대기실과는 독립적인 공간에 위치해야 하며, 소음 방지 설비가 필요함
집단상담실 및 심리검사실	• 설치 개수: 1개 이상(공동사용 가능) • 가급적 독립된 공간에 위치하는 것이 좋으며, 소음 방지가 설비 필요함
위생시설	• 근무자 및 이용자 수에 맞추어 화장실, 세면실, 탕비실 등을 배치

한편, 대학상담센터의 사업비는 다양한 사업들이 원활하게 진행될 수 있도록 학생 수에 맞게 충분히 지원되어야 하며, 센터의 상담자들은 해당 사업비를 예산에 맞게 적절히 계획하고 집행해야 한다. 대학상담센터 관리자들의 심층면접 결과를 기반으로 1,000명 이하 소규모 대학의 기본형 운영모델의 평균 사업비(인건비 제외)는 약 7,000만 원 정도로 제안할 수 있다.

(3) 인적 자원

　인적 자원은 대학상담센터의 운영에 있어 핵심적인 영역이다. 인적 자원과 관련하여 상담 인력의 고용 불안정, 인력 부족으로 인한 업무 과다, 상담자 및 센터(소)장의 역량 등의 이슈가 있는데, 이는 내담자에게 제공되는 상담 서비스에 부정적인 영향을 미칠 수도 있으므로 중요하게 다루어져야 한다. 우선, 상담자 처우와 관련하여 상담자의 고용을 안정화하고 상담자의 전문성을 인정해야 한다. 또한 상담 교수 등 상담자를 교육하고 업무를 관리하는 데 필요한 안정적인 직급을 채용하고 유지해야 한다. 상담자의 임금체계가 교직원과 다르다면 이를 개선하고, 전문성이 확보된 인력에 대해 적절한 보수를 지급해야 한다. 이러한 상담자 인력의 처우 개선 외에, 양적 확충도 중요하게 고려되어야 한다. 상담자의 경우 학생 수에 상관없이 상담과 행정 업무를 수행할 수 있는 최소 2명 이상의 전임 상담사가 필요하다.

　또한 대학상담센터에서는 인턴 또는 실습 상담자 제도를 운영할 수 있다. 즉, 인턴 상담자 또는 실습 상담자들을 선발하여 다양한 교육 프로그램을 실시하면서 숙련된 전문가를 양성하는 수련기관의 역할을 할 수 있다. 센터에서는 상담자 1인당 월 1회 이상 개인상담 슈퍼비전(케이스 콘퍼런스 발표 포함)을 실시하고, 월 1회 이상 케이스 콘퍼런스를 개최하며, 연 2회 이상 상담 관련 강연을 실시하는 것이 좋다.

　대학상담센터에서의 센터(소)장은 센터의 총책임자로서 운영 전반을 관리하고 책임지는 것은 물론, 교내외 기관들과 협력 네트워크를 결성하고 이를 효과적으로 관리 및 유지할 수 있어야 한다. 대학상담센터 내에서 센터(소)장의 역할을 구체적으로 살펴보면, 상담자의 처우를 개선할 방안을 마련하여 이직을 낮추고, 적절한 운영 예산을 확보하며, 상담자에 대한 교육과 슈퍼비전을 실시해야 한다. 나아가 교내외 기관과 협조체계를 구축하고, 전문적인 상담 프로그램을 도입하며, 대학의 정신건강 정책을 개발하고, 자살 위기 발생 시 신속하게 대응해야 한다.

3) 표준형

표준형은 기본형의 확장형으로서 학생 수 1,000명 이상의 중규모 대학에 적합하며, 다양한 분야의 상담을 제공하고 위기상담의 기능을 강조한다. 아울러 표준형은 중앙정부의 대학 평가 기준을 충족하는 대학상담센터의 운영 체계를 구축하고, 학사경고자 상담 및 지원 등을 통해 대학생의 심리건강과 관련된 문화 시스템을 개선하는 주체로서의 기능을 수행할 수 있는 운영모델이다.

(1) 역할과 기능

표준형은 기본형에 비해 확장된 기능을 수행하는 운영모델이다. 대학상담센터가 사후 치료를 넘어 정신건강 예방에 초점을 두고, 위기상담의 중심 역할을 담당하며, 다양성/다문화상담 영역을 포괄하여 학내 구성원의 권리를 보장하는 기능을 하기 위해 제안된 모델인 것이다. 이처럼 대학상담센터의 역할과 기능을 확장하기 위해서는 크게 주제의 확장, 대상의 확장, 매체의 확장이 요구된다. 흔히 상담센터에서는 심리적·정서적 어려움만을 다룰 것이라고 생각하지만, 보다 예방적인 차원에서 심리건강 역량개발 프로그램이나 인성역량 증진 프로그램을 실시할 수 있으며 진로상담 영역까지 포괄할 수 있다. 또한 소수자, 외국인, 학사경고자 등 특정 구성원을 대상으로 하는 프로그램을 추가하거나 전체 구성원을 대상으로 하는 프로그램을 진행할 수 있다. 나아가 대면상담 외에도 인터넷, 전화, 카카오톡 등을 통한 매체상담을 진행할 수 있다. 이와 같은 표준형 대학상담센터 운영모델의 역할과 기능을 요약하면 다음과 같다.

- 성폭력 예방, 자살 예방, 또래상담, 멘토링 등
- 긴급전화 등 위기상담 기능 확대
- 심리건강 역량개발 프로그램
- 인성역량 증진 프로그램: 심리적 강인성과 탄력성 강화
- 진로상담
- 소수자, 외국인 상담 프로그램
- 학사 경고자 상담 프로그램 연계
- 전체 구성원을 대상으로 하는 프로그램
- 인터넷, 전화, 카카오톡 등 다양한 매체를 활용한 상담

(2) 지원 환경

표준형도 기본형과 마찬가지로 상담 인력 수에 맞는 개인상담실 개수를 확보하고, 사무실, 상담 대기실, 집단상담실 및 심리검사실, 매체상담실, 상담원 교육실, 행정실, 사업실 등을 각 1실 이상 보유해야 한다. 이를 위해서는 각 사무실의 독립성을 보장하고 기타 위생시설 등을 배치할 수 있는 면적을 확보해야 한다. 또한 학생 수 1,000명 이상 중규모 대학의 표준형 운영모델의 평균 사업비(인건비 제외)는 좀 더 세분화하여, 학생 수 1,000~5,000명 미만은 1억 원, 5,000~10,000명 미만은 1억 5천만 원, 10,000명 이상은 3억 원 정도로 제안할 수 있다.

(3) 인적 자원

대학상담센터는 그 유형과 무관하게 상담자의 고용 안정 및 역량개발을 위해 힘써야 한다. 계약직의 형태로 센터에 소속된 상담자는 고용 불안정을 경험할 수 있으며 이는 내담자와의 상담 진행 및 결과에 영향을 미칠 수 있다. 따라서 업무의 효율성을 높이고 안정적인 상담 서비스를 제공하기 위해서는 상담자를 정규직으로 전환시킬 필요가 있다. 또한 상담자 한 명이 최대 1,000명까지 담당할 수 있기 때문에 학생 수가 1,000명 증가하면 전임 상담사 1명이 증원되는 것이 바람직하다. 학생 수가 2,000명 정도의 대학교라면 최소 3명 이상의 상담자를 확보해야 한다. 뿐만 아니라 상담자가 역량개발을 통해 전문성을 향상시키고 질 좋은 상담 서비스를 제공할 수 있도록 이들의 슈퍼비전을 전담할 수 있는 관련 학회 1급 이상 자격의 상근 전문 상담 인력을 배치해야 한다.

센터(소)장의 경우 상담, 임상심리, 상담복지 등 상담 분야 전공 박사 이상, 각 학회 1급 이상의 자격을 가진 사람이어야 하며, 센터(소)장이 보직교수일 경우 지속적으로 업무를 총괄할 수 있는 상담 교수나 전문위원 등의 직급을 마련해야 한다.

(4) 위기상담 기능 강화

표준형에서는 교내 학생들에게 심리적 위기상황이 발생했을 때 신속하게 개입하는 위기상담 기능이 강조된다. 따라서 위기상황에 유기적으로 대응하기 위해 단위 기관의 대응 프로토콜을 마련하고, 센터 내에 위기상담 전담팀을 구성해야 한다. 또한 학내 긴급전화 등 위기상황을 관련 기관이 신속히 인지할 수 있는 제도를 마련해야 한다.

위기상담 전문 인력은 전문상담사 또는 상담심리사 2급 이상, 위기상담 유경험자와 같이 위기상담 관련 학위 및 전문 자격을 갖추어야 한다. 아울러 갑작스럽게 발생하는 위기상황에 안정적으로 대처할 수 있도록 관련 인력의 고용 안정성을 보장해야 한다.

5. 대학상담센터의 상담행정 실무

대학상담센터의 목적은 학생의 대학 생활 적응, 진로설계, 경력개발 등을 지원하는 상담 및 서비스를 제공하는 것이다(전현정, 2016). 대학상담센터가 대학 생활 적응에 관한 다양한 호소문제 및 진로·취업과 관련된 서비스를 제공하기 위해서는 상담전문가를 확보하고 상담행정 실무를 꼼꼼하게 수행해야 한다. 이와 관련하여 신성만과 류수정(2010)은 학생들의 필요 및 호소문제에 민감하게 반응하고 효과적으로 서비스를 제공하기 위한 매뉴얼을 제시하였다. 여기에서는 신성만과 류수정(2010)의 연구와 서울대학교 대학생활문화원의 자료를 활용하여 대학상담센터에서 이루어지는 상담의 절차와 관련 서식을 소개하고자 한다. 이때 각 상담 절차에서 작성하는 모든 서류, 즉 신청서, 동의서, 접수 면접 기록지, 사례 회기 기록지, 상담진행 현황표, 회기 보고서, 상담 종결 기록부, 심리검사 결과표 등은 반드시 보관하고 체계적으로 관리해야 한다.

1) 접수 면접

접수 면접은 상담기관에 방문한 내담자(학생)에게 적절한 서비스를 제공하는 데 필요한 주요 정보를 정확히 파악하는 절차이다.

우선 내담자가 상담센터에 방문하면 상담실로 안내하여 신청서와 동의서를 작성하게 한다. 신청서에는 기본 인적사항(성명, 소속, 생년월일, 학번, 주소, 연락처, 이메일, 종교, 가족사항 등)을 기재하도록 하며, 이외에 신청 동기, 이전 상담경험, 상담 가능한 시간 등을 포함할 수 있다(부록 3-1 참조). 여기에 각 호소문제와 관련하여 현 상태를 미리 파악할 수 있는 문항을 추가적으로 마련하면 이후 접수 면접 및 개인상담에서 활용할 수 있다. 동의서에는 해당 기관에서 진행하는 상담에 관한 중요 사항을 안내한다. 예를 들어 상담의 주체, 상담 횟수 및 시간, 상담방식의 제한, 상담기록 및 자문에 대한 동의, 비밀보장, 위기 대처, 의료적 처치 동의 등의 정보를 포함할 수 있다(부록 3-2 참조). 내담자가 안내문에 적힌 정보를 충분히 숙지하고 이에 동의할 경우 동의서를 작성하게 한다.

다음으로 접수 면접을 진행한다. 이때는 접수 면접 기록지를 활용하는데, 여기에는 내담자의 호소문제를 파악하고 문제 수준을 분석하기 위한 다양한 정보가 담겨 있어야 한다. 그래야 이를 토대로 내담자에게 적합한 상담자와 연계하여 가장 적절한 서비스를 제공할 수 있기 때문이다. 접수 면접 기록지에는 내담자의 기본 인적사항, 주 호소문제, 호소문제와 관련된 개인사 및 가족사, 상황적 스트레스 요인, 인간관계나 학업 등 내담자의 전반적인 상태, 내담자의 강점 및 약점, 이전 상담 및 치료 경험, 현재 복용 중인 약물, 인상 및 행동 관찰, 개입방안 및 의견 등이 포함될 수 있다(부록 3-3 참조).

마지막으로 접수 면접이 완료되면 관리자에게 보고하여 상담자를 선정하고 1회기 일시를 예약한다.

2] 개인상담

개인상담은 내담자가 자신의 문제를 더 잘 이해하고, 보다 성장하기 위한 역량을 개발하며, 문제를 해결하는 경험을 쌓는 것을 목표로 한다. 접수 면접 후 상담자가 배정되면 정해진 일시에 개인상담을 진행하며, 상담이 종결된 뒤에 추수상담이 이어질 수 있다.

상담자는 상담을 진행하면서 사례기록을 철저히 관리해야 한다. 먼저, 1회기가 끝난 후 사례 회기 기록지를 작성한다. 이 기록지에는 날짜 및 회기 수, 상담 회기 진행 내용(상담자의 개입과 내담자의 반응), 평가, 다음 회기 계획 등이 포함될 수 있다(부록 3-4 참조). 사례기록은 1회기에 그쳐서는 안 되며, 상담을 진행하면서 상담진행 현황표를 꾸준히 작성해야 한다. 현황표에는 회기별로 진행 현황, 상담 성과 평가, 상담 회기 평가를 기록하고, 사례회의에 참석할 때 이를 지참하여 담당자의 확인과 서명을 받는다(부록 3-5 참조).

개인상담의 모든 회기가 종결되면 상담 종결 기록부를 작성해야 한다. 이 기록부에는 상담 기간, 총 회기 수, 상담 내용, 상담 시 적용한 이론 및 개입, 상담 목표와 달성 정도, 상담 예후 등이 포함될 수 있다(부록 3-6 참조).

3] 집단상담

집단상담은 동일한 문제를 겪고 있거나 유사한 배경을 가진 내담자들을 집단으로 구성하여 상담을 진행함으로써, 내담자들이 자신의 사고, 감정, 행동을 이해하고 변화할 수 있도록 돕는 것이 목적이다. 대학상담센터에서 주로 다루는 집단상담 주제에는 대인관계 향상, 분노조절 훈련, 진로탐색, 성교육, 인터넷 사용조절, 학업동기 강화 등이 있다.

집단상담은 해당 서비스를 필요로 하는 내담자를 모집하는 것에서부터 시작한다. 이를 위해 온/오프라인으로 집단상담 프로그램을 충분히 홍보한 뒤 신청을 받는 것이 좋다. 모집을 마쳤다면 신청한 내담자들을 집단에 배정하고, 내담자에게 배정된 집단과 상담 시작을 전화 혹은 문자로 안내한다. 이후 정해진 일시에 집단상담을 진행한다.

집단상담 또한 개인상담과 마찬가지로 매 회기마다 사례를 기록하는 보고서를 작성해야 한다. 집단 회기 보고서에는 참석자들의 기본 인적사항, 상담 주제, 상담 진행 과정, 집단 내 역동, 참석자 개인에 대한 평가 등이 포함될 수 있다(부록 3-7 참조).

또한 집단상담이 종결된 후에도 상담 종결 기록부를 작성해야 한다. 기록부의 양식은 개인상담 기록부와 유사하며, 인적사항 및 출결사항을 집단 구성원별로 기록해야 한다는 점에서 차이가 있다. 나아가 집단상담이 종결된 후 만족도 조사를 실시함으로써 프로그램에 대한 평가를 진행할 수도 있다.

4) 심리검사

심리검사는 내담자가 자기 이해에 필요한 다양한 정보를 탐색하고자 하는 경우 또는 상담자가 내담자에 대한 이해 및 개입에 필요한 정보를 얻고자 하는 경우에 실시된다. 대학에서 실시할 수 있는 심리검사는 표 12-3과 같이 크게 지능검사, 성격검사, 진로 및 학습 관련 검사, 기타 검사로 나누어볼 수 있다.

표 12-3 대학상담센터에서 실시할 수 있는 심리검사의 종류

검사 종류	검사명	
지능검사	한국형 웩슬러 성인 지능검사(K-WAIS-Ⅳ)	
성격검사	다면적 인성검사(MMPI-2)	성격유형검사(MBTI)
	표준화 성격진단검사	애니어그램
	자아가치관검사(SEI)	기질 및 성격검사(TCI)
진로 및 학습 관련 검사	STRONG 직업흥미검사	표준화 적성진단검사
	홀랜드 적성탐색검사	학습전략검사(MLST)
기타	로르샤흐 검사	집-나무-사람검사(HTP)
	PREPARE/ENRICH 커플관계검사	문장완성검사(SCT)

대체로 다면적 인성검사(MMPI-2)와 문장완성검사(SCT)는 개인상
담을 신청하는 모든 내담자에게 실시하는 편이며, 그 외의 검사들은 내
담자 혹은 상담자의 필요에 따라 추가로 실시할 수 있다. 심리검사는 오
프라인뿐 아니라 온라인으로 실시하기도 한다.

내담자가 심리검사를 완료하면 상담자는 해당 결과를 분석 및 해
석한 뒤 내담자에게 공유한다. 결과 자료는 심리검사 접수철 혹은 관리
시스템에 기록하고, 개인 파일을 만들어 신청서 및 검사 답안지, 결과표
사본을 보관해야 한다.

5) 위기상담

표준형 운영모델에서는 대학상담센터의 위기상담 기능을 강조한
다. 위기상담은 발달 과정상의 위기 사건을 경험하였거나, 재난과 같은
사건 상황적 위기를 경험하였거나, 자살 또는 자해 등 극심한 심리적

불균형을 경험하고 있는 내담자들을 대상으로 한다. 위기상담은 심각한 정서적 혼란을 일으키며 개입의 즉시성이 강조된다는 점에서 일반 개인상담과는 구별된다. 위기상담의 절차는 크게 위기개입과 평가, 접수 면접, 개인상담 순으로 이루어진다. 각각을 좀 더 구체적으로 살펴보자.

일단 위기사례가 접수되면 내담자가 정서적·인지적으로 직면한 위기의 유형, 위기의 강도, 위기가 지속된 기간, 현재 에너지의 수준 등을 빠르고 정확하게 파악하고 평가해야 한다. 예를 들어 자살사고가 높은 내담자에게는 자살 위험 선별 및 평가 도구를 활용하고, 자해 위험이 높은 내담자에게는 자해기능 평가지를 실시할 수 있다. 외상 사건을 경험한 내담자에게는 외상과 관련된 다양한 평가 도구를 활용할 수 있다.

위기상담에서는 사례에 대한 접수 면접이 신속하게 이루어져야 한다. 특히 심각한 자살 위험이 있는 경우, 접수 면접 단계에서 자살 금지 서약서를 받는 것이 권장된다(부록 3-8 참조). 또한 병원으로 의뢰할 필요성도 검토해야 한다. 자살 등 위기상황과 관련된 이 모든 처리 절차는 반드시 기록으로 남겨야 한다.

상담자가 내담자와 실제 개인상담을 실시할 때는 상호 긴밀한 관계를 형성함으로써 내담자가 신체적·정서적·인지적으로 안정감을 느낄 수 있도록 도와야 한다. 또한 위기 연락망(보호자나 친구, 학교, 경찰서, 사회복지관 등의 지역사회 기관)을 통해 빠른 연계 및 안내가 이루어지게 해야 한다. 개인상담 절차는 일반 개인상담 절차와 유사하며, 마찬가지로 모든 과정은 기록으로 남겨야 한다.

위기상담은 신속하게 실시되는 것이 중요하기 때문에 통상적인 절차 외에 24시간 전화상담 서비스를 운영할 수도 있다. 학교 곳곳에 전화상담 서비스를 홍보하여 학생들이 위기상황에서 이용할 수 있도록 하고, 위기사례 내담자에게 전화번호를 안내한다. 24시간 전화상담 서비스의 예로는 서울대학교의 스누콜을 들 수 있다. 스누콜의 경우 전화번호와 이용 방법이 교내 곳곳에 스티커와 팸플릿의 형태로 안내되어 있다. 스누콜에는 위기상담사들이 요일을 나누어 24시간 근무하고 있어, 위기사례 내담자들이 언제든 필요한 정서적 개입 및 기관 연계를 받을 수 있다.

6) 교육 및 연구

(1) 상담자 교육

많은 대학상담센터에서는 인턴 및 실습 상담자를 선발하여 교육 프로그램을 제공하는 수련 과정을 운영한다. 이를 위해서는 인턴 상담자 혹은 실습 상담자의 자격을 규정하고 그에 따라 수련생을 선발해야 한다. 상담수련생이 선발된 이후에는 기관 내 규정에 따라 일련의 프로그램을 제공한다. 이러한 교육 프로그램으로는 슈퍼비전, 자주 사용되는 심리검사나 특정 호소문제·이론·기법과 관련된 상담 특강 및 워크숍, 공개 사례 발표회 등이 있다. 예를 들어 2주에 1회 정도 전임 상담사나 전문위원이 상담수련생을 대상으로 슈퍼비전을 하거나, 방학마다 상담과 관련된 특강이나 워크숍을 개최하거나, 한 달에 1회 정도 공개 사례 발표회를 진행하는 방식으로 교육을 실시할 수 있다. 이를 통해 상담수련생들은 숙련된 상담자가 되기 위한 요건들을 채워나가고 기관 내 숙련 상담자들을 모델링하며 경험을 쌓을 수 있다.

(2) 전체 구성원 교육

대학상담센터에서는 교직원 대상의 세미나 또는 학생 대상의 캠페인 등 전체 구성원을 대상으로 하는 교육 프로그램을 기획하여 진행할 수 있다. 예를 들어 전체 교직원을 대상으로 성희롱·성폭력 예방을 위한 세미나를 개최할 수 있다. 학생들에게는 인터넷 중독 예방, 성희롱·성폭력 예방, 진로탐색, 정신건강 등을 주제로 한 캠페인을 진행할 수 있을 것이다. 이러한 교육 프로그램은 관련 주제에 대한 학내 구성원들의 인식 및 지식 수준을 향상시키고, 그들이 이와 관련된 어려움에 처했을 때 대학상담센터에 도움을 요청할 수 있다는 사실을 전달할 수 있다는 점에서 유용하다.

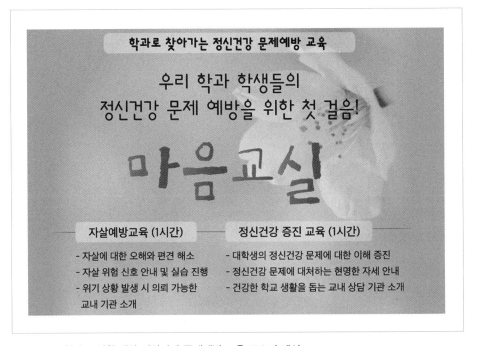

그림 12-18 학내 구성원 대상 정신건강 문제예방 교육 포스터 예시
출처: 서울대학교 대학생활문화원 홈페이지. https://snucounsel.snu.ac.kr

(3) 연구

대학상담센터에서는 학생들의 효과적인 대학 생활 적응을 위한 연구도 수행한다. 예를 들어 신입생 및 재학생의 대학 생활, 진로고민, 이성문제, 인터넷 중독, 학습동기 등을 주제로 설문조사를 실시하고, 이를 바탕으로 학술연구를 진행하는 것이다. 특히 대학상담센터에서는 매년 신입생을 대상으로 심리건강에 관한 실태조사를 진행함으로써 각 학번의 일반적인 특성과 이들에게 요구되는 상담 서비스가 무엇인지를 파악하여 관련 연구를 수행할 수 있다. 이러한 학술연구 결과를 상담 실무에 적용하면 연구 결과와 실무 간의 연결성을 획득할 수 있다. 아울러 연구 결과에서 학생들에게 꼭 필요한 상담 서비스가 발견된 경우 해당 서비스를 안내하는 홍보물이나 브로슈어를 제작하여 학교 곳곳에 배포할 수 있다.

 토론 주제

1 소속 대학의 상담센터를 방문하여 역할과 기능, 지원 환경, 인적 자원의 세 가지 영역에서의 특징을 조사해보고, 해당 기관의 발전 방향을 토의해보자.

2 소속 대학의 상담센터 담당자와 인터뷰하여 실제 위기사례가 접수되었을 때 어떤 절차와 순서로 진행되는지 확인해보고, 위기상담의 어려움에 대해 토의해보자.

3 현재 대학상담센터에서 진행되고 있는 다양한 프로그램을 조사해보고, 보완이 필요하거나 추가되어야 할 프로그램 내용 및 구성에 대해 토의해보자.

4 대학상담센터에서 활용되는 다양한 서식들을 확인하고, 새로운 내담자가 상담실에 방문한다면 어떠한 절차를 통해 상담이 진행될 수 있을지 토의해보자.

상담행정 관련 서식

1. 청소년상담복지센터 서식

[부록 1-1] 서비스 연계 동의서

서비스 연계 동의서

청소년 인적사항	이름		생년월일	
	주소		(연락처)	

연계기관 및 요청 서비스 내용	요청 기관	대상 기관
	□ 학교, 교육청(또는 Wee센터) □ 경찰관서 □ 지방고용노동청 및 지청 □ 국·공립병원 □ 보건소 또는 정신건강복지센터 □ 청소년쉼터 □ 청소년자립지원관 □ 청소년회복지원시설 □ 청소년상담복지센터 □ 학교 밖 청소년 지원센터 □ 보호관찰소 □ 기타( )	□ 학교, 교육청(또는 Wee센터) □ 경찰관서 □ 지방고용노동청 및 지청 □ 국·공립병원 □ 보건소 또는 정신건강복지센터 □ 청소년쉼터 □ 청소년자립지원관 □ 청소년회복지원시설 □ 청소년상담복지센터 □ 학교 밖 청소년 지원센터 □ 보호관찰소 □ 기타( )
	인계자 (서명) (소속, 성명)	인수자 (서명) (소속, 성명)
	요청 서비스 내용	

위 본인은 보다 전문적인 상담·보호·교육·의료·자립 등의 청소년 지원 서비스를 받기 위해 지역사회청소년통합지원체계의 필수연계기관으로 인적사항 및 요청 서비스 항목 등을 제공하는 것에 동의합니다.

년   월   일

본인(또는 보호자) :   (서명)

관계(보호자의 경우):

학교 밖 청소년 개인정보 제공 동의서(법정대리인)

「학교 밖 청소년 지원에 관한 법률」 및 「개인정보 보호법」에 따라 청소년에게 도움을 드리고자, 아래와 같이 개인정보 수집·이용·제공 동의를 받고자 합니다.

□ 청소년의 개인정보 처리 동의 의사 확인
  ○ 청소년에게 개인정보 수집·이용 및 제3자 제공에 대한 아래의 사항을 설명하고 청소년의 동의 의사를 확인하고자 하였으나, 다음과 같은 이유로 의사를 확인하지 못하였습니다.

가출 □	대화거부 □	무대응 □	연락안됨 □

※ 「학교 밖 청소년 지원에 관한 법률」 제3항 단서에 따라 해당 청소년의 동의 의사를 확인할 수 없는 경우에는 그 청소년의 법정대리인에게 개인정보동의고지사항을 고지하고 동의를 받아 지원센터에 제공할 수 있음

20   년   월   일

법정대리인 성명   (서명 또는 인)

□ 개인정보 수집·이용

수집·이용 목적	수집범위	보유·이용 기간 및 파기
• 학교 밖 청소년 지원프로그램 제공	• 청소년의 성명 • 청소년의 생년월일 • 청소년의 주소 • 청소년의 연락처	• 보유·이용 기간: 5년 • 보유 기간이 종료되거나, 본인 등 정보 제공 동의주체가 파기를 요청하는 경우에는 「개인정보 보호법」에 따라 파기

  ○ 본인은 개인정보 수집에 대한 동의를 거부할 수 있습니다. 다만, 서비스 이용이 제한될 수 있습니다.
  ○ 본인은 개인정보의 수집·이용 목적, 개인정보의 항목, 보유·이용 기간 및 파기 방법, 동의를 거부할 권리가 있다는 사실과 동의 시 혜택에 대해 안내받았으며, 이를 충분히 이해하고 위의 내용에 동의합니다.

청소년 성명		생년월일		연락처	
주소					

(동의□ 미동의□)

20   년   월   일

법정대리인 성명   (서명 또는 인)

□ 개인정보의 제3자 제공

제공받는자	이용 목적	정보범위	보유·이용 기간 및 파기
• 학교 밖 청소년 지원센터 • 교육청(교육지원청)	• 학교 밖 청소년 지원프로그램 제공	• 청소년의 성명 • 청소년의 생년월일 • 청소년의 주소 • 청소년의 연락처	• 보유·이용 기간: 5년 • 보유 기간이 종료되거나, 본인 등 정보 제공 동의주체가 파기를 요청하는 경우에는 「개인정보 보호법」에 따라 파기

  ○ 본인은 개인정보 처리에 대한 동의를 거부할 수 있습니다. 다만, 서비스 이용이 제한될 수 있습니다.
  ○ 본인은 개인정보 처리에 관하여 안내를 받았으며 이를 충분히 이해하고 동의합니다.

(동의□ 미동의□)

20   년   월   일

법정대리인 성명   (서명 또는 인)

○ ○ ○ **장**

학교 밖 청소년 개인정보 제공 동의서(청소년)

「학교 밖 청소년 지원에 관한 법률」 및 「개인정보 보호법」에 따라 청소년에게 도움을 드리고자, 아래와 같이 개인정보 수집·이용·제공 동의를 받고자 합니다.

□ 개인정보 수집·이용

수집·이용 목적	수집범위	보유·이용 기간 및 파기
• 학교 밖 청소년 지원 프로그램 제공	• 필수정보: 성명, 생년월일, 주소, 연락처 • 부가정보: 성별, 보호자 연락처, 최종학교 및 중단시기, 중단사유, 희망 서비스 등	• 보유·이용 기간: 5년 • 보유 기간이 종료되거나, 본인 등 정보 제공 동의 주체가 파기를 요청하는 경우에는 「개인정보 보호법」에 따라 파기

○ 본인은 개인정보 수집에 대한 동의를 거부할 수 있습니다. 다만, 서비스 이용이 제한될 수 있습니다.
○ 본인은 개인정보의 수집·이용 목적, 개인정보의 항목, 보유·이용 기간 및 파기 방법, 동의를 거부할 권리가 있다는 사실과 동의 시 혜택에 대해 안내받았으며, 이를 충분히 이해하고 위의 내용에 동의합니다.

〈필수 정보〉

성명		생년월일		연락처	
주소					

〈부가 정보〉 선택 사항으로 개인정보 수집·처리 제공에 동의하는 사항만 기재

성별	남, 여	보호자 연락처	
최종학교 및 중단시기	□ 중 퇴: ( )학교 ( )학년 □ 미진학: 초등학교( ) 중학교( ) 고등학교( )		
중단사유	□ 학업관련 □ 학교규칙 □ 대인관계 □ 질병 □ 가사 □ 해외출국 □ 가출 □ 기타( )		
희망 서비스	□ 학업지원 □ 취업지원 □ 자립지원 □ 의료지원 □ 상담 지원 □ 기타( )		

(동의□ 미동의□)

20 년 월 일

위 본인 성명 (서명 또는 인) / 법정대리인 성명 (서명 또는 인)

□ 개인정보의 제3자 제공

제공받는자	이용 목적	정보범위	보유·이용 기간 및 파기
• 학교 밖 청소년 지원센터 • 교육청 (교육지원청)	• 학교 밖 청소년 지원프로그램 제공	• 필수정보: 성명, 생년월일, 주소, 연락처 • 부가정보: 성별, 보호자 연락처, 최종학교 및 중단시기, 중단사유, 희망 서비스 등	• 보유·이용 기간: 5년 • 보유 기간이 종료되거나, 본인 등 정보 제공 동의주체가 파기를 요청하는 경우에는 「개인정보 보호법」에 따라 파기

○ 본인은 개인정보 처리에 대한 동의를 거부할 수 있습니다. 다만, 서비스 이용이 제한될 수 있습니다.
○ 본인은 개인정보 처리에 관하여 안내를 받았으며 이를 충분히 이해하고 동의합니다.

(동의□ 미동의□)

20 년 월 일
위 본인 성명 (서명 또는 인)

※ 만 14세 미만의 경우 자신의 정보 제공을 함에 있어 법정대리인의 동의가 필요합니다.

동의여부	동의□ 미동의□	청소년과의 관계	

20 년 월 일
법정대리인 성명 (서명 또는 인)

○○○ 장

학교 밖 청소년 연계 의뢰서	
의뢰기관	기관명
	담당자 (전화번호:)

「학교 밖 청소년 지원에 관한 법률」 제15조 및 동법 시행규칙 제7조에 의거하여
해당 청소년을 학교 밖 청소년 지원센터 꿈드림에 연계 의뢰합니다.

년   월   일

○ ○ ○ 학교 밖 청소년 지원센터장   귀하

붙임 : 청소년 개인정보 제공 동의서 1부

연계 조치결과서(연계 대상 기관용)

▸ 연계일시: 20   년   월   일

청소년 인적 사항	성명		성별	여자 / 남자
	생년월일		주소	
	연락처	본 인:	학교 중단 여부	□ 재학 / □ 학교중단 ( )학년 / 중단시기( )학년
		보호자:		

		요청기관		대상기관
연계 기관 정보	기관명 (부서)		기관명 (부서)	
	담당자		담당자	
	연락처		연락처	

조치 결과	□ 연락두절(이유:) □ 서비스 진행(내용:) □ 타기관 연계(연계기관:) □ 기타(내용:)

귀 기관에서 의뢰하신 청소년에 대해 위와 같이 조치결과를 통보해드립니다.

20   년   월   일

청소년 성명 :   (서명)

담당자 성명 :   (서명)

2. 위(Wee) 클래스 서식

[부록 2-1] 상담신청서

상담신청서

신청일자		년 월 일	성별		생년월일	
이름			연락처	학생		
				보호자		
소속			상담경험			
상담가능 시간						

1. 어떤 내용으로 상담을 받고 싶은가요?

_____

2. 상담에 대해 어떤 기대를 가지고 있습니까?

_____

3. 구체적인 항목들을 잘 읽어보시고 자신과 관련 있는 내용에 표시(V)해주십시오.

영역	주제	V	영역	주제	V	영역	주제	V
가족	부모님과 갈등	V	학업/진로	흥미/동기 부족		학교폭력	가해	
	형제 자매와 갈등			학업능력 부족			피해	
	기타			시험불안/학업스트레스			기타	
비행	가출			학교생활부적응		대인관계	친구관계	
	금품갈취/절도/도벽			등교거부			이성교제	
	음주/흡연/약물오남용			진로탐색			교사와 관계	
	늦은 귀가/잦은 외박			학업중단 숙려제			부모 외 어른과 관계	
	교권침해			기타			기타	
	기타		성	정보부족		정신건강	우울/위축	
성격	소극적/과민한 성격			성충동			강박/불안	
	충동적/공격적 성격			임신/피임			분노조절	
	의존적/우유부단한 성격			음란물			자해/자살	
	자기중심적/독단적 성격			성정체감			섭식문제	
	완벽성향/경직된 성격			기타			수면문제	
	편집적 성격		인터넷 스마트폰 사용	사용 과다			신체화 문제	
	자존감 부족			사이버 범죄			정서·행동특성검사	
	기타			기타			기타	

4. (필수) 개인정보 수집·이용·제공에 관한 동의: ☐ 동의 ☐ 비동의

관련 법규	개인정보보호법 제15조(개인정보의 수집·이용), 제17조(개인정보의 제공)
수집·이용 목적	○○○○학교 위(Wee) 클래스 상담 지원 – 상담신청, 진행 및 관리, 기록 및 결과보고서 작성, 유관기관 연계 및 의뢰 등
개인정보 제공받는 자	○○○○학교 위(Wee) 클래스
수집·이용·제공하는 개인정보 항목	① 학생 및 보호자의 개인식별정보(성명, 성별, 생년월일) ② 개인정보(소속, 연락처, 주소) ③ 민감정보(가족관계, 이전 상담경험, 의뢰 사유 등)
보유 및 이용 기간	– 개인상담: 보유기간 10년

○ ○ ○ ○ 학교 위(Wee)클래스

개인상담 기록지

사례번호 (내부번호)		상담자 성명		상담일자	년 월 일
상담 회기		위기상담	유 / 무	상담 시간	~
상담방법	☐ 내방 ☐ 전화 ☐ 기타			상담 대상	☐ 본인 ☐ 가족 ☐ 교사 ☐ 친구

☐ 상담 내용

상담 내용	
상담사 의견	
상담계획	

○○○○학교	가 정 통 신 문	제 — 호
	위(Wee) 클래스 이용에 대한 동의서	○○부

보호자님, 안녕하십니까?

귀댁 자녀의 심리적 정서적 안정과 행복 증진 및 학교교육활동에 도움을 주고자, 20○○년 동안 본교 내에 설치된 위(Wee) 클래스의 이용에 따른 개인정보 수집 및 이용에 대한 동의 여부와 긴급상담에 대한 동의를 확인하기 위하여 동의서를 받고자 합니다.

위(Wee) 클래스를 이용하는 과정에 발생하는 내용들은 예외 사항(자신을 해치거나 타인을 해칠 의도가 있는 경우, 기타 법령에 따른 신고 의무 사항 등)을 제외하고 비밀이 보장됨을 알려드립니다. 동의서는 **○월 ○○일(○요일)까지 담임교사에게 제출**하여주시기 바랍니다.

위(Wee) 클래스 운영을 위하여 다음의 사항에 대한 개인정보를 수집 및 이용하고자 합니다.

수집 및 이용 항목	학생 성명/생년월일/성별/휴대전화번호 보호자 성명/성별/휴대전화번호
수집 및 이용 목적	– 상담 진행에 있어서 본인 확인 및 연락 등의 절차에 이용 – 향후 내방 시 효과적인 심리상담 진행 및 편의 제공을 위함 – 상담실 행사 또는 프로그램 안내

이에 대한 동의를 거부할 수 있습니다.
다만 동의가 없을 경우 위(Wee) 클래스 서비스를 제공받기 어려울 수 있음을 알려드립니다.

위 사항에 대해 동의하시나요?　☐ 예　☐ 아니요

학생의 심리적 안정을 통한 학교생활 조력을 위하여 긴급상담을 운영하고자 합니다.

동의 사항	학생의 심리적 정서적 안정이 필요한 경우, 위(Wee) 클래스에서 상담을 진행

이에 대한 동의를 거부할 수 있습니다.
다만 동의가 없을 경우 위(Wee) 클래스 서비스를 제공받기 어려울 수 있음을 알려드립니다.

위 사항에 대해 동의하시나요?　☐ 예　☐ 아니요

학년　반　번　성명:　　인
보호자　성명:　　인

년　　월　　일

○ ○ ○ ○ 학교장

3. 대학상담센터 서식

* 아래 제시되는 양식들은 예시이며, 기관마다 사용하는 양식은 다를 수 있습니다.

[부록 3-1] 상담 및 심리검사 신청서

상담 및 심리검사 신청서

신청일:　년　월　일　　　　　　　　　　　　　　　　　　　接수면접자:

*성명		생년월일	년　월　일　만　세　남 / 여
*소속	학부 / 대학(대학원) 학과(전공)　학년	학번	
현주소		연락처	
*담당교수		E-MAIL	
출신고교		종교	기독교　천주교　불교　없음　기타
*신청동기		1. 자진(　　) 　2. 교수님 추천(　　) 　3. 상담센터 홈페이지(　　) 4. 선배, 친구 소개(　　) 　5. 기타(　　　　　　　　　　　　　)	

1) 심리검사(　　)

1) 성격 검사: ① 표준화성격진단(　　) 　② MBTI(　　) 　③ MMPI(　　)
2) 진로 검사: 스트롱 직업탐색 검사(　　)
3) 지능 검사: K-WAIS 검사(　　) 　4) 기타(　　　　　　　　　　　)

2) 상담(　　)

전에 상담이나 심리치료 또는 검사를 받은 적이 있습니까? 예(　　), 아니요(　　)
있다면, 상담(　　), 심리치료(　　), 검사(　　)
언제:　　　　　어디에서:
어떤 내용으로:
*상담을 통해 도움받고 싶은 내용은?

상담 가능한 모든 시간을 V표 해주십시오.

요일/시간	10	11	1	2	3	4	5
월							
화							
수							
목							
금							

*가족사항

관계	연령	직업	학력	종교	친밀도(1: 매우 나쁨 ~ 5: 매우 좋음)				
					1	2	3	4	5
					1	2	3	4	5
					1	2	3	4	5
					1	2	3	4	5
					1	2	3	4	5

요약:

*부분은 반드시 기입해주시기 바랍니다.　　　　　　　　　　　　　　　뒷장으로

* 다음 중 어떤 문제에 대해 상담받기를 원하십니까? 자신에게 해당하는 부분에 V표 해주십시오.

■ 적응문제

( ) 소속 학과에 대한 적응
( ) 소속 동아리에 대한 적응
( ) 학교환경에 대한 적응
( ) 기타

■ 교우관계

( ) 친구와의 관계
( ) 선후배와의 관계
( ) 대인관계
( ) 기타

■ 가정문제

( ) 가족과의 마찰 및 불화
( ) 가족들 간의 갈등
( ) 기타

■ 정서적 문제

( ) 우울   ( ) 불안
( ) 공포   ( ) 자살충동
( ) 기타

■ 정신건강 및 행동 및 습관의 문제

( ) 주의집중 곤란   ( ) 불면
( ) 강박적 행동
( ) 환청, 망상 등과 같은 정신과적 증상
( ) 음주문제   ( ) 기타

■ 학업 및 진로문제

( ) 성적문제   ( ) 진로문제
( ) 적성문제   ( ) 기타

■ 이성 및 성 문제

( ) 이성과의 관계
( ) 성 문제
( ) 기타

■ 성격 문제

( ) 자신의 성격에 대한 불만과 회의
( ) 성격적 결함으로 인한 타인과의 마찰
( ) 기타

■ 실존적 문제

( ) 삶의 의미에 대한 문제
( ) 가치관의 혼란
( ) 죽음에 대한 문제
( ) 영적, 신앙적 문제
( ) 기타

■ 경제적 또는 현실의 문제

( ) 학비   ( ) 생활비
( ) 주거환경   ( ) 학교환경
( ) 기타

/ 기타 (다른 문제가 있으면 써주십시오.)

☐ 원하는 상담사 유형이 있으면 적으십시오. (상담 의뢰 시 참고로 하겠습니다.)
   성별 (남 / 여) 연령(대)
   기타:

☐ 현재 자신의 문제가 어느 정도 심하다고 생각합니까?

1	2	3	4	5
심각하지 않다				매우 심하다

☐ 상담을 통해서 문제가 해결될 것으로 기대하는 바가 어느 정도입니까?

1	2	3	4	5
매우 작다				매우 크다

개인상담 안내문 및 동의서

○○대학교 상담센터를 이용해주셔서 감사합니다. 아래에는 본 기관에서 진행되는 상담에 관한 중요한 정보가 안내되어 있습니다. 읽어보시고 동의하시면 아래 표기된 내담자란에 서명해주시기 바랍니다.

1. 상담의 주체: 상담은 상담자가 조언하고 이끄는 것이 아니라 귀하가 주체가 되어 상담자와 함께 길을 모색해가는 과정입니다. 솔직하고 적극적인 태도로 참여하셔야 상담을 통해 도움을 받을 수 있습니다.
2. 상담 횟수 및 시간: 상담은 최대 12회기까지 받을 수 있고 필요할 경우에는 상담자와 협의하여 상담 기간을 연장할 수 있습니다. 단, 졸업 전 최대 80회기까지의 상담이 가능하며, 대학원의 경우 과정별 60회까지 가능합니다. 상담은 보통 매주 1번씩 50분 동안 진행되며, 시간 변경이 필요한 경우에는 신청데스크(○○-○○○-○○○○)로 미리 연락 주시기 바랍니다. 또한 약속 시간에 늦더라도 다음 일정을 위해 상담은 정시에 끝나게 되므로 시간을 꼭 지켜주시기 바랍니다. 단, 특별한 이유나 연락 없이 3회기 이상 상담에 오지 않을 경우 상담의사가 없는 것으로 간주하여 상담이 취소될 수 있습니다. 상담을 종결하고 싶을 때는 상담자와 미리 상의한 후 종결할 수 있습니다.
3. 상담방식의 제한: 상담 장면 외에 상담자와 개인적인 연락을 취하거나 만남을 갖지 않습니다. 급히 상담하고 싶은 내용이 있을 때는 24시간 상담전화(○○-○○○-○○○○)를 이용하거나, 약속 시간을 조정하여 상담실에 와서 상담을 하도록 합니다. 상담 중 자신의 생각과 감정을 자유롭게 표현하는 것은 좋으나 감정이 격해져 폭력, 물건 파손 등의 행동들은 허용되지 않습니다.
4. 상담기록 및 자문에 관한 동의: 상담자는 상담 진행 과정 점검을 위해 기록을 작성할 수 있으며, 상담 자문이 필요한 경우에는 귀하의 동의하에 상담을 녹음할 수 있습니다. 상담기록과 녹음 자료는 상담자가 더 나은 상담을 진행하기 위해 개인을 식별할 수 있는 정보를 제외하고, 상담 자문과 사례회의를 위해서만 사용됩니다. 자료는 안전하게 보관되다가 5년 후 폐기(온라인 시스템 자료는 10년 후 폐기)됩니다.
5. 비밀보장: 귀하가 상담에서 말씀하신 내용은 모두 비밀이 지켜질 것이며, 귀하의 동의 없이는 타인에게 공개되지 않습니다. 다만, 「개인정보 보호법」 제15조 및 상담전문가 윤리강령에 의거하여 다음의 경우에 해당될 때 비밀보장이 제한될 수 있습니다. 자살이나 자해의 위험이 있거나, 학생의 행동이 타인의 안녕에 심각한 위협이 되거나, 정신질환의 뚜렷하게 있다고 의심될 경우 생명과 신체보호를 위해 동의 없이 자살시도 등 위험발생행위사실에 대한 관련 정보를 보호자나 학과, 관련 기관에 알릴 수 있습니다.
6. 화상상담에 관한 동의: 화상상담을 받게 될 경우, 상담자의 동의 없이 상담 내용을 녹음 또는 영상 녹화하거나, 이를 온라인 공간 또는 오프라인에서 공개하거나 유출하는 경우, 그에 따른 민사상의 책임을 지게 될 수 있습니다. 효과적인 화상상담 서비스를 위해, 가능하면 상담 내용이 유출되지 않는 독립된 공간에서 상담을 받으십시오. 개방된 카페, 야외, 공공장소 등에서 상담이 이루어지지 않도록 주의해주시기 바랍니다.
7. 위기대처: 자해나 자살 충동이 들면 반드시 24시간 위기상담 전화인 24시간상담전화나 자살예방센터 핫라인(1577-0199)에 전화하고, 상담자에게도 알립니다.
8. 의료적 처치 동의: 최근 2주 내 자살시도나 구체적인 자살계획을 가지고 있거나 정신질환이 뚜렷하게 있다고 의심될 경우 보건소나 병원에 의뢰하게 되며, 약물치료 등의 필요한 처치를 병행하여 상담을 진행합니다.

　　위의 내용을 충분히 숙지하였으며, 이에 동의합니다.

　　　　　　　　　　　　　　　　　　　　　　　　　　　년　　　월　　　일

　　　　　　　　　　　　　　　　　　　　　　내담자: 　　　　　　(인)
　　　　　　　　　　　　　　　　　　　　　　상담자: 　　　　　　(인)

접수 면접 기록지

사례번호		이름	
접수 면접일		소속	
접수 면접자		연령	

■ 주 호소문제

■ 문제배경 및 가족배경

  – 문제배경(onset 포함)

  – 가족배경

  – 주변 지지체계 및 일상생활

  – 상담 받기로 결정한 이유

■ 상담경험 및 기대
  (이번 상담에 대한 기대?)

■ 인상 및 행동 관찰

■ 개입방안 및 의견

■ 비고

상담 일지

상담자:

내담자:

사례번호	날짜/ 시간/	년 :	월 ~	일 :
목표				
호소문제				
상담자 개입 및 내담자 반응				
평가				
차회기 계획				
특이사항				

상담진행 현황표

사례 번호			내담자			상담자					
일시	진행 현황	상담 중간평가 내용								사례회의 담당자 확인란	
		상담 성과 평가				상담 회기 평가					
		개인적 생활	가족, 가까운 관계	학교, 직장, 친구	전반적 요소	관계	목표와 주제	접근 기법	전반적 요소	날짜	서명

※ 개인상담기록부 좌측 상단에 본 양식을 철하여 상담 진행 현황 및 중간평가 결과를 수기 기록합니다.
※ 매 사례회의 참석 시 본 개인상담기록부를 지참하여 사례회의 담당자의 확인 및 서명을 받습니다.

상담 종결 기록부

내담자명		상담 기간	~	총 회기 수	
주요 내담자 정보	* 특이사항 /				
주 호소문제					
상담 내용 / 적용이론 및 개입					

	상담 목표	달성여부/달성량
상담 목표 및 목표 달성		/
		/
		/
		/
		/
상담 예후		
비고		

날짜: 년   월   일

상담자: (서명)
센터장: (서명)

/ 목표 달성여부는 O. X로 표기
/ 목표 달성량은 결과 수치로 표기(1~10)

집단 회기 보고서

지도자: 성명(별칭)   협동지도자: 성명(별칭)

일시	년 월 일 시 분 ~ 시 분 (분간)
장소	제 _____ 회
참석자	총 _____ 명
금주 주제	
준비물	
집단 과정	
집단역동 및 개인평가	
평가 및 개선안	

나를 보호하기 위한 약속

1. 나는 할 수 있는 한 자해나 자살로부터 나 자신을 보호하겠습니다.

2. 그러나 나 자신을 지킬 수 없을 때에는 반드시 도움을 요청하겠습니다.

3. 내가 자살 또는 자해에 대해 생각하게 될 때면 나는 다음 단계를 밟겠습니다.

   1) 내가 지금 어떤 행동을 하려고 했는지 살펴보겠습니다.
     그리고 내 생각과 기분, 내가 진정으로 원하는 것에 대해 알아차려보겠습니다.

   2) 지금의 상황에 대해 합리적이고 긍정적으로 다시 생각해보겠습니다.

   3) 기분이 좋아지거나 마음이 편해지는 일들 ＿＿＿＿＿＿＿을 하려고 노력하겠습니다.

   4) 가까운 사람 ＿＿＿＿＿에게 전화하거나 만나서 내 마음을 이야기하고 도움을 요청하겠습니다.

   5) 24시간 위기상담 전화(○○－○○○－○○○○)이나 자살예방센터 핫라인(1577-0199)에 전화하여 도움을 요청하겠습니다.

   6) 상담센터(○○－○○○－○○○○)로 전화하여 상담사(이름:)와 연결을 부탁하겠습니다.
     (평일 오전 9시~오후 6시 사이)

   7) 자살 또는 자해 행동을 제어하지 못할 것 같은 느낌이 들면,
     응급실(tel:)에 가거나 긴급 구호 신고전화(119)를 걸겠습니다.

4. 자살 또는 자해의 위험에서 도움을 요청하는 일은 전혀 부끄러운 일이 아님을 이해하고 필요시 당당하게 도움을 요청하겠습니다.

▎나는 위의 내용들을 이해하였으며 위기상황에서 나 자신을 지키고자 할 것임을 다짐합니다.

                                        ▎일시
                                        ▎내담자: (서명)
                                          ▎상담자: (서명)

▎비상시 연락처: 부 (   ) 모 (   )

참고문헌

국내문헌

강용규, 김희성, 배은영, 양정하, 오종희, 유용식, 주익수 (2007). 사회복지행정론. 서울: 공동체.

고용노동부 (2015). 2015 국가직무능력표준: 표준 및 활용 패키지.

고용노동부, 한국산업인력공단 (2020). 2020년 국가직무능력표준(NCS) 개발 개선 매뉴얼. 서울: 진한엠앤비.

곽미용, 이영순 (2010). 상담자 자격의 윤리적 문제. 인문학논총, 15(1), 235-253.

교육부 (2019). 위(Wee) 클래스 운영가이드.

교육부 (2020a). 2019 위(Wee) 클래스 운영가이드북.

교육부 (2020b). 2020년도 교원자격검정 실무편람.

교육부, 한국교육개발원 (2020). 2020년 교육기본통계.

교육부, 충청북도교육청, 한국교육개발원 (2021). 위(Wee) 센터 운영가이드.

국방부 (2020a). 보도자료: 전문상담관 격려 간담회 개최. 2020. 5. 25.

국방부 (2020b). 보도자료: 국방부, '성고충전문상담관' 대상 직무역량 강화 워크숍 실시. 2020. 7. 29.

국방부 (2020c). 2020년 5차 병영생활전문상담관 신규채용 계획 공고문(국방부 공고 제2929-271호).

권기욱, 조남두, 유현숙, 오영재, 조남근, 최창섭, 신현석 (2000). 교육행정의 이해. 서울: 원미사.

권인수, 김상준 (2017). 소명의 사후적 형성. 연세경영연구, 54(1), 83-123.

금명자 (2010). 상담자의 가치와 윤리. 최해림, 이수용, 금명자, 유영권, 안현의. 전문적 상담 현장의 윤리. 서울: 학지사.

김동일 (2016). 인성역량교육과 대학상담센터의 역할. 전국대학교학생생활상담센터협의회 학술대회지, 7, 3-23.

김동일 (2018). 대학상담센터 운영과 개선을 위한 통합적 지원체계와 법제화. 2018 (사)한국상담학회 연차학술대회 분과심포지엄 자료집.

김동일, 김인규, 서영석 (2017). 청소년상담사 자격제도 개선연구. 한국청소년상담복지개발원.

김상호 (2006). 경찰 직무만족에 대한 고찰: 의사전달을 중심으로. 지방정부연구, 10(2), 223-240.

김소아, 이강주, 최정호, 김인규, 신효정, 조남정 (2020). 전문상담교사 양성과정 개선방안 연구. 한국교육개발원.

김영근, 김현령, 이정인, 신재훈, 신동미, 이상민 (2012). 한국 상담사법 제정에 관한 예비연구. 한국심리학회지: 상담 및 심리치료. 24(3), 641-670.

김영돈 (2006). 조직에서 지방공무원의 역할갈등 및 역할 모호성에 대한 경험적 연구. 정부학연구, 12(2), 197-242.

김옥진 (2018). 상담자의 윤리적 의사결정 모델. 김현아, 공윤정, 김봉환, 김옥진, 김요완, 노성숙,
　　박성현, 방기연, 임정선, 정성진, 정혜정, 황임란. 상담철학과 윤리 (2판). 서울: 학지사.

김요완 (2018). 상담자 윤리와 법. 김현아, 공윤정, 김봉환, 김옥진, 김요완, 노성숙, 방기연,
　　이장호, 임정선, 정서진, 정혜정, 황임란. 상담철학과 윤리 (2판). 서울: 학지사.

김인규 (2009). 학교상담법제화 방향탐색 연구. 교육학연구, 47(1), 19-47.

김인규 (2011). 한국의 학교상담체제. 파주: 교육과학사.

김인규 (2018a). 국내 상담자격의 현황과 발전방안. 한국심리학회지: 상담 및 심리치료, 30(3),
　　475-493.

김인규 (2018b). 상담과 상담학. 김규식, 고기홍, 김계현, 김성회, 김인규, 박상규, 최숙경.
　　상담학개론 (2판). 서울: 학지사.

김인규 (2018c). 상담학의 요소. 김규식, 고기홍, 김계현, 김성회, 김인규, 박상규, 최숙경.
　　상담학개론 (2판). 서울: 학지사.

김인규, 손요한 (2019). 상담관련 법률적 근거에 의한 산업범위 분석 연구.
　　상담인적자원개발위원회.

김인규, 손요한 (2020). 현행 법률 상의 전문상담 인프라 분석 연구. 청소년시설환경, 18(1),
　　69-78.

김인규, 장숙희 (2019). 국내 상담관련 민간자격의 현황과 발전방안. 교육종합연구, 17(2), 43-61.

김인규, 조남정 (2011). DACUM법을 활용한 전문상담교사 양성 및 계속교육과정 개발연구.
　　한국교원교육연구, 28(4), 41-60.

김인규, 조남정 (2016). 학부 상담교육 인증기준 개발. 상담학연구, 17(6), 87-104.

김인규, 최현아 (2017). 한국형 상담교육인증체제 구축방안 연구. 상담학연구, 18(3), 43-57.

김인규, 이미현, 정보인 (2013). 한국형 상담교육인증체제 개발을 위한 기초연구. 상담학연구.
　　14(3), 1569-1585.

김인규, 정보인, 최현아 (2017). 대학상담센터 상담윤리 가이드북. 전국대학교학생상담센터협의회.

김인규, 박주호, 조남정, 김희숙, 손요한 (2020). 상담과 법. 서울: 박영스토리.

김정진 (2016). 상담사 등의 처우 및 지위 향상을 위한 법률(안) 제안. 입법과 정책, 8(2), 247-
　　271.

김종철 (2002). 교육행정학신강. 파주: 한국학술정보.

김창대, 이은경, 김인규 (2013). 청소년상담사 자격검정제도 개선 연구. 한국소년상담복지개발원.

김태호, 노종호 (2010). 공공봉사동기와 조직 구성원의 혁신행동이 미치는 영향에 관한 연구.
　　행정논총, 48(3), 143-168.

김택호, 서미, 조한익 (2005). 청소년의 탄력성집단과 부적응집단에 따른 이점 발견(benefit-
　　finding)의 차이. 상담학연구, 6(2), 515-529.

김희정, 유형근, 정여주, 선혜연 (2015). 전문상담교사 양성 및 역량개발을 위한 표준교육과정
　　개발연구. 교육부.

남상인, 김인규(2009). 상담교육인증체제 도입의 필요성과 방향. 2009 한국상담학회 연차대회
　　자료집 II, 380-403.

노성덕 (2018). 지역사회기반 청소년상담의 실제. 서울: 학지사.

도은숙, 정현숙 (2009). 상담자 소진 관련 변인 연구. 한국가족치료학회지, 17(1), 125-143.

류영철 (2014). 진로진학상담교사의 역량모형 개발. 한국교육, 41(4), 25-51.

박종희 (2019). 정신건강증진 및 정신질환자 복지서비스 지원에 관한 법률 일부 개정법률안 검토보고. 국회 보건복지위원회.

백미현, 유현실 (2012). 상담경력에 따른 상담자 발달수준과 소진의 관계: 적응유연성의 조절효과를 중심으로. 상담학연구, 16(6), 3191-3205.

법무법인 서희 (2020a). 심리상담사법 제정 입법을 위한 기초연구 1.

법무법인 서희 (2020b). 심리상담사법 제정 입법을 위한 기초연구 2.

보건복지부 (2020). 2020 아동분야 사업안내 1.

보건복지부 (2021). 보도자료: 코로나19 극복을 위해 "마음이 건강한 사회, 함께 사는 나라"를 만들어 갑니다. 2021. 1. 15.

서영석 (2006). 대학상담센터의 한국형 모델에 관한 제언. 2006년 전국대학교학생생활연구소협의회 하계연차대회 자료집.

서영석, 최영희, 이소연 (2009). 상담에서의 윤리적 의사결정모델 개관. 한국심리학회지: 상담 및 심리치료, 21(4), 815-842.

서지영 (2011). 전문상담교사의 역할 수행 스트레스가 소진에 미치는 영향. 한국교원대학교 교육연구원 교원교육, 27(3), 227-250.

손은령, 고홍월, 이순희 (2013). 한·미 대학상담 기관 운영 실태 비교. 교육연구논총, 34(1), 291-309.

신성만, 류수정 (2010). 대학상담센터 관리매뉴얼. 2010년 전국대학교학생생활상담센터협의회 동계학술대회 자료집.

심윤정 (2012). 기업 상담자의 기업 내 적응 경험에 대한 내러티브 탐구: 대기업 내 여성 상담자를 중심으로. 상담학연구, 13(4), 1819-1843.

양승일 (2013). 행정학전자사전. 한국행정학회.

엄재춘, 조영옥, 임경희 (2013). 학교상담자의 자기효능감과 직무환경위험요소가 소진에 미치는 영향. 상담학연구, 14(5), 3125-3143.

여성가족부 (2021a). 2021년 가족사업안내(I).

여성가족부 (2021b). 2021년 해바라기센터 사업안내.

여성가족부 (2021c). 2021년 청소년사업안내(II).

유민봉 (2019). 한국행정학. 서울: 박영사.

유현실 (2009). 진로상담전문가의 역량모형 개발. 서울대학교 박사학위논문.

유홍준 (2000). 직업사회학. 서울: 경문사.

윤소천, 이지현, 손영우, 하유진 (2013). 소명의식이 조직몰입과 이직의도에 미치는 영향: 심리적 자본과 조직 동일시의 매개효과와 변혁적 리더십, 지각된 상사 지지의 조절효과. 인적자원관리연구, 20(4), 61-86.

이규미(1996). 여성상담의 특징과 여성상담자의 전문적 자질. 한국심리학회지: 여성, 1(1), 128-138.

이동귀, 김광식, 권해수 (2013). 병영생활 전문상담관 자격기준 재정립. 국방부

이동귀, 김광식, 함경애 (2017). 병영문화개선을 위한 군 상담제도 발전방안 연구. 국방부.

이미정, 박승민 (2015). 상담수련과정에서 상담자의 자기 발달 경험에 대한 현상학적 연구. 상담학연구, 16(1), 1-29.

이수태 (2009). 조직유형별 조직효과성의 영향요인에 관한 연구. 서울시립대학교 박사학위논문.

이영아, 손은령 (2015). 전문상담교사의 학교적응 경험에 대한 내러티브 탐구. 교육문화연구, 21(6), 141-168.

이재창 (2005). 대학상담소의 역할과 기능. 2005년 전국대학교학생생활연구소협의회 하계연차대회 자료집.

이제경 (2002). 미국 대학 진로상담센터의 모델분석: 한국대학에의 적용 및 시사점. 상담과 지도, 37, 135-148.

이혜은, 김동일 (2018). 상담자의 진로결정과정: 우연한 관계 경험을 중심으로. 상담학연구, 19(6), 175-201.

이홍민 (2016). 조직역량 핵심인재. 고양: 리드리드출판.

이홍민, 김종인 (2003). 핵심역량, 핵심인재: 인적 자원 핵심역량 모델의 개발과 역량평가. 고양: 리드리드출판.

임상봉, 정지웅 (1988). 농촌지도사의 역할갈등 및 역할모호성과 직무만족과의 관계. 한국농업교육학회, 20(1), 9-17.

임은미 (2017). 한국 상담자를 위한 사회정의 옹호역량 척도(SJACS-K)의 개발 및 타당화. 상담학연구, 18(6), 17-36.

임은미, 강혜정, 김성현, 구자경 (2018). 한국 상담자의 다문화 상담역량 척도 개발 및 타당화. 상담학연구, 19(1), 421-442.

장주희 (2005). 초기 경력자의 실행공동체 참여와 학습 및 적응과의 상관성 연구. 연세대학교 석사학위논문.

전국대학교학생상담센터협의회 [전상협] (2020). 2019 전국대학교학생상담센터 실태조사 보고서.

전영한 (2009). 공공·민간조직 비교연구 메타분석: Sayre명제의 재검증. 행정논총, 47(2), 61-93. http://hdl.handle.net/10371/70068

전주대학교 카운슬링센터 (2021). 주지된 동의서 양식.

전현정 (2016). 대학기관평가인증과 학생상담센터의 역할. 전국대학교학생생활상담센터협의회 학술대회지, 8, 1-25.

정지애, 강혜영 (2018). 진로와 직업분야 소명에 관한 국내 연구동향: 현황분석 및 네트워크 분석을 중심으로. 취업진로연구, 8(4), 119-145.

정환경, 김수경 (2017). 전문상담교사의 역량척도 개발 및 타당화. 상담학연구, 18(1), 349-370.

조수연, 양미진 (2013). 청소년상담사의 역량모형 개발을 위한 델파이 연구. 청소년상담연구, 21(2), 59-75.

조은미, 천성문 (2019). 상담자 직업소명 척도 개발 및 타당화. 상담학연구, 20(5), 217-243.

조은애 (2011). 상담자의 직무환경과 심리적 소진 및 직무열의와의 관계에서 소명의식의 조절효과. 이화여자대학교 석사학위논문.

차명호, 김상인, 김태환, 한길자 (2014). 상담행정의 이론과 실제. 서울: 만남과 치유.

최윤경 (2003). 한국 상담자의 전문직 정체성과 전문업무에 관한 연구. 연세대학교 박사학위논문.

최윤미 (2003). 한국 상담전문가의 역할과 직무분석. 한국상담심리학회지: 상담 및 심리치료, 15(2), 179-200.

최윤미 (2012). 한국과 미국 대학상담센터의 현황. 인간이해, 33(2), 21-36.

최정아 (2018). 법률분석을 통한 상담전문직의 사회적 위상: 현황과 과제. 상담학연구, 19(3), 341-366.

최창호, 하미승 (2007). 새행정학개론. 서울: 삼영사.

최항순, 진석범, 최우진 (2018). 사회복지행정론. 서울: 대영문화사.

최해림, 김영혜 (2006). 한국의 상담자 교육과 훈련에 관한 연구: 상담심리 석박사 교과과정을 중심으로. 한국심리학회지: 상담 및 심리치료, 18(4). 713-729.

한국교육개발원 (2014). 위(Wee) 클래스 상담시스템 매뉴얼.

한국산업인력공단 (2015). 2015 국가직무능력표준 표준 및 활용 패키지: 심리상담.

한국산업인력공단 (2020a). 2020년도 청소년상담사 자격검정요강.

한국산업인력공단 (2020b). 과정평가형 국가기술자격 교육·훈련과정 편성기준(종목명: 직업상담사1급).

한국산업인력공단 (2020c). 과정평가형 국가기술자격 교육·훈련과정 편성기준(종목명: 직업상담사2급).

한국상담학회 (2020). 2020년도 (사)한국상담학회 전문상담사 자격검정 시행공고.

한국직업능력개발원 (2021). 민간자격 등록신청 편람.

한국청소년상담복지개발원 (2021). 한국청소년상담복지개발원 중장기 경영목표(2021-2025).

황준성, 김성기, 이덕난, 안병천 (2011). 학교상담법제화에 대한 요구분석. 교육행정학연구, 29(1), 347-374.

해외문헌

ACA (2014). *2014 ACA Code of Ethics*. Virginia: American Counseling Association.

Albert, W., & Whetten, D. A. (1985). Organizational identity. *Research in Organizational Behavior, 7*(1), 263-295.

Arredondo, P., Toporek, M. S., Brown, S., Jones, J., Locke, D.C., Sanchez, J., & Stadler, H. (1996). *Operationalization of the Multicultural Counseling Competencies*. Virginia: AMCD.

Ashforth, B. E., & Mael, F. (1989). Social identity theory and the organization. *Academy of Management Review, 14*(1), 20-39. https://doi.org/10.5465/amr.1989.4278999

Blau, P. M., & Scott, W. R. (1962). *Formal Organizations: A Comparative Approach*. San Francisco: Chandler Publishing Co.

Brunner, J. L., Wallace, D. L., Keyes, L. N., & Polychronis, P. D. (2017). The comprehensive counseling center model. *Journal of College Student Psychotherapy, 31*(4), 297-305. https://doi.org/10.1080/87568225.2017.1366167

Brunner, J. L., Wallace, D. L., Reymann, L. S., Sellers, J. J., & McCabe, A. G. (2014). College counseling today: Contemporary students and how counseling centers meet their needs. *Journal of College Student Psychotherapy, 28*(4), 257-324. https://doi.org/10.1 080/87568225.2014.948770

Cherniss, C. (1980). *Professional Burnout in the Human Services Organization*. New York: Praeger Publishers.

Corey, J. (2017). 심리상담과 치료의 이론과 실제(10판) (천성문, 권선중, 김인규, 김장회, 김창대, 신성만, 이동훈, 허재홍 역). 서울: 학지사. (원서출판 2016).

Corey, M. S., & Corey, G. (2002). *Becoming a Helper*. California: Brooks/Cole.

Corley, K. G., Harquail, C. V., Pratt, M. G., Glynn, M. A., Fiol, C. M., & Hatch, M. J. (2006). Guiding organizational identity through aged adolescence. *Journal of Management Inquiry, 15*(2), 85-99. https://doi.org/10.1177/1056492605285930

Crewson, P. E. (1997). Public service motivation: Building empirical evidence of incidence and effect. *Journal of Public Administration Research and Theory, 7*(4), 499-518. https://doi.org/10.1093/oxfordjournals.jpart.a024363

Dik, B. J., & Duffy, R. D. (2009). Calling and vocation at work: Definitions and prospects for research and practice. *The Counseling Psychologist, 37*(3), 424-450. https://doi.org/10.1177/0011000008316430

Dutton, J. A., Roberts, L., M., Bednar, J. (2010). Pathways for positive identity construction at work: Four types of positive identity and the building of social resources. *Academy of Management Review, 35*(2), 265-293. https://doi.org/10.5465/amr.35.2.zok265

Etzioni, A. (1958). *The Comparative Analysis of Complex Organization.* New York: John Wiley & Sons.

Etzioni, A. (1964). *Modern Organization.* New Jersey: Prentice Hall.

Freudenberger, H., & North, G. (1985). *Women's Burnout.* New York: Doubleday.

Goode (1957). Community within a community: The professions. *American Sociological Review, 22*(2), 194-200. https://doi.org/10.2307/2088857

Hulin, C. (1991). Adaptation, persistence, and commitment in organizations. In M. D. Dunnette & L. M. Hough (Eds.), *Handbook of Industrial and Organizational Psychology* (pp. 445-505). California: Consulting Psychologists Press.

Kendall, P. C. (2000). *Child & Adolescent Therapy.* New York: The Guilford.

Kim, K. H. (2011). Toward a Science of Preventive Counseling. *Journal of Asia Pacific Counseling, 1*(1), 13-28.

Kitchener, K, S. (1986). Teaching applied ethics in counselor education: An integration of psychological processes and philosophical analysis. *Journal of Counseling & Development, 64*(5), 306-310.

Lee, S., & Park, S. (2009). Do socially responsible activities help hotels and casinos achieve their financial goals? *International Journal of Hospitality Management, 28*(1), 105-112. https://doi.org/10.1016/j.ijhm.2008.06.003

Lewis, H. (1984). Ethical assessment. *Social Casework, 65*(4), 203-211.

Lewis, J. A., Lewis, M. D., Daniels, J. A., & D'Andrea, M. J. (1998). *Community Counseling: Empowerment Strategies for a Diverse Society* (2nd ed.). California: Brooks/Cole.

Likert, R. (1967). *The Human Organizations.* New York: McGraw-Hill.

Maslach, C., & Jackson, S. E. (1981). The Maslach Burnout Inventory. California: Consulting Psychologists Press.

Maslach, C., & Schaufeli, W. B. (1993). Historical and conceptual development of burnout. In W. B. Schaufeli, C. Maslach & T. Marek (Eds.), *Professional Burnout: Recent Development in Theory and Research* (pp. 1-18). Washington, D.C.: Taylor & Fracis.

McClelland, D. C. (1973). Testing for competence rather than for intelligence. *American*

Psychologist, 8, 1-14. https://doi.org/10.1037/h0034092

McCormick, E. J., & Tiffin, J. (1979). *Industrial Psychology* (6th ed.). New Jersey: Prentice Hall.

Meara, N. M., Shmidt, L. D., Carrington, C. H., Davis, K. L., Dixon, D. N., Fretz, B. R., Myers, R. A., Ridley, C. R., & Suinn, R. M. (1988). Training and accreditation in counseling psychology. *The Counseling Psychologist, 16*(3), 366-384. https://doi.org/10.1177/0011000088163005

Meyer, J. P., & Allen, N. J. (1984). Testing the 'side-bet theory' of organizational commitment: Some methodological considerations. *Journal of Applied Psychology, 69*(3), 372-378. https://doi.org/10.1037/0021-9010.69.3.372

Moore, W. E. (1970). *The Professions: Roles and Rules*. New York: Russell Sage Foundation.

Morril, W. H., Oetting, E. R., & Hurst, J. C. (1974). Dimension of counselor functioning. *The Personnel and Guidance Journal, 52*(6), 354-359. https://doi.org/10.1002/j.2164-4918.1974.tb04041.x

Munley, P. H., Duncan, L. E., McDonnell, K. A., & Sauer, E. M. (2004). Counseling psychology in the United States of America. *Counseling Psychology Quarterly, 17*, 247-271. https://doi.org/10.1080/09515070412331317602

Naff, K. C., & Crum, J. (1999). Working for America: Does public service motivation make a difference? *Review of Public Personnel Administration, 19*(4), 5-16. https://doi.org/10.1177/0734371X9901900402

Neimeyer, G. J., & Diamond, A. K. (2001). The anticipated future of counseling psychology in the United States: A delphi poll. *Counseling Psychology Quarterly, 14*, 49-65. https://doi.org/10.1080/09515070125262

Osipow, S. H., Cohen, W., Jenkins, J., & Dostal, J. (1979). Clinical versus counseling psychology: Is there a difference? *Professional Psychology, 10*(2), 148-153. https://doi.org/10.1037/0735-7028.10.2.148

Perry, J. L., & Wise, L. (1990). The motivation bases of public service. *Public Administration Review, 50*(3), 367-372.

Porter, L. W., Steers, R. M., Mowday, R. T., & Boulian, P. (1974). Organizaitonal commitment, job satisfaction, and turnover among psychiatric technicians. *Journal of Applied Psychology, 59*, 603-609. https://doi.org/10.1037/h0037335

Ritz, A. (2009). Public service motivation and organizational performance In Swiss federal government. *International Review of Administrative Science, 75*(1), 53-78. https://doi.org/10.1177/0020852308099506

Rothwell, W. J., Stavros, J. M., Sullivan, R. L., Sullivan, A. (2009). *Practicing Organization Development: A Guide for Leading Change* (3rd ed.). San Francisco: Pfeiffer.

Selznick, P. (1953). *TVA and the Grass Roots*. Berkeley: University of California Press.

Skovholt, T. M. (2001). *The Resilient Practitioner*. Massachusetts: Allyn & Bacon.

Spencer, L., & Spencer, S. (1993). *Competence at Work: Models for Superior Performance*.

New York: John Wiley & Sons.

Stadler, H. A. (1986). Making hard choices: Clarifying controversial ethical issues. *Counseling & Human Development, 19,* 1-10.

Tett, R. P., & Meyer, J. P. (1993). Job satisfaction, organizational commitment, turnover intention, and turnover: path analysis based on meta-analytic findings. *Personnel Psychology, 46*(2), 259-293. https://doi.org/10.1111/j.1744-6570.1993.tb00874.x

Wanous, J. P. (1992). *Organizational Entry: Recruitment, Selection, Orientation, and Socialization of Newcomers.* New Jersey: Prentice Hall.

Weber, M. (1947). *The Theory of Social and Economic Organization* (A. M. Henderson & T. Parsons, Trans.). New York: The Free Press. pp. 136-152.

Wedding, D., & Corsini, R. J. (2017). 현대심리치료(10판) (김정희, 정성경, 남상인, 심인규, 최은영, 방기연, 김은하 역). 서울: 박학사. (원서출판 2014).

Welfel, E. R. (2012). *Ethics in Counseling and Psychotherapy.* California: Cengage Learning.

Wheeler, J. K. (1980). *A Comparative Study of Professional Identity among Counseling Majors by Specialty* (Unpublished doctoral dissertation, University of Alabama, Birmingham. USA). https://www.elibrary.ru/item.asp?id=7315919

Zastrow, C. (1978). *Introduction to Social Welfare Institutions: Social Problems, Services and Current Issues.* Illinois: The Dorsey Press.

웹사이트

건강가정지원센터 https://familynet.or.kr

경찰청 https://www.police.go.kr

고용복지플러스센터 https://www.workplus.go.kr

국가직무능력표준 https://ncs.go.kr

국가바우처 http://www.voucher.go.kr

국가법령정보센터 https://law.go.kr

근로복지넷 https://www.workdream.net

미시간주립대학교(Michigan State University) Counseling & Psychiatric Services https://caps.msu.edu

범죄경력회보서 발급시스템 https://crims.police.go.kr

보건복지부 https://www.mohw.go.kr

상담 인적자원개발위원회 http://isckorea.or.kr/minipage/knesa.do

서강대학교 학생생활상담연구소 https://sgcounsel.sogang.ac.kr

서울대학교 대학생활문화원 https://snucounsel.snu.ac.kr

서울시복지재단 지역사회서비스 지원단 https://csi.welfare.seoul.kr

스마일센터 https://resmile.or.kr

스마트쉼센터 https://www.iapc.or.kr

오하이오주립대학교(Ohio State UniversityOhio State University) Counseling and Consultation Service https://ccs.osu.edu

워크넷 https://www.work.go.kr

위(Wee) 프로젝트 https://www.wee.go.kr

이화여자대학교 학생상담센터 http://my.ewha.ac.kr/escc

전국대학교학생상담센터협의회 http://www.ccus.kr

전국대학상담학과협의회 http://kacd.kr

청소년사이버상담센터 http://www.cyber1388.kr

청소년상담사 http://www.youthcounselor.or.kr

한국상담심리학회 https://krcpa.or.kr

한국상담진흥협회 https://koreancounselor.org

한국상담학회 http://counselors.or.kr

한국전문상담교사협회 https://cafe.daum.net/hansangcoun

한국직업능력개발원 민간자격서비스 https://www.pqi.or.kr

한국청소년상담복지개발원 https://www.kyci.or.kr

한국청소년상담복지센터협의회 https://www.facebook.com/pages/category/Nonprofit-Organization/한국청소년상담복지센터협의회-107913647464706

한국카운슬러협회 http://www.hanka.or.kr

CQ-Net https://c.q-net.or.kr

Q-Net http://www.q-net.or.kr

찾아보기